Cidadania, Direitos Humanos e Educação

Cidadania, Direitos Humanos e Educação

AVANÇOS, RETROCESSOS E PERSPECTIVAS PARA O SÉCULO 21

2019

Carolina Alves de Souza Lima

CIDADANIA, DIREITOS HUMANOS E EDUCAÇÃO
AVANÇOS, RETROCESSOS E PERSPECTIVAS PARA O SÉCULO 21
© Almedina, 2019

AUTOR: Carolina Alves de Souza Lima
DIAGRAMAÇÃO: Almedina
DESIGN DE CAPA: FBA
ISBN: 9788584935352

Dados Internacionais de Catalogação na Publicação (CIP)
(Câmara Brasileira do Livro, SP, Brasil)

Lima, Carolina Alves de Souza
Cidadania, Direitos Humanos e Educação: avanços,
retrocessos e perspectivas para o século 21 /
Carolina Alves de Souza Lima. – São Paulo:
Almedina, 2019.

Bibliografia.
ISBN 978-85-8493-535-2

1. Cidadania 2. Direito à educação 3. Direito
comparado 4. Direitos humanos 5. Educação escolar
6. Educação pública 7. Qualidade do ensino I. Título.

19-30342   CDU-342.7:37.014.1

Índices para catálogo sistemático:

1. Construção da cidadania e garantia do direito à
educação escolar : Direitos humanos : Direito
constitucional 342.7:37.014.1

Maria Paula C. Riyuzo - Bibliotecária - CRB-8/7639

Este livro segue as regras do novo Acordo Ortográfico da Língua Portuguesa (1990).

Todos os direitos reservados. Nenhuma parte deste livro, protegido por copyright, pode ser reproduzida, armazenada ou transmitida de alguma forma ou por algum meio, seja eletrônico ou mecânico, inclusive fotocópia, gravação ou qualquer sistema de armazenagem de informações, sem a permissão expressa e por escrito da editora.

Outubro, 2019

EDITORA: Almedina Brasil
Rua José Maria Lisboa, 860, Conj.131 e 132, Jardim Paulista | 01423-001 São Paulo | Brasil
editora@almedina.com.br
www.almedina.com.br

Dedico este livro aos meus queridos filhos,
Mariana e Luís Henrique,
maiores bençãos na minha vida.

AGRADECIMENTOS

Meus agradecimentos à Faculdade de Direito da Pontifícia Universidade Católica de São Paulo, na qual venho desenvolvendo toda minha carreira acadêmica, pela oportunidade de estudo, pesquisa, reflexões e amadurecimento nessa contínua e desafiadora jornada.

Aos membros da minha banca de livre-docência, defendida na Pontifícia Universidade Católica de São Paulo, e composta dos estimados professores Wagner Balera, Andre de Carvalho Ramos, Luiz Alberto David Araújo, Celso Fernandes Campilongo e Vicente Greco Filho. Suas contribuições foram essenciais para o aperfeiçoamento do trabalho, além de contribuírem para o aprimoramento desta obra.

Aos meus alunos e alunas, pela possibilidade de reflexões, de troca de experiências e visões de mundo.

À querida Patrícia Csapo, pela amizade e possibilidade de discussão e análise de temas tão importantes ao longo dos últimos anos.

Ao Cesar Luiz de Oliveira Janoti, pela amizade.

Aos meus queridos pais, Hélio Alves de Souza Lima e Maria Zélia de Alvarenga, pelo amor, pela formação e pela possibilidade de convivência tão rica.

Ao Henrique, com amor, por sempre me incentivar e apoiar minhas pesquisas e acreditar nos meus projetos.

APRESENTAÇÃO

O presente livro nasce de um longo caminho de estudos, reflexões e curiosidades pelos temas da educação, da cidadania e dos direitos humanos. Tudo começou logo após o término do doutorado. Ainda presente o desejo de continuar estudando e explorando as várias facetas dos direitos humanos, resolvi então me debruçar sobre a livre-docência e abordar um novo tema, ainda não explorado nas minhas pesquisas, mas pelo qual sempre tive interesse e curiosidade.

Com meus estudos e o envolvimento com os direitos humanos, fui me conscientizando cada vez mais a respeito da importância e da relevância dos temas da cidadania e da educação. Se, por um lado, é notório serem temas de importância ímpar para a democracia e para a justiça social, por outro, constata-se cada vez mais a pouca importância dada a eles na sociedade brasileira. Infelizmente, não são concebidos como projeto de nação e, na cultura brasileira, ainda são compreendidos, muitas vezes, como privilégio de poucos.

A educação, e em especial o direito à educação escolar, é um direito humano por excelência e a base para a construção e fortalecimento de toda democracia. Nesse novo caminho de descobertas e aprendizagem, comecei, primeiramente, a analisar as obras do Direito sobre o tema tanto da cidadania quanto da educação. Logo verifiquei que, não obstante haver estudos importantes sobre a cidadania em seus vários aspectos, há pouquíssimas obras jurídicas sobre o direito à educação e sua relação com a cidadania, o que revela, lamentavelmente, a pouca importância jurídica dada a tema tão essencial.

No entanto, se no campo do Direito Nacional ainda há atraso e omissão no enfrentamento dessa temática, outras áreas do conhecimento, como a Filosofia, a História, a Psicanálise, a Sociologia, as Ciências Políticas e principalmente a Educação, têm atuado intensamente na seara. E ao percorrer os estudos nessas áreas, fui me encantando cada vez pela relação entre cidadania e educação.

Os estudos e a elaboração da tese de livre-docência foram árduos, mas sempre muito gratificantes e enriquecedores. A tese em si – e por si só – foi um enorme desafio. Ademais, o tema escolhido, por ser intensamente interdisciplinar, demandou o compromisso extra de dialogar com áreas afins, mesmo com os limites de quem, como eu, não atua diretamente nessas áreas do conhecimento. Todavia, todos esses desafios foram bem-vindos e contribuíram imensamente para meu amadurecimento intelectual – maior ganho que podemos ter como pesquisadores, professores e cidadãos.

A defesa da livre-docência não extinguiu meu anseio por pesquisar e estudar mais. Acredito que o sentimento de angústia e de incompletude faz parte da vida acadêmica e, se por um lado, enfrentamos as dificuldades da consciência dessa incompletude, por outro, é esse sentimento que nos impulsiona a sempre caminhar em busca por mais conhecimento e reflexões. Então parti para novo desafio. Escrever esta obra!

Os institutos da cidadania, da educação e dos direitos humanos são amplos, complexos e cheios de desafios. Partindo da livre-docência, resolvi investigar e analisar o direito à educação no Direito Comparado e verificar os desafios que outros países estão enfrentando para garantir educação escolar pública de qualidade para todos, além de explorar o que há de mais atual e relevante no campo da formação holística da pessoa humana no processo de educação escolar. Também pesquisei e analisei o papel e o empenho da Unesco e das Declarações e Tratados de Direitos Humanos sobre educação no plano internacional e com reflexos diretos no campo nacional. Fui paulatinamente constando a relação entre garantia da educação escolar de qualidade e a reivindicação e conquista da cidadania. E é a parti daí que se estrutura a essência da presente obra.

Ademais, ao lado da pesquisa científica-acadêmica, sempre me questionei sobre a educação que recebi, seja no âmbito familiar, seja no escolar e acadêmico, e os reflexos de todo esse processo na minha formação como pessoa e cidadã. A busca por uma autenticidade, que revela nossa essência e nos leva a maior coerência entre o que pensamos, falamos e efetivamente realizamos em prol do nosso bem-estar e do convívio em sociedade, foi a mola propulsora para a realização deste trabalho. A chegada dos meus filhos me levou a rememorar e reelaborar minhas vivências como um todo e a pensar em como educá-los, o que priorizar para torná-los bons cidadãos, e qual sociedade e nação almejo para eles. Nesse processo intenso e contínuo de vida, fui me deparando cada vez mais com a relevância das temáticas dos direitos humanos, da cidadania e da educação.

Por isso, acredito no incessante caminho desse processo chamado educação, na sua importância ímpar para a formação da cidadania e a construção de relacionamentos, desde os mais próximos, no âmbito familiar, até os mais amplos, no plano internacional, e por meio dos Estados soberanos, pautados no respeito às singularidades e às diversidades, à fraternidade, à justiça social e à democracia, e acima de tudo no respeito à dignidade da pessoa humana.

Por fim, com o objetivo de que todos interessados tenham acesso ao material pesquisado e não utilizado na confecção desta obra, o que tornaria a leitura demasiadamente extensa, mas que foram fundamentais para o desenvolvimento do seu conteúdo, disponibilizo no site da editora toda a parte histórica que abrange desde o século 18 até a primeira metade do século 20 a respeito da relação entre direitos humanos, cidadania e direito à educação, além de breve análise da educação escolar no Chile, único país latino-americano a pertencer à OCDE. Espero que esse material seja de grande valia aos pesquisadores e estudiosos do tema.

São Paulo, agosto de 2019.
A AUTORA.

PREFÁCIO

A tese com que a Professora Carolina Alves de Souza Lima conquistou o prestigioso título de Livre-Docente pela Faculdade de Direito da Pontifícia Universidade Católica de São Paulo encontra-se no centro do debate contemporâneo dos Direitos Humanos.

Com efeito, a árdua tarefa em que consiste, para cada qual, a conquista do direito à educação é, a seu modo, desempenhada pela autora quase como se lhe incumbisse o dever de demonstrar que a educação se destaca, entre todos os Direitos Humanos, como aquele que permite ao sujeito exercer, em plenitude, o rol de poderes, faculdades e projeções da respectiva personalidade de que se acha investido desde sempre, e que mais particularmente foram sumariados a partir do lançamento, aos 10 de dezembro de 1948, da Declaração Universal dos Direitos Humanos.

Sobre ser, como faz questão de sublinhar, com duplo sublinhado, a autora, um dos *essentialia* do Estado Democrático de Direito, o direito à educação ressai, no presente texto, como verdadeira e própria expressão da cidadania plena, daquela posição que o sujeito de direitos, ou mais precisamente o sujeito de direitos humanos é chamado a exercer na sociedade pós-moderna.

A defesa brilhante da tese mais não fez do que exalçar as qualidades pedagógicas que, da simples leitura, o trabalho está repleto.

Com efeito, há um verdadeiro fio condutor em todo o texto, que permite à autora conduzir o leitor, didaticamente, às conclusões propostas pelo trabalho que cada qual acaba assumindo como suas.

E, afinal, em que consiste uma tese senão nessa busca incessante de apoios a um ideal que se quer ver atingidos?

Estou convencido da utilidade da publicação deste escrito que, sem nenhum favor, terá destaque na bibliografia dos direitos humanos.

A autora dispensa apresentações mais extensas porque já marcou sua presença na literatura jurídica com obras de destaque, tais como a relativa ao aborto e à anencefalia e aquela relacionada com a eutanásia, distanásia e ortotanásia.

Percebe-se, também por essa escolha de temas, que Carolina Alves de Souza Lima aceita os desafios inerentes ao compromisso com a ciência, enfrentando temas problemáticos sem qualquer receio ou temor.

Esperemos que prossiga nessa senda.

Sua missão docente tem sido exercida, com proficiência, na PUC-SP onde integra o Núcleo de Pesquisa em Direitos Humanos e, igualmente, na Escola Superior do Ministério Público.

Cada vez que um livro é lançado o seu autor cumpre mais uma tarefa, conforme com os compromissos que assumiu consigo mesmo e com a comunidade que o acolheu. É, neste caso, a PUC-SP quem se rejubila com a autora.

WAGNER BALERA
Professor Titular de Direitos Humanos da Faculdade de Direito da PUC-SP.

SUMÁRIO

1. INTRODUÇÃO   19

PARTE I
CONQUISTA DA CIDADANIA, DOS DIREITOS HUMANOS E DO DIREITO À EDUCAÇÃO ESCOLAR NA PERSPECTIVA DO DIREITO INTENACIONAL DOS DIREITOS HUMANOS

2. A INVENÇÃO DOS DIREITOS HUMANOS E SEUS DESDOBRAMENTOS NA CONQUISTA DA CIDADANIA E DO DIREITO À EDUCAÇÃO   27
2.1 A Invenção dos Direitos Humanos   27

3. CONQUISTA DA CIDADANIA E DO DIREITO À EDUCAÇÃO ESCOLAR NA SEGUNDA METADE DO SÉCULO 20 E AS PERSPECTIVAS PARA O SÉCULO 21   33
3.1 Conquista da Cidadania e do Direito à Educação Pública Escolar a partir da Segunda Metade do Século 20 e no Século 21   33
3.2 Declaração de Incheon e o Marco de Ação da Educação 2030 rumo a uma Educação de Qualidade Inclusiva e Equitativa e à Educação ao Longo da Vida para Todos   58

4. EDUCAÇÃO ESCOLAR PÚBLICA DE QUALIDADE NO SÉCULO 21   67
4.1 Educação Pública Democrática de Qualidade na Alemanha no Século 21   68
4.2 Educação Pública Democrática de Qualidade na França no Século 21   73
4.3 Educação Pública Democrática de Qualidade no Reino Unido no Século 21   74

CIDADANIA, DIREITOS HUMANOS E EDUCAÇÃO

4.4 Educação Pública Democrática de Qualidade nos Estados Unidos
da América no Século 21 77
4.5 Educação Pública Democrática de Qualidade na Finlândia no Século 21 89
4.6 Educação Pública Democrática de Qualidade no Canadá no Século 21 95
4.7 Educação Pública Democrática de Qualidade no Japão no Século 21 102
4.8 Educação Pública Democrática de Qualidade em Singapura no Século 21 105
4.9 Educação Pública Democrática de Qualidade em Hong Kong
no Século 21 111
4.10 Educação Pública Democrática de Qualidade na Coréia do Sul
no Século 21 114
4.11 Programa Internacional de Avaliação de Estudantes (Pisa) e suas
Contribuições para o Alcance da Educação Escolar de Qualidade
para Todos 120
4.12 Educação de Qualidade para o Desenvolvimento das Competências
Globais e o Alcance da Cidadania Universal 134
4.13 Reflexões a Respeito da Conquista da Cidadania e do Direito
à Educação Escolar no Século 20 e 21 139

PARTE II
CONQUISTA DA CIDADANIA E DO DIREITO À EDUCAÇÃO ESCOLAR NO BRASIL

5. PERÍODO COLONIAL E IMPERIAL 151
5.1 Política de Aniquilamento do Índio e do Negro 151
5.2 A Educação Escolar no Período do Brasil Colônia 163
5.3 A Conquista da Cidadania no Brasil Império 173
5.4 O Direito à Educação Escolar no Brasil Império 182
5.5 Reflexões a Respeito da Conquista da Cidadania e do Direito
à Educação Escolar no Brasil Colônia e Império 189

6. CONQUISTA DA CIDADANIA E DO DIREITO À EDUCAÇÃO
ESCOLAR NO BRASIL REPÚBLICA: AVANÇOS E RETROCESSOS 199
6.1 Cidadania na Primeira República (1889-1930) 199
6.2 Direito à Educação Escolar na Primeira República (1889-1930) 212
6.3 Cidadania no Período do Estado Getulista (1930-1945) 219
6.4 Direito à Educação Escolar Durante o Período de 1930 a 1945 229
6.5 Cidadania no Período Democrático de 1945 a 1964 238
6.6 Direito à Educação Escolar no Período Democrático de 1945 a 1964 243

SUMÁRIO

6.7	Retrocesso da Cidadania Durante o Período da Ditadura Militar: 1964-1985	251
6.8	Educação Escolar no Período da Ditadura Militar (1964-1985)	260
6.9	Reflexões a Respeito da Conquista da Cidadania e do Direito à Educação Escolar no Brasil República até a Redemocratização em 1985	269
6.10	Paulo Freire e seu Legado	276
7.	PRINCIPAIS CONQUISTAS DA CIDADANIA E DO DIREITO À EDUCAÇÃO ESCOLAR NA CONSTITUIÇÃO FEDERAL DE 1988	285
7.1	Principais Conquistas da Cidadania na Constituição Federal de 1988	285
7.2	O Direito à Educação na Constituição de 1988 e suas Dimensões	303
7.3	Princípios do Direito à Educação Escolar no Ordenamento Jurídico Brasileiro	306
7.4	Atendimento Educacional Especializada para os Alunos com Necessidades Especiais na Rede Regular de Ensino	320
7.5	Educação Infantil como Direito Fundamental	323
7.6	Acesso aos Níveis mais Elevados do Ensino, da Pesquisa e da Criação Artística	325
7.7	Instituições Privadas de Ensino	326
7.8	Educação Indígena	328
7.9	A Constituição Federal de 1988: Organização e Financiamento do Sistema Educacional Público Brasileiro	330
7.10	Judicialização da Educação Escolar	332
7.11	Plano Nacional de Educação – Lei n. 13.005/2014: Perspectivas para o Alcance da Cidadania	336
7.12	Qualidade da Educação Escolar: Nosso maior Desafio	342
7.13	Plano Nacional de Educação em Direitos Humanos e suas Principais Perspectivas	350
7.14	Reflexões a Respeito da Conquista da Cidadania e do Direito à Educação Escolar no Brasil com a Constituição de 1988 até a Atualidade	357
8.	CONSIDERAÇÕES FINAIS	365
9.	REFERÊNCIAS	379

1. Introdução

A relação entre cidadania, direitos humanos e educação faz parte da essência das democracias contemporâneas. Cada um desses institutos tem importância ímpar na construção do regime democrático e em seu constante e infindável aprimoramento. Tomando como base a relação intrínseca entre eles, a presente obra pretende discutir, da perspectiva dos direitos humanos, a relação entre a construção da cidadania e a garantia do direito à educação escolar. Qual o papel da cidadania na consolidação do direito à educação escolar e qual o papel desse direito na consolidação da cidadania, uma vez que um pressupõe o outro?

Em primeiro lugar, cabe destacar que os direitos humanos, a cidadania e a educação escolar são temas complexos e repletos de tensões, o que já demonstra a dificuldade de se enfrentar essa temática. A relação entre eles envolve discussões profundas e de importância crucial na atualidade, porque se relacionam a questionar qual sociedade queremos construir. Trata-se de tema instigante, sempre inacabado e que levará inevitavelmente a novos questionamentos. Cabe sinalizar que o enfrentamento dos referidos institutos demanda pesquisa e o ingresso em temas interdisciplinares, os quais serão enfrentados com os limites de quem não pertence diretamente a essas áreas do conhecimento.

Nas ideias de Hannah Arendt, encontramos a concepção de cidadania desta obra. Para a autora, o primeiro direito humano é o direito a ser titular de direitos. Dialogando com a autora, compreendemos que tais direitos englobam a ampla gama dos direitos da liberdade, da igualdade e da solidariedade. A titularidade desses direitos se alcança pelo vínculo da cidadania, ou seja, pelo vínculo do indivíduo com a sociedade política e juridicamente organizada e garantidora de todos esses direitos[1]. Para tanto, torna-se imperioso que a ordem política esteja necessariamente pautada em princípios democráticos e de justiça social.

A discussão se amplia a partir do término da Segunda Grande Guerra e, diante da barbárie do genocídio, coloca em pauta a necessidade de se alcançar um novo contrato social, mais amplo, que abarque a cidadania universal. Isso porque o século 21 demanda contratos sociais que incluam toda a humanidade, sem excluir migrantes, refugiados, minorias e grupos excluídos socialmente. É sabido, todavia, que a fragilidade do contrato social leva à fragilidade da cidadania. Por isso, outra questão colocada em análise nesta obra refere-se à fragilidade da cidadania em face dos não cidadãos, ou seja, dos excluídos.

Em relação aos direitos humanos, cabe sinalizar a concepção adotada na presente obra. Tanto os direitos humanos como os direitos fundamentais são concebidos na atualidade e da perspectiva jurídico--filosófica, como aqueles relacionados à liberdade, à igualdade, à solidariedade e à dignidade humana e que protegem o ser humano em todas essas dimensões. Os direitos da liberdade resguardam aqueles ligados à individualidade do ser humano e a este como ser político. Os direitos da igualdade resguardam direitos que protegem o ser humano como ser social e coletivo, e assim possibilitam a distribuição da riqueza coletiva. Já os direitos da solidariedade garantem os direitos que protegem o ser humano como espécie humana, ou seja, pertencente à humanidade. Todos eles estão fundamentados no respeito à dignidade da pessoa humana.

O direito à educação, em si, tem sentido mais amplo, porque além do direito ao ensino e à escolarização formal, engloba a formação ética e holística da pessoa humana. Por isso, a educação é papel não só do Estado, mas também da família e da sociedade. O trabalho, no entanto, se direciona para a análise do direito à educação sob a responsabilidade do Estado, que se materializa no direito à educação escolar. E é com base nesse direito que se estabelecerá a relação com a construção e o fortalecimento da cidadania.

---

[1] Hannah Arendt. *Origens do Totalitarismo.* Tradução de Roberto Raposo. São Paulo: Companhia das Letras. 7ª reimpressão, 1989, p. 330.

INTRODUÇÃO

Para discutirmos o tema central – qual é o papel da cidadania na consolidação do direito à educação escolar e qual o papel desse direito na consolidação da cidadania –, o trabalho está dividido em duas partes. Na primeira, analisa a conquista dos direitos humanos, da cidadania e do direito à educação escolar na perspectiva do Direito Internacional dos Direitos Humanos, consolidado logo após o término da Segunda Grande Guerra. A abordagem histórica se deve à própria concepção de direitos humanos empregada no presente estudo. De acordo com Norberto Bobbio, referidos direitos são direitos históricos: "nascidos em certas circunstâncias, caracterizadas por lutas em defesa de novas liberdades contra velhos poderes, e nascidos de modo gradual, não todos de uma vez e nem de uma vez por todas"[2].

Referida parte do trabalho também analisa declarações e tratados internacionais de direitos humanos que cuidam especificamente do direito à educação, como a Declaração de Incheon e o Marco de Ação da Educação 2030 rumo a uma Educação de Qualidade Inclusiva e Equitativa e à Educação ao Longo da Vida para Todos. A educação escolar pública de qualidade em países hoje considerados de excelência na educação, como Singapura, Finlândia, Hong Kong, Coreia do Sul, Canadá e Japão, também é tema dessa parte do trabalho.

A segunda parte do livro, por seu turno, aborda a conquista da cidadania e do direito à educação escolar no Brasil. Com a sequência da obra, apresenta o quinto capítulo, no qual analisa a conquista da cidadania e do direito à educação escolar no período colonial e imperial. Destaca a política de aniquilamento do índio e do negro, em uma sociedade patriarcal, marcada pelo racismo e por profundas desigualdades sociais.

O sexto capítulo explora os referidos temas desde a Primeira República até o período da redemocratização do país após 21 anos de regime ditatorial militar. O final do capítulo apresenta a obra de Paulo Freire, o maior educador do Brasil.

Por fim, o sétimo capítulo examina a conquista da cidadania e do direito à educação escolar na Constituição Federal de 1988 e o subsequente período de 30 anos de construção e aprimoramento da nossa democracia com seus avanços e retrocessos.

---

[2] *A Era dos Direitos.* Rio de Janeiro: Campus. Tradução de Carlos Nelson Coutinho; apresentação de Celso Lafer. Rio de Janeiro: Elsevier, 6º reimpressão, 2004, p. 5.

Ao final de cada capítulo do livro foi elaborado um item com reflexões a respeito de cada período apreciado. Ao longo do trabalho também houve a preocupação de refletir a respeito da distância entre os ideais e princípios-base do regime democrático, da cidadania e do direito à educação, e a realidade social, institucional e da própria mentalidade presente ainda hoje em muitos seguimentos da sociedade e que inviabilizam a efetividade dos direitos humanos. Isso demonstra que ainda temos um grande caminho a percorrer, especialmente quando se analisam as demandas do Brasil nessa área. Por fim, foram apresentadas as considerações finais.

Apresentada a organização do trabalho, faz-se fundamental expor algumas observações. A primeira diz respeito às referências históricas. Cabe sinalizar que estas foram utilizadas com o objetivo de se compreenderem as noções de cidadania, de educação escolar e de direitos humanos em vários períodos da história ocidental dos direitos humanos. É sabido que a história é contada e interpretada por meio de diversas versões e concepções ideológicas, o que no nosso entender enriquece o campo das ideias e desperta a visão crítica do passado e do presente.

Assim, partindo de acontecimentos relevantes e de destaque na história dos direitos humanos, a obra busca mostrar de forma crítica e reflexiva a relação entre os institutos dos direitos humanos, da cidadania e da educação escolar, uma vez que eles apresentam assim como representam, no nosso entender, a possibilidade de emancipar os seres humanos de todas as formas de opressão, seja ela política, social, religiosa ou cultural. Por isso, a perspectiva histórica visa a apontar tanto os avanços quanto os retrocessos na conquista desses institutos ao longo da história, e assim verificar a relação entre a conquista da cidadania e seu exercício e a conquista do direito à educação escolar e sua concretização.

Cabe observar também que embora o trabalho traga algumas ilustrações de partes de textos de autores que desenvolveram ideias sobre a educação em alguns períodos da história da humanidade, nosso intuito é predominantemente ilustrativo e tem o objetivo de proporcionar compreensão crítica das mentalidades em cada período analisado. Não se pretende, em momento algum, tratar de qualquer teoria da pedagogia. O que se busca é verificar em cada período e sociedade analisados a concepção de educação escolar e sua relação com a cidadania.

INTRODUÇÃO

A pesquisa bibliográfica foi desenvolvida em obras nacionais e estrangeiras, tanto no campo jurídico, quanto em outras áreas do conhecimento, como Filosofia, História, Educação e Ciências Políticas. O objetivo do livro é trazer para o meio acadêmico, e também para a sociedade, a discussão, a crítica e as reflexões dos temas dos direitos humanos, da cidadania e do direito à educação escolar, tão relevantes e atuais, mas muitas vezes tratados sem a devida importância seja pelo Poder Público, seja por parcela da sociedade brasileira.

Não temos, é claro, a pretensão nem a capacidade de esgotar o tema. Mas temos a ambição de despertar novas reflexões e visões que possam de alguma forma colaborar com essa discussão, assim como contribuir para transformações, especialmente na sociedade brasileira, a respeito da concepção e da estrutura do Estado e das relações humanas que almejamos construir. Por fim, valem as sábias palavras do historiador Pedro Calmon, as quais não poderíamos deixar de compartilhar: "Nos livros, o principal não é o que o autor pretende ensinar. É a ideia que desperta. O pensamento que impele. A consciência que alerta. E, em tudo isso, as meditações que suscita"[3].

[3] *História Social do Brasil. A Época Republicana.* São Paulo: Martins Fontes. 2002, Vol. 3.

PARTE I

Conquista da Cidadania, dos Direitos Humanos e do Direito à Educação Escolar na Perspectiva do Direito Internacional dos Direitos Humanos

2. A Invenção dos Direitos Humanos
e seus Desdobramentos na Conquista da Cidadania
e do Direito à Educação

> "O tema dos direitos humanos é o da escolha, baseada numa 'ética de responsabilidade'"[1].

2.1 A Invenção dos Direitos Humanos

Os direitos humanos, assim como os direitos fundamentais, são concebidos na atualidade como aqueles relacionados à liberdade, à igualdade, à solidariedade e à dignidade humana e que protegem o ser humano em todas essas dimensões.

Os direitos da liberdade resguardam aqueles ligados à individualidade do ser humano e a este como ser político. Os direitos da igualdade resguardam direitos que o protegem como ser social e coletivo e possibilitam a distribuição da riqueza coletiva. Já os direitos da solidariedade garantem os direitos que protegem o ser humano como espécie humana, ou seja, pertencente à humanidade. Todos eles estão fundamentados no respeito à dignidade da pessoa humana.

---

[1] Celso Lafer. *A Reconstrução dos Direitos Humanos: Um Diálogo com o Pensamento de Hannah Arendt*. São Paulo: Companhia da Letras, 1988, 4ª reimpressão, 2001, p. 126.

CIDADANIA, DIREITOS HUMANOS E EDUCAÇÃO

Os direitos fundamentais são aqueles direitos garantidos por um ordenamento jurídico positivo, geralmente com nível constitucional e que gozam de uma tutela reforçada. Apresentam sentido específico e preciso, uma vez que representam o conjunto de direitos reconhecidos e garantidos por uma ordem jurídica positiva e necessariamente democrática[2].

Os direitos humanos, por seu turno, englobam os direitos fundamentais reconhecidos no âmbito nacional e internacional. Compõem os direitos dessa natureza reconhecidos não só nos ordenamentos jurídicos nacionais dos países que o reconhecem como também os previstos em declarações e tratados internacionais de direitos humanos. Compõem, outrossim, todas aquelas exigências básicas do ser humano, relacionadas com a liberdade, a igualdade, a solidariedade e a dignidade, mas que ainda não alcançaram um estatuto jurídico positivo[3].

Essa última parte do conceito de direitos humanos é inegavelmente relevante porque, como comprova a história dos direitos humanos, o que é considerado fundamental em determinado período da História e para determinada sociedade pode não ter a mesma relevância em outros períodos históricos e para outras sociedades. Como direitos históricos, os direitos humanos são suscetíveis de transformação e de ampliação[4].

A atual concepção de direitos humanos e de direitos fundamentais é ampla porque abarca as inúmeras conquistas históricas desses direitos ao longo da História ocidental. O nascimento desses direitos dá-se no início da Era Moderna, com a compreensão individualista de sociedade e a consolidação dos Estados-Nações[5].

No entanto, antes desse período, ou seja, durante a Idade Média e a Antiguidade também havia uma forma de compreensão dos direitos da pessoa humana, todavia, com vertente diversa. O presente trabalho não se propõe a analisar a concepção de direitos da pessoa humana antes da Idade Moderna, não obstante saibamos e reconheçamos a importância

---

[2] Antonio E. Perez Luño. *Los Derechos Fundamentales*. 7. ed. Madrid: Tecnos, 1998, p. 44 a 47.

[3] *Idem. Ibidem*, p. 44 a 47. Observa-se que o autor não faz menção expressa à solidariedade. No entanto, entendemos que ela também está presente na conceituação tanto dos direitos fundamentais quanto humanos.

[4] Norberto Bobbio. *A Era dos Direitos*. Rio de Janeiro: Campus. Tradução de Carlos Nelson Coutinho; apresentação de Celso Lafer. Rio de Janeiro: Elsevier, 6ª reimpressão, 2004, p. 18 e 32.

[5] *Idem. Ibidem*, p.2.

principalmente da Antiguidade greco-romana e do cristianismo para a concepção desses direitos.

Segundo Norberto Bobbio, os direitos humanos percorreram um longo caminho. Expõe o autor que:

> O caminho contínuo, ainda que várias vezes interrompido, da concepção individualista da sociedade, procede lentamente, indo do reconhecimento dos direitos do cidadão de cada Estado até o reconhecimento dos direitos do cidadão do mundo, cujo primeiro anúncio foi a Declaração universal dos direitos do homem; a partir do direito internacional de cada Estado, através do direito entre os outros Estados, até o direito cosmopolita, para usar uma expressão kantiana, que ainda não teve o acolhimento que merece na teoria do direito[6].

Segundo Norberto Bobbio, a universalidade dos direitos humanos é fruto de uma lenta conquista. As primeiras declarações da Era Moderna nascem como teorias filosóficas, baseadas no jusnaturalismo moderno, e têm conotação universal[7]. São os direitos naturais universais. Referidas teorias foram acolhidas nas Declarações da Revolução Americana e Francesa e fundamentaram um novo modelo de Estado, o de Direito. Nesse segundo momento, referidos direitos passam a ser direitos positivados particulares.

Por um lado, tais direitos ganham positivação, fundamentalmente nas constituições dos países que os acolhem. Perdem, no entanto, em universalidade, porque valem apenas no âmbito do Estado que os reconhece. Com a Declaração Universal dos Direitos do Homem e do Cidadão de 1948 há, segundo o autor, o início da terceira e última fase na consolidação desses direitos. Nesta, a afirmação desses direitos é concomitantemente universal e positiva. São os direitos universais positivados[8].

A concepção de que os direitos humanos são universais baseia-se na fundamentação de que são direitos destinados a todos os seres humanos, e não mais aos cidadãos de determinados Estados. São também direitos positivos porque previstos no ordenamento jurídico dos

---

[6] Norberto Bobbio. *A Era dos Direitos. cit.*, p. 4-5.
[7] *Idem. Ibidem*, p. 28.
[8] *Idem. Ibidem*, p. 29-30.

Estados, assim como nos documentos internacionais. Tais documentos, por seu turno, estabelecem que a proteção dos direitos humanos enseja, inclusive e caso necessário, a responsabilização jurídica dos próprios Estados signatários, nas situações de desrespeito a referidos direitos. Os direitos humanos são, dessa perspectiva, de todo e qualquer ser humano, ou seja, são direitos dos cidadãos do mundo[9].

A terceira fase da universalização dos direitos humanos, iniciada com a Declaração de 1948, é apenas o ponto de partida para uma meta progressiva na proteção desses direitos. Nesse contexto, reconhece Norberto Bobbio que a proteção e a tutela desses direitos estão na base das constituições democráticas modernas e que para a consolidação e o respeito a esses direitos, faz-se fundamental a presença da paz tanto no âmbito nacional quanto internacional[10].

Expõe o autor que:

> Direitos do homem, democracia e paz são três momentos necessários do mesmo movimento histórico: sem direitos do homem reconhecidos e protegidos, não há democracia; sem democracia, não existem as condições mínimas para a solução pacífica dos conflitos. Em outras palavras, a democracia é a sociedade dos cidadãos, e os súditos se tornam cidadão quando lhes são reconhecidos alguns direitos fundamentais; haverá paz estável, uma paz que não tenha a guerra como alternativa, somente quando existirem cidadãos não mais apenas deste ou daquele Estado, mas do mundo[11].

A ligação direta entre a proteção dos direitos humanos, a democracia e a paz é comprovada pela História. O exemplo da Segunda Guerra Mundial revela o drástico retrocesso no que se refere à preservação desses direitos. Hannah Arendt, ao analisar as origens do totalitarismo, expõe que a concepção e a proteção dos direitos humanos são conquistas históricas, que se materializam nos ordenamentos jurídicos que as concebem como direitos do ser humano. Configuram construção jurídica e, consequentemente, invenção da humanidade.

---

[9] Norberto Bobbio. *A Era dos Direitos. cit.*, p. 29-30-39-40. Cabe observar que o autor utiliza a expressão "direitos do homem" e não direitos humanos.

[10] *Idem. Ibidem*, p. 34.

[11] *Idem, Ibidem*, p.1.

Segundo a autora, não é verdade que todos os homens nascem livres e iguais em dignidade e direitos, como estabelece o artigo 1º da Declaração Universal dos Direitos do Homem e do Cidadão de 1948 da ONU, assim como não são verdade os enunciados nesse sentido, previstos na Declaração Francesa de 1789 e na Americana de 1776[12].

De acordo com o artigo 1º da Declaração Francesa: *"os homens nascem e são livres e iguais em direitos"*. A Declaração de Independência dos Estados Unidos, por seu turno, preceitua que *"todos os homens são iguais: foram aquinhoados pelo seu Criador com certos direitos inalienáveis e entre esses direitos se encontram o da vida, da liberdade e da busca da felicidade"*.

A História comprova que os homens não nascem livres e iguais em direitos. Eles se tornam livres e iguais quando se convenciona que todos os membros da comunidade politicamente organizada serão livres e iguais perante a lei. A igualdade e a liberdade do ser humano são construídas pela sociedade politicamente organizada nos Estados e na ordem internacional, por meio de escolhas políticas dessas próprias comunidades no âmbito político e jurídico.

Dessa perspectiva, há uma relação direta entre o direito individual do cidadão de autodeterminar-se no âmbito político, por meio do exercício dos direitos políticos, e o direito da comunidade de também autodeterminar-se e construir, por meio da convenção, a igualdade em sociedade. Trata-se de uma relação de constante construção e reconstrução dos direitos humanos, por meio da garantia e do exercício da cidadania[13].

Para Hannah Arendt, o primeiro direito humano é o direito a ser titular de direitos. Essa titularidade se alcança pelo vínculo da cidadania, ou seja, pelo vínculo do indivíduo com a sociedade política e juridicamente organizada e garantidora de todos esses direitos.

Expõe Celso Lafer, ao analisar o pensamento da autora que:

> O que ela afirma é que os direitos humanos pressupõem a cidadania não apenas como um fato e um meio, mas sim como um princípio, pois a privação da cidadania afeta substancialmente a condição humana, uma

---

[12] Celso Lafer. *A Reconstrução dos Direitos Humanos: Um Diálogo com o Pensamento de Hannah Arendt.* cit., p. 150.

[13] Celso Lafer. *A Reconstrução dos Direitos Humanos: Um Diálogo com o Pensamento de Hannah Arendt.* cit., p. 150.

vez que o ser humano privado de suas qualidades acidentais – o seu estatuto político – vê-se privado de sua substancia, vale dizer: tornado pura substância, perde a sua qualidade substancial, que é de ser tratado pelos outros como um semelhante[14].

Nesse contexto, explica Celso Lafer, ao analisar o pensamento de Hannah Arendt, que: "num mundo como o do século XX, inteiramente organizado politicamente, perder o status civitatis significava ser expulso da humanidade, de nada valendo os direitos humanos aos expelidos da trindade Estado-Povo-Território"[15].

Nas palavras da referida autora:

> Só conseguimos perceber a existência de um direito de ter direitos (e isto significa viver numa estrutura onde se é julgado pelas ações e opiniões) e de um direito de pertencer a algum tipo de comunidade organizada, quando surgiram milhões de pessoas que haviam perdido esses direitos e não podiam recuperá-los devido à nova situação política global. O problema não é que essa calamidade tenha surgido não de alguma falta de civilização, atraso ou simples tirania, mas sim que ela não pudesse ser reparada, porque já não há qualquer lugar 'incivilizado' na terra, pois, queiramos ou não, já começamos realmente a viver num Mundo Único. Só com uma humanidade completamente organizada, a perda do lar e da condição política de um homem pode equivaler à sua expulsão da humanidade[16].

Diante dessa realidade de exclusão e "expulsão da humanidade" revelada e analisada pela autora, juntamente com a ideia dos direitos humanos como direitos históricos, decorrentes de conquistas no campo social, político e jurídico, nos parece que o caminha a de ser a construção e garantia político-jurídica da cidadania universal, pautada no respeito à condição humana e a dignidade inerente a ela.

---

[14] *Idem. ibidem*, p. 151.

[15] *Idem, Ibidem*, p. 147.

[16] Hannah Arendt. *Origens do Totalitarismo*. Tradução de Roberto Raposo. São Paulo: Companhia das Letras. 7ª reimpressão, 1989, p. 330.

3. Conquista da Cidadania e do Direito à Educação Escolar na Segunda Metade do Século 20 e as Perspectivas para o Século 21

3.1 Conquista da Cidadania e do Direito à Educação Pública Escolar a partir da Segunda Metade do Século 20 e no Século 21

Terminada a Segunda Grande Guerra e constatadas as atrocidades cometidas contra a humanidade, inicia-se uma das mais profundas discussões sobre o constante e abusivo desrespeito aos direitos humanos na Era Contemporânea. Tais discussões levam, no plano jurídico, à criação do Direito Internacional dos Direitos Humanos, com a finalidade de estabelecer mecanismos internacionais de proteção desses direitos.

O Direito Internacional dos Direitos Humanos, ramo autônomo da ciência jurídica contemporânea, é dotado de especificidade própria. Visa a proteger, única e exclusivamente, as vítimas de direitos humanos, porque se fundamenta na dignidade da pessoa humana. Sua fonte material por excelência é inculcar a consciência jurídica universal desses direitos e o respeito incondicional ao ser humano e a sua dignidade.

É formado por um conjunto de instrumentos internacionais de proteção dos direitos humanos, de natureza e efeitos jurídicos variáveis, como tratados internacionais, declarações e resoluções, que operam tanto no âmbito global, por meio das Nações Unidas, como no âmbito regional, por meio dos sistemas regionais de proteção dos direitos humanos, como o sistema americano, o europeu e o africano[1].

A segunda metade do século 20 apresenta um novo paradigma em relação à proteção dos direitos humanos. A partir desse período, haverá relação intrínseca entre a proteção dos referidos direitos e o exercício da cidadania e o respeito à dignidade da pessoa humana. Compreende-se que se os direitos humanos não forem reconhecidos e minimamente assegurados, não há real respeito à dignidade da pessoa humana, assim como não há possibilidade de exercício da cidadania. A concretização dos direitos humanos se dá pelo exercício da cidadania, o qual materializa o respeito à dignidade da pessoa humana[2].

Diante dessa trilogia – direitos humanos, dignidade da pessoa humana e cidadania – todo e qualquer ser humano, em razão exclusivamente dos atributos da pessoa humana, deve ser respeitado como tal e ter um lugar como cidadão na comunidade à qual pertence ou em que se encontra. Tal garantia decorre primeiramente do sistema internacional de proteção dos direitos humanos, que relaciona a titularidade de direitos humanos única e exclusivamente à condição humana e não à nacionalidade. Esta, é claro, configura também um direito humano, mas não é *conditio sine qua non* para titularizar os referidos direitos. Tal mudança de paradigma inaugurada pelo Direito Internacional dos Direitos Humanos encontra-se referendada pelos Estados Democráticos de Direito[3].

Hannah Arendt, ao analisar as origens do totalitarismo e todas as barbáries por ele cometidas durante o período da Segunda Guerra, expõe:

> O anti-semitismo (não apenas o ódio aos judeus), o imperialismo (não apenas a conquista) e o totalitarismo (não apenas a ditadura) – um

---

[1] Antonio Augusto Cançado Trindade. A Autonomia do Direito Internacional dos Direitos Humanos. In: *Tratado de Direito Internacional dos Direitos Humanos*. 2. ed. Porto Alegre: Sergio Antonio Fabris, 2003, v. I, p. 38.

[2] Carolina Alves de Souza Lima. *Relação Intrínseca entre Direitos Humanos, Dignidade e Cidadania no Mundo Contemporâneo*. Revista da Associação Paulista do Ministério Público de São Paulo, São Paulo, p. 82 – 89. 01 abr. 2011 e Jorge Miranda. A Dignidade da Pessoa Humana e a Unidade Valorativa do Sistema de Direitos Fundamentais. In: *Tratado Luso-Brasileiro da Dignidade Humana*. Coordenação de Jorge Miranda e Marco Antonio Marques da Silva. 2. ed. Atualizada e ampliada. 2009, p. 168.

[3] Carolina Alves de Souza Lima. *Relação Intrínseca entre Direitos Humanos, Dignidade e Cidadania no Mundo Contemporâneo. cit.*

após o outro, um mais brutalmente que o outro – demonstraram que a dignidade humana precisa de nova garantia, somente encontrável em novos princípios políticos e em uma nova lei na terra, cuja vigência desta vez alcance toda a humanidade, mas cujo poder deve permanecer estritamente limitado, estabelecido e controlado por entidades territoriais novamente definidas[4].

E é sabido que apesar de a primazia da pessoa humana ser uma exigência ética, a história da humanidade vem revelando o constante desrespeito à dignidade humana, nas mais variadas formas de ofensa aos direitos humanos. Em decorrência dessas violações constantes e abusivas à dignidade da pessoa humana, muitos Estados Democráticos vêm consolidando expressamente a sua proteção em seus ordenamentos jurídicos. Isso porque, apesar de a ideia de dignidade ser imanente à natureza humana, ela somente tem possibilidade de concretizar-se na vida em sociedade quando há a determinação legal pela sua proteção, tanto no âmbito nacional quanto internacional[5].

A primeira organização internacional criada após o término da guerra foi a Organização das Nações Unidas em 1945. Nas palavras de Fábio Konder Comparato: "As Nações Unidas nasceram com a vocação de se tornarem a organização da sociedade política mundial, à qual deveriam pertencer, portanto, necessariamente, todas as nações do globo empenhadas na defesa da dignidade humana"[6].

A Declaração Universal dos Direitos Humanos, de 1948, prescreve, em seu preâmbulo, "que o reconhecimento da dignidade inerente a todos os membros da família humana e de seus direitos iguais e inalienáveis é o fundamento da liberdade, da justiça e da paz no mundo". O artigo 1º da Declaração, por seu turno, afirma que: "todas as pessoas nascem livres e iguais em dignidade e direitos. São dotadas de razão e consciência e devem agir em relação umas às outras com espírito de fraternidade".

---

[4] *Origens do Totalitarismo, cit.*, p. 13.

[5] Jean Rivero e Hugues Moutouh. *Liberdades Públicas.* Tradução de Maria Ermantina de Almeida Prado Galvão. São Paulo: Martins Fontes, 2006, p. 343-44.

[6] *A Afirmação Histórica dos Direitos Humanos, cit.*, p. 210. O Brasil aprovou a Carta das Nações Unidas por meio do Decreto-lei n. 7.935, de 4 de setembro de 1945, e o ratificou em 21 de setembro do mesmo ano.

A partir da Declaração de 1948, foram elaborados vários tratados internacionais de direitos humanos, tanto no âmbito global quanto regional, repetindo os mesmos postulados no que se refere à proteção da dignidade da pessoa humana e dos direitos humanos.

Na sessão de 16 de fevereiro de 1946, do Conselho Econômico e Social das Nações Unidas, foram estabelecidas as metas que deveriam ser cumpridas pela ONU, por meio da Comissão de Direitos Humanos, quanto à proteção dos direitos humanos. Referida Comissão ficou encarregada de cumprir essa missão em três etapas. A primeira consistia em elaborar uma declaração de direitos humanos e que foi concretizada com a aprovação da Declaração Universal dos Direitos Humanos, pela Resolução n. 217 da Assembleia Geral das Nações Unidas, em 10 de dezembro de 1948[7].

A segunda etapa consistia na criação de tratados internacionais de direitos humanos, uma vez que estes têm caráter jurídico e podem estabelecer a responsabilidade internacional dos Estados signatários. Essa etapa da missão iniciou-se logo em 1948, com a aprovação da Convenção para a Prevenção e a Repressão do Crime de Genocídio e das Convenções de Genebra de 1949, sobre a proteção das vítimas de conflitos bélicos. Em 1966, dá-se um importante passo com a aprovação do Pacto Internacional sobre Direitos Civis e Políticos e do Pacto Internacional sobre Direitos Econômicos, Sociais e Culturais[8].

Ao longo da segunda metade do século 20, foram celebrados vários tratados de direitos humanos pelas Nações Unidas. Além dos já mencionados, houve a promulgação da Convenção Internacional sobre a Eliminação de Todas as Formas de Discriminação Racial em 1965; da Convenção sobre a Eliminação de Todas as Formas de Discriminação contra a Mulher em 1979; da Convenção contra a Tortura e outros Tratamentos ou Penas Cruéis, Desumanas ou Degradantes em 1984; da Convenção Internacional sobre os Direitos da Criança em 1989; da Convenção Relativa aos Povos Indígenas e Tribais em Países Independentes em 1989, entre outros.

A terceira etapa da missão das Nações Unidas consistia na criação de mecanismos capazes de garantir a observância desses direi-

---

[7] Fábio Konder Comparato. *A Afirmação Histórica dos Direitos Humanos, cit.*, p. 222-223.
[8] *Idem. Ibidem.*

CONQUISTA DA CIDADANIA, DOS DIREITOS HUMANOS E DO DIREITO À EDUCAÇÃO ESCOLAR

tos. Trata-se de etapa ainda em execução[9] e que representa o maior desafio do século 21 em relação aos direitos humanos, uma vez que significa garantir grande parte da efetividade desses direitos. Vários tratados internacionais celebrados perante as Nações Unidas já contemplam mecanismos jurídicos de garantia dos direitos humanos e preveem a responsabilidade internacional dos Estados-membros por violação.

No entanto, ainda se faz necessário o aperfeiçoamento dos mecanismos jurídicos e extrajurídicos para a maior proteção desses direitos no âmbito internacional. A aprovação do Estatuto de Roma e a criação do Tribunal Penal Internacional em 1998 são importantes marcos na criação de mecanismos jurídicos de responsabilização de indivíduos pela prática de crimes de lesa-humanidade.

Enquanto no âmbito global houve, após a Segunda Grande Guerra, a criação da Organização das Nações Unidas e de todo um sistema global internacional de proteção dos direitos humanos, no âmbito regional houve a criação do sistema europeu e do sistema americano de direitos humanos. O primeiro aconteceu com a elaboração da Convenção Europeia dos Direitos Humanos, com entrada em vigor em 1953 e que deu início à construção do sistema europeu de direitos humanos.

Já o segundo ocorreu com a aprovação da Declaração Americana de Direitos e Deveres do Homem e da Carta da Organização dos Estados Americanos, a OEA, em 1948. Em 1969 foi aprovada a Convenção Americana de Direitos Humanos, também conhecida como Pacto de São José da Costa Rica, que possibilitou importante passo na garantia dos direitos humanos, uma vez que previu mecanismos jurídicos de responsabilidade internacional dos Estados-partes por violação aos seus compromissos internacionais. No âmbito regional, houve também a criação do Sistema Africano de Direitos Humanos, por meio da Carta Africana dos Direitos Humanos e dos Povos, adotada em 1981 e com entrada em vigor em 1986[10].

---

[9] *Idem. Ibidem.*

[10] André de Carvalho Ramos. *Direitos Humanos em Juízo: Comentários aos Casos Contenciosos e Consultivos da Corte Interamericana de Direitos Humanos.* São Paulo: Max Limonad, 2001, p. 56-58 e Antonio Augusto Cançado Trindade. A Evolução dos Sistemas Regionais: O Sistema Africano de Proteção dos Direitos Humanos. In: *Tratado de Direito Internacional dos Direitos Humanos.* Porto Alegre: Sergio Antonio Fabris Editor. 1. ed. 2003, v.III, p. 196.

CIDADANIA, DIREITOS HUMANOS E EDUCAÇÃO

Ao lado do sistema global e dos regionais, todos os Estados da comunidade internacional que se estruturam em regimes democráticos vêm realizando o constante trabalho de aperfeiçoamento na garantia dos direitos humanos em seus respectivos territórios. A relação direta entre tutela desses direitos e regimes democráticos já havia sido sinalizada pela própria Declaração Universal de 1948, nos seus artigos XXI e XXIX. Trata-se do único regime político compatível com a preservação da dignidade da pessoa humana e consequentemente dos direitos humanos[11].

Com o término da Segunda Grande Guerra, inicia-se no campo político o período da Guerra Fria, marcado pelo conflito ideológico entre as duas grandes potências: Estados Unidos, líder do bloco capitalista, e União das Repúblicas Socialistas Soviéticas, líder do bloco socialista. Nesse período, as relações internacionais se tornaram mais complexas e tensas, o que dificultou ainda mais o desempenho da recém-criada Organização das Nações Unidas[12]. Mesmo assim, nas décadas seguintes, foram verificados avanços significativos na promoção e proteção dos direitos humanos. Realizaram-se importantes conferências internacionais de direitos humanos, e uma ampla maioria de países da comunidade internacional elaborou vários tratados e declarações internacionais de direitos humanos.

No entanto, se por um lado houve avanços no campo da conquista dos direitos humanos, por outro, a segunda metade do século 20 passou a apresentar novos desafios com demandas por novos direitos. Nesse período começa a se desenhar um novo cenário contemporâneo – e em

---

[11] Segundo os artigos XXI e XXIX da Declaração Universal de 1948, respectivamente: "1. Todo homem tem o direito de tomar parte no governo de seu país, diretamente ou por intermédio de representantes livremente escolhidos. 2. Todo homem tem igual direito de acesso ao serviço público do seu país. 3. A vontade do povo será a base da autoridade do governo; esta vontade será expressa em eleições periódicas e legítimas, por sufrágio universal, por voto secreto ou processo equivalente que assegure a liberdade do voto" e "1. Todo homem tem deveres para com a comunidade na qual o livre e pleno desenvolvimento de sua personalidade é possível. 2. No exercício de seus direitos e liberdade, todo homem estará sujeito apenas às limitações determinadas pela lei, exclusivamente com o fim de assegurar o devido reconhecimento e respeito dos direitos e liberdades de outrem e de satisfazer às justas exigências da moral, da ordem pública e do bem-estar de uma sociedade democrática" (Fábio Konder Comparato. *A Afirmação Histórica dos Direitos Humanos, cit.*, p. 235-237).

[12] Liliana Lyra Jubilut. *Os Pactos Internacionais de Direitos Humanos*. In: *Direito Internacional dos Direitos Humanos: Instrumentos básicos*. Coordenadores: Guilherme Assis de Almeida e Cláudia Perrone-Moisés. São Paulo: Atlas, 2002, p. 42 a 44.

constante transformação – que irá se acentuar no final desse século com a chegada da globalização. Esta, aponta Dalmo de Abreu Dallari:

> pode ser a expressão do reconhecimento da existência de inovações importantes no relacionamento entre os Estados e as instituições econômicas e financeiras, mas está bem longe de significar a integração mundial das sociedades humanas e dos grupos nacionais, como se toda a população do mundo fizesse parte do povo de um único Estado[13].

Segundo esse cenário, o modo capitalista de viver, a degradação do meio ambiente, os conflitos e as guerras civis e internacionais, a necessidade de segurança nacional e internacional, o anseio pela paz mundial, as inovações tecnológicas em todos os campos do conhecimento e os avanços da medicina e da ciência como um todo, passaram a apresentar novas demandas e a preocupação com a proteção de novos bens jurídicos. Surgem, então, ao lado dos direitos da liberdade e da igualdade, os direitos da solidariedade. Nas palavras de Paulo Bonavides estes: "têm por destinatário o gênero humano mesmo, num momento expressivo de sua afirmação como valor supremo em termos de existencialidade concreta"[14].

São direitos que vão além da proteção de interesses individuais ou de determinados grupos ou mesmo Estados. São direitos relacionados à proteção dos interesses da humanidade como um todo e na perspectiva da solidariedade. Entre eles estão o direito à autodeterminação dos povos, ao desenvolvimento de todas as nações, ao meio ambiente hígido para as gerações presentes e futuras, à democracia, à paz mundial, ao patrimônio genético, etc. Para serem preservados, exigem atuação conjunta dos Estados, das sociedades, dos povos e da comunidade internacional como um todo[15].

Observa-se também nesse novo cenário, que se, no campo das relações econômicas e financeiras, o mundo está cada vez mais integrado e globalizado, no final do século 20 e começo do 21, no campo das rela-

---

[13] *Elementos de Teoria Geral do Estado*. 28 ed. São Paulo: Saraiva, 2009, p. 285-286.
[14] *Teoria Constitucional da Democracia Participativa*. 3. ed. São Paulo: Malheiros. 2008, p. 356.
[15] Luiz Flávio Gomes. *Uma Aproximação aos Valores Fundamentais do Estado Democrático e Social do Terceiro Milênio*. In: Uma Vida Dedicada ao Direito: Homenagem a Carlos Henrique de Carvalho. São Paulo: Revista dos Tribunais, 1995, p. 317.

ções humanas, está cada vez mais desintegrado. Enquanto os valores econômicos são cada vez mais supervalorizados e a riqueza material é colocada como sinônimo de felicidade e sucesso, os valores éticos, a amizade, a irmandade, a família, o respeito ao próximo e todos os valores da solidariedade são colocados em segundo plano[16].

Além disso, os conflitos étnicos e religiosos se intensificam pelo mundo e criam ódio entre os povos, resultando em guerras infundadas. O terrorismo se fortalece cada vez mais e se difunde pelo mundo. O desequilíbrio ambiental ameaça a vida no planeta Terra. Todas essas realidades demonstram o grande mal-estar da civilização contemporânea, refém de suas próprias atitudes[17].

É o que nos aponta Erik Hobsbawm, ao expor que o mundo do final do século 20 não era o mesmo do seu início. E entre as transformações apresentadas na visão do autor, uma delas nos interessa em particular neste trabalho, uma vez que apresenta relação direta com o estudo dos direitos humanos. Para o autor:

> A terceira transformação, em certos aspectos a mais perturbadora, é a desintegração de velhos padrões de relacionamento social humano, e com ela, aliás, a quebra dos elos entre as gerações, quer dizer, entre passado e presente. Isso ficou muito evidente nos países mais desenvolvidos da versão ocidental de capitalismo, onde predominaram os valores de um individualismo associal absoluto, tanto nas ideologias oficiais como nas não oficiais, embora muitas vezes aqueles que defendem esses valores deplorem suas consequências sociais. Apesar disso, encontravam-se as mesmas tendências em outras partes, reforçadas pela erosão das sociedades e religiões tradicionais e também pela destruição, ou autodestruição, das sociedades do 'socialismo real'. Essa sociedade, formada por um conjunto de indivíduos egocentrados sem conexão entre si, em busca apenas da própria satisfação (o lucro, o prazer ou seja lá o que for), estava sempre implícita na teoria capitalista[18].

---

[16] Gilmar Antonio Bedin. *A Sociedade Internacional e o Século XXI: em Busca da Construção de uma Ordem Judicial Justa e Solidária.* Ijuí: Ed. Unijuí, 2001, p. 355 a 357.

[17] *Idem, Ibidem*, p. 355 a 357.

[18] Eric J. Hobsbawm. *Era dos Extremos: o Breve Século XX: 1914-1991.* Tradução de Marcos Santarrita. Revisão técnica Maria Célia Paoli. São Paulo: Companhia das Letras, 1995, p. 24-25.

Diante dessa realidade tão complexa, o alcance da paz e da solidariedade entre os povos torna-se cada vez mais difícil. A busca por uma sociedade mundial mais justa e solidária[19] é uma possibilidade assim como uma opção. Para sua efetiva construção, a humanidade precisa optar pela construção de uma ordem democrática mundial, na qual se viabilize a cidadania planetária, e os direitos humanos sejam colocados como tema de interesse global. Deve haver o respeito mútuo entre os indivíduos, iniciando-se nas relações privadas e caminhando para a vida em sociedade até chegar às relações no âmbito internacional. Todas essas relações devem ser pautadas no respeito aos direitos humanos e à dignidade da pessoa humana. Ainda há um longo caminho a ser percorrido, no qual todos nós temos importante parcela de responsabilidade.

Quanto ao alcance do direito à educação escolar, a Unesco, agência educativa das Nações Unidas, passa a exercer papel central na promoção da educação de qualidade e equitativa para todos, tanto pela sua atuação como pelos seus tratados, declarações e relatórios a respeito da temática.

A Declaração Universal dos Direitos Humanos de 1948 dedicou o artigo XXVI exclusivamente para a educação, ao estabelecer que:

> 1. Todo homem tem direito à educação. A educação deve ser gratuita, pelo menos nos graus elementares e fundamentais. A instrução elementar será obrigatória. A instrução técnico-profissional será generalizada; o acesso aos estudos superiores será igual para todos, em função dos méritos respectivos. 2. A instrução será orientada no sentido do pleno desenvolvimento da personalidade humana e do fortalecimento do respeito pelos direitos do homem e pelas liberdades fundamentais. A instrução promoverá a compreensão, a tolerância e a amizade entre todas as nações e grupos nacionais ou religiosos, e coadjuvará as atividades das Nações Unidas em prol da manutenção da paz[20].

A partir da década de 1950, as questões relacionadas à educação escolar de crianças pequenas passaram a fazer parte das chamadas

---

[19] Gilmar Antonio Bedin. *A Sociedade Internacional e o Século XXI: em Busca da Construção de uma Ordem Judicial Justa e Solidária. cit.*, p. 365.
[20] Fábio Konder Comparato. *A Afirmação Histórica dos Direitos Humanos, cit.*, p. 236.

CIDADANIA, DIREITOS HUMANOS E EDUCAÇÃO

políticas de desenvolvimento econômico e social no âmbito internacional. Era a política desenvolvida pela ONU, por meio da Unesco e da Unicef, voltada principalmente para os países considerados subdesenvolvidos, hoje chamados de países em desenvolvimento.

Nos países desenvolvidos, sobretudo os da Europa, o atendimento educacional de melhor qualidade para as crianças foi alcançado com as políticas sociais do Estado de Bem-Estar Social. As mulheres trabalhadoras reivindicavam melhores condições de bem-estar para seus filhos em creches e escolas, uma vez que precisavam se ausentar por período considerável em razão das atividades profissionais.

Nos países em desenvolvimento, as mulheres também precisavam ausentar-se para o trabalho; todavia, o atendimento educacional dado às crianças, quando havia, era precário e com baixo custo público. Na América Latina, Ásia e África, as ações educacionais sugeridas pela Unesco e pela Unicef eram de baixo custo[21]. Segundo Marcos Cezar de Freitas e Maurilene de Souza Biccas:

> Esses organismos internacionais produziram e divulgaram amplamente um roteiro variado de sugestões e estratégias voltadas para a expansão da educação infantil. No entanto, tais orientações foram apropriadas a partir de um pressuposto no mínimo nefasto: oferecer um atendimento 'pobre para os pobres', em nome da escassez de recursos[22].

No plano internacional dos direitos humanos, houve iniciativas que apresentaram importantes diretrizes normativas quanto à proteção dos direitos da criança, entre elas o direito à educação escolar. Em 20 de novembro de 1989, a Assembleia Geral das Nações Unidas concluiu e assinou a Convenção sobre os Direitos da Criança. Nela se declarou que: "a criança deve estar plenamente preparada para uma vida independente na sociedade e deve ser educada de acordo com os ideais proclamados na Carta das Nações Unidas, especialmente com o espírito de paz, dignidade, tolerância, liberdade, igualdade e solidariedade". Os seus artigos 28 e 29 foram dedicados exclusivamente ao direito à

---

[21] Marcos Cezar de Freitas e Maurilene de Souza Biccas. *História Social da Educação no Brasil (1926-1996)*. São Paulo: Cortez, 2009, v. 3, p. 292-293-294.

22 *Idem. Ibidem.* p. 293.

educação. O primeiro prescreve a obrigação dos Estados Partes de reconhecer a educação como um direito humano de toda criança. Referido direito deverá ser garantido com pleno respeito à dignidade das crianças. Para tanto, os Estados Partes deverão atuar no sentido de:

> Tornar o ensino primário obrigatório e disponível gratuitamente para todos; b) estimular o desenvolvimento do ensino secundário em suas diferentes formas, inclusive o ensino geral e profissionalizante, tornando-o disponível e acessível a todas as crianças, e adotar medidas apropriadas tais como a implantação do ensino gratuito e a concessão de assistência financeira em caso de necessidade; c) tornar o ensino superior acessível a todos com base na capacidade e por todos os meios adequados. d) tornar a informação e a orientação educacionais e profissionais disponíveis e accessíveis a todas as crianças; e) adotar medidas para estimular a frequência regular às escolas e a redução do índice de evasão escolar.

O artigo 29, por seu turno, preceitua o compromisso dos Estados Partes com a educação humanista. Nesse sentido, ela deverá estar orientada a:

> a) desenvolver a personalidade, as aptidões e a capacidade mental e física da criança em todo o seu potencial; b) imbuir na criança o respeito aos direitos humanos e às liberdades fundamentais, bem como aos princípios consagrados na Carta das Nações Unidas; c) imbuir na criança o respeito aos seus pais, à sua própria identidade cultural, ao seu idioma e seus valores, aos valores nacionais do país em que reside, aos do eventual país de origem, e aos das civilizações diferentes da sua; d) preparar a criança para assumir uma vida responsável numa sociedade livre, com espírito de compreensão, paz, tolerância, igualdade de sexos e amizade entre todos os povos, grupos étnicos, nacionais e religiosos e pessoas de origem indígena; e) imbuir na criança o respeito ao meio ambiente.

A Unesco passa a desempenhar papel fundamental nas questões educacionais mundiais e, ao longo das décadas seguintes à sua criação, foi elaborando sucessivos documentos internacionais em prol das várias vertentes da educação de qualidade para todos. Em 1960, elabora

CIDADANIA, DIREITOS HUMANOS E EDUCAÇÃO

a "Convenção Relativa à Luta Contra a Discriminação no Campo do Ensino". Prescreve seu artigo 1º que:

> Para os fins da presente Convenção, o termo "discriminação" abarca qualquer distinção, exclusão, limitação ou preferência que, por motivo de raça, cor, sexo, língua, religião, opinião pública ou qualquer outra opinião, origem nacional ou social, condição econômica ou nascimento, tenha por objeto ou efeito destruir ou alterar a igualdade de tratamento em matéria de ensino, e, principalmente: a) privar qualquer pessoa ou grupo de pessoas do acesso aos diversos tipos ou graus de ensino; b) limitar a nível inferior a educação de qualquer pessoa ou grupo; c) sob reserva do disposto no artigo 2 da presente Convenção, instituir ou manter sistemas ou estabelecimentos de ensino separados para pessoas ou grupos de pessoas; ou d) de impor a qualquer pessoa ou grupo de pessoas condições incompatíveis com a dignidade do homem[23].

Em 1966 foi elaborada a "Recomendação Relativa à Condição Docente". Entre seus princípios gerais merece destaque:

> A educação deverá ter por objeto, desde os primeiros anos de assistência à criança na escola, o pleno desenvolvimento da personalidade humana e o desenvolvimento espiritual, moral, social, cultural e econômico da comunidade, assim como imprimir o profundo respeito pelos direitos humanos e liberdades fundamentais. Em relação a esses valores dever-se-á atribuir maior importância à contribuição da educação para a paz, para a compreensão, tolerância e amizade entre todas as nações e entre os diferentes grupos raciais ou religiosos[24].

Em março de 1990, a Conferência Mundial sobre Educação para Todos aprovou a *"Declaração Mundial sobre Educação para Todos: Satisfação das Necessidades Básicas da Aprendizagem"*, juntamente com seu Plano de Ação, em Jomtien, na Tailândia. O objetivo fundamental da declaração e do seu plano era concretizar as necessidades básicas da aprendizagem

---

[23] Disponível em: http://unesdoc.unesco.org/images/0013/001325/132598por.pdf Acesso em 9 de fev. 2018.
24 *Idem, Ibidem.*

de todas as crianças, jovens e adultos no mundo, com vistas à educação comprometida com os valores humanistas e os direitos humanos[25].

Houve a participação de vários Estados, assim como de organismos internacionais e de organizações não governamentais, todos comprometidos com a meta da educação para todos. O Plano apresentou três importantes objetivos de ação conjunta: ação direta em cada país; cooperação entre grupos de países que compartilham certas características e interesses; e cooperação multilateral e bilateral na comunidade mundial[26].

Os objetivos eram grandes, assim como as deficiências no campo da educação constadas mundialmente. Segundo dados expressos no preâmbulo da Declaração, apesar dos esforços das Nações Unidas e de vários países para assegurar a todos o direito à educação, ainda persistia, na década de 1990, a seguinte realidade:

> mais de 100 milhões de crianças, das quais pelo menos 60 milhões são meninas, não têm acesso ao ensino primário; mais de 960 milhões de adultos, dois terços dos quais mulheres, são analfabetos, e o analfabetismo funcional é um problema significativo em todos os países industrializados ou em desenvolvimento; mais de um terço dos adultos do mundo não têm acesso ao conhecimento impresso, às novas habilidades e tecnologias, que poderiam melhorar a qualidade de vida e ajudá-los a perceber e a adaptar-se às mudanças sociais e culturais; e mais de 100 milhões de crianças e incontáveis adultos não conseguem concluir o ciclo básico, e outros milhões, apesar de concluí-lo, não conseguem adquirir conhecimentos e habilidades essenciais"[27].

Em 1993 foi elaborada a *"Declaração de Nova Delhi sobre Educação para Todos"* com a participação dos seguintes países em desenvolvimento, entre eles o Brasil: Bangladesh, China, Egito, Índia, Indonésia, México, Nigéria e Paquistão. O objetivo era que os nove países em desenvolvimento de maior população do mundo reforçassem as metas

---

[25] Disponível em: http://www.direitoshumanos.usp.br/index.php/Direito-a-Educa%C3%A7%C3%A3o/declaracao-mundial-sobre-educacao-para-todos.html . Acesso em: 26 de jul. 2018.

[26] *Idem, Ibidem.*

[27] *Idem, ibidem.*

CIDADANIA, DIREITOS HUMANOS E EDUCAÇÃO

definidas pela *Conferência Mundial sobre Educação para Todos e pela Cúpula Mundial da Criança*, realizadas em 1990.

Em 1993 também foi realizado o Congresso Internacional sobre Educação para os Direitos Humanos e a Democracia, em Montreal, no Canadá. O Congresso adotou o *"Plano Mundial de Ação sobre Educação para os Direitos Humanos e a Democracia"*. Referido congresso trazia a vertente específica da educação para os direitos humanos, com vistas ao enfrentamento no campo educacional de temas como democracia, conflitos armados *versus* paz, tolerância, solidariedade, proteção ao meio ambiente, multiculturalismo, entre tantos outros importantes nessa seara[28].

Em 1994 foi elaborada a *Declaração sobre Princípios, Política e Práticas na Área das Necessidades Educativas Especiais* em Salamanca, na Espanha. Nela, foi reafirmado o compromisso da educação para todos e o reconhecimento da necessidade e da urgência na garantia de educação para crianças, jovens e adultos, com necessidades educacionais especiais dentro do sistema regular de ensino[29].

Em 1994 foi elaborada a Declaração e Plano de Ação Integrado sobre a Educação para a Paz, os Direitos Humanos e a Democracia na 44ª sessão da Conferência Internacional sobre Educação em Genebra, depois aprovada pela Conferência Geral da Unesco, em sua 28ª sessão em Paris, em novembro de 1995. Ao estabelecer as finalidades da educação para a paz, os direitos humanos e a democracia, expõe que: "O objetivo último da educação para a paz, os direitos humanos e a democracia é o desenvolvimento, em cada indivíduo, do senso de valores universais e tipos de comportamento sobre os quais uma cultura de paz se baseia". Prosegue: "A educação deve desenvolver a capacidade de reconhecer e aceitar os valores que existem na diversidade dos indivíduos, dos gêneros, das pessoas e das culturas, e desenvolver a capacidade de comunicar, compartilhar e cooperar com os outros".

Acrescenta que:

> A educação deve desenvolver a capacidade de resolução de conflitos de forma não violenta. Deve, com isso, promover também o

---

[28] Antonio Augusto Cançado Trindade. *A Autonomia do Direito Internacional dos Direitos Humanos. In: Tratado de Direito Internacional dos Direitos Humanos, cit.*, p. 311-312.

[29] Disponível em: http://unesdoc.unesco.org/images/0013/001393/139394por.pdf. Acesso em 9 de fev. 2018.

desenvolvimento da paz interior na mente dos estudantes, de forma que eles possam estabelecer, de forma mais sólida, as qualidades da tolerância, da compaixão, do dividir e do cuidar. A educação deve cultivar nos cidadãos a capacidade de fazer escolhas com conhecimento, embasando seus julgamentos e ações não apenas na análise de situações atuais, mas também na análise de uma visão de um futuro a que se aspira. A educação deve ensinar os cidadãos a respeitar a herança cultural, proteger o meio ambiente e adotar métodos de produção e padrões de consumo que conduzam ao desenvolvimento sustentável. A harmonia entre valores individuais e coletivos e entre necessidades básicas imediatas e interesses de longo prazo também é necessária. A educação deve cultivar sentimentos de solidariedade e equidade nos planos nacional e internacional, na perspectiva de um desenvolvimento equilibrado e de longo prazo[30].

Em 1997 foi elaborada a Declaração de Hamburgo, direcionada à educação de adultos. Entre seus destaques está que: "O reconhecimento do direito à educação e do direito a aprender por toda a vida é, mais do que nunca, uma necessidade: é o direito de ler e de escrever; de questionar e de analisar; de ter acesso a recursos e de desenvolver e praticar habilidades e competências individuais e coletivas"[31].

Em abril de 2000 foi realizado o Fórum Mundial da Educação em Dakar, no Senegal, com a presença de 164 países, entre eles o Brasil. Foi elaborada a Declaração sobre Educação para Todos, em que foram reforçadas as diretrizes traçadas na Conferência de Jomtien, na Tailândia, e na qual os países firmaram um acordo de expandir significativamente as oportunidades educacionais para crianças, jovens e adultos até 2015[32].

De acordo com dados dessa declaração, a realidade educacional no mundo em 2000 era ainda alarmante, não obstante terem sido

---

[30] Disponível em: http://unesdoc.unesco.org/images/0011/001128/112874por.pdf. Acesso em 9 de fev. 2018.

[31] Disponível em: http://unesdoc.unesco.org/images/0011/001161/116114por.pdf Acesso em 9 de fev. 2018. Em 1999 foi elaborada a Recomendação de Seul sobre Ensino Técnico e Profissional: Educação e formação ao longo de toda a vida: uma ponte para o futuro. Disponível em: http://unesdoc.unesco.org/images/0011/001160/116096por.pdf. Acesso em 9 de fev. 2018.

[32] Disponível em: http://unesdoc.unesco.org/images/0012/001275/127509porb.pdf. Acesso em 10 de fev. 2018.

verificados avanços em face dos dados da Conferência Mundial de 1990. O documento apontou ainda que, dos mais de 800 milhões de crianças abaixo de seis anos de idade, menos da terça parte era beneficiada com alguma forma de educação pré-primária. Constatou também que cerca de 113 milhões de crianças, das quais 60% eram meninas, não tinham acesso à escola primária e que, segundo dados do ano 2000, pelo menos 880 milhões de adultos eram analfabetos, sendo a maioria de mulheres[33].

Os países se comprometeram com seis objetivos no chamado Marco de Ação de Educação para Todos: a expansão da educação e o cuidado com a primeira infância; universalização da educação elementar gratuita e obrigatória; aprendizagem de jovens e adultos; redução das taxas de analfabetismo; igualdade entre homens e mulheres, nas oportunidades educacionais; e qualidade da educação em todos os seus aspectos[34].

No âmbito da América Latina e Caribe, foi elaborada em 2001 a Declaração de Cochabamba: Educação para Todos. Dados do documento mostram que, na época, havia cerca de 40 milhões de analfabetos com mais de 15 anos, representando mais de 11% da população total da região marcada pela pobreza, desigualdade e exclusão social[35]. Importante destacar que o referido documento declara:

> que sem a educação não é possível o desenvolvimento humano. Sabidamente, a educação não pode por si mesma eliminar a pobreza, nem é capaz de criar as condições necessárias para o crescimento econômico sustentado ou o bem-estar social. Mas ela continua a ser a base para o desenvolvimento pessoal, e um fator determinante para a melhoria significativa da igualdade de acesso às oportunidades de uma melhor qualidade de vida[36].

Com base nos objetivos traçados na Declaração sobre Educação para Todos, firmada no Fórum Mundial da Educação em Dakar, no Senegal,

---

[33] *Idem, ibidem.*
[34] *Idem, ibidem.*
[35] Disponível em: http://unesdoc.unesco.org/images/0012/001275/127510por.pdf. Acesso em 10 de fev. 2018.
[36] *Idem, ibidem.*

a Unesco elaborou o relatório de monitoramento global Educação para Todos, em que analisou os progressos e desafios do período de 2000 a 2015. Foram constatados avanços, mas ainda havia um longo caminho a ser percorrido.

O primeiro objetivo, intitulado *Educação e Cuidados na Primeira Infância*, visava a expandir e melhorar a educação e os cuidados na primeira infância, principalmente para as crianças mais vulneráveis e em situação desfavorável. Importante destacar que o relatório demonstra a relação mais do que direta entre a proteção da liberdade, com vistas a garantir o direito à educação escolar e sua ligação com a proteção, e a promoção da igualdade. De acordo com o relatório:

> Apoiar o desenvolvimento das crianças nas primeiras etapas da vida tem um enorme impacto em termos de melhores e mais amplos resultados educacionais e sociais. Os maiores retornos econômicos do investimento na educação ocorrem na etapa da primeira infância. Comunidades menos favorecidas, principalmente nos países mais pobres, se beneficiam ainda mais, o que é mais um argumento para justificar investimentos de maior peso nessa etapa[37].

Segundo o balanço apresentado em relação aos progressos, verificou-se, quanto ao alcance do primeiro objetivo, que dos 148 países com dados disponíveis: 20% estavam muito longe de alcançá-lo; 25% estavam longe; 8% estavam perto; e 47% alcançaram referido objetivo. Nesse cenário, a taxa de mortalidade infantil diminuiu em torno de 50%; no entanto, 6,3 milhões de crianças com menos de 5 anos morreram no ano de 2013 de causas evitáveis[38].

Houve progresso considerável na melhoria da nutrição infantil; todavia, uma em cada quatro crianças no mundo ainda possui estatura abaixo da média esperada para sua idade, o que revela sinal de deficiência crônica de nutrientes essenciais para o desenvolvimento sadio. Em 2012, 184 milhões de crianças estavam matriculadas na educação

---

[37] Relatório da Unesco sobre Educação para Todos 2000-2015: Progressos e Desafios. Disponível em: http://unesdoc.unesco.org/images/0023/002325/232565por.pdf. Acesso em 22 de fev. 2018.

[38] *Idem, ibidem.*

pré-primária em todo o mundo, o que representava um aumento de quase dois terços em relação aos dados de 1999. Em 40 países, a educação pré-primária passou a ser obrigatória até 2014[39]. As recomendações para o pós-2015 são as seguintes:

> A educação pré-primária precisa ser expandida para incluir todas as crianças, principalmente as mais marginalizadas. São necessárias mais informações sobre todos os tipos de cuidados e educação na primeira infância. É necessário pelo menos um ano de educação pré-primária obrigatória para todas as crianças[40].

O segundo objetivo, intitulado *Educação Primária Universal*, visava a garantir a todas as crianças, até 2015, principalmente meninas, crianças em circunstâncias difíceis e as pertencentes a minorias étnicas, acesso à educação primária completa, gratuita, obrigatória e de boa qualidade. Dos 140 países com dados disponíveis, o relatório revelou, quanto ao desempenho global, que: 9% estavam muito longe de atingir o objetivo; 29% estavam longe; 10% estavam perto; e 52% o alcançaram. Revela o relatório que a taxa líquida de matrículas melhorou significativamente, com aumento de pelo menos 20% entre 1999 e 2012 em 17 países, 11 dos quais ficam na África Subsaariana, região com os piores índices educacionais do mundo.

Aponta o relatório que, apesar dos aumentos das matrículas, em torno de 58 milhões de crianças estavam fora da escola em 2012, e o progresso em reduzir esse número estava estagnado. O abandono escolar também se mostrava, como ainda se mostra, uma questão preocupante: em 32 países, a maioria na África Subsaariana, estima-se que pelo menos 20% das crianças matriculadas não cheguem à última série. Estimou-se que, até 2015, uma em cada seis crianças de países de renda média e baixa, o que representava aproximadamente 100 milhões, não concluiu a educação primária[41].

---

[39] *Idem, ibidem.*
[40] Relatório da Unesco sobre Educação para Todos 2000-2015: Progressos e Desafios. Disponível em: http://unesdoc.unesco.org/images/0023/002325/232565por.pdf . Acesso em 22 de fev. 2018.
[41] *Idem, Ibidem.*

O relatório destaca a desigualdade como um dos empecilhos para se atingir a universalização da educação primária:

> Progressos conquistados por leis e políticas aumentaram a participação de grupos desfavorecidos na educação primária. Contudo, esses grupos continuam a sofrer barreiras à educação devido a pobreza, gênero, casta, antecedentes étnicos e linguísticos, raça, deficiências, localização geográfica e modos de vida. É comum crianças marginalizadas sofrerem de desvantagens múltiplas, que se reforçam mutuamente[42].

O trabalho infantil é outro empecilho grave para se alcançar a universalização da educação primária. Segundo o relatório: "O número de crianças entre 5 e 11 anos de idade inseridas na força de trabalho caiu de 139 milhões, em 2000, para 73 milhões, em 2012. Em muitos países, percebeu-se que, aos 13 anos, crianças que trabalham e estudam ficavam para trás na progressão escolar em relação a seus colegas que não trabalham"[43].

Em relação às crianças com deficiência, o relatório estima que haja:

> entre 93 e 150 milhões de crianças com deficiências, o que aumenta o risco de serem excluídas da educação. Nos países em desenvolvimento, as deficiências tendem a estar conectadas com a pobreza, o que bloqueia o acesso à educação ainda mais do que status socioeconômico, localização rural ou gênero. Meninas portadoras de deficiências podem ser particularmente marginalizadas. O acesso de crianças com deficiências à escola é, muitas vezes, limitado pela falta de entendimento sobre as diferentes formas de debilidades e as necessidades específicas das crianças nesses contextos, pela falta de formação dos professores e de infraestrutura física, além de atitudes discriminatórias contra as deficiências e as diferenças. Muitos países começaram a incluir crianças com deficiências na educação regular, apesar de alguns ainda preferirem a segregação. Na prática, a maioria dos países tem políticas híbridas e tem

---

[42] Relatório da Unesco sobre Educação para Todos 2000-2015: Progressos e Desafios. Disponível em: http://unesdoc.unesco.org/images/0023/002325/232565por.pdf . Acesso em 22 de fev. 2018.

[43] *Idem, Ibidem.*

aperfeiçoado, de maneira crescente, práticas inclusivas. Abordagens que envolvam a comunidade, as famílias e as próprias crianças têm mais chance de alcançar soluções sustentáveis e relevantes que favoreçam a inclusão[44].

Outra realidade apresentada pelo relatório e que exige especial atenção em face das demandas do século 21, refere-se à educação para crianças que estão em regiões de guerras e conflitos.

A educação em emergências complexas – como guerras, distúrbios civis e movimentos populares de larga escala – é um problema crescente e bastante sério. Situações de emergência podem causar altos números de ataques a escolas ou violência sexual, de forma a marginalizar ainda mais grupos que já estavam em desvantagem. Meninos e meninas correm o risco de serem recrutados à força, às vezes da própria sala de aula, e usados como soldados de linha de frente, espiões, homens e mulheres-bomba ou escravos sexuais. As meninas são particularmente vulneráveis em situações de conflito. Desde 2000, a Rede Interagencial para a Educação em Emergências cresceu para tornar-se uma vasta rede de organizações e indivíduos em mais de 170 países. Estabelecer padrões mínimos para a educação em emergências, em 2003, foi um passo essencial; o próximo será maior comprometimento financeiro para Estados frágeis da Parceria Global para a Educação. Apesar de tais avanços, no entanto, a falta de recursos destinados à educação no orçamento da ajuda humanitária continua sendo um enorme problema[45].

As recomendações do relatório em relação ao segundo objetivo para o pós-2015 se concentram na demanda por maior enfoque na proteção dos grupos marginalizados e, por isso, menos favorecidos com o acesso e a qualidade da educação primária.

Quanto ao terceiro objetivo, intitulado *Habilidades para Jovens e Adultos*, com vistas a garantir que as necessidades de aprendizagem de todos

---

[44] *Idem, ibidem.*

[45] Relatório da Unesco sobre Educação para Todos 2000-2015: Progressos e Desafios. Disponível em: http://unesdoc.unesco.org/images/0023/002325/232565por.pdf . Acesso em 22 de fev. 2018.

eles sejam alcançadas por meio do acesso equitativo a educação adequada e a programas de habilidades para a vida, verificou-se que, entre os 167 países com dados disponíveis quanto ao desempenho global: 2% estavam muito longe de atingir o objetivo, 21% estavam longe, 5% estavam perto e 71% o alcançaram.

A participação na educação secundária aumentou rápido desde 1999, com 551 milhões de estudantes matriculados em 2012, o que representa 85%. A taxa geral de matrícula na educação secundária cresceu tanto em países de renda baixa (de 29% para 44%) como de renda média (de 56% para 74%). Expõe também o relatório que a maioria dos 94 países de renda baixa e média que disponibilizou informações elaborou leis para a gratuidade do primeiro nível do ensino secundário desde 1999[46]. Nesse sentido:

> A abolição de taxas escolares foi um dos fatores que contribuiu para o aumento das matrículas na educação secundária. Dos 107 países de renda baixa e média com dados disponíveis, 94 legislaram por um primeiro nível da educação secundária gratuito. O aumento no número de pessoas que completa a educação primária – o que ocorreu em muitos países – também contribuiu para esse cenário e possibilitou que grupos maiores sejam elegíveis para continuar os estudos[47].

O relatório demonstra que as desigualdades persistem na educação secundária:

> Embora o acesso à educação secundária gradualmente se torne universal, ele é, em geral, obtido primeiro por grupos privilegiados e apenas depois pelos marginalizados, pelos pobres e por pessoas que vivem em áreas rurais. O acesso desigual ao primeiro nível da educação secundária normalmente se reflete no segundo nível da educação secundária, que também permanece ou se torna uma fonte de disparidades. Esse padrão pode ser encontrado mesmo em países que prometem oportunidades

---

[46] Relatório da Unesco sobre Educação para Todos 2000-2015: Progressos e Desafios. Disponível em: http://unesdoc.unesco.org/images/0023/002325/232565por.pdf . Acesso em 22 de fev. 2018.

[47] *Idem. Ibidem.*

CIDADANIA, DIREITOS HUMANOS E EDUCAÇÃO

educacionais a crianças, independentemente de sua capacidade de pagar por essas oportunidades. Ainda que a cobertura escolar tenha aumentado, uma proporção considerável de adolescentes em idade de frequentar a educação secundária continua a trabalhar fora da escola na maioria dos países. Alguns abandonam a escola de vez, enquanto outros conciliam trabalho e estudo. Alunos que trabalham ficam para trás na aquisição de habilidades básicas. O percentual de alunos que trabalham enquanto estudam é provavelmente subestimado, uma vez que os pais podem relutar em relatar aos entrevistadores que seus filhos trabalham[48].

Outro dado importante demonstrado no relatório refere-se à necessidade de alternativas educacionais para jovens e adultos que não estão mais na escola. Entre os exemplos apresentados pelo relatório, destacamos o da Índia, no qual o *National Institute of Open Schooling* oferece para jovens a partir de 14 anos tanto a educação básica, como cursos profissionalizantes e programas de enriquecimento de vida. Segundo dados, até 2011, um total acumulado de 2,2 milhões de alunos se beneficiou desses programas[49].

Entre os desafios persistentes, o relatório aponta que: em 2012 ainda havia 63 milhões de jovens fora da escola; um terço dos adolescentes em países de renda baixa e média não terá completado o primeiro ciclo da educação secundária em 2015; o número de jovens trabalhando não diminuiu e há a necessidade urgente de ampliar as possibilidades de segunda chance da educação secundária. Nesse sentido, as recomendações para pós-2015 foram tornar universal o primeiro nível da educação secundária e ampliar os programas de segunda chance de educação[50].

O quarto objetivo consistia na *Alfabetização de adultos*, com vistas a alcançar, até 2015, um aumento de 50% no nível de alfabetização de adultos, principalmente entre mulheres, e o acesso igualitário à educação básica e continuada para todos os adultos. Quanto ao desempenho global

---

[48] Relatório da Unesco sobre Educação para Todos 2000-2015: Progressos e Desafios. Disponível em: http://unesdoc.unesco.org/images/0023/002325/232565por.pdf . Acesso em 22 de fev. 2018.

[49] *Idem, Ibidem.*

[50] *Idem, ibidem.*

dos 73 países com dados disponíveis, 32% estavam muito longe de atingir o objetivo, 26% estavam longe, 19% estavam perto e 23% o alcançaram[51]. De acordo com o relatório:

> Desde 2000, muitos progressos positivos devem ser reconhecidos em abordagens de alfabetização de adultos. Houve uma clara tendência em avaliar as habilidades em leitura e escrita (*literacy skills*) de maneira contínua e não apenas com avaliações que categorizam os adultos como alfabetizados ou analfabetos, o que influenciou o desenvolvimento de políticas e programas em diversos países. No entanto, poucos países alcançaram a meta de EPT de reduzir pela metade, até 2015, o número de adultos analfabetos identificado em 2000[52].

Todavia, o relatório apontou a existência de aproximadamente 781 milhões de adultos analfabetos no mundo. Verificou-se pequena diminuição da taxa de analfabetismo, sendo de 18% em 2000 e 14% (estimada) em 2015. Constatou-se que houve progresso na paridade de gênero na alfabetização, mas não de maneira suficiente[53].

Quanto às recomendações para pós-2015, o relatório destaca que: "São necessários dados que reflitam a compreensão emergente de que as habilidades em leitura e escrita não são binárias, mas existem em uma escala e os países deveriam especificar um nível de alfabetização funcional, alinhado a entendimentos internacionais, que deveria ser alcançado por todos os adultos"[54].

O quinto objetivo, *Paridade e Igualdade de Gênero*, tinha o propósito de eliminar as disparidades de gênero na educação primária e secundária até 2005 e alcançar a igualdade de gênero na educação até 2015, com foco em garantir o acesso completo e equitativo de meninas a uma educação básica de boa qualidade. Quanto ao desempenho global dos 170 países que apresentaram dados da educação primária e dos 157 países que apresentaram dados para educação secundária, verificou-se que 0,6% estavam muito longe de atingir a educação primária e 10%, a

---

[51] *Idem, ibidem.*
[52] Relatório da Unesco sobre Educação para Todos 2000-2015: Progressos e Desafios. *cit.*
[53] *Idem, ibidem.*
[54] *Idem, ibidem.*

CIDADANIA, DIREITOS HUMANOS E EDUCAÇÃO

educação secundária; 21% estavam longe de atingir o objetivo da educação primária e 35%, o da educação secundária; 10% estavam perto do objetivo de atingir a educação primária e 7%, a educação secundária; 69% alcançaram o objetivo da educação primária e 48% o da educação secundária[55]. O relatório também apresentou os seguintes resultados:

> Houve progresso na diminuição de disparidades graves de gênero. Entre 1999 e 2012, o número de países com menos de 90 meninas para cada 100 meninos matriculadas na educação primária caiu de 33 para 16. Entre as crianças fora da escola, meninas têm probabilidade maior que meninos de nunca se matricularem na escola (48% contra 37%), enquanto meninos têm uma probabilidade maior de abandonar a escola (26% contra 20%). Uma vez matriculadas, as meninas têm mais chance de chegar às séries finais. Na África Subsaariana, as meninas mais pobres continuam a ser quem tem maior probabilidade de nunca se matricular na educação primária. Na Guiné e no Níger, em 2010, mais de 70% das meninas mais pobres nunca frequentaram a educação primária, contra menos de 20% dos meninos mais ricos[56].

As recomendações para pós-2015 propõem escolas mais seguras, inclusivas e sensíveis a questões gênero, com ensino e aprendizagem que possibilitem o empoderamento dos alunos e promovam relações positivas de gênero. Apresenta também a necessidade de priorizar recursos para as comunidades em que as desigualdades de gênero são mais evidentes[57].

O sexto objetivo, intitulado *Qualidade da Educação*, visava a melhorar todos os aspectos da qualidade da educação e a garantir excelência para que resultados de aprendizagem mensuráveis e reconhecidos fossem alcançados por todos, principalmente em alfabetização, conhecimentos básicos em matemática e habilidades essenciais para a vida. De acordo com o relatório:

> Se, por um lado, muitos países realizaram avanços impressionantes no acesso à educação desde Dakar, por outro, a melhora da qualidade

---

[55] Relatório da Unesco sobre Educação para Todos 2000-2015: Progressos e Desafios, *cit.*
[56] *Idem, ibidem.*
[57] *Idem, ibidem.*

nem sempre acompanhou esse ritmo. É provável que ocorra uma mudança de ênfase, para que qualidade e aprendizagem se tornem mais centrais no marco global pós-2015, uma vez que, conforme apontou o RMG 2013/14, 250 milhões de crianças não tiveram a oportunidade de aprender o básico – embora 130 milhões delas tenham frequentado a escola por pelo menos quatro anos[58].

Também de acordo com dados do relatório, a relação entre o número de alunos por professor caiu em 83% dos 146 países que disponibilizaram dados sobre a educação primária. Em um terço dos países, no entanto, menos de 75% dos professores primários estavam qualificados, de acordo com os padrões nacionais. No primeiro nível do ensino secundário, 87 de 105 países com dados disponíveis tinham uma taxa de alunos/professor menor que 30:1. Em 1990, foram conduzidas 12 avaliações de aprendizagem segundo padrões nacionais, mas em 2013 esse número cresceu para 101[59].

As recomendações para pós-2015 apontam que são necessários mais e melhores professores, materiais didáticos de melhor qualidade, além de currículo relevante. Também ressalta a importância de avaliações de aprendizagem que apoiem a educação de boa qualidade e de resultados de aprendizagem equitativos.

Verificou-se que foram elaborados inúmeros documentos internacionais em prol da melhoria da educação no mundo em todas as suas vertentes. Verificou-se também que não só houve, como tem havido esforços no âmbito das nações e no âmbito internacional em prol da educação para todos e de qualidade. Com base nas várias formas de monitoramento e nas avaliações dos relatórios, especialmente os da Unesco, tem sido possível analisar mais realisticamente os avanços e os desafios que ainda persistem na garantia do direito à educação no mundo. A seguir, analisaremos a *"Declaração de Incheon e seu Marco de Ação da Educação 2030 rumo a uma Educação de Qualidade Inclusiva e Equitativa e à Educação ao Longo da Vida para Todos"*, que dá sequência aos objetivos e propósitos iniciados em 1990 com a Declaração de Jomtien na Tailândia.

---

58 Relatório da Unesco sobre Educação para Todos 2000-2015: Progressos e Desafios, *cit.*
59 *Idem, ibidem.*

CIDADANIA, DIREITOS HUMANOS E EDUCAÇÃO

3.2 Declaração de Incheon e o Marco de Ação da Educação 2030 rumo a uma Educação de Qualidade Inclusiva e Equitativa e à Educação ao Longo da Vida para Todos

Em 2015 foi realizado o Fórum Mundial de Educação, em Incheon, na Coreia do Sul, no qual se adotou a *"Declaração de Incheon e o Marco de Ação da Educação Rumo a uma Educação de Qualidade Inclusiva e Equitativa e à Educação ao Longo da Vida para Todos"*. O fórum, mais uma vez organizado sob a liderança da Unesco, teve a participação de 160 países, com mais de 120 ministros, chefes e membros de delegações, líderes de agências e funcionários de organizações multilaterais e bilaterais, além de representantes da sociedade civil, docentes, movimento jovem e setor privado. Todos comprometidos em estabelecer o balanço da realidade no campo da educação no mundo, com vistas a apresentar uma nova agenda para a educação até 2030. Ao final, a Declaração foi adotada por 184 Estados-membros e pela comunidade educacional durante encontro da Unesco, em Paris, em novembro de 2015[60].

Os princípios que fundamentam a *Declaração e o Marco de Ação da Educação* se baseiam em instrumentos e acordos internacionais específicos sobre educação e já analisados neste trabalho, além da Declaração Universal dos Direitos Humanos, a Convenção Relativa à Luta contra a Discriminação no Campo do Ensino, a Convenção sobre os Direitos da Criança, o Pacto Internacional dos Direitos Econômicos, Sociais e Culturais, a Convenção sobre os Direitos das Pessoas com Deficiência, a Convenção sobre a Eliminação de Todas as Formas de Discriminação contra as Mulheres, a Convenção Relativa ao Estatuto dos Refugiados e a Resolução da Assembleia Geral da ONU sobre o Direito à Educação em Situações de Emergência.

A nova agenda enfatiza o compromisso com a educação voltada para valores humanistas, com base nos direitos humanos, no respeito à dignidade da pessoa, na justiça social, no respeito à diversidade e à igualdade de gênero, na responsabilidade dos Estados em promovê-la, na prestação de contas compartilhadas, entre outros. Segundo a Declaração:

> Reafirmamos que a educação é um bem público, um direito humano fundamental e a base que garante a efetivação de outros direitos. Ela é

---

[60] Declaração de Incheon e o Marco de Ação da Educação Rumo a uma Educação de Qualidade Inclusiva e Equitativa e à Educação ao Longo da Vida para Todos. Disponível em: http://unesdoc.unesco.org/images/0024/002432/243278POR.pdf. Acesso em 22 de fev. 2018.

essencial para a paz, a tolerância, a realização humana e o desenvolvimento sustentável. Reconhecemos a educação como elemento-chave para atingirmos o pleno emprego e a erradicação da pobreza. Concentraremos nossos esforços no acesso, na equidade e na inclusão, bem como na qualidade e nos resultados da aprendizagem, no contexto de uma abordagem de educação ao longo da vida[61].

O documento foi elaborado com base nos dados e nas contribuições das "Declaração de Educação para Todos" anteriores. Seu foco é no aumento e na expansão do acesso à educação, na inclusão e na equidade, assim como na qualidade e nos resultados da aprendizagem em todos os níveis, com o objetivo de proporcionar a aprendizagem ao longo da vida. A nova agenda educacional em inclusão e equidade visa a que todos tenham oportunidades iguais de acesso à educação, de acordo com suas necessidades específicas. Nesse sentido, a Declaração deixa claro que "ninguém deve ser deixado para trás"[62].

As principais metas da Declaração e de seu Marco, a serem atingidas até 2030, são as seguintes: garantir que todas as meninas e meninos completem uma educação primária e secundária gratuita, equitativa e de qualidade, que conduza a resultados de aprendizagem relevantes e eficazes; garantir que todas as meninas e meninos tenham acesso ao desenvolvimento de qualidade na primeira infância, cuidados e educação pré-primária, de modo que estejam preparados para a educação primária; assegurar a igualdade de acesso para todas as mulheres e homens a uma educação técnica, profissional e superior de qualidade, a preços acessíveis, inclusive a universidade; aumentar substancialmente o número de jovens e adultos que tenham habilidades relevantes, inclusive competências técnicas e profissionais, para o emprego, o trabalho decente e o empreendedorismo; eliminar as disparidades de gênero na educação e garantir a igualdade de acesso a todos os níveis de educação e formação profissional para os mais vulneráveis, incluindo as pessoas com deficiências, os povos indígenas e as crianças em situação de vulnerabilidade; garantir que todos os jovens e uma substancial proporção dos adultos, tanto homens como mulheres, estejam alfabetizados

---

[61] *Idem, ibidem.*
[62] *Idem, ibidem.*

CIDADANIA, DIREITOS HUMANOS E EDUCAÇÃO

e tenham adquirido conhecimentos básicos em matemática; e garantir que todos os alunos adquiram as habilidades necessárias para promover o desenvolvimento sustentável, inclusive, entre outros, por meio da educação para o desenvolvimento sustentável e estilos de vida sustentáveis, direitos humanos, igualdade de gênero, promoção de uma cultura de paz e não violência, cidadania global e valorização da diversidade cultural e da contribuição da cultura para o desenvolvimento sustentável[63].

Trata-se de projeto bastante ambicioso, mas fundamental para que possamos alcançar melhores índices de desenvolvimento humano no mundo todo. A Declaração expõe o poder transformador da educação nas vidas das pessoas e na melhoria da qualidade de vida em todos seus aspectos. Entre eles, a educação desempenha papel fundamental na erradicação da pobreza, no alcance da igualdade de gênero, na obtenção de trabalhos decentes, nos cuidados com a saúde, além de aumentar a renda e colaborar substancialmente para o crescimento e desenvolvimento econômico, social e cultural dos países. A educação empodera as pessoas para se desenvolverem no máximo das suas capacidades e potencialidades.

Nesse sentido, a Declaração propõe a educação em um contexto mais amplo de desenvolvimento, ao estabelecer relação direta entre educação de qualidade, desenvolvimento humano e desenvolvimento sustentável:

> A atenção renovada ao propósito e à relevância da educação para o desenvolvimento humano e a sustentabilidade econômica, social e ambiental é uma característica definidora da agenda da Educação 2030. Isso está embutido em sua visão holística e humanista, que contribui para um novo modelo de desenvolvimento. Essa visão vai além de uma abordagem utilitária da educação e integra múltiplas dimensões da existência humana. Ela entende a educação como inclusiva e crucial na promoção da democracia e dos direitos humanos, da cidadania global, da tolerância e do engajamento civil, bem como do desenvolvimento sustentável. A educação facilita o diálogo intercultural e fomenta o respeito pela diversidade cultural, religiosa e linguística, aspectos vitais para alcançar a coesão e a justiça social[64].

---

[63] *Idem, ibidem.*

[64] Declaração de Incheon e o Marco de Ação da Educação Rumo a uma Educação de Qualidade Inclusiva e Equitativa e à Educação ao Longo da Vida para Todos, *cit.*

Para que o acesso à educação de qualidade (e seu usufruto) seja uma realidade de todos, a Declaração deixa muito clara a necessidade de que os Estados a reconheçam como um direito fundamental. Cabe ao Estado, primeiramente, estabelecer as regras fundamentais para assegurar o direito à educação escolar, assim como implementar as devidas políticas públicas que efetivem esse direito. Por isso, os Estados devem possibilitar o acesso à educação escolar de forma universal, igualitária, gratuita, inclusiva e de qualidade para todos. A Declaração estabelece que é preciso garantir:

> o acesso e a conclusão de uma educação de qualidade para todas as crianças e todos os jovens, com pelo menos 12 anos de escolarização primária e secundária gratuita, pública, inclusiva, equitativa e de qualidade – destes, pelo menos nove anos devem ser compulsórios –, bem como garantir acesso a uma educação de qualidade para crianças e jovens fora da escola por meio de uma gama de modalidades. Garantir, ainda, a oferta de oportunidades de aprendizagem de forma que todos os jovens e adultos adquiram uma competência funcional em leitura, escrita e matemática, de modo a incentivar sua participação plena como cidadãos ativos. A oferta de pelo menos um ano de educação pré-primária gratuita e compulsória de boa qualidade também deve ser incentivada[65].

Quanto à qualidade da educação, a Declaração destaca a necessidade de avaliar se os alunos que têm acesso à educação escolar estão efetivamente aprendendo e adquirindo as habilidades propostas pelo sistema educacional. Isso porque parte dos resultados de estudos e relatórios anteriores mostra realidades de alunos que, mesmo frequentando a escola, não adquiriram o conhecimento e o desenvolvimento mínimo esperado.

A Declaração também ressalta a importância de valorizar o professor, figura central na boa qualidade de aprendizagem. Por isso, a necessidade de professores qualificados, bem pagos, atuando em ambientes seguros, saudáveis, inclusivos e devidamente equipados, que facilitem e promovam a aprendizagem:

> Políticas e regulamentações de ensino precisam ser aplicadas para garantir que todos os professores e educadores sejam empoderados,

---

[65] *Idem. Ibidem.*

contratados e remunerados adequadamente, bem treinados, qualificados profissionalmente, motivados, distribuídos de forma equitativa e
eficiente em todo o sistema educacional e apoiados por sistemas bem
financiados e governados com eficiência[66].

A agenda 2030 realça também o compromisso com a educação inclusiva para garantir a igualdade de gênero ao longo de todo o processo
educacional. Para tanto, é preciso enfrentar todas as formas de exclusão,
marginalização e vulnerabilidade. Expõe ainda a necessidade de "políticas públicas transformadoras que respondam à diversidade e às necessidades dos alunos e que lidem com as múltiplas formas de discriminação
e com situações, inclusive emergenciais, que impedem a realização do
direito à educação"[67].

Quanto aos grupos vulneráveis, o documento sinaliza a necessidade
de cuidados especiais para a educação em "situações de emergência",
como os desastres naturais, as pandemias, os conflitos e as guerras, assim
como suas consequências, entre elas os deslocamentos internos e trans-
fronteiriços. Tais realidades podem: "deixar gerações inteiras trauma-
tizadas, sem acesso à educação e despreparadas para contribuir com a
recuperação social e econômica de seu país ou região"[68].

De acordo com a Declaração de Incheon: "A educação em contextos de emergência é, em primeiro lugar, protetora, ao oferecer conhecimentos e habilidades que podem salvar vidas, além de apoio psicossocial
àqueles afetados pela crise. A educação também instrumentaliza crianças, jovens e adultos com habilidades para prevenir desastres, conflitos e
doenças, rumo a um futuro sustentável"[69]. Os Estados têm papel primordial como garantidores da educação nas referidas situações. Para tanto:

> Planos e políticas do setor educacional deveriam antecipar riscos e
> incluir medidas para responder às necessidades educacionais de crian-
> ças e adultos em situações de crise; eles deveriam também promover a

---

[66] *Idem, ibidem.*

[67] *Idem, ibidem.*

[68] Declaração de Incheon e o Marco de Ação da Educação Rumo a uma Educação de Qualidade Inclusiva e Equitativa e à Educação ao Longo da Vida para Todos, *cit.*

[69] *Idem, ibidem.*

segurança, a resiliência e a coesão social, com o objetivo de reduzir os riscos de conflitos e desastres naturais. A capacidade de governos e sociedade civil para a redução de risco de desastres, educação para a paz, adaptação a mudanças climáticas, bem como preparação e respostas a emergências, deveria ser fortalecida em todos os níveis para garantir que o risco seja mitigado e a educação mantida durante todas as fases, da resposta à emergência até a recuperação. São necessários sistemas e respostas nacionais, regionais e globais bem coordenadas para a preparação às respostas às emergências e também para melhor reconstruir em direção a sistemas educacionais mais seguros e igualitários[70].

Importante inovação apresentada pela agenda 2030 consiste em não apenas assegurar a educação inclusiva, equitativa e de qualidade, o que em si representa um enorme desafio, como também promover oportunidades de aprendizagem ao longo da vida para todos. No novo contexto apresentado, a aprendizagem deve ocorrer ao longo de toda a vida. Por isso, além da educação formal de qualidade, é preciso que sejam oferecidas oportunidades "amplas e flexíveis de aprendizagem ao longo da vida, por meio de caminhos não formais, com recursos e mecanismos adequados, e por meio do estímulo à aprendizagem informal"[71].

Quanto às abordagens estratégicas para o alcance dos objetivos, o documento expressa a necessidade de mobilizar esforços nacionais, regionais e globais em prol da agenda 2030. As estratégias devem ser no sentido de: "estabelecer parcerias eficazes e inclusivas; aprimorar políticas educacionais e a forma como elas funcionam em conjunto; garantir sistemas educacionais equitativos, inclusivos e de qualidade para todos; mobilizar recursos para um financiamento adequado da educação; e garantir monitoramento, acompanhamento e revisão de todas as metas"[72]. O Marco de Ação aponta:

> como traduzir na prática e nos âmbitos nacional, regional e global o compromisso firmado em Incheon. Ele visa a mobilizar todos os países

---

[70] *Idem, ibidem.*
[71] Declaração de Incheon e o Marco de Ação da Educação Rumo a uma Educação de Qualidade Inclusiva e Equitativa e à Educação ao Longo da Vida para Todos. *cit.*
[72] *Idem, ibidem.*

CIDADANIA, DIREITOS HUMANOS E EDUCAÇÃO

e parceiros em torno do Objetivo de Desenvolvimento Sustentável sobre educação e suas metas, além de propor formas de implementar, coordenar, financiar e monitorar a Educação 2030 para garantir oportunidades de educação de qualidade inclusiva e equitativa, assim como de aprendizagem ao longo da vida para todos. Ele também propõe estratégias indicativas, nas quais os países possam se basear para desenvolver planos e estratégias contextualizados, que levem em consideração realidades nacionais, capacidades e níveis de desenvolvimento diferentes e respeitem políticas e prioridades nacionais[73].

Nesse sentido, a agenda da Educação 2030 aponta para a necessidade de mecanismos nacionais, regionais e globais de governança, responsabilização, coordenação, monitoramento, acompanhamento e revisão, comunicação e avaliação. No entanto, frisa a responsabilidade principal dos Estados na implementação da agenda:

> Os governos têm a responsabilidade principal de cumprir com o direito à educação e desempenham um papel central como guardiões do gerenciamento e do financiamento eficiente, equitativo e eficaz da educação pública. Eles deveriam manter a liderança política para a educação e guiar o processo de contextualização e implementação dos objetivos e das metas da Educação 2030, com base nas experiências e nas prioridades nacionais, ao mesmo tempo em que garantam um processo transparente e inclusivo com outros parceiros-chave. O papel do Estado é crucial para regular padrões, melhorar a qualidade e reduzir disparidades entre regiões, comunidades e escolas. Os governos deveriam, nos contextos em que for apropriado, integrar o planejamento da educação com redução da pobreza, estratégias de desenvolvimento sustentável e respostas humanitárias, além de garantir, ao mesmo tempo, que as políticas estejam alinhadas com as obrigações legais do governo de respeitar, proteger e fazer cumprir o direito à educação[74].

Ao lado do papel central dos Estados de garantir o direito à educação, o documento também deixa claro o papel igualmente fundamental

[73] *Idem, ibidem.*
[74] *Idem, ibidem.*

de vários outros segmentos da sociedade, como as organizações não governamentais, o setor privado, as organizações e fundações filantrópicas, os professores, os educadores, a comunidade acadêmica e científica, assim como as mais variadas organizações internacionais, entre elas a Unesco, em prol do alcance dos objetivos da agenda.

O documento expressa a importância do monitoramento para se atingirem os resultados esperados:

> Acompanhamentos e revisões baseados em políticas, sistemas e ferramentas consistentes de monitoramento, estudo e avaliação são essenciais para alcançar a Educação 2030. Monitorar a qualidade da educação requer uma abordagem multidimensional, que aborde desenvolvimento, contribuição, conteúdos, processos e resultados do sistema. Como a responsabilidade principal pelo monitoramento se encontra no nível nacional, os países deveriam construir mecanismos efetivos de monitoramento e responsabilização, adaptados às prioridades nacionais, em consulta com a sociedade civil. Eles também deveriam trabalhar para construir um consenso maior no âmbito global[75] sobre que padrões e resultados de aprendizagem específicos deveriam ser alcançados ao longo do curso da vida – desde o desenvolvimento na primeira infância à aquisição de habilidades por adultos – e como eles deveriam ser medidos. Além disso, os países deveriam procurar melhorar a qualidade e a periodicidade dos relatórios. Informações e dados devem ser de acesso livre a todos. Dados, informações e resultados nacionais baseados em mecanismos existentes de avaliação, juntamente com novas fontes de dados, quando necessário, informarão as revisões nos níveis regional e global[76].

O financiamento da agenda da Educação 2030 é ponto crucial, uma vez que, sem recursos financeiros, as metas ficariam demasiadamente prejudicadas e até inviabilizadas. Entre as referências sugeridas e apresentadas como padrão mínimo de excelência na Declaração de Incheon estão: "alocar pelo menos de 4% a 6% do produto interno bruto (PIB)

---

[75] Declaração de Incheon e o Marco de Ação da Educação Rumo a uma Educação de Qualidade Inclusiva e Equitativa e à Educação ao Longo da Vida para Todos. *cit.*

[76] *Idem, ibidem.*

CIDADANIA, DIREITOS HUMANOS E EDUCAÇÃO

para a educação e/ou alocar pelo menos de 15% a 20% do gasto público para a educação". De acordo com os dados:

Em 2012, os países alocaram, em média, 5% do PIB e 13,7% do gasto público para a educação. Os países menos desenvolvidos precisam alcançar ou exceder os valores máximos desses modelos para alcançar as metas estabelecidas neste marco. Isso também é corroborado por uma análise do custo para se alcançar a universalidade da educação pré--primária, primária e secundária em países de renda baixa e média baixa até 2030, a qual projeta um aumento de US$ 149 bilhões, em 2012, para US$ 340 bilhões, em média, entre 2015 e 2030[77].

Diante da análise do importantíssimo papel desempenhado pela Unesco em prol da educação de qualidade para todos, passaremos a seguir a analisar a educação pública de alguns países com alto nível de qualidade em educação escolar.

[77] *Idem, ibidem.*

4. Educação Escolar Pública de Qualidade no Século 21

Com o objetivo de mostrar parte do panorama mundial da educação escolar democrática de qualidade no mundo, pretendemos apresentar as diretrizes gerais do sistema escolar de alguns países da comunidade internacional – Alemanha, França, Reino Unido e Estados Unidos –, líderes na construção do sistema escolar ocidental. Também analisaremos Finlândia, Canadá, Japão, Singapura, Hong Kong e Coreia do Sul, países com excelentes resultados no Programa Internacional de Avaliação de Estudantes (Pisa).

A importância do Pisa, para nosso estudo, está em possibilitar e proporcionar a troca de saberes e experiências sobre educação entre os vários países que participam do programa, assim como entre países que não participam, mas igualmente podem ter acesso a todas as informações. Nosso foco não é detalhar todos os resultados do Pisa, até porque os relatórios apresentados pelo programa são altamente complexos e profundos na análise de todos os itens que se propõem a observar, com vistas à educação escolar de qualidade no mundo e com destaque em matemática, ciências e leitura. O foco da presente obra é a análise da relação entre educação de qualidade e construção da cidadania.

Cabe lembrar também que uma das inovações a partir da segunda metade do século 20 estará no papel coadjuvante desempenhado pela Unesco, no sentido de demonstrar a realidade educacional no mundo e propor mudanças, investimentos e o "olhar necessário" na educação de qualidade para o desenvolvimento humano e sustentável, como já analisado no item anterior. Constatamos que, até a década de 1990, ainda não havia indicadores mais precisos no âmbito mundial a respeito dos quadros da educação no mundo. Já apresentamos no presente estudo o empenho e o trabalho da Unesco tanto por meio de declarações quanto dos compromissos firmados com os Estados da comunidade internacional em prol da educação de qualidade para todos.

4.1 Educação Pública Democrática de Qualidade na Alemanha no Século 21

A República Federativa da Alemanha é um Estado Democrático de Direito, com significativo índice de desenvolvimento humano, ocupando o quarto lugar no *ranking* mundial, de acordo com o Relatório de Desenvolvimento Humano da Organização das Nações Unidas de 2015[1].

Na Alemanha, a responsabilidade pelo sistema de educação é compartilhada pela União e pelos Estados. Estes têm bastante autonomia e competência para implementar as políticas públicas de educação. Há regras gerais do sistema de educação e cultura para todo o país, determinadas pelo governo federal, por meio de uma legislação básica. Os Estados, por seu turno, podem legislar, desde que não incidam em matéria reservada à União. Há atuação conjunta dos Estados e do governo federal, com o propósito de atingir objetivos comuns da educação pública de qualidade em todo o país. Os ministérios de educação dos 16 Estados reúnem-se regularmente para discutir assuntos de interesse comum nessa seara, e há uma comissão estatal que coordena as políticas de ensino entre todos os Estados da federação[2].

O ensino público é gratuito e obrigatório a partir da 1ª série até a 9ª ou 10ª série, dependendo do Estado da federação. As crianças ingressam com seis anos e terminam os estudos entre 17 e 18 anos de idade. Não obstante, a Alemanha ser o berço dos jardins da infância, eles não fazem

[1] Disponível em: https://observatoriodasdesigualdade.files.wordpress.com/2017/03/quadro-1-hdr.png . Acesso em 15 de jun. 2018.

[2] Disponível em: http://conselhocidadaos-berlim.de/item/sistema-educacional-alemao/. Acesso em: 12 de mar. 2018; Disponível em: http://www.universia.com.br/estudar-exterior/alemanha/sistema-ensino/estrutura-do-sistema-ensino/1169#. Acesso em: 12 de mar. 2018; Disponível em: https://webgate.ec.europa.eu/fpfis/mwikis/eurydice/index.php/Germany:Overview. Acesso em 13 de mar. 2018.

parte do sistema público de educação alemão. Geralmente são oferecidos por instituições privadas ou religiosas para crianças a partir dos três anos de idade e são pagos[3].

A escola primária (*Grundschule*) inicia-se aos seis anos de idade e compreende da 1ª à 4ª série, embora algumas localidades, como Berlim e Brandemburgo, a tenham estendido para seis anos. A partir dela, a educação é obrigatória. Em alguns Estados, os pais têm a possibilidade de escolher, com o auxílio de um educador, a escola que melhor corresponda a uma habilidade específica da criança, como as escolas especializadas em esporte, dança, música, artes, etc[4].

A partir da escola secundária, que se inicia em torno dos 10 anos, as crianças são divididas em basicamente três tipos de escola. A escolha é feita com base no desempenho do aluno durante a educação primária e com o auxílio da equipe de professores. Começa-se então a definir a orientação profissional, o que tem sido uma das principais críticas ao sistema educacional alemão. Não obstante o sistema possibilitar certa mobilidade do aluno de um modelo de escola para outro, dependendo do seu desempenho nos dois primeiros anos da escola secundária (5ª e 6ª séries), a definição muito precoce de um modelo de formação educacional e profissional tem sido criticada por dificultar a escolha de horizontes mais amplos para o futuro dos alunos[5].

Na primeira opção, chamada de *Hauptschule*, e com duração de cinco a seis anos, os alunos recebem formação geral básica. Após a conclusão, são encaminhados geralmente para formação profissionalizante e que os habilita a exercer um ofício ou uma atividade na indústria ou na agricultura. A segunda opção, conhecida como *Realschule* tem duração de seis anos, e habilita os alunos a frequentarem cursos mais avançados em escolas profissionalizantes, escolas secundárias vocacionais ou

---

[3] Disponível em: http://conselhocidadaos-berlim.de/item/sistema-educacional-alemao/. Acesso em: 12 de mar. 2018; Disponível em: http://www.universia.com.br/estudar-exterior/alemanha/sistema-ensino/estrutura-do-sistema-ensino/1169#. Acesso em: 12 de mar. 2018. Disponível em: https://webgate.ec.europa.eu/fpfis/mwikis/eurydice/index.php/Germany:Overview. Acesso em 13 de mar. 2018.

[4] Disponível em: http://conselhocidadaos-berlim.de/item/sistema-educacional-alemao, *cit*; Disponível em: https://webgate.ec.europa.eu/fpfis/mwikis/eurydice/index.php/Germany:Overview, *cit*.

[5] *Idem. Ibidem.*

CIDADANIA, DIREITOS HUMANOS E EDUCAÇÃO

o segundo ciclo do ginásio. A terceira opção, chamada de *Gymnasium*, dura oito ou nove anos, e propicia formação básica mais aprofundada. É o caminho natural para quem pretende ir para a universidade[6].

Há também as escolas conhecidas como *Bildungsgängen*, que oferecem mais de um modelo de educação. Na maioria dos Estados que a adotaram, houve a abolição da *Hauptschule* e da *Realschule*. Para os alunos com necessidades educativas especiais, há escolas específicas tanto para formação geral quanto vocacional. A obrigatoriedade escolar é para todos[7].

Concluído o ensino secundário, os alunos podem cursar o secundário superior. A gama de cursos oferecidos inclui educação geral e escolas profissionais de tempo integral, bem como formação profissional dentro do sistema duplo, conhedico como *duales*. As escolas profissionalizantes, conhecidas como *Berufsschulen*, fazem parte do sistema duplo de formação profissionalizante. Elas habilitam os jovens para o exercício de uma profissão ou ofício. Há tanto a formação teórica, em sala de aula, quanto a formação prática, realizada em empresas, oficinas ou postos de trabalho. Geralmente, são os jovens vindos da *Hauptschule* e da *Realschule* que se encaminham para a formação nas escolas profissionalizantes, com duração de dois a três anos e meio e com remuneração[8].

Quanto ao ensino superior, há as universidades, as escolas superiores, chamadas de *Fachhochschule*, conhecidas como universidades de ciências aplicadas, as faculdades de arte e música, além de outros estabelecimentos que oferecem formação para habilitar estudantes formados no ensino médio superior a alcançarem uma profissão. Para ingressar no terceiro nível, os alunos devem se submeter ao exame chamado *Abitur*[9].

Após a Declaração de Bolonha de 1999, os países pertencentes à União Europeia, entre eles a Alemanha, criaram o *Espaço Europeu de*

[6] Disponível em: http://conselhocidadaos-berlim.de/item/sistema-educacional-alemao/. Acesso em 13 de mar. 2018.
[7] Disponível em: https://webgate.ec.europa.eu/fpfis/mwikis/eurydice/index.php/Germany: Overview. Acesso em 20 de mar. 2018.
[8] *Idem. Ibidem* e Disponível em: http://conselhocidadaos-berlim.de/item/sistema-educacional-alemao/. Acesso em 13 de mar. 2018.
[9] Disponível em: https://webgate.ec.europa.eu/fpfis/mwikis/eurydice/index.php/Germany: Overview. Acesso em 14 de mar. 2018.

Ensino Superior, com o comprometimento de promover reformas dos seus sistemas de ensino. Segundo a Comissão Europeia:

> O Processo de Bolonha é o resultado do esforço coletivo de autoridades públicas, universidades, professores e estudantes, desenvolvido em conjunto com associações de partes interessadas, empregadores, agências de garantia da qualidade, organizações internacionais e outras instituições, incluindo a Comissão Europeia. Os principais objetivos são: ▪ introduzir sistemas de três ciclos (licenciatura/mestrado/doutoramento) ▪ reforçar a garantia da qualidade ▪ facilitar o reconhecimento das qualificações e dos períodos de estudo[10].

A Alemanha também tem promovido políticas públicas de educação para adultos e para a vida toda. Como parte da aprendizagem ao longo da vida, a educação continuada vem ganhando espaço e importância na sociedade alemã, em razão das novas demandas da atualidade. Há uma estrutura diferenciada, e a educação continuada é oferecida por instituições municipais, conhecidas como faculdades comunitárias, bem como por instituições privadas, instituições religiosas, sindicatos, várias câmaras de indústria e comércio, partidos políticos, associações, empresas, autoridades públicas, centros de educação familiar, instituições do ensino superior, instituições de ensino a distância, entre outras. As empresas de rádio e televisão também oferecem programas de educação continuada[11].

Quanto aos resultados do Pisa, avaliações dos últimos anos em relação à educação pública alemã revelam dois pontos fundamentais que precisam ser modificados e enfrentados pelo Poder Público e pela sociedade alemã. O Pisa desmistificou a crença da Alemanha a respeito de ter alto nível de desempenho na educação pública, assim como de ter um sistema de ensino público igualitário, que oferece oportunidades de acesso e aprendizagem a todas as crianças e adolescentes. Logo nos resultados do primeiro Pisa, no ano 2000, a Alemanha descobriu que

---

[10] Disponível em: http://ec.europa.eu/education/policy/higher-education/bologna-process_pt. Acesso em 14 de mar. 2018.

[11] Disponível em: https://webgate.ec.europa.eu/fpfis/mwikis/eurydice/index.php/Germany: Overview. Acesso em 20 de mar. 2018.

CIDADANIA, DIREITOS HUMANOS E EDUCAÇÃO

não tinha um sistema escolar democrático. Constatou que 25% dos alunos estavam em risco de abandonar os estudos e que desses 25%, 10% eram analfabetos funcionais[12].

Constatou-se também que as crianças em condições sociais e econômicas menos favorecidas tinham e ainda têm desempenho escolar inferior em relação às crianças com condições mais abastadas. Constatou-se haver relação direta entre a origem social das crianças e a proficiência nos estudos. Nesse sentido, as crianças imigrantes e refugiadas são as que geralmente têm o pior desempenho educacional. Essa realidade não era percebida pela Alemanha e foi o Pisa que a trouxe à mostra. Constatou-se que as crianças mais abastadas eram as que iam para o *Gymnasium*[13].

No entanto, a Alemanha passou a enfrentar essa realidade. Entre 2003 e 2009, aumentou seu desempenho em matemática de 21º lugar para 10º lugar dos países da OECD. Entre 2000 e 2009, aumentou seu desempenho em leitura de 23º lugar para 16º lugar entre os países da OECD. Já o desempenho dos estudantes imigrantes com outra língua natal melhorou o equivalente a um ano de escola. A proporção de alunos em situação de risco de abandonar a escola caiu de 22,6% para 18,5%. Nesse sentido, o Pisa vem proporcionando a medição e a comparação das avaliações de desempenho dos países participantes e auxiliando na troca de informações e experiências com vistas a melhorar a educação no mundo[14].

A Alemanha tem chegado ao entendimento de que o sistema escolar com divisão precoce dos alunos, já os dividindo em diferentes escolas em torno dos 10 anos de idade, com diferentes perspectivas, tem representado a exclusão e a vedação de oportunidades mais amplas e democráticas de desenvolvimento e oportunidades na vida das crianças e dos adolescentes. Por isso, está revendo seu modelo de organização e abrangência dos tipos de escola[15].

---

[12] *Germany - Strong Performers and Successful Reformers in Education. EduSkills OECD.* Disponível em: https://www.youtube.com/watch?v=q4vVwWBqlCM. Acesso em 20 de mar. 2018.
[13] *Idem. Ibidem.*
[14] *Idem. Ibidem.*
[15] *Idem. Ibidem.*

4.2 Educação Pública Democrática de Qualidade na França no Século 21

A República Francesa é um Estado Democrático de Direito, berço da Revolução Francesa e de seus ideais, e por isso com grande apreço pelas liberdades públicas. Apresenta alto índice de desenvolvimento humano, ocupando a 21ª posição no *ranking* mundial[16]. É também um dos países membros da OCDE.

Seu sistema educacional público democrático estrutura-se nos princípios da liberdade de ensino, da gratuidade, da neutralidade, da laicidade e do dever do Estado de fornecer a educação pública democrática de qualidade a todos.

O sistema educacional francês é caracterizado pela presença central do Estado na sua organização e financiamento. É regulamentado pelo Departamento para Educação Nacional, Educação Superior e Pesquisa. Atua segundo as normas e estrutura definidas pelo Parlamento, nas quais estão inseridos os princípios fundamentais da educação. O Estado define as diretrizes de todos os níveis de educação na França e é o responsável pelo controle, supervisão e financiamento do sistema educacional como um todo. Nesse sentido, estabelece os programas nacionais de ensino e cabe a ele recrutar, formar e remunerar os professores[17].

No entanto, no nível local, e desde que se iniciou a descentralização das competências administrativas do sistema educacional na década de 1980, as autoridades locais têm participado cada vez mais da governança, atuando na construção e manutenção das instalações escolares, do transporte escolar, do fornecimento dos materiais escolares, etc.[18].

A França tem longa tradição no âmbito da educação pré-primária. Nos últimos 20 anos, quase todas as crianças entre três e seis anos de idade frequentaram a école maternelle. Muito embora ela seja opcional, faz parte do sistema educativo francês, e está, por isso, sob a

---

[16] Disponível em: https://observatoriodasdesigualdade.files.wordpress.com/2017/03/quadro-1-hdr.png . Acesso em 15 de jun. 2018.

[17] Disponível em: https://webgate.ec.europa.eu/fpfis/mwikis/eurydice/index.php/France:Overview. Acesso em 21 de mar. 2018; Disponível em: https://edufrance.wordpress.com/sintese/ Acesso em 21 de mar. de 2018.

[18] Disponível em: https://webgate.ec.europa.eu/fpfis/mwikis/eurydice/index.php/France:Overview. Acesso em 21 de mar. 2018.

supervisão do Departamento de Educação Nacional, Ensino Superior e Pesquisa[19].

A educação torna-se obrigatória a partir dos seis anos de idade, com o início do ensino primário. Este é oferecido nas escolas de ensino fundamental para as crianças entre seis e onze anos de idade e é gratuito. Ao final desse período, os alunos vão automaticamente para o ensino secundário inferior, que tem duração de quatro anos. A educação nos denominados *collège unique* é obrigatória e comum a todos os alunos. Esse período, chamado de ensino secundário inferior, é finalizado com o *Diplôme National du Brevet*. A admissão no nível secundário superior não está condicionada à aquisição do referido diploma. Ao final do período do *collège*, este recomenda o caminho escolar apropriado para cada aluno com base nos relatórios escolares e interesses de cada aluno[20].

No ensino secundário superior, há a primeira fase de especialização, quando os alunos são encaminhados para um liceu geral, tecnológico ou profissional, por um período de três anos. No primeiro, os alunos são preparados para os estudos superiores de longo prazo. No segundo, para estudos tecnológicos mais avançados. Já no profissional, são preparados principalmente para a vida ativa profissional, mas também capacitados para continuar seus estudos no ensino superior, caso tenham interesse. Esse período, conhecido entre nós como o do ensino médio, é confirmado com o bacharelado. Nessa fase, os alunos estão com idade entre 15 e 18 anos. O diploma de bacharelado, seja geral, técnico ou profissional, os habilita a matricularem-se no ensino superior. A França também segue as diretrizes da Declaração de Bolonha de 1999 quanto ao *Espaço Europeu de Ensino Superior*, com o comprometimento de promover reformas no seu sistema de ensino.

4.3 Educação Pública Democrática de Qualidade no Reino Unido no Século 21

Em primeiro lugar, cabe explicar que o Reino Unido é formado pela união de quatro países: Inglaterra, Irlanda do Norte, Escócia e País de Gales. O chefe de Estado vem da monarquia, atualmente representada

---

[19] Disponível em: https://webgate.ec.europa.eu/fpfis/mwikis/eurydice/index.php/France: Overview. Acesso em 21 de mar. 2018.

[20] *Idem. Ibidem.*

pela rainha Elizabeth II. O chefe de governo é o primeiro-ministro, eleito pelo Parlamento central, em Londres. O Parlamento é soberano em questões fundamentais de governo, como, por exemplo, política econômica. O Reino Unido tem elevado índice de desenvolvimento humano e está em 15º lugar no *ranking* mundial. Os quatro países têm certa autonomia para tratar de questões consideradas mais locais, como saúde e educação[21]. Por isso, o sistema educacional tem particularidades em cada um dos países[22], mas optaremos aqui por apresentar as informações básicas sobre o sistema escolar britânico como um todo.

A educação dos primeiros anos de vida, chamada de educação infantil, vem-se ampliando no Reino Unido e tem sido cada vez mais considerada de grande importância na formação e desenvolvimento das crianças. Conduzida por uma variedade de instituições, como bercários, creches e pré-escolas públicas, privadas e voluntárias, é baseada no *"Early Year Foundation Stage"*, que estabelece, em cada país, as diretrizes para a prestação de cuidados e iniciação à aprendizagem e desenvolvimento das crianças nos primeiros anos de vida. O jardim de infância é conhecido como *nursery school,* e as crianças o iniciam entre 2 e 4 anos de idade. Não faz parte da educação obrigatória, que se inicia com a educação primária[23].

Quanto ao ensino primário, na Inglaterra e no País de Gales ele é obrigatório para todas as crianças de 5 a 16 anos de idade e em período integral. Na Irlanda do Norte, a obrigatoriedade se inicia aos quatro anos. Todos os estudantes têm direito a vaga gratuita em escola pública, mantida e financiada pelo Estado, e a maioria das crianças a frequenta. Menos de 10% dos alunos frequenta escolas particulares ou recebe educação domiciliar. A educação primária, *primary school,* é dividida em dois

---

[21] Disponível em: https://observatoriodasdesigualdade.files.wordpress.com/2017/03/quadro-1-hdr.png . Acesso em 15 de jun. 2018 e Disponível em: https://mundoestranho.abril.com.br/geografia/qual-e-a-diferenca-entre-reino-unido-e-gra-bretanha/;

[22] Para informações sobre as especificidades do sistema educacional de cada um dos países do Reino Unido, consultar: Disponível em: https://webgate.ec.europa.eu/fpfis/mwikis/eurydice/index.php/United-Kingdom-Northern-Ireland:Overview. Acesso em 29 de mar. 2018.

[23] Disponível em: disponíveis no link: <www.gov.uk/national-curriculum/key-stage-1-and-2>. Acesso em 28 de mar. 2018. Disponível em: PDF salvo: UK education https://www.gov.uk/government/uploads/system/uploads/attachment_data/file/219167/v01-2012ukes.pdf. Acesso em 28 de mar. 2018.

ciclos (*key stages*), que vão dos 5 aos 7 anos de idade e dos 7 aos 11 de idade. Nesses ciclos são oferecidas disciplinas básicas como inglês, matemática, ciências, geografia, história, educação física e música[24].

O ensino secundário é destinado a estudantes de 11 a 16 anos de idade. Também é dividido em dois ciclos que vão dos 11 aos 14 anos de idade e dos 14 aos 16 anos de idade. O primeiro ciclo inclui disciplinas como matemática, inglês, ciências, música, comuns a todos os estudantes. Já no segundo ciclo, os alunos devem escolher cerca de dez disciplinas em que terão de ser aprovados para terminar a educação secundária. Matemática, ciências e inglês são obrigatórias; entre as eletivas encontram-se, por exemplo, geografia, história, idiomas, música, *design* e tecnologia. O exame de conclusão de educação secundária chama-se *General Certificate of Secondary Education*. Terminada essa etapa, os alunos completam a educação obrigatória e podem finalizar seus estudos e começar a trabalhar, como podem também continuar os estudos e a formação profissional[25].

Cabe destacar que a maioria das crianças e jovens com deficiência ou necessidades especiais frequenta as escolas regulares. Todavia, há escolas, instituições e universidades especializadas para atender às necessidades desses alunos.

A partir dos 16 anos, há várias formas de se continuarem os estudos e a formação profissional. Os alunos podem optar por estudos técnicos ou vocacionais, com a preparação profissionalizante e técnica, como podem se direcionar para os estudos acadêmicos visando ao ingresso nas universidades. Nas universidades há cursos de graduação, nos quais o aluno aprovado alcança o *Bachelor's Degree*, mas também há cursos superiores mais curtos e que promovem várias vertentes da formação técnica. Há também o mestrado acadêmico, conhecido como *Master's degree,* com

---

[24] Disponível em: <www.gov.uk/national-curriculum/key-stage-1-and-2>. Acesso em 28 de mar. 2018. Disponível em: PDF salvo: UK education https://www.gov.uk/government/uploads/system/uploads/attachment_data/file/219167/v01-2012ukes.pdf. Acesso em 28 de mar. 2018.

[25] Disponível em: <www.gov.uk/national-curriculum/key-stage-1-and-2>. *cit*; Disponível em: http://noticias.universia.com.br/mobilidade-academica/noticia/2003/07/03/553596/sistema-educacional-britnico.html#. Acesso em 29 de mar. 2018. Disponível em: PDF salvo: UK education https://www.gov.uk/government/uploads/system/uploads/attachment_data/file/219167/v01-2012ukes.pdf. Acesso em 28 de mar. 2018.

duração, em geral, de um ano. O doutorado, ou *PhD degree* ou *Doctorate*, consiste, em geral, em atividades de pesquisa acadêmica, com duração aproximada de três anos[26].

Também existem diversos programas de apoio a adultos analfabetos ou que queiram dar seguimento a seus estudos, habilitando-os a obterem melhor inserção no mercado de trabalho, bem como organizações que oferecem formação a adultos interessados em qualificação e educação ao longo da vida[27].

4.4 Educação Pública Democrática de Qualidade nos Estados Unidos da América no Século 21

Os Estados Unidos da América são uma república federativa e democrática, considerada a maior economia capitalista do mundo, com elevado índice de desenvolvimento humano, ocupando atualmente o décimo primeiro lugar no *ranking* mundial[28]. São uma das nações mais multiculturais e etnicamente diversas do mundo, em razão da expressiva imigração ao longo da sua história.

No entanto, também é um país com alto índice de desigualdade social, realidade que vem intensificando-se progressivamente. Segundo dados do relatório de 2017 a respeito da desigualdade extrema, elaborado pela Oxfam, a pesquisa realizada pelo economista Thomas Pickety revelou que, nos últimos 30 anos, a renda dos 50% mais pobres nos Estados Unidos permaneceu inalterada, enquanto a do 1% mais rico aumentou 300%[29].

A desigualdade social tem reflexos diretos no acesso à educação escolar de qualidade. Verificamos que, nos Estados Unidos, o sistema educacional escolar é descentralizado, administrado pelos Estados da

---

[26] Disponível em: <www.gov.uk/national-curriculum/key-stage-1-and-2>. Acesso em 28 de março de 2018; Disponível em: http://noticias.universia.com.br/mobilidade-academica/noticia/2003/07/03/553596/sistema-educacional-britnico.html#. Acesso em 29 de mar. 2018.

[27] Disponível em: http://noticias.universia.com.br/mobilidade-academica/noticia/2003/07/03/553596/sistema-educacional-britnico.html#. *cit.*

[28] Disponível em: https://observatoriodasdesigualdade.files.wordpress.com/2017/03/quadro-1-hdr.png Acesso em 15 de jun. 2018.

[29] Disponível em: https://www.oxfam.org.br/sites/default/files/economia_para_99-sumario_executivo.pdf. Acesso em 25 de maio. 2018.

federação e razoavelmente estruturado. Contudo, apresenta vários problemas complexos, como alta evasão escolar e falta de uniformidade na qualidade das escolas públicas. Há excelentes escolas públicas, mas também péssimas, o que faz com que os pais, com razão, queiram transferir seus filhos para escolas melhores. Como não há vagas suficientes, os alunos são submetidos a sorteios aletórios e a maioria não consegue transferência para escolas de melhor qualidade. Nesse cenário, os mais pobres e vulneráveis, como os imigrantes e refugiados, são os mais prejudicados no acesso à educação escolar de qualidade.

Segundo dados apresentados pelo *Country Basic Information* da Unesco[30], de 2006, um dos principais objetivos na educação pública americana é assegurar a igualdade de acesso e oportunidades para todos os alunos e alunas, incluindo grupos minoritários e deficientes. Entre os valores principais estão os ideais democráticos, o compromisso com a liberdade individual e o respeito pela diversidade. A pauta do sistema educacional americano é proporcionar a todos os estudantes o desenvolvimento do maior potencial como indivíduos, para poderem competir com sucesso na sociedade globalizada e em constante transformação, assim como participar como cidadãos de uma sociedade livre e democrática[31].

O país não possui um sistema nacional de educação, em razão do disposto na 11ª emenda da sua Constituição, que estabelece: "Os poderes não delegados aos Estados Unidos pela Constituição, nem proibidos por ela aos Estados, são reservados aos Estados". De acordo com referida emenda, o governo federal não tem autoridade para estabelecer um sistema nacional de educação, porquanto as políticas educacionais são matéria de competência dos Estados. Em virtude dessa determinação, o sistema educacional é descentralizado, coordenado e administrado pelos Estados da federação[32].

---

[30] Não obstante, lamentavelmente, os Estados Unidos anunciaram seu desligamento da Unesco, agência especializada da ONU, de credibilidade internacional, com função estratégica em todos os assuntos ligados à educação. Disponível em: http://www1.folha.uol.com.br/mundo/2017/10/1926552-eua-anunciam-que-vao-deixar-unesco-em-dezembro.shtml. Acesso em 23 de maio. 2018.

[31] *Country Basic Information. Unesco Institute for Statistics.* Disponível em: http://www.ibe.unesco.org/Countries/WDE/2006/NORTH_AMERICA/United_States_of_America/United_States_of_America.htm. Acesso em 23 de maio. 2018.

[32] *Idem. Ibidem.*

CONQUISTA DA CIDADANIA, DOS DIREITOS HUMANOS E DO DIREITO À EDUCAÇÃO ESCOLAR

Apesar de o governo federal não ter competência constitucional para criar e administrar um sistema nacional de educação escolar, tem atuado e colaborado com o aprimoramento do sistema educacional americano, por meio de diversas leis e políticas públicas em favor da educação pública de qualidade. Nesse sentido, seu papel na educação escolar tem sido de ampla liderança sem controle indevido na atuação dos Estados da federação. Uma das atribuições do governo federal é garantir a todos os cidadãos oportunidades e igualdade de acesso a instituições públicas de ensino, o que não vem acorrendo de forma satisfatória.

Nas últimas décadas, o Congresso americano aprovou várias leis estabelecendo grande variedade de programas de financiamento, especialmente para os estudantes mais carentes, que ano após ano vêm aumentando, juntamente com a disparidade entre os mais ricos e os mais pobres economicamente. O Departamento de Educação americano também vem proporcionando programas educacionais com contribuição de recursos significativos para os Estados participantes. Entre as leis federais das úlitmas décadas e referentes à educação, destacamos algumas de substancial importância[33].

Na década de 1980, o governo federal criou a "Comissão Nacional de Excelência em Educação" para expor a realidade da qualidade da educação no país. Em 1983, foi publicado o relatóro *"A Nation at Risk"*, expondo a necessidade de uma reforma sistêmica na educação escolar americana. No entanto, as reformas se limitaram a algumas iniciativas estaduais e locais, sem abrangência nacional.

Em 1989, o Presidente George Bush convidou os 50 governadores dos Estados da federação a participarem de uma cúpula para discutir as condições da educação no país e tentar reverter a tendência à mediocridade no ensino. Nesse encontro, surgiu um notável consenso a respeito da natureza dos problemas educacionais do país e discutiram-se as estratégias necessárias para enfrentar tais problemas. Para tanto, os governos federal e estaduais, assim como a comunidade da área da educação, apresentaram seis objetivos nacionais de educação com o propósito de serem alcançados até o ano 2000[34].

---

[33] *Country Basic Information. Unesco Institute for Statistics, cit.*
[34] *Idem. Ibidem.*

Estes eram: 1. Toda criança iniciará a escola pronta para aprender; 2. A taxa de conclusão do ensino médio aumentará para pelo menos 90%; 3. Os estudantes americanos concluirão as séries quatro, oito e doze da educação escolar, demonstrando conhecimento e competência nas áreas de inglês, matemática, ciências, línguas estrangeiras, civismo e governo, economia, arte, história e geografia; e todas as escolas no país garantirão que todos os alunos aprendam a usar bem suas mentes, para que possam estar preparados para uma cidadania responsável, aprendizado adicional e emprego produtivo na economia moderna do país; 4. Os estudantes do país serão os primeiros no mundo em conquistas científicas e matemáticas; 5. Todos os americanos adultos serão alfabetizados e possuirão o conhecimento e as habilidades necessárias para competir em uma economia global e exercer os direitos e responsabilidades da cidadania; 6. Toda escola americana estará livre de drogas e violência e oferecerá um ambiente disciplinado e propício à aprendizagem.

Em razão de o governo federal não ter autorização constitucional para cuidar da organização do sistema de educação escolar, qualquer atuação federal na consecução dos "Objetivos Nacionais de Educação" deveria se dar pela persuasão, e não pela coerção. Nesse sentido, a Casa Branca e o Departamento de Educação poderiam e podem propor soluções; no entanto, Estados e distritos escolares locais poderiam aceitar ou rejeitar as propostas federais[35].

O Departamento de Educação, todavia, poderia e pode contribuir em muito por meio de financiamentos, pesquisas, dados e estratégias para se alcançar a educação de alta qualidade no país como um todo. Em 1990 foi criado um "Painel de Metas Nacionais", e em 1992, por meio de um relatório, reconhece-se a necessidade de desenvolver "padrões novos, claros e ambiciosos para a conquista educacional de todos os alunos". Para tanto, o Congresso Americano criou o *National Education Standards and Assessment Council*" (Nesac), Conselho Nacional de Padrões e Testes Educacionais, comitê bipartidário que recomendava criar padrões nacionais voluntários, assim como um sistema nacional voluntário de avaliação de estudantes. Uma das primeiras iniciativas do referido conselho foi solicitar a organizações profissionais que desenvolvessem

---

[35] *Country Basic Information. Unesco Institute for Statistics, cit.*

padrões nacionais voluntários em seus próprios campos, como ocorreu na área da matemática, das ciências, da história, da geografia, do inglês, entre outras. No entanto, o Conselho acabou sendo dissolvido em 1992.

Em 1991, o governo Bush estabeleceu a estratégia *"AMERICA 2000"*, com o objetivo de implementar as seis metas educacionais inicialmente apresentadas. Preferiu-se a expressão "estratégia" e não "programa", porquanto propunha políticas gerais de educação às quais qualquer programa estadual ou local poderia se adequar. Não obstante as críticas apresentadas e a resistência de alguns setores, no final de 1992, 48 Estados da federação e mais de 2 mil comunidades haviam se comprometido com a implementação dos "Objetivos Nacionais de Educação", tornando-se parte da *"AMERICA 2000"*[36].

Em 1992, com a administração de Bill Clinton, o novo governo manteve algumas das iniciativas contidas na *"AMERICA 2000"*, mas rejeitou outras. Colocou em prática as iniciativas do *"GOALS 2000"* e ofereceu um pacote legislativo de cinco leis para apoiar sua plataforma de reforma educacional em todo o país. As leis propostas ofereciam uma política e um procedimento sistêmico e integrado para promover a reforma na educação pela primeira vez na história do país. O *"GOALS 2000, Educate America Act"* foi aprovado em 1994. Seu Título I estabeleceu em lei os seis objetivos nacionais de educação e acrescentou metas adicionais sobre o envolvimento dos pais e o desenvolvimento profissional. Os referidos objetivos propunham a educação ao longo de toda a vida e metas para se atingir a educação de excelência no século 21. Um dos marcos na busca pela educação de qualidade foi a lei *"No Child Left Behind Act of 2001"*. Entre as metas da referida lei estava a de que todas as crianças deveriam atingir proficiência de acordo com os padrões educacionais definidos pelo respectivo Estado até o final do ano letivo de 2013/14[37].

Também foi destaque a *"National Literacy Act of 1991"*, lei nacional de alfabetização, com o objetivo de melhorar e aprimorar a alfabetização e as habilidades básicas dos adultos, para assegurar que todos adquirissem as habilidades básicas necessárias para alcançar melhores oportunidades de trabalho e qualidade de vida. A lei criou o Instituto Nacional de

---

[36] *Idem, ibidem.*
[37] *Idem. Ibidem.*

CIDADANIA, DIREITOS HUMANOS E EDUCAÇÃO

Alfabetização e a partir de então houve importante fomento do governo federal nessa seara. A lei *"School-to-Work Opportunities Act of 1994"*, por seu turno, estabeleceu uma estrutura nacional na qual os Estados e comunidades podem desenvolver programas de oportunidades na transição entre escola e trabalho, com o objetivo não só de preparar com maior rigor os jovens para os primeiros empregos, como também de proporcionar a educação continuada. A legislação forneceu orçamento inicial a Estados e comunidades para desenvolver programas de inclusão do aprendizado baseado no trabalho, no aprendizado escolar e em atividades de conexão entre ambos[38].

A *"Educational Research, Development, Dissemination and Improvement Act of 1994"*, lei de pesquisa, desenvolvimento, divulgação e melhoria educacional de 1994, reautorizou as atividades de pesquisa e divulgação educacional do Escritório de Pesquisa e Aperfeiçoamento Educacional do Departamento de Educação dos Estados Unidos *(U.S. Department of Education's Office of Educational Research and Improvement)*. Estabeleceu cinco institutos para conduzirem pesquisas em apoio direto aos objetivos nacionais de educação: Instituto Nacional de Realização de Estudantes, Currículo e Avaliação; Instituto Nacional de Educação de Alunos em Risco; Instituto Nacional de Governança Educacional, Finanças, Formulação de Políticas e Administração; Instituto Nacional de Desenvolvimento e Educação da Primeira Infância; Instituto Nacional de Educação Pós-secundária, Bibliotecas e Educação ao Longo da Vida. Estabeleceu ainda a Biblioteca Nacional de Educação[39].

A *"Improving America's Schools Act of 1994"*, lei das escolas aprimoradoras dos Estados Unidos de 1994, reautorizou a "Lei da Educação Elementar e Secundária de 1965", com algumas mudanças significativas, como a determinação de assistência educacional a crianças carentes e a concentração dos fundos federais para áreas de alta pobreza.

Quanto à organização escolar, são os Estados e os distritos locais que assumem o papel principal na organização e operação das escolas públicas americanas. Em todos os 50 Estados, assim como nos territórios, a educação pública é gratuita, iniciando-se a partir dos 5 até os 8 anos de idade, dependendo do Estado, e indo até os 16. Desde 1989, há uma

[38] *Country Basic Information. Unesco Institute for Statistics. cit.*
[39] *Idem. Ibidem.*

tendência de mais Estados adotarem a escolaridade obrigatória até os 18 anos[40].

Em cada Estado há o *"State Board of Education"*, Conselho Estadual de Educação, e o *"State Department of Education"*, Secretaria Estadual de Educação, formados por profissionais da área da educação e responsáveis pela execução das políticas públicas nessa seara. O orçamento para educação vem substancialmente dos Estados, representando aproximadamente 50% de todos os fundos gastos em escolas públicas de ensino fundamental e médio no país.

A maioria dos Estados da federação vem, desde 2001, desenvolvendo e implementando padrões acadêmicos de desempenho dos alunos. O estabelecimento de padrões acadêmicos tem proporcionado muitos debates a respeito dos níveis e exigências educacionais, o que tem contribuído para aprimorar o sistema educacional do país como um todo, mas também revelado vários problemas na qualidade da educação pública americana.

Em termos de estrutura e organização, o sistema escolar americano apresenta três níveis principais: o *"elementary"*, o *"secondary"* e o *"post-secondary"*. A formação profissional está disponível tanto no nível secundário quanto no pós-secundário. Há também inúmeros programas formais e informais de educação para adultos e de educação continuada ao longo da vida[41].

Segundo dados do Departamento de Educação dos Estados Unidos, a educação infantil (*preprimary*) é oferecida por meio de creches, pré-escolas e jardins de infância. Há programas de apoio e suporte à primeira infância, entre eles o *"Head Start"*, com foco no desenvolvimento infantil de crianças de 3 e 4 anos de idade de famílias de baixa renda. Outro programa é o *"Early Reading First"*, que fornece fundos federais para melhorar o conteúdo de instrução em ambientes de educação infantil, com o objetivo de garantir que as crianças iniciem o jardim de infância com as habilidades de linguagem e alfabetização necessárias para o sucesso acadêmico posterior. Ambos são financiados pelo governo federal[42].

---

[40] *Country Basic Information. Unesco Institute for Statistics. cit.*

[41] *Idem. Ibidem.*

[42] *Education in the United States: A Brief Overview.* Disponível em: USA: https://ed.gov/about/offices/list/ous/international/edus/index.html. Acesso 23 de maio. 2018.

A maioria das escolas públicas oferece educação infantil gratuita. Nessa fase, os professores envolvem as crianças em atividades de leituras de histórias infantis, com foco no desenvolvimento das linguagens, assim como em atividades físicas, para o desenvolvimento das habilidades motoras, além da dramaturgia, artes, artesanato, música e jogos ao ar livre[43].

A educação primária, chamada de *"elementary school"*, é composta de seis ou oito séries, a depender do Estado da federação americana, mas geralmente são seis séries ou anos de formação. O principal objetivo desse período é o desenvolvimento integral de crianças de 6 a 12 ou 14 anos de idade. Segundo dados da Unesco, a educação primária tem como objetivo proporcionar aos alunos o desenvolvimento das habilidades básicas, o conhecimento e atitudes positivas em relação ao aprendizado. Trata-se de período no qual se enfatizam o crescimento e o desenvolvimento individual da criança, mas também sua integração social.

A escola secundária, por seu turno, é composta de duas fases: a primeira é a chamada de *"middle school"* ou *"junior high school"*, e a segunda fase é chamada de *"high school"*. Ao concluir a *"high school"*, o aluno recebe um diploma ou certificado e poderá ingressar em instituição de ensino superior. A organização tanto da escola primária quanto da secundária pertence aos Estados da federação. Com o término da educação secundária, ou seja, da *"high school"*, os estudantes têm uma gama enorme de possibilidades de formação profissional[44].

Os graduados do ensino médio que decidem continuar seus estudos podem ingressar em várias instituições com foco acadêmico e profissionalizante, de acordo com suas demandas e interesses. Há instituições técnicas e vocacionais. Uma instituição técnica ou profissional oferece treinamento técnico pós-secundário que leva a uma carreira específica. Há também as faculdades de dois anos e faculdades e universidades de quatro anos ou mais, com formação acadêmica e profissional em uma enorme gama de profissões. Os Estados Unidos são referência mundial em cursos de graduação nas universidades, assim como em seus programas de mestrado, doutorado e pós-doutorado. São líder em pesquisa

---

[43] *Idem. Ibidem.*
[44] *Country Basic Information. Unesco Institute for Statistics. cit.*

CONQUISTA DA CIDADANIA, DOS DIREITOS HUMANOS E DO DIREITO À EDUCAÇÃO ESCOLAR

científica e em inovação tecnológica, e algumas da mais prestigiadas instituições de ensino superior do mundo são americanas, como as universidades de Harvard, Berkeley, Stanford e o Instituto de Tecnologia de Massachusetts.

Quanto à educação especial, a lei de educação para todas as crianças com deficiência, *"The Education for All Handicapped Children Act of 1975"*, marcou o papel do governo federal na área da educação especial. De acordo com dados da Unesco, referida lei exige que todos os Estados da federação identifiquem crianças com uma das sete condições: deficiência na fala, dificuldades de aprendizagem, distúrbios emocionais, deficiência cognitiva, deficiências auditivas, deficiências ortopédicas e qualquer outra condição que afete à saúde, e lhes proporcione educação especial. As crianças com deficiência devem ser educadas, sempre que possível, em salas de aula regulares, sem a separação de seus pares não deficientes. Quando não há a possibilidade de fornecer educação escolar para crianças com deficiência juntamente com as outras crianças, elas devem receber instrução em hospitais, em suas casas ou em outras instituições públicas ou privadas, sem nenhum custo para os pais. A lei também determina a prestação de serviços de apoio médico e de transporte para programas de educação especial. O propósito da lei é a integração de todas as crianças, na medida do possível[45].

Há também o programa federal para crianças com deficiência, o *"Federal Programme Education for Children with Disabilities"*, que vem disponibilizando serviços especiais para milhões de crianças com deficiência nas escolas de ensino fundamental e médio. O programa auxilia os Estados da federação a fornecer oportunidades de educação para alunos com deficiências. O objetivo é garantir que todas essas crianças adquiram habilidades acadêmicas básicas e, assim, tenham maiores oportunidades de participar plenamente da sociedade e compartilhar igualmente seus benefícios[46].

Quanto à educação para adultos, a lei federal "Escola Primária e Secundária de 1965", em seu título III, cuida da educação de adultos e estabelece parceria entre cada Estado da federação americana e o governo federal em prol dessa demanda. Segundo dados da Unesco,

[45] *Country Basic Information. Unesco Institute for Statistics. cit.*
[46] *Idem. Ibidem.*

CIDADANIA, DIREITOS HUMANOS E EDUCAÇÃO

o objetivo dessas parcerias é oferecer a alunos adultos programas de educação que os ajudem a superar as limitações na proficiência da língua inglesa, a melhorar as habilidades educacionais básicas, para se inserirem melhor no mercado de trabalho, assim como a ampliar o alcance da cidadania. A Lei Nacional de Alfabetização de 1991 também dá destaque à educação de adultos e à educação não formal. Define "alfabetização" como a capacidade de ler, escrever e falar inglês, além de calcular e resolver problemas matemáticos em níveis de proficiência necessários para estar no mercado de trabalho e na sociedade, atingir os objetivos pessoais, e desenvolver seus conhecimentos e potenciais. Quanto à educação não formal, há uma amplíssima gama de oportunidades para a educação ao longo da vida, assim como educação voltada para grupos vulneráveis.

Não obstante todas essas mencionadas leis e políticas públicas em prol da educação pública de qualidade, o sistema educacional americano vem progressivamente apresentando declínios significativos. Na década de 1970, era considerado o melhor sistema público de educação do mundo e motivo de orgulho para os americanos. Todavia, a partir desse período, não tem sido capaz de se atualizar com as demandas da sociedade americana, especialmente em relação à população mais carente e vulnerável. Vem apresentando nas úlitmas décadas inúmeros problemas referentes ao acesso de todos à educação pública de qualidade[47].

Interessante destacar que, segundo dados da *Country Basic Information* da Unesco, foi realizado, em 1992, estudo para avaliar o nível de alfabetização de adultos americanos. Os adultos foram categorizados em cinco níveis, de acordo com os resultados dos testes, sendo o nível um o mais baixo e cinco o mais alto. No ano seguinte, a Pesquisa Nacional de Alfabetização de Adultos divulgou os primeiros dados nacionalmente representativos sobre as habilidades de alfabetização dos adultos com 16 anos de idade ou mais. Os dados incluíram tipos de habilidades de alfabetização, inclusive habilidades aritiméticas básicas, os níveis e como essas habilidades eram distribuídas pela população[48].

---

[47] Filme *"Waiting for Supermam"*. Disponível em: https://www.bing.com/videos/search?q=document%c3%a1rio+waiting+for+superman&mkt=pt-br. Acesso em 28 de maio. 2018.
[48] *Country Basic Information. Unesco Institute for Statistics. cit.*

Os resultados demonstraram que aproximadamente 90 milhões de adultos, cerca de 50% da população adulta do país, demonstraram baixos níveis de alfabetização. A pesquisa também revelou uma relação quase que direta entre desemprego e baixos níveis de alfabetização, assim como salários mais altos e alta alfabetização. Em 2005, 44% dos adultos participaram de atividades de educação em comparação aos 32% em 1991[49]. Até 2020, haverá 123 milhões de empregos americanos de alta qualificação e remuneração, mas apenas 50 milhões de americanos estarão qualificados para ocupá-los[50].

Interessante apontar algumas críticas expostas no documentário *"Waiting for Supermam"*, de 2010, do cineasta Davis Guggenheim, que revela inúmeros problemas enfrentados pelos alunos, suas famílias e a própria sociedade americana em relação às demandas por educação de qualidade. O documentário investiga o sistema escolar norte-americano, sob o olhar de alguns estudantes, e seu difícil cotidiano na busca pela educação escolar de qualidade. Entre os problemas apontados, estão a altíssima evasão escolar, a baixa qualidade da educação pública e as desigualdades no acesso à educação de qualidade.

Relata que, no Estado da Pensilvânia, 68% dos presos abandonaram o ensino médio e faz uma comparação entre as escolas chamadas de "fábricas de evasão", ou seja, escolas públicas de péssima qualidade, e parte da criminalidade. O documentário aponta também que o gasto anual com um preso é de aproximadamente 33 mil dólares. Já na educação particular, o custo médio de um aluno é de 8.300 mil dólares por ano. Dessa forma, o Estado gasta 132 mil dólares com um preso durante quatro anos. Se esse gasto fosse feito em educação, em 13 anos de educação em escola particular seriam gastos 107.9 mil dólares com um estudante e ainda sobrariam 24 mil dólares para serem investidos na educação superior[51].

São feitas também críticas à administração do sistema escolar, que reúne mais de 14 mil "Conselhos Escolares Autônomos", com muitos programas escolares conflitantes, o que dificulta avanços na educação escolar de qualidade. Outro problema apresentado pelo documentário

---

[49] *Idem. Ibidem.*
[50] Filme *"Waiting for Supermam"*. cit.
[51] *Idem. Ibidem.*

CIDADANIA, DIREITOS HUMANOS E EDUCAÇÃO

diz respeito à preparação profissional dos professores da rede pública de ensino. Não se trata de profissão muito bem remunerada, mas é uma carreira estável, em razão do contrato de trabalho. Críticos do sistema entendem que a referida estabilidade tem provocado graves problemas estruturais, porquanto a demissão de um professor, mesmo que extremamente incompetente, é muito difícil. O documentário aponta que a origem da estabilidade veio com os professores universitários, e o objetivo era protegê-los contra demissões arbitrárias e políticas. No entanto, para que hoje um professor universitário garanta a estabilidade, ele precisa passar por anos de avaliação e demonstrar muito bom desempenho. Muitos inclusive não conseguem[52].

Quanto aos professores da rede pública de ensino, a estabilidade no emprego se tornou automática, em virtude da forte atuação dos seus sindicatos, que conseguiu estabelecê-la como uma regra do contrato de trabalho. Os sindicatos se tornaram muito fortes em razão dos baixos salários dos professores, além da frágil proteção legal e da ausência de auxílios nas últimas décadas. Com o fortalecimento dos sindicatos dos professores, estes doaram, nos últimos 20 anos mais de 55 milhões de dólares a candidatos federais e seus partidos políticos[53].

De acordo com o documentário, a estabilidade prevista para professores praticamente impede a demissão, e o sistema educacional acaba não tendo mecanismos suficientes para desligar o contingente de professores que apresenta problemas dos mais variados possíveis para a garantia da educação pública de qualidade. Segundo dados apresentados, um em cada 57 médicos tem seu registro profissional cassado. Entre advogados a porcentagem é de um a cada 97. Em relação aos professores, um a cada 2.500 tem seu registro profissional cassado[54].

A maioria dos especialistas americanos em educação reconhece a importância do professor de excelência como o caminho certo para a educação de qualidade. A estabilidade, como é hoje estabelecida no país, tem sido alvo de muitas críticas e um dos maiores embates do sistema educacional americano. Em 2008, a educadora Michelle Rhee apresentou uma proposta para não acabar com a estabilidade dos

[52] *Idem. Ibidem.*
[53] *Idem. Ibidem.*
[54] *Idem. Ibidem.*

professores que a preferem, mas sim oferecer melhores salários em razão do mérito. Após meses de debates, não se chegou a um acordo com os sindicatos e essa é uma realidade ainda por se enfrentar no sistema educacional público americano[55].

4.5 Educação Pública Democrática de Qualidade na Finlândia no Século 21

A República da Finlândia, uma democracia consolidada e estruturada no Estado de Bem-estar Social, é um país altamente desenvolvido na prestação de serviços essenciais, como educação escolar pública, saúde pública, transporte público e segurança pública, além de apresentar alta expectativa de vida e bem-estar social. Sua população usufrui de elevado nível de desenvolvimento humano, ocupando a 21º posição no *ranking* mundial[56]. Desde 1969 é um dos países-membros da OCDE.

A Finlândia tem sido reconhecida nas últimas duas décadas como um dos países do mundo com excelência na educação democrática de qualidade, além de ser seguidamente um dos países com o melhor desempenho no Pisa. Isso se deve a vários fatores presentes tanto no seu sistema educacional, quanto na cultura e sociedade finlandesa. Esta tem apreço especial pela educação e é um dos países com o maior número de leitores do mundo[57].

Seu sistema educacional público garante oportunidades iguais de acesso à educação escolar e aprendizado a todos, independentemente do meio social e econômico. O propósito da política educacional consiste em garantir oportunidades iguais de educação de alta qualidade a todos os cidadãos, com eficiência, equidade e internacionalização. Os direitos básicos de educação e cultura estão consignados na Constituição, e a política educacional é construída com base nos princípios de aprendizagem ao longo de toda a vida e na liberdade da educação. Os principais objetivos e as linhas mestras da política educacional, traçadas por meio de um currículo nacional, são definidos pelo governo

---

[55] Filme *"Waiting for Supermam". cit.*

[56] Disponível em: https://observatoriodasdesigualdade.files.wordpress.com/2017/03/quadro-1-hdr.png Acesso em 15 de jun. 2018.

[57] Em 1921 foi estabelecido o sistema educativo obrigatório na Finlândia. Disponível em: http://www.finlandia.org.br/public/default.aspx?nodeid=36445&contentlan=17&culture =pt-BR. Acesso em 1 de mar. 2018.

central. Todavia, sua implantação é de responsabilidade dos municípios, dotados de bastante autonomia[58].

A educação é concebida como a "chave" para a competitividade e bem-estar da sociedade finlandesa. Há um grande consenso social de que um dos principais pilares da política educacional deva ser a cooperação e a continuidade na educação ao longo da vida. Com vistas a alcançar tais objetivos, há uma tríplice parceria entre governo, sindicatos e organização dos trabalhadores da área da educação, como parte integrante da política de execução do plano nacional de educação[59].

Entre os destaques do sucesso da educação pública de qualidade na Finlândia está o enorme investimento na formação, aperfeiçoamento e treinamento constante dos professores. Além de eles estarem constantemente se atualizando, a formação acadêmica é requisito fundamental. Tanto os professores do pré-primário quanto os da 1ª à 6ª série devem ter no mínimo grau de mestre. Os professores da 7ª à 9ª série devem ter grau de mestre na matéria que lecionam, além de formação superior em educação. Os professores da educação secundária superior devem possuir mestrado e estudos na área que lecionam. O mesmo se aplica aos que lecionam para alunos com necessidades especiais, sendo a pedagogia especial a matéria principal, ou devem também possuir uma certificação de ensino que inclua estudos de ensino para necessidades especiais[60].

Os professores nas universidades de ciências aplicadas devem ter mestrado ou licenciatura em pós-graduação, dependendo de sua posição. Também devem completar seus estudos em pedagogia. Já os professores das universidades precisam, de regra, ter o doutorado. O alto nível de treinamento e formação dos professores é considerado

---

[58] http://www.oph.fi/english/education_system_education_policy. Acesso em 1 de mar. 2018 e *Finland - Strong Performers and Successful Reformers in Education.* EduSkills OECD Disponível em: https://www.youtube.com/watch?v=ZwD1v73O4VI. Acesso em 5 de mar. 2018.

[59] http://www.oph.fi/english/education_system_education_policy Acesso em 1 de mar. 2018

[60] Disponível em: https://finland.fi/pt/vida-amp-sociedade/a-verdade-sobre-as-escolas--finlandesas/. Acesso em 05 de mar. 2018. http://www.oph.fi/english/education_system/teacher_education. Acesso em 09 de mar. 2018.

CONQUISTA DA CIDADANIA, DOS DIREITOS HUMANOS E DO DIREITO À EDUCAÇÃO ESCOLAR

fundamental para a qualidade da educação finlandesa, porquanto os professores trabalham com muita autonomia[61].

Interessante destacar que o sistema de ensino finlandês é baseado na cultura da confiança, e não do controle. Os professores dedicam-se ativamente ao magistério, profissão intelectualmente atraente e interessante, com boa remuneração e expressiva apreciação social. As universidades finlandesas têm a possibilidade de selecionar os melhores estudantes para se tornarem professores.

As políticas públicas em educação são efetivamente voltadas para as necessidades das crianças e adolescentes. Juntamente com a garantia da educação pública democrática de qualidade, os alunos recebem todo o material escolar básico gratuitamente, um plano de saúde escolar, transporte e uma merenda quente todos os dias. A educação obrigatória começa aos 7 anos de idade e vai até os 16. São nove anos de ensino compulsório. As crianças de 6 anos podem ser inscritas gratuitamente na pré-escola. Não obstante ser facultativa, o índice de matrícula é muito elevado. Ademais, a abrangência do sistema educacional é muita ampla e garante educação escolar também a crianças incapacitadas e hospitalizadas, por meio de escolas especiais[62].

O ambiente escolar é muito acolhedor e as escolas finlandesas buscam estabelecer um relacionamento natural, harmonioso e de confiança entre professores e alunos. A avaliação por nota somente é introduzida a partir do 5º ano escolar, embora os alunos menores serem avaliados quanto ao seu desenvolvimento.

A política educacional é voltada para o atendimento individualizado do aluno. Nesse sentido, não compara os desempenhos, nem coloca alunos em posição de competição. Muito pelo contrário, objetiva focar no apoio e acompanhamento das necessidades específicas de cada aluno. O objetivo é que ninguém fique para trás. Esse é um dado extremamente importante e que tem mostrado resultados muito positivos na educação finlandesa. Há um grande investimento pedagógico nas demandas e dificuldades dos alunos assim que elas aparecem, o que acaba por representar o baixíssimo índice de repetência e pequena

---

[61] Disponível em: http://www.oph.fi/english/education_system/teacher_education. *cit.*

[62] https://finland.fi/pt/vida-amp-sociedade/com-uma-educacao-gratuita-e-de-alta-qualidade-para-todos/ Acesso em 1º de mar. 2018.

disparidade entre alunos com baixo e alto desempenho, realidade revelada pelo Pisa, além de contribuir para aumentar a autoestima dos alunos em relação a suas habilidades e competências[63].

De acordo com o Conselho Nacional de Educação da Finlândia, a educação básica é um direito de todos e, por isso, não seletiva. Seu objetivo é: "apoiar o crescimento dos alunos em prol da humanidade e a participação eticamente responsável da sociedade, além de proporcionar-lhes o conhecimento e as habilidades necessárias para a vida"[64].

A educação infantil e as creches fazem parte do sistema educacional finlandês e representam estágio importante no desenvolvimento integral das crianças e no seu aprendizado. O objetivo maior é promover a educação infantil de alta qualidade, com oportunidades iguais para todos. O currículo nacional da educação infantil, elaborado pela Agência Nacional Finlandesa de Educação, tem o propósito de fornecer uma base comum aos currículos locais, elaborados no âmbito municipal. Apesar de a educação pré-primária ter-se tornado obrigatória apenas em 2015, a maioria das crianças finlandesas já a cursava voluntariamente[65].

A educação pré-primária também apresenta um currículo nacional, renovado em 2014, voltado à preparação para o ingresso na educação compulsória. Seus princípios gerais enfatizam o desenvolvimento da individualidade da criança, a importância do aprendizado ativo, com o despertar para iniciativas da própria criança, além da convivência social com seus desafios naturais. Com base no currículo nacional, são elaborados os currículos locais[66].

Após os nove anos de ensino obrigatório entre os 7 e os 16 anos de idade, há o nível secundário superior, dividido entre o vocacional e o preparatório universitário. Segundo dados oficiais, em torno de 50% dos alunos optam pela educação continuada. O nível secundário tem

---

[63] *Idem, ibidem.*

[64] Tradução livre: *"The objective of basic education is to support pupils' growth towards humanity and ethically responsible membership of society and to provide them with the knowledge and skills needed in life".* Disponível em: http://www.oph.fi/english/education_system/basic_education. Acesso em 9 de mar. 2018.

[65] Disponível em: http://www.oph.fi/english/curricula_and_qualifications/early_childhood _education_and_care. Acesso em 9 de mar. 2018.

[66] *Idem. Ibidem.*

duração de aproximadamente três anos e apresenta ampla grade curricular. Ao final, os alunos se submetem a um exame nacional de habilidades que permite a eles continuar os estudos no nível superior. Os alunos diplomados podem continuar seus estudos tanto nas politécnicas como nas universidades. As primeiras oferecem cursos que visam à educação continuada e ao treinamento profissionalizante altamente especializado, para atender às demandas do mercado de trabalho. Já as universidades são voltadas à pesquisa acadêmica e à instrução acadêmica convencional[67].

O nível de instrução e educação é altíssimo e apenas 7% dos alunos do ensino regular obrigatório não dão continuidade aos seus estudos. A meta do Programa Estratégico Educacional da Finlândia é estabelecer 42% de jovens adultos diplomados pelas politécnicas ou universidades até o ano 2020. A Finlândia tem a meta nacional do aprendizado vitalício e nesse sentido oferece suporte para a aprendizagem ao longo de toda a vida. Para tanto, o Estado de Bem-estar Social oferece todos os níveis de ensino gratuitamente, além de vários benefícios sociais associados à educação de qualidade, voltados a alimentação, saúde e moradia dos estudantes[68].

Quanto ao ensino superior, como já mencionado, há as universidades e as universidades de ciências aplicadas, conhecidas no Brasil como politécnicas, com perfis e propósitos diferenciados. As primeiras enfatizam a pesquisa científica e instrução, enquanto as politécnicas adotam uma abordagem mais prática. O ingresso em ambas é restrito, porquanto o número de candidatos é maior do que o de vagas. Para tanto, os candidatos são submetidos a exames para ingresso[69].

A Finlândia é um país que investe intensamente em educação para todas as faixas etárias e para alunos e profissionais nas mais variadas situações. Por isso, também investe na educação para adultos, com vistas à educação ao longo da vida. Os principais objetivos da política educacional para adultos estão na constante atualização dos profissionais no

---

[67] Disponível em: https://finland.fi/pt/vida-amp-sociedade/com-uma-educacao-gratuita-e--de-alta-qualidade-para-todos/. Acesso em 1 de mar. 2018.

[68] *Idem. Ibidem.*

[69] Disponível em: http://www.oph.fi/english/education_system/higher_education. Acesso em 09 de mar. 2018.

mercado de trabalho, aumento da taxa de emprego e oportunidade de atualização para os desempregados, melhoria na produtividade e bem-estar dos trabalhadores, além do fortalecimento da coesão social e respeito ao multiculturalismo[70].

Interessante destacar que, em agosto de 2016, tornou-se obrigatório para todas as escolas finlandesas ensinar de maneira mais colaborativa. Permite-se aos alunos escolherem um tema que eles entendam relevante, e assim suas matérias serão baseadas nessa escolha. A tecnologia e as fontes de conhecimento além da escola, como contato com especialistas, uso de museus e espaços de cultura e conhecimento, passaram a ser mais utilizadas. O objetivo dessa forma de ensinar, conhecida como "aprendizagem baseada em projetos e fenômenos", busca oferecer aos estudantes diversas habilidades necessárias para as demandas da vida e do trabalho no século 21. Busca despertar uma aprendizagem mais holística e integrada com a realidade. Volta-se para despertar mais intensamente a investigação, a curiosidade, a crítica, assim como o bem-estar dos alunos[71].

De acordo com Tim Walker, professor e escritor americano, a escola finlandesa é descrita como sensata, independente, modesta, descontraída, de baixa tensão e igualitária. Entre os pontos destacados pelo autor e que promovem o bem-estar e a aprendizagem dos alunos estão:

> normalmente têm um intervalo não estruturado de 15 minutos a cada 45 minutos de aula durante o dia escolar, e pesquisas sugerem que essas pausas frequentes promovem muito mais atenção na sala de aula. Todos os alunos da Finlândia, independentemente de seu contexto socioeconômico, recebem refeições gratuitas e nutritivas todos os dias na escola. 90 % das escolas fundamentais finlandesas estão implementando um programa eficaz, baseado em pesquisas, para combater o bullying, chamado KiVa, desenvolvido na Universidade de Turku. 70% das escolas fundamentais da Finlândia adotaram uma iniciativa

---

[70] Disponível em: https://finland.fi/pt/vida-amp-sociedade/com-uma-educacao-gratuita-e-de-alta-qualidade-para-todos/. *cit.* Disponível em: http://www.oph.fi/english/education_system/adult_education. Acesso em 9 de mar. 2018.

[71] Disponível em: http://www.bbc.com/portuguese/internacional-40127066. Acesso em 9 de mar. 2018.

nacional para estimular a atividade física das crianças, chamada "Finnish Schools on the Move"[72].

Diante de toda essa estrutura apresentada, verificamos que a educação finlandesa reflete o conjunto da parceria entre Estado, por meio de políticas públicas de alta qualidade em educação, e sociedade civil, altamente instruída e consciente da educação como seu maior patrimônio cultural e humano.

4.6 Educação Pública Democrática de Qualidade no Canadá no Século 21

O Canadá é uma das maiores e mais bem-sucedidas democracias do mundo, com uma sociedade multicultural baseada nas liberdades públicas e no respeito à igualdade. Constitui-se em uma federação composta de dez províncias e três territórios. É um país bilíngue, no qual o inglês e o francês são línguas oficiais. País de dimensões continentais, economia forte, competitiva, com elevado índice de desenvolvimento humano, ocupa atualmente a 10ª posição em um *ranking* com 188 países[73].

Quanto à educação escolar pública, não há um sistema de ensino federal. A Constituição atribui às províncias e aos territórios a responsabilidade pelo ensino. Segundo dados do Consulado Canadense no Brasil: "Cada sistema provincial, enquanto semelhante aos outros, reflete os seus interesses regionais e herança histórica e cultural. As secretarias de ensino das províncias – chefiadas por um ministro eleito – estabelecem as normas, elaboram os currículos e subvencionam instituições de ensino"[74].

Ainda de acordo com o Consulado:

A responsabilidade pela administração das escolas primária ou secundária é delegada às juntas escolares ou comissões locais eleitas,

---

[72] Disponível em: https://finland.fi/pt/vida-amp-sociedade/o-poder-da-simplicidade-do-sistema-educacional-finlandes/. Acesso em 5 de mar. 2018.

[73] Disponível em: https://observatoriodasdesigualdade.files.wordpress.com/2017/03/quadro-1-hdr.png. Acesso em 15 de jun. 2018.

[74] Disponível em: http://www.canadainternational.gc.ca/brazil-bresil/about_a-propos/education.aspx?lang=por. Acesso em 22 de mar. 2018.

que estabelecem orçamentos, recrutam os professores e negociam seus contratos e formam os currículos escolares, de acordo com as diretrizes de cada província. O governo federal envolve-se indiretamente na educação. Fornece apoio financeiro à educação pós-secundária, ao treinamento ocupacional de adultos e ao ensino das duas línguas oficiais - em especial, treinamento para segunda língua. Além disso, é responsável pela educação dos aborígenes, dos funcionários das Forças Armadas e seus dependentes e dos presos em instituições federais. Através do Programa de Empréstimo ao Estudante Canadense, o governo ajuda aos que não têm recursos suficientes para completarem seus estudos. Proporciona garantias de empréstimo e, no caso dos alunos de período integral, subsídios para ajudá-los a conseguirem pagar seus estudos no nível superior. As províncias têm programas complementares de empréstimos e bolsas de estudo[75].

A educação pública é gratuita e obrigatória a partir dos 6 anos de idade até os 16, embora seja muito incomum os alunos abandonarem a escola antes dos 18 anos. Apesar de a obrigatoriedade escolar iniciar-se aos seis anos de idade, a maioria das crianças inicia a vida escolar em pré-escolas e creches de iniciativa privada. O jardim de infância é geralmente público, frequentado pela maioria das crianças canadenses. Embora não seja obrigatório em todo o país, em algumas províncias as crianças são obrigadas a frequentar o jardim de infância quando atingem a idade de 5 anos. A escolaridade no Canadá é extremamente elevada e se inicia cedo. No jardim de infância, há frequência de 95% das crianças de 5 anos de idade[76].

A educação primária obrigatória começa aos 6 anos e vai até os 11 anos de idade. O currículo varia de província para província, mas costuma apresentar como matérias básicas a leitura, a escrita, a matemática, a história, a geografia, a arte, a música, a ciência e a educação física. Os alunos são submetidos a avaliações baseadas no desempenho anual.

Após esse período se inicia o que eles denominam de *junior high school* e na sequência a *high school*. É frequentado por crianças e jovens

---

[75] *Idem.Ibidem.*

[76] Disponível em: https://transferwise.com/gb/blog/canadian-education-overview. Acesso em 22 de mar. 2018.

de 12 a 18 anos, sendo a frequência obrigatória até os 16 anos. No entanto, a grande maioria permanece na escola até os 18 anos. A escola secundária tem sido dividida basicamente em duas opções de estudo. A primeira prepara o aluno para a universidade e a segunda para o ingresso em colégios comunitários, instituições de tecnologia, ou diretamente para o mercado de trabalho. Por isso, ao longo desse período escolar, os alunos permanecem com algumas matérias comuns e de formação geral, mas também já começam as orientações e os aconselhamentos para as futuras carreiras e profissões. Há, dependendo da província, diferentes disciplinas de formação e orientação para os vários caminhos profissionais que podem ser traçados[77].

Algumas províncias oferecem programas de ensino específicos tanto para crianças superdotadas, como para crianças com aprendizado mais lento ou limitado. No entanto, em relação às crianças com necessidades especiais, tem-se buscado integrá-las ao sistema convencional de ensino. Há também programas especiais voltados para alunos com dificuldades de finalizar os programas regulares de ensino[78].

Segundo informações do Consulado Canadense no Brasil:

> Na maioria das províncias, as próprias escolas agora estabelecem, conduzem e avaliam os seus exames. Em algumas províncias, entretanto, o estudante precisa passar por uma avaliação de graduação em certas matérias principais a fim de terem acesso ao nível pós-secundário. Assim, a entrada na universidade depende da escolha do curso e das médias escolares - as exigências variam de uma província para outra[79].

O Canadá é um país que tem-se preocupado em enfrentar as complexas realidades de iniquidade no seu sistema escolar público. Nesse sentido, suas províncias vêm desenvolvendo políticas públicas e sistemas de equidade para atender às várias necessidades dos alunos, da forma mais holística possível. Segundo Maryse Potvin, professora

---

[77] Disponível em: https://transferwise.com/gb/blog/canadian-education-overview. Acesso em 22 de mar. 2018. Disponível em: http://www.canadainternational.gc.ca/brazil-bresil/about_a-propos/education.aspx?lang=por. Acesso em 22 de mar. 2018.

[78] Disponível em: http://www.canadainternational.gc.ca/brazil-bresil/about_a-propos/education.aspx?lang=por. Acesso em 22 de mar. 2018.

[79] *Idem. Ibidem.*

da Universidade de Quebec: "Equidade não significa tratar todos da mesma maneira, mas sim reconhecer que todos são diferentes e adotar práticas apropriadas para diferentes necessidades e realidades dos aprendizes"[80].

As desigualdades são mais evidentes entre os alunos indígenas, pobres, refugiados e negros. Por isso, as províncias têm atuado no sentido de identificar e diagnosticar as desigualdades e as dificuldades enfrentadas por diferentes grupos, assim como apresentar soluções para a questão. Nesse sentido, a missão da escola deve ser não só fornecer instrução, qualificação e socialização dos alunos, mas promover a inclusão e o respeito à equidade, com vistas a formar alunos e consequentemente uma sociedade mais saudável, tolerante e integrada[81].

Nesse sentido, importante destacar dois relatórios elaborados em 2008 pelo Conselho de Ministros da Educação do Canadá, em colaboração com a Comissão Canadense para a Unesco. Eles apresentam nova visão do sistema de ensino e aprendizagem do Canadá, intitulado: "*Learn Canada 2020*", e que tem o objetivo de atender às necessidades educacionais e aspiração dos canadenses no campo da educação escolar, mas também da educação ao longo da vida. O primeiro relatório, intitulado "Os Sistemas de Educação no Canadá – Enfrentando os Desafios do Século 21", foca em quatro pilares do desenvolvimento da política educacional: acesso à educação para todos; intervenção precoce; melhoria dos resultados de aprendizagem e investimento na formação, recrutamento e condições de trabalho do professor[82].

O acesso à educação está diretamente ligado à garantia de oportunidades iguais a todos, independentemente da classe social ou econômica. Também foca nos grupos excluídos e com demandas específicas, como migrantes, refugiados, pobres e aborígenas. A intervenção precoce, por seu turno, relaciona-se tanto com a intervenção escolar quando se verifica alguma dificuldade do aluno no processo de aprendizagem, assim

---

[80] "*How Equitable is Canada's Education System?*" Texto na íntegra: "*Equity does not mean treating everyone the same way, but rather recognizing that everyone is different and adopting appropriate practices for learners' different needs and realities*". Disponível em:https://www.edcan.ca/articles/equitable-canadas-education-system/. Acesso em 23 de mar. 2018.

[81] *Idem. Ibidem.*

[82] Disponível em: http://cmec.ca/Publications/Lists/Publications/Attachments/122/ICE 2008-reports-canada.en.pdf. Aceso em 24 de mar. 2018.

como com o suporte familiar e social aos que o demandam. O objetivo é sempre beneficiar a aprendizagem do aluno e reduzir as desigualdades.

Já a melhoria dos resultados da aprendizagem foca em todos os aspectos do desenvolvimento holístico do aluno e não apenas nos resultados finais dos exames. Trata-se de uma das bases da reforma educacional que abrange todos os aspectos da escolaridade. Ao mesmo tempo em que se foca na melhoria geral do desenvolvimento escolar dos alunos, há o foco nas individualidades e no apoio aos grupos vulneráveis e com demandas específicas[83].

Com vistas à aprendizagem ao longo da vida, o *"Learn Canada 2020"* visa, em relação à aprendizagem e ao desenvolvimento na primeira infância, a que todas as crianças tenham acesso à educação infantil de qualidade para chegarem à escola prontas para aprender. Quanto ao sistema escolar primário ao secundário, visa a que todas as crianças tenham acesso ao ensino de qualidade e que a aprendizagem seja inclusiva, fornecendo-lhes as habilidades necessárias em letramento, matemática e ciência. Quanto à educação pós-secundária, a proposta e o investimento são no sentido de incentivar o aumento do número de estudantes que buscam referida educação, aumentando a qualidade e acessibilidade ao ensino superior. Quanto à educação e ao desenvolvimento de competências dos adultos, o Estado deve criar um sistema integrado de aprendizagem e desenvolvimento das habilidades profissionais a todos que queiram e precisem[84].

O quarto pilar refere-se ao investimento na formação, recrutamento e condições de trabalho dos professores. De acordo com dados do relatório, estudos das condições de trabalho relataram que os maiores desafios enfrentados em sala de aula referem-se à diversidade dos alunos, o que requer serviços e programas específicos e a redução do número de alunos por turma. Nesse sentido, os professores demandam mais apoio e infraestrutura para trabalhar com as diversas realidades[85].

O relatório aponta tanto os objetivos quanto os desafios enfrentados e identifica áreas e realidades que precisam ser acompanhadas de forma

---

[83] *Idem, ibidem.*

[84] *Idem. Ibidem.*

[85] Disponível em: http://cmec.ca/Publications/Lists/Publications/Attachments/122/ICE 2008-reports-canada.en.pdf . Aceso em 24 de mar. 2018.

CIDADANIA, DIREITOS HUMANOS E EDUCAÇÃO

mais específica, como, por exemplo, aumentar os níveis de alfabetização dos canadenses; eliminar e reduzir as diferenças no desempenho acadêmico entre estudantes aborígenes e não aborígines; melhorar as oportunidades de aprendizagem para que mais alunos cheguem ao ensino superior; aprimorar a educação para o desenvolvimento sustentável e apoiar a implementação de programas nacionais e internacionais de avaliação da aprendizagem e indicadores de desempenho para sistemas educativos.

Importante destacar também que entre os vários pontos colocados pelo *"Learn Canada 2020"* está o reconhecimento dos vínculos diretos entre uma população bem educada e uma economia vibrante e baseada no conhecimento, desenvolvimento sustentável e no aumento das possibilidades de crescimento e desenvolvimento de toda a sociedade. Não obstante tal reconhecimento ser notório quando se aborda o tema da educação, os canadenses não só reconhecem, como efetivamente investem na educação pública democrática de qualidade. Não é por um acaso que o Canadá é hoje uma das maiores e mais plurais democracias do mundo[86].

O "Learn Canada 2020" também foca no papel da educação no combate à pobreza e à exclusão social. O primeiro relatório destaca o papel dos sistemas de educação tanto no combate à pobreza quanto à exclusão social, com vistas ao enfrentamento das desigualdades sociais e o oferecimento de melhores oportunidades de vida, estudo e trabalho para todos. Algumas das províncias têm estratégias políticas e sociais para enfrentar referida realidade[87].

O segundo relatório, intitulado "Educação Inclusiva: o Caminho do Futuro", apresenta de forma detalhada, precisa e com base em dados, o propósito do respeito máximo ao princípio da igualdade no acesso à educação de qualidade e no processo educacional como um todo para os grupos vulneráveis. Baseia-se na Carta Canadense de Direitos e Liberdade e nas Declarações da Unesco de Educação para Todos. Nesse sentido, há várias leis que estabelecem o respeito ao princípio da igualdade, como a Lei da Cidadania, a Lei do Multiculturalismo Canadense e a Lei dos Direitos Humanos do Canadá, que estabelecem o respeito à

---

[86] *Idem. Ibidem.*
[87] *Idem. Ibidem.*

diferença e a proibição da discriminação em razão da raça, religião, origem nacional, origem social etc.[88].

Os grupos mais vulneráveis, de acordo com o relatório, e, por isso, sujeitos a exclusão, são os estudantes aborígenes, os com deficiência física, mental, psíquica ou de aprendizagem, os estudantes imigrantes recém-chegados, os estudantes pertencentes a minorias e os de baixo nível socioeconômico.

Proporcionar educação pública de qualidade representa lidar com a diversidade dos alunos e enfrentar suas demandas em prol de uma sociedade plural, justa e multicultural. Para que tal propósito seja alcançado, o relatório aponta as politicas públicas educacionais e sociais que devem ser implementadas para o sucesso da educação inclusiva, como a oferta de programas especiais, serviços, financiamento, bem como aquelas para apoiar os alunos, especialmente os mais vulneráveis que necessitam de atenção adicional e especial, e também políticas voltadas a preparar e dar suporte ao professor, à família e à comunidade escolar como um todo. O desafio refere-se a como transformar os sistemas de ensino e outros ambientes de aprendizagem, a fim de responder à diversidade de alunos[89].

Para que a igualdade com vistas à inclusão seja respeitada, o relatório aponta a necessidade de se garantir aos alunos acesso e participação equitativa na educação de qualidade. Estabelece que a cultura escolar deve valorizar a diversidade e responder às diversas demandas sociais e culturais das comunidades às quais pertencem. A cultura escolar deve promover a compreensão dos outros e o respeito por todos. Os ambientes de aprendizagem e trabalho devem ser seguros e acolhedores, assim como livres de discriminação, assédio e violência. Já os processos de tomada de decisão devem dar voz a todos os membros da comunidade escolar e deve haver a promoção de políticas e práticas que valorizem o tratamento justo e equitativo entre todos[90].

O relatório aponta também que os desafios ainda são muitos, não obstante as províncias e os territórios já terem avançado em muitos pontos, seja por meio das legislações, das políticas públicas, da

---

[88] *Idem. Ibidem.*

[89] Disponível em: http://cmec.ca/Publications/Lists/Publications/Attachments/122/ICE 2008-reports-canada.en.pdf . Aceso em 24 de mar. 2018.

[90] *Idem. Ibidem.*

sociedade e da própria comunidade escolar. Ademais, o princípio da inclusão educacional está firmemente implantado em todos os sistemas educacionais canadenses. Por isso, funcionários, educadores, pais, parceiros e comunidade veem trabalhando diligentemente para melhorar o sistema escolar canadense como um todo[91].

4.7 Educação Pública Democrática de Qualidade no Japão no Século 21

O Japão é uma monarquia parlamentar com um sistema político democrático. Grande potência econômica, possui a terceira maior economia do mundo. É também detentor de um altíssimo padrão de vida e tem a maior expectativa de vida do mundo, de acordo com dados da ONU. Com elevado índice de desenvolvimento humano, ocupa a 17ª posição no *ranking* mundial, de acordo com o relatório de desenvolvimento humano da ONU de 2015[92].

Quanto ao sistema educacional, é uma das lideranças no mundo e, segundo dados do Pisa, está entre os países com melhores resultados. O atual sistema educacional japonês foi inicialmente estabelecido com base no modelo americano, após a Segunda Guerra Mundial.

No sistema educacional japonês, a obrigatoriedade de frequentar a escola se inicia aos 6 anos de idade. O período da escola primária é de seis anos e está regulamentado na Lei de Educação Escolar. Existem escolas públicas e privadas. As públicas são de altíssima qualidade e os pais precisam pagar uma taxa para que seus filhos a frequentem. Para o período anterior, há as pré-escolas e os jardins de infância, conhecidos como *Yochien*, de iniciativa privada. No entanto, há algumas iniciativas do Estado no sentido de tornar a pré-escola obrigatória, com o propósito de proporcionar mais oportunidades educacionais e de desenvolvimento para as crianças japonesas[93].

---

[91] *Idem. Ibidem.*

[92] Disponível em: https://nacoesunidas.org/oms-expectativa-de-vida-sobe-5-anos-de-2000-a-2015-no-mundo-mas-desigualdades-persistem/. Acesso em 29 de mar. 2018. Disponível em: https://observatoriodasdesigualdade.files.wordpress.com/2017/03/quadro-1-hdr.png. Acesso em 15 de jun. 2018.

[93] Disponível em: https://www.tokyo-icc.jp/guide_eng/educ/01.html._Acesso em 29 de mar. 2018. Disponível em: https://educationinjapan.wordpress.com/the-japanese-educational-system/. Acesso em 29 de mar. 2018.

CONQUISTA DA CIDADANIA, DOS DIREITOS HUMANOS E DO DIREITO À EDUCAÇÃO ESCOLAR

Interessante destacar que, nas escolas japonesas, até a quarta série, ou seja, nos três primeiros anos de escola, o foco da educação está no desenvolvimento da personalidade e do caráter da criança. Por isso, o mais importante é a formação do ser humano. Busca-se o desenvolvimento do respeito entre alunos e também entre estes e os professores, valorização e respeito das relações sociais e pessoais como um todo, respeito à natureza e aos animais. As provas não são a maior prioridade nesse período, e os alunos fazem esporadicamente algumas avaliações[94].

A escola secundária também é obrigatória e tem duração de três anos, totalizando, com a escola primária, nove anos de educação escolar obrigatória no Japão. A taxa de frequência escolar dos nove anos de escolaridade obrigatória é de 99,98%, o que demonstra a altíssima escolaridade da sociedade japonesa[95].

Cabe destacar que uma das qualidades do sistema educacional japonês está na organização e no planejamento do currículo nacional escolar, que é baseado em estudos e pesquisas realizadas há décadas pelos professores em relação às melhores formas e métodos de ensino[96].

Após os nove anos de educação obrigatória, o aluno pode cursar o ensino médio. Para tanto, são submetidos a um exame de aprovação. O diploma de ensino médio é considerado o mínimo para os trabalhos mais básicos na sociedade japonesa. O número de alunos que se encaminham para escolas secundárias também é muito alto, em torno de 97%. Há várias opções de escolaridade no ensino médio, como o ensino médio acadêmico e o especializado, que visa a preparar o aluno para o trabalho em área específica, como o ensino médio agrícola, industrial ou comercial. As faculdades tecnológicas, conhecidas com

---

[94] Disponível em: http://noticias.universia.com.br/destaque/noticia/2017/01/05/1148131/4--fatos-surpreendentes-sobre-educacao-japonesa.html#. Acesso em 29 de mar. 2018. Disponível em: https://incrivel.club/inspiracao-criancas/10-fatos-sobre-a-educacao-japonesa-que-transformaram-o-pais-em-referencia-117460/. Acesso em 29 de mar. 2018.

[95] Disponível em: https://www.tokyo-icc.jp/guide_eng/educ/01.html._Acesso em 29 de mar. 2018. Disponível em: https://educationinjapan.wordpress.com/the-japanese-educational-system/. Acesso em 29 de mar. 2018.

[96] Disponível em: https://educationinjapan.wordpress.com/education-system-in-japan--general/the-real-source-of-success-in-japanese-schools/. Acesso em 29 de mar. 2018.

CIDADANIA, DIREITOS HUMANOS E EDUCAÇÃO

kosen, oferecem um programa de cinco anos aos estudantes que desejam obter maiores habilidades relacionadas à tecnologia. Os graduados em faculdades tecnológicas vão diretamente para o mercado de trabalho ou continuam seus estudos na universidade[97].

Algumas escolas secundárias oferecem aulas noturnas e cursos por correspondência para aqueles que trabalham durante o dia e desejam adquirir o diploma do ensino médio. As aulas e os cursos permitem que alunos que desistiram do curso regular aprendam em seu ritmo próprio. Há escolas especiais para alunos com deficiência; no entanto, elas ainda são insuficientes no sentido de atingir o público maior[98].

Interessante destacar que as refeições escolares são padronizadas e baseadas na alimentação saudável. Não há refeitórios e os alunos fazem a refeição em sala de aula, junto com os professores, com o objetivo de estimular um ambiente informal e com relações amistosas e generosas. Em relação à limpeza, nas escolas japonesas não há funcionários para essa tarefa. São os próprios alunos os encarregados de limpar as salas de aula, os corredores e até os banheiros, dividindo-se em turnos. O objetivo é ensiná-los logo cedo a trabalhar em equipe, a valorizar o trabalho próprio e alheio, assim como incentivar o respeito ao meio ambiente[99].

Quanto ao ensino superior, as faculdades juniores oferecem um programa de dois anos, enquanto as universidades oferecem um programa de quatro anos. Os graduados nas universidades podem continuar seus estudos na pós-graduação. Cabe observar que a cultura japonesa é muito rígida em relação aos resultados acadêmicos e verifica-se um alto nível de competitividade e estresse entre os alunos no período do ensino médio e ingresso no ensino superior[100].

[97] Disponível em: https://www.tokyo-icc.jp/guide_eng/educ/01.html. Acesso em 29 de mar. 2018. Disponível em: https://educationinjapan.wordpress.com/the-japanese-educational-system/. Acesso em 29 de mar. 2018.

[98] Disponível em: https://www.tokyo-icc.jp/guide_eng/educ/01.html. Acesso em 29 de mar. 2018. Disponível em: https://educationinjapan.wordpress.com/the-japanese-educational-system/. Acesso em 29 de mar. 2018.

[99] Disponível em: http://noticias.universia.com.br/destaque/noticia/2017/01/05/1148131/4-fatos-surpreendentes-sobre-educacao-japonesa.html#. Acesso em 29 de mar. 2018.

[100] Disponível em: https://www.tokyo-icc.jp/guide_eng/educ/01.html. Acesso em 29 de mar. 2018. Disponível em: https://educationinjapan.wordpress.com/the-japanese-educational-system/, *cit.*

4.8 Educação Pública Democrática de Qualidade em Singapura no Século 21

Singapura é hoje uma democracia parlamentar e tem o maior índice de desenvolvimento humano entre os países asiáticos, sendo o sexto colocado no *ranking* mundial[101]. É um país com altíssima qualidade de vida, o que se reflete na qualidade do seu sistema educacional. O país foi o mais bem classificado entre os países avaliados pelo Pisa em 2015.

O sistema educacional se inicia na pré-escola, denominada *preschool,* no qual as crianças ingressam com cerca de 4 anos de idade. A educação pré-escolar é baseada no *Nurturing Early Learners Curriculum,* elaborado pelo Ministério da Educação de Singapura. Segundo expresso em seu site oficial: "Os primeiros anos são cruciais para o desenvolvimento holístico das crianças. Uma educação pré-escolar de qualidade proporciona às crianças oportunidades de construir autoconfiança, aprender habilidades sociais e desenvolver disposições de aprendizagem. Estes constroem uma base sólida para o aprendizado futuro das crianças"[102].

De acordo com o currículo do *Nurturing Early Learners,* a educação pré-escolar de qualidade deve proporcionar às crianças o desenvolvimento e o aprendizado em fundamentalmente seis áreas específicas para que elas façam uma transição suave da pré-escola para a educação primária. Essas áreas são: estética, expressão e criatividade; descoberta do mundo; linguagem e alfabetização; numeracia; desenvolvimento de competências motorizadas e desenvolvimento social e emocional. De acordo com o Ministério da Educação, toda criança deve tornar-se um aprendiz ativo, com autoconfiança e capacidade para apreciar a cultura étnica local[103].

A educação primária, chamada de *Primary Education,* compreende seis anos de formação obrigatória. Verifica-se claramente, por meio das informações fornecidas pelo Ministério da Educação de Singapura, que o objetivo maior é formar cidadãos para os desafios do século 21. Visa à educação holística, na qual a escola trabalha a autoconfiança dos alunos

---

[101] Disponível em: https://observatoriodasdesigualdade.files.wordpress.com/2017/03/quadro-1-hdr.png. Acesso em 15 de jun. 2018.

[102] Disponível em: https://www.moe.gov.sg/education/preschool. Acesso em 30 de mar. 2018.

[103] *Idem. Ibidem.*

CIDADANIA, DIREITOS HUMANOS E EDUCAÇÃO

e o desejo de aprender. Para tanto, proporciona uma ampla gama de experiências de aprendizado que contribuirão para que cada aluno descubra seus talentos e interesses[104].

Segundo o Ministério da Educação, para que os alunos estejam preparados para prosperar no século 21, diante da globalização e dos avanços tecnológicos, a escola primária visa a proporcionar o desenvolvimento de várias dimensões da pessoa humana. O foco estará tanto no desenvolvimento de competências individuais e emocionais quanto sociais e coletivas. A primeira é a autoconfiança, no sentido de desenvolver em cada aluno o autoconhecimento, o agir ético, a resiliência, o discernimento, o pensamento crítico, reflexivo e a comunicação efetiva. A educação primária também deve focar no desenvolvimento da responsabilidade do aluno na sua própria aprendizagem de forma questionadora, crítica e reflexiva[105].

O aluno também deve ser preparado para contribuir ativamente nos ambientes no qual convive, e para tanto deve ser capaz de trabalhar harmonicamente em equipe, ser inovador, ter iniciativa, capacidade de assumir riscos calculados e buscar a excelência em suas ações. A formação holística encampada pelo sistema educacional de Singapura visa também a preparar cidadãos engajados e enraizados em seu país e cultura, com forte senso de responsabilidade cívica, mas também sintonizado com o mundo e sua diversidade. A cidadania deve ser ativa e participativa, voltada também para a melhoria da coletividade[106].

O currículo da educação primária se fundamenta em três aspectos principais da educação: disciplinas, habilidades de conhecimento e desenvolvimento do caráter. As disciplinas compreendem áreas temáticas como línguas, humanidades, artes, música, esportes, matemática e ciências, com o objetivo de desenvolver diferentes campos de estudo e aprendizagem. As habilidades de conhecimento se concentram no desenvolvimento das competências de pensamento e comunicação do aluno. O desenvolvimento do caráter, por seu turno, está inteiramente presente em todo o processo de aprendizagem e é facilitado

---

[104] Disponível em: https://www.moe.gov.sg/docs/default-source/document/education/primary/files/primary-education-booklet-2017_el.pdf. Acesso em 3 de abr. 2018.

[105] *Idem, ibidem.*

[106] *Idem, ibidem.*

pelas interações diárias, bem como pelas diferentes aprendizagens e experiências planejadas pela escola, voltadas ao desenvolvimento de valores éticos[107].

Ao final da educação primária, os alunos são submetidos a um exame chamado *Primary School Leaving Examination*, que determina o caminho para a *Secondary Education*, de acordo com o desempenho. Dependendo da modalidade de formação secundária, a duração será de quatro a seis anos. A educação secundária apresenta uma ampla gama de cursos, como o *Express, Normal (Academic), Normal (Technical), Special Education Schools, Privately Funded Schools, Specialised Independent Schools e Specialised Schools*. As diferentes ênfases curriculares são projetadas para atender às habilidades e aos interesses de vida e de profissão dos alunos. Existe a possibilidade de mudança de curso em razão de novos interesses do aluno, o que proporciona a flexibilidade nas escolhas. Também permanece, segundo o Ministério da Educação, o objetivo da educação holística e voltada para a formação do cidadão do século 21, como já exposta na parte da educação primária, e que deve ter continuidade na educação secundária[108].

A próxima etapa é a *Post-Secondary Education*, na qual o aluno tem várias opções de estudo e profissionalização. Segundo o Ministério da Educação, essa fase inclui as escolas politécnicas, o instituto de educação técnica, os institutos de arte e as universidades. As escolas politécnicas oferecem formação e aprendizagem prática no âmbito técnico, voltadas às inovações, com o objetivo de preparar os novos profissionais para o mercado de trabalho. Entre os cursos oferecidos estão os de engenharia, informática, tecnologia, administração, economia, ciências da saúde, serviço social e outros[109].

O Instituto de Educação Técnica visa a dotar seus alunos de habilidades técnicas e conhecimento para atender às necessidades da força de trabalho de vários setores, especialmente da indústria. Prepara os alunos

---

[107] *Idem. Ibidem.*

[108] Disponível em: https://www.moe.gov.sg/docs/default-source/document/education/secondary/files/secondary-school-education-booklet.pdf. Acesso em 3 de abr. 2018. Disponível em: http://www.universia.com.br/estudar-exterior/cingapura/sistema-ensino/estrutura-do-sistema-educacional/1723#. Acesso em 2 de abr. 2018.

[109] Disponível em: https://www.moe.gov.sg/docs/default-source/document/education/post-secondary/files/post-secondary-brochure.pdf. Acesso em 4 de abr. 2018.

CIDADANIA, DIREITOS HUMANOS E EDUCAÇÃO

para cursos técnicos de engenharia e assistência, em vários campos, como marinha, aeroespacial e manufatura. Há cursos também para formação de chefes de cozinha, ciências da saúde, entre outros[110].

Há duas instituições de artes com financiamento público em Singapura. São o *Lasalle College of the Arts* e *Nanyang Academy of Fine Arts*. Oferecem formação em artes criativas especializadas, voltadas ao desenvolvimento do potencial artístico. Há ampla gama de cursos em *design*, mídia, artes plásticas, artes performáticas, música e dança, entre outros[111].

Já as universidades oferecem vários cursos especializados em diversas áreas de formação, tanto em nível de graduação quanto de pós-graduação. De acordo com o Ministério da Educação de Singapura, a educação universitária objetiva preparar os alunos não apenas para o mundo de hoje, mas também para um mundo no qual haverá empregos que ainda precisam ser inventados e desafios ainda não previstos[112].

Em relação à educação inclusiva e voltada para crianças e adolescentes com necessidades especiais e que demandam assistência especializada, cabe destacar que há ampla gama de programas e serviços educacionais disponíveis em escolas regulares e de educação especial. De acordo com o Ministério da Educação daquele país, o objetivo do sistema educacional é proporcionar que cada criança se desenvolva ao máximo, segundo suas potencialidades, em um ambiente educacional adequado às suas necessidades educacionais, bem como prepará-las, reconhecendo suas particularidades e necessidades, para que tenham uma vida produtiva e significativa na sociedade[113].

A partir de 2019, todas as crianças com necessidades educacionais especiais de moderadas a graves nascidas após 1º de janeiro de 2012 serão incluídas no quadro da educação obrigatória. Isso significa que elas serão obrigadas a frequentar regularmente uma escola, financiada pelo Estado, salvo se houver a isenção da educação obrigatória. Isso representa a busca pelo acesso universal à educação escolar de qualidade para todos.

---

[110] *Idem. Ibidem.*

[111] *Idem, ibidem.*

[112] Disponível em: https://www.moe.gov.sg/education/post-secondary#universities. Acesso em 4 de abr. 2018.

[113] Disponível em: https://www.moe.gov.sg/education/special-education. Acesso em 5 de abr. 2018.

O Pisa tem revelado que Singapura tornou-se nas últimas décadas referência mundial em qualidade de educação. No último resultado, em 2015, o país apresentou o melhor desempenho tanto em matemática, quanto em ciências e leitura. O que o país vem conseguindo, e é também um dos focos do Pisa, é desenvolver e usar as habilidades científicas, matemáticas e linguísticas para resolver problemas do mundo real[114].

Apesar de toda a infraestrutura do sistema educacional de Singapura e das informações fornecidas pelo seu Ministério da Educação no sentido de construir uma educação comprometida com a formação holística do ser humano, o sistema não deixa de receber críticas e apresentar desafios a serem enfrentados. Uma das críticas se refere à cobrança excessiva de resultados, inclusive de crianças na educação primária, o que tem gerado competividade desmedida entre alunos, muitas vezes apoiada pelos pais. No entanto, o próprio sistema educacional de Singapura tem-se atentado para tal realidade e buscado soluções. Novas medidas estão sendo implementadas na forma como as notas são publicadas e usadas para classificar os alunos, assim como tem mudado a visão que se tem a respeito de uma educação de sucesso[115].

De acordo com Lim Lai Cheng, ex-diretora da renomada escola de ensino médio *Raffles Institution* e atual diretora da Universidade de Administração de Singapura:

> Não foi por acaso que Singapura criou um dos sistemas educacionais de melhor desempenho no mundo nas últimas cinco décadas. Reminiscente do processo de seleção de mandarins (burocratas) da China Imperial, o modelo sempre apostou no foco em credenciais acadêmicas, no mérito e no acesso universal. O fato de ser um sistema centralizado ajudou Cingapura a criar coesão social, uma unificação de ações e objetivos entre as escolas e um padrão de trabalho duro que muitas nações invejam. No entanto, o propósito do sistema mudou, e a Cingapura de 2017 não é mais o que era em 1965 (quando o então

---

[114] "Os segredos de Singapura, apontado como o país com a melhor educação do mundo". Disponível em: http://www.bbc.com/portuguese/internacional-38220311. Acesso em 4 de abr. 2018.

[115] *Idem. Ibidem.*

território separou-se da Malásia e tornou-se um país independente). As escolas se tornaram espaços estratificados e competitivos. Famílias com renda mais alta têm mais capacidade de oferecer às crianças atividades extra, fora da escola, como aulas de reforço em matemática e em inglês, dança e música. Os que não podem arcar com esses custos dependem da motivação individual das crianças e dos recursos oferecidos pela própria escola para recuperar um possível atraso. A divisão social no país está cada vez maior, porque as práticas do sistema educacional baseadas no princípio da meritocracia que renderam elogios a Cingapura não promovem mais a mobilidade social como deveriam. Está em curso um trabalho para combater tudo no sistema que esteja prejudicando a coesão social. E dessa vez não vai ser suficiente apenas desenvolver uma força de trabalho altamente qualificada para se conectar à economia global. Essa atualização terá de assegurar que o país possa criar uma sociedade mais justa, construa um sólido pacto social entre seus cidadãos e, ao mesmo tempo, desenvolva suas capacidades para a nova economia digital[116].

Aponta a educadora que, em razão dessas críticas, as políticas públicas do sistema educacional estão priorizando valores e princípios e focando no desenvolvimento integral das crianças e adolescentes. Várias escolas estão focando no bem-estar geral dos seus alunos:

A 'educação positiva', movimento que está ganhando impulso em todo mundo, trabalha para criar uma cultura escolar de relações baseadas em atenção e confiança. O foco está em desenvolver habilidades emocionais, intelectuais e encorajar um estilo de vida mais saudável. E tem funcionado bem em escolas que vem implementando programas de cidadania educacional nos últimos três anos. Um importante segmento desse novo currículo é o tempo para a família e como os pais têm um papel importante ao embutir certos valores nas crianças[117].

[116] Lim Lai Cheng. "Por que Singapura, 1ª em ranking mundial, quer reduzir foco em notas nas escolas" Disponível em: http://www.bbc.com/portuguese/internacional-39203674. Acesso em 4 de abr. 2018.
[117] Lim Lai Cheng. "Por que Singapura, 1ª em ranking mundial, quer reduzir foco em notas nas escolas". *cit.*

Expõe também que o sistema tem-se tornado mais flexível, com programas direcionados para jovens com o objetivo de, entre outros, ensinar-lhes a serem mais empáticos, socialmente responsáveis, mais ativos em suas comunidades, e a trabalharem com idosos, migrantes e crianças em creches. A educadora tambem informa que há iniciativas solicitando que escolas e faculdades estabeleçam processo de admissão mais flexível, considerando qualidades como motivação, resiliência e entusiasmo[118].

De acordo com Lim Lai Cheng: "Em nome da equidade, o Ministério da Educação também tentou distribuir recursos de forma mais uniforme em todas as escolas, promoveu um rodízio de diretores mais experientes naquelas que precisam de mais atenção e cuidou mais de perto dos alunos academicamente mais fracos, fortalecendo o treinamento vocacional e de habilidades específicas"[119].

As autoridades públicas na área da educação escolar têm defendido uma visão mais ampla de sucesso, muito além das notas acadêmicas, porquanto focada no desenvolvimento integral do ser humano e na sua forma de se relacionar com a vida, o trabalho e a sociedade. O país continua ativamente comprometido em permanecer como um dos melhores sistemas de educação do mundo.

4.9 Educação Pública Democrática de Qualidade em Hong Kong no Século 21

Hong Kong é uma região administrativa especial da República Popular da China. Em 1997, foi adotada a política conhecida como "um governo, dois sistemas", na qual a região continua sob o controle direto do governo chinês, mas tem significativa autonomia, especialmente no campo da economia capitalista. Uma das áreas mais densamente povoadas do mundo, é também um dos principais centros financeiros internacionais, com elevado PIB *per capita* e um dos maiores índices de desenvolvimento humano, figurando no 12º lugar, de acordo com o relatório de Desenvolvimento Humano de 2015[120].

[118] *Idem. Ibidem.*

[119] *Idem. Ibidem.*

[120] Disponível em: https://observatoriodasdesigualdade.files.wordpress.com/2017/03/quadro-1-hdr.png . Acesso em 15 de jun. 2018. https://www.suapesquisa.com/paises/china/hong_kong.htm; http://www.chinalinktrading.com/blog/diferencas-china-e-hong-kong/ Acesso em 5 de abr. 2018.

CIDADANIA, DIREITOS HUMANOS E EDUCAÇÃO

Quanto ao sistema educacional, Hong Kong tem sido destaque em razão dos excelentes resultados no Pisa. No entanto, o sistema escolar de Hong Kong sempre se mostrou muito competitivo, colocando demasiada pressão sobre os alunos em relação aos resultados acadêmicos, inclusive em crianças da escola primária. Nas últimas décadas, foram travados muitos debates e discussões a respeito da seletividade do sistema escolar e dos seus métodos de ensino ultrapassados. Como resultado, o sistema de educação de Hong Kong passou por mudanças estruturais a partir de 2009. Entre elas, a duração do ciclo de educação secundária passou a ser de seis anos, divididos entre o *junior secondary education,* com três anos, e o *senior secondary education,* também com três anos. O novo currículo apresenta uma visão mais holística do desenvolvimento do aluno, e a educação deve também ser voltada para o seu desenvolvimento pessoal[121].

Hong Kong possui um sistema escolar tanto local quanto internacional, com currículos do Reino Unido, dos Estados Unidos, da Austrália, do Canadá, de Singapura e do International Baccalaureate. Há também um número crescente de escolas privadas independentes que enfatizam o mandarim chinês, o que reflete a crescente influência desse idioma em Hong Kong[122].

Existem três tipos principais de escolas locais: as públicas, as auxiliadas, totalmente subvencionadas pelo governo, mas dirigidas por instituições voluntárias, e as escolas privadas, algumas das quais recebem assistência financeira do governo. As escolas públicas e assistidas oferecem um currículo recomendado pelo governo, e a educação primária e secundária é universal e gratuita[123].

Quanto à organização escolar, a vida estudantil se inicia na educação pré-primária e é realizada nos jardins de infância, creches e centros de cuidados infantis, todos registrados no Departamento de Educação de Hong Kong. São de iniciativa privada e podem ou não ter fins lucrativos. O Estado pode dar assistência financeira àqueles que não podem arcar

---

[121] Disponível em: https://www.internations.org/hong-kong-expats/guide/29461-family--children-education/schools-in-hong-kong-15886/the-education-reform-in-hong-kong-2 Acesso em 6 de abr. 2018.

[122] Disponível em: http://www.itseducation.asia/education-system.htm. Acesso em 6 de abr. 2018.

[123] *Idem, ibidem.*

CONQUISTA DA CIDADANIA, DOS DIREITOS HUMANOS E DO DIREITO À EDUCAÇÃO ESCOLAR

com as despesas, em situações analisadas tanto pelo Escritório de Finanças Estudantis quanto pela Agência de Assistente Financeira Familiar e Estudantil. As instituições de pré-escola são visitadas regularmente pelo Departamento de Educação, com o objetivo de orientar, auxiliar e fiscalizar o seu funcionamento. São destinadas a crianças de 3 a 6 anos de idade[124].

De acordo com o exposto no *site* do Departamento de Educação de Hong Kong, o objetivo da educação infantil é proporcionar às crianças o desenvolvimento integral no campo da ética, do intelecto, do físico, das habilidades sociais e da estética. Também visa a desenvolver bons hábitos, para prepará-los para a vida, além de estimular o interesse das crianças em aprender e cultivar atitudes positivas, a fim de estabelecer as bases para a futura aprendizagem[125].

Os professores são muito exigidos quanto à sua qualificação, desde a pré-escola. Todos eles devem ter o domínio tanto do inglês quanto do chinês e, desde setembro de 2003, todos os recém-nomeados professores de jardim de infância são obrigados a possuir uma qualificação específica ou equivalente para trabalhar com esses alunos[126].

A educação primária se inicia aos 6 anos de idade, e a duração da escolaridade obrigatória e gratuita nas escolas públicas é de seis anos. De acordo com o Departamento de Educação, o objetivo da política educacional é forncecer educação gratuita e de qualidade a todas as crianças que frequentam a escola pública. Ela deve ser também diversificada e, por isso, atender às diferentes necessidades dos alunos, com o foco na construção do conhecimento, dos valores e das habilidades, tanto para os estudos e a formação posterior, quanto para o desenvolvimento e crescimento pessoal[127].

De acordo com o Departamento de Educação, o governo pretende aumentar a qualidade do ensino primário por meio de várias medidas

---

[124] Departamento de Educação de Hong Kong. Disponível em: http://www.edb.gov.hk/en/edu-system/preprimary-kindergarten/overview/index.html. Acesso em 05 de abr. 2018.

[125] Departamento de Educação de Hong Kong. Disponível em: http://www.edb.gov.hk/en/edu-system/preprimary-kindergarten/overview/index.html. Acesso em 05 de abr. 2018.

[126] Departamento de Educação de Hong Kong. Disponível em: http://www.edb.gov.hk/en/edu-system/preprimary-kindergarten/overview/index.html. Acesso em 05 de abr. 2018.

[127] Departamento de Educação de Hong Kong. Disponível em: http://www.edb.gov.hk/en/edu-system/primary-secondary/primary/overview/index.html. Acesso em 5 de abr. 2018.

CIDADANIA, DIREITOS HUMANOS E EDUCAÇÃO

que já vêm sendo tomadas, entre elas: implementar o ensino primário integral e com salas de aula com poucos alunos; promover cada vez mais o uso da tecnologia da informação no ensino e aprendizagem dos alunos, assim como no trabalho dos professores, com vistas ao aprimoramento das suas habilidades pedagógicas; aumentar as habilidades biliteradas e trilíngues dos alunos; melhorar e aprimorar o ambiente de aprendizagem tanto em relação aos espaços físicos quanto em relação ao convívio social nas escola; e fornecer atendimento educacional específico para alunos que venham de outras localidades[128].

Quanto à educação secundária, são seis anos de estudos, nos quais os três primeiros são do *junior secondary education* e os próximos três do *senior secondary education*. Nas escolas públicas, o acesso é universal e gratuito. Os alunos que estudaram nas escolas primárias locais recebem as vagas para o ensino secundário, por meio da participação no *Secondary School Places Allocation System*. A admissão nas escolas secundárias é determinada com base nos resultados dos exames da escola primária do aluno. Após a conclusão do *senior secondary education*, os alunos participam do exame público *Hong Kong Diploma of Secondary Education Examination*. A partir dessa etapa, eles podem cursar as instituições superiores, como faculdades, institutos tecnológicos, academias de arte e universidades[129].

4.10 Educação Pública Democrática de Qualidade na Coréia do Sul no Século 21

A Coreia do Sul é uma república democrática, com regime capitalista e altíssimo índice de desenvolvimento humano, e ocupa o 18º lugar no *ranking* mundial, de acordo com o Relatório de Desenvolvimento Humano de 2015 da ONU[130]. Nesse sentido, é um país com alto nível na prestação de serviços públicos sociais, como o sistema de saúde, de saneamento básico e de educação escolar. Também se tem destacado na educação de qualidade, segundo demonstram os resultados do Pisa.

---

[128] Disponível em: http://www.edb.gov.hk/en/edu-system/primary-secondary/primary/overview/index.html. Acesso em 6 de abr. 2018.

[129] Disponível em: http://www.itseducation.asia/education-system.htm. Acesso em 6 de abr. 2018.

[130] Disponível em: https://observatoriodasdesigualdade.files.wordpress.com/2017/03/quadro-1-hdr.png. Acesso em 15 de jun. 2018.

Quanto ao sistema educacional, o país vem investindo ao longo das últimas décadas na educação pública de qualidade. Trata-se de um longo processo. Durante as décadas de 1960 e 1970, houve a expansão quantitativa do acesso à educação escolar em razão do rápido crescimento econômico. No entanto, o país não estava preparado para o igualmente rápido crescimento do número de estudantes, e a consequência inevitável foram instalações educacionais inadequadas, com salas de aula superlotadas, falta de professores qualificados, entre tantas outras. Reformas eram necessárias e urgentes e houve importante esforço do Estado no enfrentamento das demandas educacionais[131].

Na década de 1980, as políticas públicas se intensificaram na consolidação da educação escolar de qualidade. Foi um período de desenvolvimento qualitativo da educação. No âmbito constitucional, previu-se a importância de promover a educação ao longo da vida, com ênfase na formação de cidadãos preparados para os desafios da sociedade[132].

A Comissão de Reforma Educativa de 1985 estabeleceu medidas inovadoras a serem tomadas na seara educacional, com o propósito de *"Cultivar Coreanos para Liderar o Século 21"*. Entre elas estava expandir os investimentos em educação, tanto nas demandas de infraestrutura quanto da qualidade do sistema de educação e pesquisa. Entre os propósitos estavam: atualizar as instalações escolares, promover a autonomia na administração da educação escolar, melhorar o currículo e a metodologia, formar e aperfeiçoar professores de alta qualidade, promover a educação científica, melhorar e aumentar o acesso ao ensino universitário e estabelecer programas de educação ao longo da vida[133].

A partir da década de 1990, a Coreia do Sul reforça seu sistema de educação pública de qualidade, que visa a proporcionar a todos os cidadãos o acesso à educação primária, secundária e superior sem discriminação e de acordo com as capacidades de cada um. Elabora em 1998 a Lei de Educação Básica, a de Educação Primária e Secundária e a de Educação Superior[134].

---

[131] Disponível em: http://english.moe.go.kr/sub/info.do?m=020101&s=english. Acesso em 25 de abr. 2018.

[132] *Idem. Ibidem.*

[133] Disponível em: http://english.moe.go.kr/sub/info.do?m=020101&s=english. Acesso em 25 de abr. 2018.

[134] *Idem. Ibidem.*

O Ministério da Educação supervisiona o currículo nacional escolar, com o fim de garantir igualdade de oportunidades de educação para todos, assim como manter a qualidade da educação escolar. O currículo nacional – revisado várias vezes para atender às novas demandas da sociedade – e as diretrizes regionais conferem flexibilidade às escolas, de acordo com as características e objetivos específicos de cada uma.

Com vistas a preparar os estudantes para os desafios e as demandas do século 21, o currículo atual enfatiza o talento, a aptidão e a criatividade individual. Ele define uma pessoa bem formada e educada como aquela que: busca o desenvolvimento de toda sua personalidade; desenvolve a criatividade; abre caminhos em uma área do conhecimento na perspectiva de uma ampla gama cultural; cria novos valores com base na compreensão da cultura nacional; e contribui para o desenvolvimento da comunidade com base na consciência civil democrática[135].

Quanto aos períodos de educação escolar, a primeira fase – o jardim de infância – é opcional. Em 2012, foi implementado o *Currículo Nuri*, que estabelece educação infantil gratuita para todas as crianças de 5 anos, e em 2013 foi expandido para abranger também gratuitamente todas as crianças de 3 a 4 anos. Referido currículo foi concebido para promover o desenvolvimento da criança em cinco áreas principais: o exercício físico, a saúde, a comunicação, o relacionamento social, a experiência artística e a exploração da natureza, com vistas a proporcionar o crescimento equilibrado da mente e do corpo[136].

A educação escolar obrigatória e gratuita se inicia aos 6 anos de idade, com a educação primária, e tem duração de seis anos. A taxa de matrícula nas escolas primárias é de 99,9%. Geralmente, as disciplinas são ministradas por um único professor e envolvem as seguintes disciplinas: coreano, inglês, artes, música, matemática, ética, educação física, ciências e estudos sociais[137].

---

[135] Disponível em: http://english.moe.go.kr/sub/info.do?m=020101&s=english. Acesso em 25 de abr. 2018.

[136] Disponível em: http://english.moe.go.kr/sub/info.do?m=020104&s=english. e http://ncee.org/what-we-do/center-on-international-education-benchmarking/top-performing-countries/south-korea-overview/south-korea-education-for-all/ Acesso em 30 de abr. 2018.

[137] Disponível em: https://www.classbase.com/countries/South-Korea/Education-System Acesso em 30 de abril de 2018. Disponível em: http://english.moe.go.kr/sub/info.do?m=020102&s=english. Acesso em 30 de abr. 2018.

Após os seis anos de educação primária, os alunos vão para a *middle school* ou escola secundária por três anos. A partir desse período há professores especializados para cada matéria, sendo algumas obrigatórias e outras opcionais. Na sequência, os alunos vão para a *high school*, que não é considerada obrigatória no país.

Há quatro tipos de *high schools*: as gerais, as específicas, as vocacionais e as autônomas. Os procedimentos de seleção de estudantes diferem segundo as regras de cada uma delas. Os alunos são obrigados a pagar taxas de admissão e mensalidades. Aproximadamente 20% dos alunos do ensino secundário preferem ir para escolas vocacionais, nas quais são ensinadas e desenvolvidas habilidades em basicamente cinco áreas: agricultura, comércio, pesca, economia doméstica e tecnologia[138].

Com o término da *high school*, os alunos podem buscar as instituições de ensino superior. Há uma ampla gama de oportunidades e possibilidades de escolha na formação profissional. De acordo com o artigo 28 da Lei do Ensino Superior: "Os propósitos das universidades e faculdades são desenvolver a personalidade dos alunos, ensinar e pesquisar as profundas teorias da ciência e das artes necessárias para o desenvolvimento da nação e da sociedade humana"[139]. Segundo dados oficiais, a taxa de ingresso nas universidades na Coreia do Sul aumentou de 33% em 1990 para 71% em 2015. Já o número de alunos com PhD, ou seja, doutorado, aumentou de 2.500 em 1990 para 13 mil em 2015[140], o que representa um aumento significativo no nível de escolaridade do povo coreano.

Quanto à educação especial, voltada para alunos com algum tipo de deficiência, há uma série de serviços públicos disponíveis, em todos os níveis de educação, para acolhê-los com suas necessidades específicas. Para eles, a educação é obrigatória e gratuita do jardim de infância ao ensino médio. A *"Act on Special Education for the Disabled Persons"*, ou seja, a lei de "Educação Especial para Pessoas com Deficiência", promulgada em 2008,

---

[138] Disponível em: http://english.moe.go.kr/sub/info.do?m=020103&s=english. Acesso em 30 de abril de 2018. Disponível em: https://www.classbase.com/countries/South-Korea/Education-System. Acesso em 30 de abr. 2018.

[139] De acordo com o site do Ministério da Educação da Coreia do Sul: *"The purposes of universities and colleges are to develop students' personality, teach and research the profound theories of science and arts necessary for the development of the nation and human Society"*. Disponível em: http://english.moe.go.kr/sub/info.do?m=020105&s=english. Acesso em 30 de abr. 2018.

[140] *Idem. Ibidem.*

visa a fornecer educação para esse público, de acordo com sua fase de vida, tipo de deficiência e grau de deficiência, com o propósito de ajudá-los a realizar seus sonhos, assim como de contribuir para a integração social[141].

O Ministério da Educação determina que haja pelo menos uma escola especial em cada província para atender aos estudantes que demandam educação especial. A maioria das escolas especiais atende a alunos de todas as idades com deficiências graves. Os alunos com necessidades especiais de leves a moderadas são encorajados a permanecer nas escolas regulares e frequentam turmas especiais dentro da escola. Também há a combinação de classes especiais e regulares de acordo com a capacidade dos alunos. Em 2007, o Ministério da Educação instituiu um programa destinado a integrar, tanto quanto possível, a educação para necessidades especiais no ensino regular[142].

A Coreia do Sul tem investido em programas sociais de apoio e incentivo à educação para todos e, entre eles, estão os programas voltados para crianças e famílias de baixa renda. Há também incentivos para os professores trabalharem em escolas com alunos de famílias de baixa renda, como, por exemplo, salários mais altos e melhores condições de trabalho. Também há políticas públicas periódicas no sentido de identificar precocemente problemas de aprendizagem e de saúde mental nos alunos e oferecer serviços nessa seara[143].

Em setembro de 2015, o Ministério da Educação da Coreia do Sul adotou as "Diretrizes Nacionais do Currículo Nacional Revisado de 2015". O novo currículo será plenamente implementado até 2020 e seu objetivo principal é cultivar um "aprendiz criativo e integrativo". Isso porque, não obstante o sistema de educação ser de qualidade, o país quer avançar ainda mais. Enquanto o sistema anterior focava mais no conhecimento padronizado e no aprendizado mecânico, o novo sistema visa a promover a aprendizagem baseada na integração das várias áreas do

---

[141] Disponível em: http://english.moe.go.kr/sub/info.do?m=020106&s=english. Acesso em 30 de abril de 2018. Disponível em: http://ncee.org/what-we-do/center-on-international--education-benchmarking/top-performing-countries/south-korea-overview/south-korea--education-for-all/. Acesso em 30 de abr. 2018.

[142] Disponível em: http://ncee.org/what-we-do/center-on-international-education-benchmarking/top-performing-countries/south-korea-overview/south-korea-education-for-all/. Acesso em 30 de abr. 2018.

[143] *Idem. Ibidem.*

conhecimento e despertar ao máximo a criatividade dos alunos para que eles estejam preparados para lidar com os novos desafios do século 21[144].

Importante expor as informações apresentadas pelo vice-presidente do Instituto Coreano de Currículo e Avalição (KICE), Jimin Cho, e pelo também membro da instituição, Jin Huh, ao analisarem a nova política educacional sul-coreana e suas perspectivas. Segundo eles, o novo currículo estabelece que a aprendizagem deve-se basear na competência e não apenas no conhecimento. Dessa forma, as principais competências que devem ser desenvolvidas e aprimoradas nos alunos são: "autogestão", "conhecimento e processamento de informações", "pensamento criativo", "sensibilidade estética", "habilidades de comunicação" e "competência cívica"[145].

Expõem ainda que o novo currículo enfatizou a importância do que eles chamaram de "Educação Feliz" e a preocupação crescente com o bem-estar dos alunos. Em 2017, uma nova política, conhecida como "Semestre Livre", foi implementada, na qual não há avaliação convencional durante todo o semestre. Além disso, vários novos métodos de ensino e aprendizado mais interativos foram introduzidos.

Após o desenvolvimento do novo currículo, o Instituto Coreano de Currículo e Avaliação (*KICE*), instituto de pesquisa financiado pelo governo, com especialização em educação primária e secundária, e do qual os referidos autores fazem parte, realizou uma série de estudos em 2016, com o objetivo de descobrir como a nova política poderia ser efetivada com sucesso. Entre os estudos realizados, o primeiro explorou e revisou as principais tendências para prever as mudanças na sociedade coreana, e que tipo de desafios poderiam ser esperados no âmbito da educação. O segundo examinou como o ensino em sala de aula deve ser transformado, de modo que a criatividade e a convergência possam ser estimuladas para atender às necessidades da sociedade futura. O terceiro estudo analisou como o conceito de "talentos criativamente integrados" poderia ser desenvolvido no nível primário, secundário inferior e secundário superior[146].

---

[144] Jimin Cho e Jin Huh. *New Education Policies and Practices in South Korea.* Disponível em: http://bangkok.unesco.org/content/new-education-policies-and-practices-south-korea. Acesso em: 15 de maio. 2018.

[145] *Idem. Ibidem.*

[146] *Idem. Ibidem.*

CIDADANIA, DIREITOS HUMANOS E EDUCAÇÃO

Entre os resultados, apresentamos algumas conclusões do estudo, apontadas por Jimin Cho e Jin Huh. Quanto ao primeiro estudo, os autores concluíram serem necessárias novas estratégias de política educacional em longo prazo. O estudo mostra que a educação no futuro evoluirá para ênfase na alfabetização digital, promoção de currículo integrado, reforço de caráter e educação moral, assim como aprendizagem personalizada. Em relação ao segundo estudo, o novo currículo enfatiza que os alunos podem ser mais criativos ao aprender a partir de uma convergência de diversos assuntos. O estudo analisou os conceitos de talentos com criatividade-convergência e inovação docente. Deduziu doze elementos que podem ser utilizados como padrões para uma análise sobre o ensino de inovação. Esses elementos podem ser agrupados em quatro categorias: atitudes em relação à aprendizagem; mudança de pensamento; motivação interna; e treinamento cognitivo. O estudo sugeriu seis métodos para apoiar o ambiente de ensino e aprendizagem e fomentar a convergência de criatividade, como "promoção de comunidades de compartilhamento de classes" e "desenvolvimento e disseminação de vídeos sobre as melhores práticas"[147].

Expõem os referidos autores que o terceiro estudo examinou o conceito de "talento criativamente integrado" e como este poderia ser praticado no âmbito educacional. No nível da educação elementar, o estudo sugeriu que a carga de ensino deveria ser diminuída e dada maior importância às vivências. No nível do ensino médio, recomendou que a política do "Semestre Livre" fosse fortalecida por meio do aprimoramento de possíveis atividades, como exploração de carreira, artes e atividades físicas e em grupo. Além disso, o estudo concluiu pela necessidade de treinar e formar os professores como ponto fundamental para se atingirem as novas metas educacionais[148].

4.11 Programa Internacional de Avaliação de Estudantes (Pisa) e suas Contribuições para o Alcance da Educação Escolar de Qualidade para Todos

O Pisa, Programa Internacional de Avaliação de Estudantes (*Programme for International Student Assessment*), tem o objetivo de avaliar o desempe-

[147] *Idem. Ibidem.*
[148] *Idem. Ibidem.*

nho escolar dos estudantes da faixa etária dos 15 anos de idade dos países do mundo participantes, com vistas a contribuir para a melhoria das políticas públicas e dos resultados educacionais dos respectivos países. Trata-se de iniciativa de avaliação comparada, aplicada de forma amostral para estudantes nessa faixa etária e que representa o período de término da escolaridade básica obrigatória na maioria dos países.

Trata-se de programa contínuo, que oferece dados concretos e recomendações para políticas e práticas na educação escolar. Auxilia a monitorar as tendências dos estudantes de diferentes países, e em diferentes subgrupos demográficos dentro de cada país, no âmbito da aquisição de conhecimentos e habilidades. As avaliações possibilitam que os governos e a própria sociedade avaliem seus sistemas de educação escolar, em comparação com os de outros países, e possam aprimorá-los. As avaliações, que começaram a ser realizadas no ano 2000, acontecem a cada três anos. O último resultado foi da avaliação de 2015. O principal domínio em 2015 foi a ciência, como também foi em 2006. A leitura foi o principal domínio em 2000 e 2009, e a matemática em 2003 e 2012. A avaliação de 2018 já foi realizada e o resultado será apresentado no final de 2019[149].

Cabe destacar que o Pisa não é apenas um indicador preciso da capacidade dos alunos de participarem plenamente da sociedade depois do período de escolarização obrigatório. Trata-se de poderosa ferramenta para que países e economias utilizem, por meio do compartilhamento e parcerias, as melhores políticas e práticas em educação escolar de qualidade para todos. Segundo dados do Pisa 2015, não há combinação única de políticas e práticas que funcionarão para todos, em todos os lugares. Todo país tem espaço para melhorias, até mesmo os que apresentam os melhores desempenhos[150].

---

[149] Disponível em: http://portal.inep.gov.br/artigo/-/asset_publisher/B4AQV9zFY7Bv/content/o-que-e-o-pisa/21206. Acesso em 24 de out. 2017. PISA 2015 Results. Excellence and Equity in Education. Vol. I. Disponível em: https://www.oecd-ilibrary.org/docserver/9789264266490-en.pdf?expires=1530823095&id=id&accname=guest&checksum=CC5B2EE2EF76A1ABCE134205017A687C. Acesso em 5 de jun. 2018.

[150] PISA 2015 Results. Excellence and Equity in Education. Vol.I. Disponível em: https://www.oecd-ilibrary.org/docserver/9789264266490-en.pdf?expires=1530823095&id=id&accname=guest&checksum=CC5B2EE2EF76A1ABCE134205017A687C. Acesso em 5 de jun. 2018.

CIDADANIA, DIREITOS HUMANOS E EDUCAÇÃO

Durante a última década, o Pisa tornou-se o principal programa mundial para avaliar a qualidade, equidade e eficiência dos sistemas escolares. Mas a base de dados que o Pisa vem produzindo vai muito além dos dados estatísticos. Ao identificar características dos sistemas educacionais de alto desempenho, contribui para que governos e educadores identifiquem políticas que eles podem utilizar nos contextos locais.

O programa é coordenado pela Organização para a Cooperação e Desenvolvimento Econômico (OCDE), que tem sua origem em 1948, como Organização para a Cooperação Econômica (OECE), liderada pelo francês Robert Marjolin, com o propósito de auxiliar na execução do Plano Marshall para a reconstrução da Europa após a Segunda Guerra Mundial. Em 1961, a Convenção sobre a Organização para a Cooperação e Desenvolvimento Econômico alterou a OECE e deu lugar à atual Organização para a Cooperação e Desenvolvimento Econômico (OCDE).

Atualmente, é composta de 35 países, entre eles, Áustria, Bélgica, Canadá, Chile, Dinamarca, Espanha, Finlândia, França, Alemanha, Israel, Itália, Japão, Holanda, Noruega, Portugal, Reino Unido, Suécia, Suíça e Estados Unidos da América[151]. Todos os países participantes devem ser comprometidos com os princípios da democracia representativa e da economia de livre mercado. A maioria dos países apresenta elevado produto interno bruto *per capita,* assim como alto índice de desenvolvimento humano, sendo por isso considerados, de regra, países desenvolvidos.

De acordo com a própria Organização, sua missão é promover políticas que melhorem a economia e a qualidade de vida das pessoas no mundo. Atuando em várias frentes, tem projetos na área social, ambiental, educacional, entre outros. Para tanto, realiza pesquisas, estudos e promove fóruns para o aperfeiçoamento das políticas públicas nas mais diversas áreas, inclusive a educação, com o objetivo de trocar experiências entre países-membros e parceiros, em prol da educação de qualidade para todos[152].

O Brasil não é país-membro, mas atua em cooperação com a OCDE desde meados da década de 1990. Em 2007, tornou-se, juntamente com

[151] http://www.oecd.org/about/ Acesso em 21 de out. 2017.
[152] http://www.oecd.org/about/ Acesso em 21 de out. 2017 e http://www.itamaraty.gov.br/pt-BR/component/tags/tag/ocde-organizacao-para-a-cooperacao-e-o-desenvolvimento--economico. Acesso em 21 de out. 2017.

a China, Índia, Indonésia e África do Sul, um dos cinco parceiros do "Engajamento Ampliado", atualmente denominado "Parceiros-Chave". O Brasil é membro associado do Conselho Diretor do Pisa, do qual é vice-presidente desde 2013[153].

Em cada país há uma organização ou entidade responsável pela coordenação do Pisa. No Brasil, ela fica a cargo do Instituto Nacional de Estudos e Pesquisas Educacionais Anísio Teixeira (Inep)[154]. De acordo com o referido instituto: "O objetivo principal do Pisa é produzir indicadores que contribuam, dentro e fora dos países participantes, para a discussão da qualidade da educação básica e que possam subsidiar políticas nacionais de melhoria da educação"[155]. De acordo com o Inep:

> A avaliação procura verificar até que ponto as escolas de cada país participante estão preparando seus jovens para exercer o papel de cidadãos na sociedade contemporânea. (...) o Pisa coleta informações para a elaboração de indicadores contextuais que possibilitam relacionar o desempenho dos alunos a variáveis demográficas, socioeconômicas e educacionais. Essas informações são coletadas por meio da aplicação de questionários específicos para os alunos, para os professores e para as escolas. Os resultados desse estudo podem ser utilizados pelos governos dos países envolvidos como instrumento de trabalho na definição e refinamento de políticas educativas, tornando mais efetiva a formação dos jovens para a vida futura e para a participação ativa na sociedade[156].

O Pisa é diferente de outras avaliações internacionais por vários motivos. Em primeiro lugar, porque se trata de um programa regular e contínuo, o que permite o monitoramento constante do cumprimento

---

[153] Disponível em: http://www.itamaraty.gov.br/pt-BR/component/tags/tag/ocde-organizacao-para-a-cooperacao-e-o-desenvolvimento-economico. Acesso em 21 de out. 2017.

[154] O Inep foi criado por lei no dia 13 de janeiro de 1937, sendo chamado inicialmente de Instituto Nacional de Pedagogia. Atualmente, e com base na Portaria n. 2.255, de 25 de agosto de 2003, é uma autarquia federal vinculada ao Ministério da Educação. Tem inúmeras finalidades no campo da educação. Disponível em: http://portal.inep.gov.br/web/guest/finalidades. Acesso em 21 de out. 2017.

[155] Disponível em: http://portal.inep.gov.br/artigo/-/asset_publisher/B4AQV9zFY7Bv/content/o-que-e-o-pisa/21206 Acesso em 24 de out. 2017.

[156] Disponível em: http://portal.inep.gov.br/pisa Acesso em 24 de out. 2017.

CIDADANIA, DIREITOS HUMANOS E EDUCAÇÃO

e do progresso das estratégias em políticas educacionais e seus resultados. Na avaliação de 2015, contou com a presença dos 35 países da OCDE, além de 37 países parceiros e economias. Fornece informações que mostram, com base nos resultados dos exames e dos questionários respondidos pelos alunos, os seguintes principais indicadores: o perfil básico dos conhecimentos e habilidades dos alunos; como tais habilidades se relacionam com fatores demográficos, sociais, econômicos e educacionais; e a relação entre o nível do estudante, o nível escolar e a realidade na qual estão vivendo esses jovens, com as várias variantes acima expostas e os seus resultados no desempenho escolar[157].

O programa também apresenta um conceito inovador de alfabetização, que se refere à capacidade dos alunos de aplicar conhecimentos e habilidades em matérias-chave, analisar, raciocinar e comunicar de forma eficaz, identificando, interpretando e resolvendo problemas em uma variedade de situações. Segundo o relatório "Excelência e Equidade na Educação", a alfabetização em ciências é definida como a capacidade de engajar-se, como um cidadão reflexivo, com questões relacionadas à ciência e com as ideias da ciência. Uma pessoa cientificamente letrada está disposta a se envolver em discursos racionais sobre ciência e tecnologia, o que requer as competências para explicar cientificamente os fenômenos, bem como avaliar, projetar, investigar e interpretar cientificamente dados e evidências.

A alfabetização em leitura, por sua vez, é definida como a capacidade dos alunos de compreender, usar, refletir e se envolver com textos escritos para alcançar os objetivos, desenvolver o conhecimento e o potencial, e participar da sociedade. Já a alfabetização matemática é definida como a capacidade dos alunos de formular, empregar e interpretar a matemática em uma variedade de contextos. Inclui raciocinar matematicamente e usar conceitos matemáticos, procedimentos, fatos e ferramentas para descrever, explicar e prever fenômenos. Auxilia as pessoas a reconhecerem o papel que a matemática desempenha no mundo e a se tornarem cidadãos mais construtivos, engajados e reflexivos[158].

---

[157] PISA 2015 Results. Excellence and Equity in Education. Vol.I. Disponível em: https://www.oecd-ilibrary.org/docserver/9789264266490-en.pdf?expires=1530823095&id=id&accname=guest&checksum=CC5B2EE2EF76A1ABCE134205017A687C. Acesso em 5 de jun. 2018.

[158] PISA 2015 Results. Excellence and Equity in Education. Vol.I. *cit.*

O Pisa 2015 deu destaque à avaliação em ciências. Como se sabe, as ciências têm papel central no desenvolvimento econômico, social e humano de todo país. O desenvolvimento científico é fundamental, tanto no campo acadêmico como no prático, para a melhoria da vida das pessoas. Singapura foi considerado o país líder mundial na avaliação em ciências. Na sequência estão Japão, Estônia, Finlândia e Canadá.

Segundo demonstra o relatório do Pisa 2015, intitulado "Excelência e Equidade na Educação", os resultados da "Pesquisa de Competências de Adultos" da OCDE mostram que adultos altamente qualificados têm duas vezes mais chances de conseguir um emprego e aproximadamente três vezes mais probabilidade de ganhar um salário acima da média, quando comparados com adultos pouco qualificados. Também são mais propensos a se voluntariar, a relatar que estão com boa saúde, a atuar como protagonistas de suas vidas e não objetos de processos políticos, assim como a confiar nos outros. Nesse sentido, altos níveis de escolaridade proporcionam melhor qualidade de vida. Nesse sentido, o Pisa também enfatiza a relavância da aprendizagem ao longo da vida, uma vez que solicita aos alunos que relatem sua motivação para aprender, suas crenças sobre si próprios, assim como suas estratégias de aprendizagem[159].

Expõe o relatório em foco a importância das ciências como base de quase todas as ferramentas que usamos em nossas vidas, em especial diante de um mundo globalizado, no qual o fluxo de informações é imenso e quase imediato, além das rápidas mudanças e transformações do conhecimento e da tecnologia. A ciência não deve ser apenas de domínio dos cientistas. A educação deve proporcionar o pensar e o atuar como cientista. Desde 2006, quando as ciências foram o foco do Pisa, elas e a tecnologia avançaram imensamente. Nesse período, as despesas com estudantes da educação primária e secundária aumentaram aproximadamente em 20% nos países da OCDE. No entanto, a pesquisa de 2015 revela que o desempenho científico dos alunos permaneceu inalterado desde então. Apenas alguns países, com sistemas educacionais de alto desempenho, apresentaram melhora mensurável no desempenho de seus jovens de 15 anos. Entre eles estão Singapura e Macau (China)[160].

[159] *Idem. Ibidem.*
[160] *Idem. Ibidem.*

CIDADANIA, DIREITOS HUMANOS E EDUCAÇÃO

O referido relatório demonstra que muitos jovens não conseguem atingir os resultados de aprendizagem mais essenciais e básicos. Somente Canadá, Estônia, Finlândia, Hong Kong (China), Japão, Macau (China) e Singapura conseguiram que pelo menos quatro entre cinco alunos de 15 anos de idade atingissem o nível básico de proficiência em ciências, leitura e matemática. O exemplo desses países demostra que outros países podem alcançar o objetivo de competências básicas universais até 2030, com foco nos Objetivos de Desenvolvimento Sustentável da ONU. Mas ainda há muito a ser feito na maioria dos países, inclusive nos países mais ricos da OCDE[161].

Importante destacar que os dados apresentados pelo Pisa demonstram que o mundo não está mais dividido entre nações ricas e bem-educadas e pobres e mal-educadas. Todos os países e economias têm excelentes alunos, mas poucos permitem ou contribuem para que todos os alunos atinjam seus melhores desempenhos. Por isso, um dos grandes desafios é alcançar a equidade no acesso à educação escolar de qualidade para todos. Trata-se de garantia da justiça social[162].

Revela o relatório em análise, "Excelência e Equidade na Educação", que, na avaliação em leitura, aproximadamente 20% dos alunos dos países-membros da OCDE não atingiram o nível mínimo de proficiência e essa proporção vem-se mantendo desde 2009. Quanto à avaliação em matemática, os países asiáticos têm obtido os melhores resultados. Aponta o relatório que mais de um entre quatro estudantes das regiões avaliadas na China, incluindo Hong Kong e também Singapura, é considerado melhor aluno em matemática, o que significa que sabe lidar com tarefas que exigem a habilidade para formular situações matemáticas complexas, usando representações simbólicas.

Na avaliação em leitura, Singapura, Hong Kong (China), Canadá e Finlândia foram os países e economias com maior desempenho. Quase um em cada dez estudantes nos países da OCDE tem desempenho superior em leitura, mas dois em dez alunos não atingem o nível de referência de proficiência no assunto. O nível 2 pode ser considerado o nível básico de proficiência em que os alunos começam a demonstrar as habilidades de leitura que lhes permitirão participar de maneira

---

[161] *Idem. Ibidem.*
[162] *Idem. Ibidem.*

CONQUISTA DA CIDADANIA, DOS DIREITOS HUMANOS E DO DIREITO À EDUCAÇÃO ESCOLAR

efetiva e produtiva na vida. Alunos com pontuação abaixo do nível 2 em leitura enfrentam um risco desproporcionalmente maior de não completarem ou participarem do ensino médio e de ter resultados desfavoráveis no mercado de trabalho como adultos jovens. Na média dos países da OCDE, 80% dos alunos são proficientes no nível 2 ou superior. Em Hong Kong (China), mais de 90% dos alunos têm desempenho igual ou superior a esse limite. Mas na Argélia e no Kosovo, menos de um, em cada quatro estudantes, pontua no nível de linha de base ou acima. Na Albânia, Brasil, República Dominicana, Geórgia, Indonésia, Líbano, Peru, Qatar e Tunísia, menos de um em cada dois estudantes realiza esse nível. Em todos os países da OCDE, 8,3% dos estudantes são os de melhor desempenho em leitura, o que significa que são proficientes nos níveis mais altos, os 5 e 6.

Poucos países viram melhorias consistentes no desempenho de leitura desde o Pisa 2000. Dos 42 países e economias que coletaram dados comparáveis sobre o desempenho dos estudantes em pelo menos cinco avaliações, incluindo 2015, apenas Chile, Alemanha, Hong Kong (China), Indonésia, Israel, Japão, Letônia, Macau (China), Polônia, Portugal, Romênia e Rússia registaram uma tendência de melhoria no desempenho de leitura.

Albânia, Estônia, Geórgia, Irlanda, Macau (China), Moldávia, Montenegro, Rússia, Eslovênia e Espanha foram capazes de aumentar simultaneamente a quota de desempenho superior em leitura e reduzir a quota de baixo desempenho em leitura entre 2009 e 2015. Dos 59 países e economias com dados comparáveis em desempenho de leitura entre 2009, quando a leitura foi o domínio principal avaliado, e 2015, 19 mostram melhorias no desempenho médio, 28 não mostram tendência significativa, e os restantes 12 países e economias mostram deterioração no desempenho médio dos estudantes.

Quanto aos resultados em matemática, os países e economias asiáticos superam todos os outros países. A avaliação concentra-se em medir a capacidade dos alunos para formular, usar e interpretar a matemática em uma variedade de contextos. Para ter sucesso na avaliação, os alunos devem ser capazes de raciocinar matematicamente e usar conceitos, procedimentos, fatos e ferramentas para descrever, explicar e prever fenômenos. Em média, um em cada dez estudantes, nos países da OCDE, tem desempenho superior em matemática. Mas é em

CIDADANIA, DIREITOS HUMANOS E EDUCAÇÃO

Singapura que mais de um, em cada três alunos, é considerado o melhor na matemática.

Quanto à equidade na educação escolar, o relatório revela que Canadá, Dinamarca, Estônia, Hong Kong e Macau alcançaram alto desempenho e alta equidade em oportunidades educacionais. Seus sistemas compartilham o objetivo de possibilitar aos alunos, independentemente de seu *status* socioeconômico, o desenvolvimento das habilidades necessárias para atingir seu pleno potencial na vida social e econômica. O referido relatório mostra também que em muitos países, mesmo diante de sistemas educacionais altamente qualificados, o *status* socioeconômico dos alunos continua a ter impacto sobre as oportunidades de se beneficar da educação e desenvolver suas habilidades.

Por isso, o Pisa 2015 concentrou-se em dois objetivos relacionados à equidade: inclusão e justiça. Define inclusão na educação como garantia a todos os alunos de alcançar as habilidades básicas essenciais. Nesse sentido, sistemas educacionais nos quais uma grande proporção de jovens de 15 anos está fora da escola ou não aprendeu as habilidades básicas necessárias para participar da sociedade, não são considerados suficientemente inclusivos[163].

Em média, nos países da OCDE e com base no *status* socioeconômico, verificou-se que os alunos imigrantes têm uma chance duas vezes maior de ter desempenho abaixo da linha básica de proficiência em ciências quando comparados com os alunos não imigrantes.

A equidade, por seu turno, refere-se ao grau em que as circunstâncias de fundo influenciam os resultados da educação dos alunos. O Pisa define sucesso na educação como uma combinação de altos níveis de realização e altos níveis de equidade, e constata que alto desempenho e maior equidade na educação podem e devem ocorrer simultaneamente[164].

Em relação aos países membros da OCDE, o acesso à educação escolar é quase universal na maioria deles, o que não ocorre no restante dos países participantes. O *status* socioeconômico está associado a diferenças significativas no desempenho na maioria dos países e economias que participam do Pisa. Em média, nos países da OCDE, o *status* socioeconômico

---

[163] *PISA 2015 Results. Excellence and Equity in Education. Vol.I. cit.*
[164] *Idem. Ibidem.*

dos alunos explica cerca de 15% da variação de desempenho em ciências, leitura e matemática. O relatório mostra que um em cada dois estudantes de Luxemburgo, Macau (China), Quatar e Emirados Árabes Unidos tem origem imigrante, assim como cerca de um em cada três estudantes no Canadá, Hong Kong (China) e Suíça. Em média, nos países da OCDE, os estudantes imigrantes apresentam desempenho mais baixo em ciências, leitura e matemática do que estudantes não imigrantes com o mesmo *status* socioeconômico e domínio da língua de instrução. Mas em alguns países e economias, os estudantes imigrantes pontuam em altos níveis tanto no âmbito nacional quanto internacional[165].

O segundo relatório do Pisa 2015, intitulado "Políticas e Práticas para Escolas de Sucesso", expõe que equipar os cidadãos com o conhecimento e as habilidades necessárias para atingir seu pleno potencial, contribuir para um mundo interconectado e converter melhores habilidades em vida com qualidade é uma preocupação central dos formuladores de políticas educacionais ao redor do mundo. Expõe que ao trabalhar para atingir esses objetivos, mais e mais países estão mirando para além de suas próprias fronteiras em busca de práticas de educação bem-sucedidas e eficientes[166].

O terceiro relatório, intitulado "O Bem-Estar dos Estudantes", expõe, nas palavras de Andreas Schleicher, que a escola é um espaço de convivio social intenso e que possibilita muito mais que o desenvolvimento das habilidades acadêmicas. Trata-se de espaço no qual se intensificam e se ampliam as relações sociais. Há o contato com a diversidade, assim como com os conflitos, dificuldades e desafios presentes nas relações humanas. As experiências no meio escolar proporcionam aos alunos se tornarem mais resilientes em face da adversidade, sentirem-se mais conectados com as pessoas ao seu redor e se desenvolverem tanto acadêmica quanto emocionalmente para alcançar suas aspirações na vida. Essas experiências terão importante influência nas atitudes e comportamentos dos alunos em suas vidas[167].

---

[165] *Idem. Ibidem.*

[166] Disponível em: https://www.oecd-ilibrary.org/education/pisa-2015-results-volume-ii_9789264267510-en. Acesso em 26 de jul. 2018.

[167] *PISA 2015 Results. Students' Well-Being.* Vol. III. Disponível em: https://www.oecd-ilibrary.org/docserver/9789264273856-en.pdf?expires=1530823571&id=id&accname=guest&checksum=A21FFE0BEB158996ABBB4730D8542797. Acesso em 5 de jul. 2018.

CIDADANIA, DIREITOS HUMANOS E EDUCAÇÃO

O Pisa também analisa várias outras realidades diretamente ligadas ao desempenho dos alunos. O bem-estar dos estudantes refere-se aos aspectos psicológicos, cognitivos, sociais, físicos e às capacidades de que eles precisam para viver uma vida feliz e gratificante. O bem-estar dos alunos foi examinado em quatro áreas principais de suas vidas: desempenho escolar, relacionamento com colegas e professores, a vida em casa e como eles passam o tempo fora da escola[168].

Nos países da OCDE, os estudantes relataram um nível de 7,3 em uma escala de satisfação de vida variando de 0 a 10, o que sugere que os adolescentes, em média, estão satisfeitos com a vida. No entanto, 12% dos alunos, na média dos países da OCDE, e mais de 20% dos estudantes em alguns países, relataram que não estão satisfeitos com sua vida. Eles avaliaram sua satisfação com a vida no nível 4 ou inferior, também em uma escala de 0 a 10. A satisfação com a vida varia consideravelmente entre meninos e meninas. Estas, nos países da OCDE, representam 29% das muito satisfeitas com a vida. Já os meninos representam 39% dos muito satisfeitos com a vida[169].

A pesquisa mostra que há pouca diferença na satisfação com a vida entre os alunos com melhor ou pior desempenho escolar. E, em média, não há relação entre o tempo que os alunos passam estudando, dentro ou fora da escola, e sua satisfação com a vida. Mas o Pisa 2015 demonstra que um estudante bem-sucedido não só tem um bom desempenho acadêmico, mas também é feliz na escola. No entanto, nem sempre a excelência acadêmica resulta em melhor qualidade de vida para os alunos[170].

A pesquisa demonstra que os sistemas educacionais devem explorar soluções que tornem o aprendizado mais agradável e satisfatório para todos os estudantes, de modo que o desempenho elevado e a felicidade pessoal sejam objetivos autorreforçados. Por isso, os sistemas educacionais devem apoiar e incentivar as práticas de ensino que visam ao bem-estar psicológico, particularmente de meninas e alunos mais vulneráveis. Devem também preparar e formar professores para lidarem com as demandas psíquicas dos alunos.

---

[168] *PISA 2015 Results. Students' Well-Being.* Vol. III. *cit.*
[169] *Idem. Ibidem.*
[170] *Idem. Ibidem.*

Nesse sentido, os resultados do Pisa 2015 revelam que sistemas educacionais que cultivam, fomentam e atuam no sentido de despertar a crença de que todos os alunos podem atingir níveis elevados de aprendizagem efetivamente conseguem mudanças significativas no desempenho e na motivação de seus alunos. Quando os alunos sentem que fazem parte de uma comunidade escolar, são mais propensos a ter melhor desempenho acadêmico e são mais motivados a aprender. Os alunos mais vulneráveis, quando recebem a devida atenção acadêmica e emocional, também apresentam maiores chances de se desenvolver academicamente e se motivar[171].

O Pisa 2015 incluiu dados sobre bem-estar que analisam atitudes e comportamentos positivos que promovem desenvolvimento saudável, como, por exemplo, o interesse e a motivação, e também resultados negativos, como a ansiedade, que prejudica a qualidade de vida[172].

Quanto à satisfação com a vida, os resultados mostram que os estudantes diferem muito, tanto entre si como nos diferentes países. Poucos países, entre eles Finlândia, Holanda e Suiça, conseguem combinar bons resultados acadêmicos com alto grau de satisfação com a vida. Não há relação direta entre longas horas de estudo, dentro ou fora da escola, e a satisfação com a vida.

Há uma relação direta entre o nível de relacionamento estabelecido por alunos, professores, pais e escola e o desempenho escolar. O que traz bem-estar aos alunos é especialmente o sentimento de pertencimento, acolhimento, confiança e cuidado. Por isso, o bom relacionamento com os professores é fator decisivo na qualidade da aprendizazem e bem--estar dos alunos. Os adolescentes buscam laços sociais fortes e valorizam a aceitação, o cuidado e o apoio dos outros. Os que se sentem parte de uma comunidade escolar têm maior probabilidade de apresentar melhor desempenho acadêmico e de serem mais motivados na escola. No entanto, em muitos países e economias, o sentimento de pertencimento dos alunos na escola diminuiu desde o Pisa 2003[173].

Nesse sentido, é preciso preparar melhor os professores para lidarem com alunos com dificuldades acadêmicas e emocionais. Atentar para a

---

[171] *PISA 2015 Results. Students' Well-Being.* Vol. III. *cit.*

[172] *Idem. Ibidem.*

[173] *Idem. Ibidem.*

CIDADANIA, DIREITOS HUMANOS E EDUCAÇÃO

individualidade de cada um é fator-chave para o bem-estar dos alunos. Cabe lembrar que um dos destaques da educação de qualidade na Finlândia está diretamente ligado à assistência individualizada dada a cada aluno com base em suas demandas e necessidades acadêmicas e pessoais.

Os pais também têm papel fundamental no bem-estar e desempenho escolar dos filhos. Segundo a pesquisa, alunos cujos pais relataram regularmente posturas como "passar tempo conversando com o filho", "comer a refeição principal com o filho em torno de uma mesa" ou "conversar a respeito do desempenho escolar", são mais propensos a relatar altos níveis de satisfação com a vida, além de maior desempenho escolar. Os pais também têm papel fundamental em ajudar os filhos a administrar a ansiedade nos testes e a encorajar-lhes em relação às suas capacidades acadêmicas[174].

Em média, os alunos que estão entre os mais motivados pontuam o equivalente a mais de um ano escolar no Pisa em relação aos menos motivados. A motivação também está relacionada à satisfação com a vida. A parceria entre pais, alunos e escola é ferramenta fundamental para bom desempenho acadêmico do aluno e seu bem-estar. A escola também tem papel central na garantia da segurança e do bem-estar dos alunos e na prevenção de toda forma de violência e discriminação, especialmente o *bullying* e o *ciberbullying*, altamente presentes hoje.

De acordo com Andreas Schleicher, diretor de Educação e Competências e assessor especial sobre política educacional para o Secretário-Geral: *"The challenges to students' well-being are many, and there are no simple solutions. But the findings from PISA show how teachers, schools and parents can make a real difference. Together they can attend to students' psychological and social needs and help them develop a sense of control over their future and the resilience they need to be successful in life"*[175].

---

[174] *PISA 2015 Results. Students' Well-Being.* Vol. III. *cit.*

[175] Tradução livre: "Os desafios para o bem-estar dos alunos são muitos e não há soluções simples. Mas os resultados do Pisa mostram como professores, escolas e pais podem fazer uma diferença real. Juntos, eles podem atender às necessidades psicológicas e sociais dos alunos e ajudá-los a desenvolver um senso de controle sobre seu futuro e a resiliência que precisam para ter sucesso na vida". Disponível em: PISA 2015 RESULTS. STUDENT'S WELL-BEING. Vol. III. Disponível em: https://www.oecd-ilibrary.org/docserver/9789264273856-en.pdf?expires=1530823571&id=id&accname=guest&checksum=A21FFE0BEB158996ABBB4730D8542797. Acesso em 5 de jul. 2018.

O relatório intitulado "Alfabetização Financeira dos Alunos" expõe a importância da alfabetização financeira, hoje reconhecida mundialmente como uma habilidade essencial. Na pesquisa, ela representa a imagem do jovem de 15 anos de idade e sua capacidade de aplicar conhecimentos e habilidades financeiras a situações da vida real, envolvendo questões e decisões financeiras. Demonstra também a associação entre a alfabetização financeira dos alunos e suas experiências com questões de dinheiro, e suas expectativas para o futuro. Os alunos que se saem bem na alfabetização financeira provavelmente terão bom desempenho na avaliação de leitura e matemática do Pisa. Os estudantes com habilidades de alfabetização financeira precárias tendem a se sair mal nos outros assuntos básicos do Pisa[176].

A alfabetização financeira demonstrou que alunos com os mais altos níveis de proficiência em alfabetização financeira têm mais probabilidade de serem orientados a poupar e a esperar concluir a educação universitária e trabalhar em uma ocupação altamente qualificada, quando comparados com estudantes de baixo desempenho. Isso sugere que os estudantes financeiramente letrados podem ser mais capazes de reconhecer o valor de investir em suas potencialidades[177].

O Pisa revela que deve haver investimento dos sistemas educacionais na promoção da educação financeira de seus alunos, porquanto também é papel da educação escolar. A avaliação de alfabetização financeira do Pisa 2015 destaca algumas sugestões gerais de políticas para todos os países e economias participantes. Entre elas: atender às necessidades de alunos de baixo desempenho; combater as desigualdades socioeconômicas desde o início; proporcionar oportunidades educacionais iguais para meninos e meninas; incentivar e proporcionar aos alunos aproveitarem ao máximo as oportunidades de aprendizado disponíveis na escola; oferecer aos jovens oportunidades seguras de aprendizagem por experiência fora da escola; e avaliar o impacto de iniciativas dentro e fora da escola.

A educação financeira é reconhecida como um complemento à proteção, inclusão e regulação do consumidor financeiro, e uma ferramenta

---

[176] *PISA 2015 Results. Students' Financial Literacy*. Vol. IV. Disponível em: https://www.oecd-ilibrary.org/docserver/9789264270282-en.pdf?expires=1530823727&id=id&accname=guest&checksum=B4FBCECF2DF76AEB4A65781F56251B42. Acesso em 5 de jul. 2018.
[177] *Idem. Ibidem.*

CIDADANIA, DIREITOS HUMANOS E EDUCAÇÃO

para melhorar a tomada de decisões individuais e de bem-estar, além de representar um apoio à estabilidade financeira e ao crescimento inclusivo[178].

4.12 Educação de Qualidade para o Desenvolvimento das Competências Globais e o Alcance da Cidadania Universal

O século 21 mostra um mundo mais complexo, com muita diversidade, oportunidades e desafios, especialmente para a juventude. O fenômeno da globalização apresenta várias vertentes, algumas positivas, outras negativas. Por um lado, abre novas perspectivas de um mundo cada vez mais conectado e interligado. Mas, por outro, tem contribuído para a desigualdade social e econômica e gerado movimentos e manifestações de xenofobia, racismo e intolerância[179].

Esse é o nosso mundo atual e as escolas podem e devem atuar no sentido de formar indivíduos capazes de lidar com essa nova realidade, assim como de questionar se é dessa forma que queremos viver e estabelecer nossas relações pessoais, políticas e sociais. A escola é o primeiro espaço no qual as crianças encontram a diversidade social, econômica e cultural. É o espaço por excelência da formação da cidadania. Por isso, ela tem papel crucial na formação de indivíduos conscientes dos problemas e demandas da sociedade, para que atuem de forma ativa, crítica e participativa nas mudanças que se fazem necessárias em prol de uma sociedade mais harmônica, tolerante, solidária e sustentável. A escola é o espaço que pode e deve proporcionar aos alunos uma visão de mundo baseada em fatos e críticas, assim como proporcionar a eles a compreensão tanto da sua identidade cultural como a de outras culturas. Para tanto, pode e deve envolvê-los em experiências que favoreçam as relações internacionais e interculturais, com apreço à diversidade, ao respeito, à sensibilidade e à valorização das diferenças culturais[180].

Em 2015, 193 países, incluído o Brasil, comprometeram-se a atingir os 17 Objetivos de Desenvolvimento Sustentável (ODS) das Nações Unidas. Entre eles, o objetivo 4 determina "assegurar a educação inclu-

---

[178] *PISA 2015 Results. Students' Financial Literacy.* Vol. IV. *cit.*

[179] Disponível em: http://oecdeducationtoday.blogspot.com.br/2018/01/how-to-prepare-students-for-complexity.html . Acesso em 12 de mar. 2018.

[180] *Idem. Ibidem.*

siva e equitativa de qualidade, e promover oportunidades de aprendizagem ao longo da vida para todos". Um dos focos é garantir até 2030 que "todos os alunos adquiram conhecimentos e habilidades necessárias para promover o desenvolvimento sustentável, inclusive, entre outros, por meio da educação para o desenvolvimento sustentável e estilos de vida sustentáveis, direitos humanos, igualdade de gênero, promoção de uma cultura de paz e não violência, cidadania global e valorização da diversidade cultural e da contribuição da cultura para o desenvolvimento sustentável"[181].

Verifica-se que um dos objetivos é o alcance da cidadania global, também conhecida como cidadania universal, pelo caminho da educação. O Pisa entende que o alcance da cidadania global dependerá em grande parte do que estiver ocorrendo hoje nas salas de aula. De acordo com Andreas Schleicher, em "Educar Nossa Juventude para Importarem-se uns com os Outros e com o Mundo": "De fato, são os educadores que possuem a chave para garantir que os ODS se tornem um contrato social com os cidadãos"[182].

De acordo com essa perspectiva, o Pisa 2018 incluiu na sua avaliação a análise da competência global como um dos medidores globais de sucesso e qualidade da educação. Para o programa, a competência global tem como objetivo o aprendizado multidimensional e ao longo da vida. Indivíduos globalmente competentes podem examinar temas locais, globais e interculturais, entender e perceber diferentes perspectivas e visões de mundo, interagir de modo bem-sucedido e respeitoso com os outros, e agir responsavelmente em relação à sustentabilidade e ao bem-estar coletivo[183].

Para o Pisa, estas são as quatro dimensões da competência global. A primeira, a competência para examinar temas de relevância local, global e intercultural, refere-se ao desenvolvimento de habilidades para compreender o mundo com suas demandas e problemas, com base nas diferentes culturas e perspectivas. Trata-se de desenvolver uma visão

---

[181] Disponível em: https://nacoesunidas.org/pos2015/agenda2030/ . Acesso em 01 de jul. 2018.

[182] Disponível em: https://oecdeducationtoday.blogspot.com.br/2017/12/educating-our-youth-to-care-about-each.html. Acesso em 12 de mar. 2018.

[183] *Idem. Ibidem.*

crítica para enfrentar os temas de importância local, regional, nacional e global.

A segunda dimensão refere-se à capacidade de entender e perceber diferentes perspectivas e visões de mundo. À medida que os indivíduos conhecem e estudam a história, os vários valores das diferentes sociedades e culturas do mundo, com suas crenças e práticas, eles começam a reconhecer que suas perspectivas e comportamentos são moldados por muitas influências, e que nem sempre estão conscientes dessas influências. Ademais, começam também a ter consciência que outros têm visões e opiniões profundamente diferentes das suas. Passam, então, a ter maior compreensão das imensas diferenças que existem quanto à concepção da vida e do mundo. O desenvolvimento dessas habilidades leva a uma visão mais ampla das diferenças culturais e ao maior respeito e apreço pela diferença, o que contribui para posturas mais tolerantes e consequentemente menos preconceituosas e discriminatórias[184].

Desdobramento da primeira e da segunda, a terceira dimensão da competência global consiste na capacidade de interagir de modo bem-sucedido e respeitoso com os outros e suas diferentes culturas. Referida dimensão destaca a capacidade dos indivíduos de superar as diferenças com os outros, por meio da comunicação aberta, adequada e efetiva. As interações "abertas" significam o cultivo de relacionamentos em que os participantes demonstram sensibilidade, curiosidade e vontade de se envolver com os outros. "Adequada" refere-se a interações que respeitam as normas culturais de ambas as partes. Na comunicação "efetiva", todos os participantes são capazes de se fazer entender e de entender o outro[185].

A quarta dimensão da competência global representa agir para o bem-estar coletivo e o desenvolvimento sustentável. Pessoas globalmente competentes estão envolvidas em melhorar as condições de vida em suas próprias comunidades e também em construir um mundo mais justo, pacífico, inclusivo e ambientalmente sustentável[186]. A noção de bem comum intensifica e desenvolve a consciência da relação direta entre o bem-estar coletivo e o bem-estar individual.

---

[184] Disponível em: https://oecdeducationtoday.blogspot.com.br/2017/12/educating-our-youth-to-care-about-each.html. Acesso em 12 de mar. 2018.

[185] *Idem. Ibidem.*

[186] *Idem. Ibidem.*

As competências globais podem e devem ser desenvolvidas em vários contextos e por todos, em especial pela escola, que tem papel crucial e central nessa tarefa. Crianças e adolescentes estão em processo de formação e é nessa fase que o desenvolvimento dessas habilidades pode ser mais produtivo e frutífero. E foi exatamente por isso que o Pisa examinou essas habilidades em 2018. Para tanto, apresentou um teste cognitivo e um questionário de fundo. A avaliação cognitiva visou a demonstrar a capacidade dos alunos para examinar criticamente artigos de notícias sobre questões globais; reconhecer influências externas sobre perspectivas e visões do mundo; compreender como se comunicar com os outros em contextos interculturais; e identificar e comparar diferentes cursos de ação para abordar questões globais e interculturais. No questionário de fundo, os alunos foram convidados a relatar o quanto estão familiarizados com problemas globais; quão desenvolvidas são suas habilidades linguísticas e de comunicação; em que medida eles possuem certas atitudes, como o respeito por pessoas de diferentes origens culturais e quais as oportunidades que eles têm na escola para desenvolver a competência global. As respostas aos questionários das escolas e dos professores fornecerão uma imagem comparativa de como os sistemas educacionais estão integrando as perspectivas internacionais e interculturais ao longo do currículo e nas atividades da sala de aula[187].

De acordo com o Pisa, as respectivas avaliações e os questionários permitirão aos educadores e formuladores de políticas analisar, entre outras, as seguintes indagações: Em que grau os estudantes são capazes de analisar criticamente questões contemporâneas de significado local, global e intercultural? Em que grau os alunos são capazes de compreender e apreciar múltiplas perspectivas culturais (incluindo as suas próprias) e lidar com diferenças e conflitos? Em que grau os alunos estão preparados para interagir respeitosamente entre as diferenças culturais? Em que grau os alunos se preocupam com o mundo e agem para fazer uma diferença positiva na vida de outras pessoas e salvaguardar o meio ambiente? Existem desigualdades no acesso à educação para a competência global entre e dentro de cada país? Quais abordagens de educação multicultural e intercultural são mais comumente usadas nos

---

[187] Disponível em: https://oecdeducationtoday.blogspot.com.br/2017/12/educating-our-youth-to-care-about-each.html. Acesso em 12 de mar. 2018.

CIDADANIA, DIREITOS HUMANOS E EDUCAÇÃO

sistemas escolares em todo o mundo? Como os professores estão preparados para desenvolver a competência global dos alunos?[188].

Não obstante as avaliações e comparações internacionais serem complexas, o Pisa acredita que a avaliação das competências globais é uma oportunidade tangível de fornecer à comunidade global os dados necessários para construir sociedades mais pacíficas, mais equitativas e sustentáveis, por meio da educação. São dados de qualidade e que possibilitarão o início de diálogos e ações mais concretas em prol de sociedades mais abertas, parceiras e solidárias[189]. O desenvolvimento das competências globais levará à construção da cidadania ativa, participativa e universal.

Cabe lembrar e reforçar o papel mais do que central do professor altamente qualificado. Para que os alunos possam desenvolver as competências globais, independentemente de sua condição econômica, social, étnica, de gênero, ou qualquer outra circunstância, é fundamental que professores estejam adequadamente preparados para exercer essa missão[190].

Por fim, também cabe sinalizar que o Pisa tem sofrido críticas ao longo da sua existência. Em 2014, cerca de cem renomados educadores, de diversos países do mundo, elaboraram uma carta aberta afirmando estarem preocupados com as consequências negativas da avaliação. Entre as críticas apresentadas, estava a importância política que o Pisa vem alcançando e que, como consequência, tem forçado escolas do mundo todo a se voltarem de forma exagerada para os testes, com o fim de atingirem alto desempenho no *ranking*. Dessa forma, o foco da avaliação ficaria em leitura, matemática e ciências, e as outras competências e habilidades dos alunos teriam menor importância. Os educadores discordam também que a OCDE tenha tanto poder para balizar os padrões de qualidade da educação no mundo[191].

No nosso entender, nenhuma avaliação é completa, mas é inegável o trabalho que o Pisa vem realizando ao longo desses 18 anos, assim como as imensas contribuições que vem apresentando para a melhoria

---

[188] *Idem. Ibidem.*
[189] *Idem. Ibidem.*
[190] *Idem. Ibidem.*
[191] Folha de São Paulo. 6 Cotidiano 2. Sábado, 17 de maio de 2014.

da educação no mundo. Ele deve ser considerado um dos padrões de avaliação, mas não o único. Ademais, referida crítica nos parece ultrapassada, tendo em vista a forma como o Pisa vem desenvolvendo sua avaliação, amplamente demonstrada no presente trabalho.

4.13 Reflexões a Respeito da Conquista da Cidadania e do Direito à Educação Escolar no Século 20 e 21

A segunda metade do século 20 tem como destaque a consolidação da cidadania universal no plano internacional. Nela, o Direito Internacional dos Direitos Humanos preceitua que a proteção dos direitos da pessoa humana se fundamenta e se garante exclusivamente em razão da condição humana. Basta o atributo da condição humana para titularizar direitos no plano internacional, com impacto no plano nacional para os países comprometidos com a promoção e proteção dos direitos humanos. Essa é a grande inovação apresentada pelos Direitos Humanos no século 20, mas que ainda enfrenta muitas dificuldades para sua real consolidação.

Com base nessa nova estrutura jurídico-política, o sistema internacional de proteção dos direitos humanos, estruturado atualmente pelo sistema global da ONU e pelos sistemas regionais interamericano, europeu e africano, atua em cooperação com os sistemas jurídico-políticos nacionais, em prol da maior e mais efetiva proteção dos direitos humanos. Nesse sentido, a segunda metade do século 20 foi marcada pela realização de inúmeras conferências internacionais e pela celebração de uma ampla gama de declarações e tratados de direitos humanos por parte da grande maioria dos países da comunidade internacional.

Diante do caráter histórico dos referidos direitos e do seu percurso sempre marcado por avanços e retrocessos em um caminhar cíclico, a segunda metade do século 20 e o século 21 passam a apresentar novas demandas e desafios ainda mais complexos. A Guerra Fria gerou enorme polarização na comunidade internacional e novos conflitos e guerras se espalharam, tendo seus campos de batalha fundamentalmente na África e Ásia, devastando sociedades e culturas, gerando mais conflitos e violência. Ao lado desse cenário, o terrorismo passou a se manifestar de forma cada vez mais cruel. Por isso, intensificam-se as demandas da sociedade por segurança nacional e internacional e cresce o anseio pela paz mundial, diante de tanta intolerância.

CIDADANIA, DIREITOS HUMANOS E EDUCAÇÃO

As inovações tecnológicas, por um lado, permitiram ao homem chegar à Lua, desenvolver tecnologia de ponta em vários setores do conhecimento humano e em vários campos das ciências e da tecnologia. Por outro, grande parte desse desenvolvimento tem ficado restrito ao domínio dos países desenvolvidos e que, por questões econômico-financeiras, não o compartilham com outros países que poderiam se beneficiar imensamente desses avanços. Essa é a marca da globalização econômico-financeira. Globaliza-se apenas o que é do interesse dos mercados econômicos. Nesse caminho, crescem as desigualdades sociais e econômicas e se intensificam os movimentos antiglobalização, as manifestações de xenofobia, racismo e intolerância.

Também se constata que, no campo das relações humanas, os relacionamentos estão mais frágeis e superficiais. Isso porque passa a vigorar com mais e mais força a cultura da supervalorização da riqueza material como sinônimo de felicidade e sucesso. Já os valores éticos, a amizade, a solidariedade, a família, o respeito ao próximo e o cuidado com o meio ambiente perdem importância.

Diante desse cenário, a segunda metade do século 20 e o século 21 são marcados pela busca por direitos de solidariedade, com o objetivo de se protegerem mais intensamente os interesses da humanidade como um todo, como a autodeterminação dos povos, o desenvolvimento de todas as nações, a proteção do meio ambiente para as gerações presentes e futuras, a consolidação das democracias, e a construção da paz mundial. Esse é o desafio do século 21. No plano jurídico, a cidadania universal é garantida pelo Direito Internacional dos Direitos Humanos. No entanto, a força política dos países economicamente mais fortes, respaldados pelos interesses do mercado econômico, impõe regras que vêm despedaçando os direitos humanos.

Esse é o nosso mundo atual, e as escolas podem e devem atuar no sentido de formar indivíduos capazes de lidar com novas realidades. A escola é o primeiro espaço onde as crianças encontram a diversidade social, econômica e cultural. É o espaço de convívio de todos, de novas descobertas, de troca de ideias e visões de mundo, de conhecimento de si e do outro e de aprendizagem. É o espaço que deve proporcionar experiências que favoreçam relações saudáveis, marcadas pelo apreço à diversidade, e o incentivo à sensibilidade, ao respeito e à valorização das diferenças culturais. É o espaço por excelência da formação da

140

cidadania. Por isso, a escola desempenha papel crucial na formação de indivíduos conscientes dos problemas e demandas da sociedade, para que atuem de forma ativa, crítica e participativa nas mudanças que se fazem necessárias em prol de uma sociedade mais harmônica, tolerante, solidária e sustentável.

Entre os documentos internacionais de direitos humanos voltados a promover e garantir a educação de qualidade, a Declaração de Incheon e seu Marco de Ação da Educação 2030 apresentam importantes inovações a serem perseguidas. Um dos diferencias dessa ambiciosa nova agenda é a ênfase no compromisso com a educação voltada para valores humanistas, com base nos direitos humanos, no respeito à dignidade da pessoa, na justiça social, no respeito à diversidade, na igualdade de gênero e na responsabilidade dos Estados em promover a educação de qualidade para todos.

A Declaração expõe o poder transformador da educação nas vidas das pessoas e na melhoria da sua qualidade. A educação empodera as pessoas para desenvolverem ao máximo suas capacidades e potencialidades. A partir desse empoderamento, a educação desempenha papel fundamental na erradicação da pobreza, no alcance da igualdade de gênero, na obtenção de trabalhos decentes, nos cuidados com a saúde, além de aumentar a renda e colaborar substancialmente para o crescimento e desenvolvimento econômico, social e cultural dos países.

Cabe destacar que a concepção da educação escolar como um direito garantido a todos pressupõe a atuação do Estado, por meio de políticas públicas. A promoção da educação escolar de forma universal, igualitária, gratuita, inclusiva e de qualidade para todos é o papel central dos Estados. A agenda da Educação 2030 aponta para a necessidade de mecanismos nacionais, regionais e globais de governança, responsabilização, coordenação, monitoramento, acompanhamento, revisão, comunicação e avaliação do sistema educacional.

Também são atores fundamentais na promoção da educação escolar de qualidade para todos outros segmentos da sociedade, como as organizações não governamentais, o setor privado, as organizações e fundações filantrópicas, os professores e educadores, a comunidade acadêmica e científica, assim como as mais variadas organizações internacionais, como a Unesco e a OCDE, por meio do Pisa. Nesse sentido, a Unesco passa a desempenhar papel fundamental nas questões

CIDADANIA, DIREITOS HUMANOS E EDUCAÇÃO

educacionais mundiais e foi, ao longo das décadas seguintes à sua criação, elaborando sucessivos documentos internacionais garantidores da educação de qualidade para todos, com propósitos bastante ambiciosos.

A garantia da educação pública de qualidade por meio da construção de um sistema público de educação ao qual todos tenham acesso é imprescindível para consolidar a cidadania. Por isso, no nosso entender, entre as funções básicas do Estado estão a organização e a manutenção do sistema público de ensino. Não há dúvida que o ensino privado também faz parte do sistema educacional e deve sempre ser uma opção para a sociedade. No entanto, uma verdadeira democracia com justiça social e equidade necessariamente deve ter um sistema público de ensino gratuito, obrigatório, laico, de qualidade e com igualdade de oportunidades.

Nesse sentido, importante destacar as críticas sofridas pelo sistema educacional chileno quanto à mercantilização da educação, com a construção de um sistema baseado na ideia de mercado educativo. Passou-se da ideia da educação como bem comum e de interesse social, para a educação como bem de consumo. Quando a educação passa a ser compreendida como tal, o seu fim deixa de ser promover a reflexão e o desenvolvimento do espírito crítico do aluno, e passa a ser a busca pela educação eficiente na resolução de testes padronizados e atendimento das demandas econômico-empresariais. Perde-se a essência do processo educacional, com o desenvolvimento do ser humano em suas potencialidades e adota-se a lógica da escola como uma empresa. O modelo chileno gerou significativamente a segregação educativa. A própria OCDE e a Unesco reconhecem que o sistema educacional chileno é de segregação.

A atuação da Unesco, do Pisa e dos países efetivamente comprometidos com a educação de qualidade para todos tem sinalizado alguns pontos convergentes importantes e que merecem maior reflexão, como a importância essencial do professor de excelência, figura central na boa qualidade da aprendizagem. Por isso, é preciso que haja professores qualificados, bem pagos, atuando em ambientes seguros, saudáveis, inclusivos e devidamente equipados, que facilitem e promovam a aprendizagem.

Outro ponto de convergência refere-se à importância do compromisso com a educação inclusiva para garantir a igualdade para todos ao longo do processo educacional. Nesse sentido, é preciso enfrentar todas as formas de exclusão, marginalização e vulnerabilidade nas quais especialmente crianças e adolescentes podem se encontrar. Os sistemas educacionais analisados mostraram que imigrantes, refugiados e pessoas de baixa renda têm menos oportunidades de acesso à educação de qualidade. Por isso, a cultura escolar deve valorizar a diversidade e responder às diversas demandas sociais e culturais das comunidades às quais essas pessoas pertencem. A cultura escolar deve promover o respeito e a empatia, e os ambientes de aprendizagem devem ser seguros e acolhedores, assim como livres de discriminação, assédio e violência.

Um dos países que se destaca na garantia da educação de qualidade para todos é a Finlândia, um verdadeiro Estado de bem-estar social. Seu sistema educacional público garante oportunidades iguais de acesso à educação escolar e aprendizado a todos, independentemente do meio social e econômico. Para eles, a educação é concebida como a "chave" para a competitividade e bem-estar da sociedade finlandesa.

A política educacional finlandesa é voltada para o atendimento individualizado do aluno. Nesse sentido, não compara os desempenhos, nem coloca alunos em posição de competição. Muito pelo contrário, objetiva focar no apoio e acompanhamento das necessidades específicas de cada aluno. O objetivo é que ninguém fique para trás. Esse é um dado extremamente importante e que tem mostrado resultados muito positivos na educação finlandesa e nos países que a vêm adotando.

Quanto à equidade no acesso à educação escolar, os estudos do Pisa demonstram que o mundo não está mais dividido entre nações ricas e bem-educadas e pobres e mal-educadas. Todos os países e economias têm excelentes alunos, mas poucos permitem ou contribuem para que todos os alunos atinjam seus melhores desempenhos. Por isso, um dos grandes desafios é o alcance da equidade no acesso à educação escolar de qualidade para todos. Trata-se de justiça social possibilitar que todos tenham garantido o direito de desenvolver as habilidades básicas essenciais.

Outro ponto de convergência é o desenvolvimento holístico do aluno e a preocupação com o seu bem-estar geral. Nesse sentido, a educação infantil é um período precioso e que precisa ser mais valorizado, especialmente pelos países com baixa qualidade de educação. Trata-se do período de formação da personalidade, e por isso deve ter altíssima

CIDADANIA, DIREITOS HUMANOS E EDUCAÇÃO

relavância no processo educacional. Interessante destacar que, nas escolas japonesas, até a quarta série, ou seja, nos três primeiros anos de escola obrigatória, o foco da educação está em desenvolver a personalidade e o caráter da criança. O mais importante é a formação do ser humano. As provas não são a maior prioridade nesse período.

Singapura, país líder no Pisa 2015 em todas as áreas, também tem sinalizado que sua preocupação é no sentido da formação holística dos alunos ao longo do processo educacional. Entende que, para os alunos estarem preparados para prosperar no século 21, diante da globalização e dos avanços tecnológicos, a escola primária deve focar no desenvolvimento das várias dimensões da pessoa humana, tanto de competências individuais e emocionais quanto sociais e coletivas. A primeira é a autoconfiança e visa a promover em cada aluno o autoconhecimento, o agir ético, a resiliência, o discernimento, o pensamento crítico, reflexivo e a comunicação efetiva.

Ao longo do processo educacional, o aluno também deve ser preparado para contribuir ativamente nos ambientes em que convive e, para tanto, deve ser capaz de trabalhar harmonicamente em equipe, ser inovador, ter iniciativa, ter capacidade de assumir riscos calculados e buscar a excelência em suas ações. A formação holística encampada pelo sistema educacional de Singapura objetiva preparar cidadãos engajados e enraizados em seu país e cultura, com forte senso de responsabilidade cívica, mas também sintonizado com o mundo e sua diversidade. A cidadania deve ser ativa e participativa, voltada também para a melhoria da coletividade.

Em Singapura, há programas direcionados para jovens com o objetivo de ensinar-lhes a serem mais empáticos, socialmente responsáveis, mais ativos em suas comunidades, a trabalharem com idosos, migrantes e crianças em creches, entre outros. As autoridades públicas na área da educação escolar têm defendido uma visão mais ampla de sucesso, muito além das notas acadêmicas, porquanto focada no desenvolvimento integral do ser humano e na sua forma de se relacionar com a vida, o trabalho e a sociedade.

No sentido do bem-estar holístico do aluno, o Pisa também analisou em 2015 várias outras realidades diretamente ligadas ao desempenho dos alunos e ao grau de satisfação com a vida. O programa incluiu dados sobre bem-estar, que analisam atitudes e comportamentos positivos voltados a promover desenvolvimento saudável, como, por exemplo, o interesse e a motivação, bem como resultados negativos, como a ansiedade, que prejudica a qualidade de vida. No entanto, poucos países, entre eles Finlândia, Holanda e Suiça, conseguem combinar bons resultados acadêmicos com alto grau de satisfação em relação à vida.

Para o Pisa 2015, o bem-estar dos alunos refere-se às qualidades psicológicas, cognitivas, sociais e físicas que eles precisam para viver uma vida feliz e gratificante. O que traz bem-estar aos alunos é especialmente o sentimento de pertencimento, acolhimento, confiança e cuidado. Por isso, o bom relacionamento com os professores é fator decisivo na qualidade da aprendizazem e bem-estar dos alunos. Os adolescentes buscam laços sociais fortes e valorizam a aceitação, o cuidado e o apoio dos outros. Os que se sentem parte de uma comunidade escolar têm maior probabilidade de apresentar melhor desempenho acadêmico e de serem mais motivados na escola.

Os pais também têm papel fundamental no bem-estar e desempenho escolar dos filhos. A parceria entre pais, alunos e escolar é ferramenta fundamental para o bom desempenho acadêmico do aluno e seu bem-estar. A escola também tem papel central na garantia da segurança e no bem-estar dos alunos, e na prevenção de toda forma de violência e discriminação, especialmente o *bullying* e o *ciberbullying*, muito presentes nos dias atuais.

Os resultados do Pisa 2015 revelam que sistemas educacionais que cultivam, fomentam e atuam no sentido de despertar a crença de que todos os alunos podem atingir níveis elevados de aprendizagem efetivamente conseguem mudanças significativas no desempenho e motivação de seus alunos. Quando os alunos se sentem parte de uma comunidade escolar, são mais propensos a ter melhor desempenho acadêmico e mais motivados a aprender. Os alunos mais vulneráveis, quando recebem a devida atenção acadêmica e emocional, também apresentam maiores chances de se desenvolver academicamente e se motivar.

Outro ponto de convergência é o reconhecimento dos vínculos diretos entre uma população bem-educada e uma economia vibrante e baseada no conhecimento, no desenvolvimento sustentável e no aumento das possibilidades de crescimento de toda a sociedade. Países com alto índice de desenvolvimento humano têm sistemas educacionais com bom desempenho. Nesse sentido, o papel dos sistemas de educação é

CIDADANIA, DIREITOS HUMANOS E EDUCAÇÃO

crucial tanto no combate à pobreza quanto à exclusão social, com vistas a enfrentar as desigualdades sociais e oferecer melhores oportunidades de vida, estudo e trabalho para todos. Altos níveis de escolaridade proporcionam melhor qualidade de vida. Juntamente com esse ponto de convergência se encontra a visão de que a educação de sucesso pressupõe a aprendizagem ao longo de toda a vida. Trata-se de processo contínuo que deve ocorrer dentro e fora das escolas, porquanto a educação caminha junto com o viver.

Diante de todos esses dados, verifica-se o quão importante é o Pisa como poderosa ferramenta para que países e economias utilizem, por meio do compartilhamento e parcerias, as melhores políticas e práticas em educação escolar de qualidade para todos. Para o Pisa não há combinação única de políticas e práticas que funcionarão para todos, em todos os lugares. Todo país tem espaço para melhorias, até mesmo os que apresentam os melhores desempenhos. Ademais, o Pisa trabalha com um conceito inovador de alfabetização, que se refere à capacidade dos alunos de aplicar conhecimentos e habilidades em matérias-chave, analisar, raciocinar e comunicar de forma eficaz, identificando, interpretando e resolvendo problemas em uma variedade de situações.

Por fim, cabe destacar a avaliação do Pisa quanto ao que denominou de competência global. O programa de 2018 incluiu em sua avaliação a análise da competência global como um dos medidores globais de sucesso e qualidade da educação. A competência global tem como objetivo o aprendizado multidimensional e ao longo da vida. Indivíduos globalmente competentes podem examinar temas locais, globais e interculturais, entender e perceber diferentes perspectivas e visões de mundo, interagir de modo bem-sucedido e respeitoso com os outros, e agir responsavelmente em relação à sustentabilidade e ao bem-estar coletivo.

As competências globais podem e devem ser desenvolvidas em vários contextos e ao longo da vida. No entanto, a escola tem papel crucial e central no desenvolvimento dessas competências. Crianças e adolescentes estão em processo de formação e é nessa fase que incentivar essas habilidades pode ser mais produtivo e frutífero. O desenvolvimento das competências globais proporciona a construção da cidadania ativa, participativa e universal.

Os resultados do Pisa têm proporcionado expressivas mudanças e avanços na educação escolar de qualidade no mundo, sobretudo ao possibilitar o diálogo e ações mais concretas em prol da educação de qualidade. Observa-se que uma das constatações "indiretas" dos seus resultados, e que tem relação direta com o presente trabalho, trata-se da relação existente entre o regime democrático e a proteção dos direitos humanos, entre eles o direito à educação escolar. Os estudos do Pisa revelam que mesmos os Estados democráticos têm dificuldades e desafios na implementação de políticas públicas que promovam a educação democrática e de qualidade. No entanto, somente Estados democráticos têm possibilidade de promover a educação pública democrática de qualidade, uma vez que estão comprometidos com o respeito às liberdades públicas.

Estados autoritários, ditatoriais ou totalitários, por sua vez, são totalmente incompatíveis com a educação escolar democrática, ou seja, aquela que respeita as várias liberdades públicas e também possibilita que todos, independentemente da classe social, do gênero, da crença religiosa ou política, ou qualquer outra circunstância, tenha acesso igualitário à educação escolar de qualidade. Nos Estados democráticos, esta configura direito de todos e não privilégio de alguns.

O Pisa revela também as dificuldades enfrentadas por países desenvolvidos e democráticos e que, mesmo assim, apresentam inúmeros desafios a serem alcançados no campo das políticas públicas em educação escolar. No nosso entender, tanto os resultados dos relatórios da Unesco quanto os do Pisa revelam que o investimento em educação e seu aprimoramento precisam ser constantes e serão sempre inacabados, porquanto o processo educacional em si e suas demandas revelam-se contínuos e em constante transformação, em razão das próprias demandas do ser humano, assim como das demandas das sociedades, cada qual com suas particularidades.

A educação é a maior ferramenta para o desenvolvimento humano. É a base para o desenvolvimento pessoal e para a construção da cidadania. Um dos papeis centrais da educação é a promoção da cidadania para a formação de cidadãos livres, críticos, que intervenham na vida cívica e assumam responsabilidades sociais. E nós compartilhamos do entendimento do Pisa que o alcance da cidadania global dependerá em grande parte do que estiver ocorrendo nas salas de aula de hoje.

PARTE II

Conquista da Cidadania e do Direito à Educação Escolar no Brasil

5. Período Colonial e Imperial

5.1 Política de Aniquilamento do Índio e do Negro

A história da conquista dos direitos humanos e da cidadania no Brasil apresenta percurso completamente diferente daquele verificado na Europa Ocidental e nos Estados Unidos da América. A História do Brasil, a partir 1500, com a chegada dos portugueses em terras brasileiras, é marcada, desde o seu início, pelo desrespeito à pessoa humana e à sua dignidade, nas figuras fundamentalmente do índio e do negro, mas também se estendia à grande maioria da população, carente de direitos e de cidadania.

Segundo Boris Fausto:

> A chegada dos portugueses representou para os índios uma verdadeira catástrofe. Vindos de muito longe, com enormes embarcações, os portugueses, e em especial os padres, foram associados na imaginação dos tupis aos grandes xamãs (pajés), que andavam pela terra, de aldeia em aldeia, curando, profetizando e falando-lhes de uma terra de abundância. Os brancos eram ao mesmo tempo respeitados, temidos e odiados, como homens dotados de poderes especiais[1].

O período colonial foi sem dúvida marcado pela política colonizadora de dominação e subjugação dos índios e dos negros e da exploração

---

[1] Boris Fausto. *História do Brasil*. 13. ed. São Paulo: Edusp, 2008, p. 40.

econômica ao máximo das riquezas das terras colonizadas. Os índios foram massacrados política, social e culturalmente. Com a colonização, perderam primeiramente sua autonomia política, sendo submetidos forçosa e arbitrariamente a um Estado que lhes parecia espúrio[2]. Foram dominados culturalmente e sofreram violência física, psíquica e social com a escravização. O contato com os portugueses dizimou grande parte da sua população e gerou doenças, epidemias e mortes. Os povos indígenas tentaram resistir a todas as formas de violência contra eles praticadas, seja pela fuga, pelas batalhas e pela recusa ao trabalho escravo. Como não formavam uma única nação indígena, mas eram – como ainda são – formados por diversos e diferentes povos que, muitas vezes, entravam em guerras e conflitos, a dominação e subjugação portuguesa foi mais facilmente alcançada[3].

A escravização do índio, se comparada com a do negro, foi em menor escala. Um dos motivos estava na realidade de a cultura indígena apresentar uma série de "inconvenientes" para os fins da colonização. Ela era voltada exclusivamente para a subsistência. Cumprida essa tarefa, os índios se dedicavam aos seus rituais, festas e cerimônias e, quando necessário, às guerras. Não fazia parte da sua cultura o trabalho intenso e compulsório exigido pela escravização. Não eram nem vadios nem preguiçosos, apenas pertenciam, como ainda pertencem, a outra cultura com outros valores[4].

Expõe Mércio Pereira Gomes que:

> A grande maioria dos povos vivia à base de uma agricultura simples, da caça, pesca e coleta, constituindo um modo de produção que não capitalizava excedentes econômicos para sustentar uma classe diferenciada de não produtores – com princípios igualitários de vida social e religiosa, portanto. Povos sem escrita, sem reis, sem nobres e sem súditos, mas com religião e certamente com fé[5].

Enquanto os colonizadores tentaram a escravização pura e simples do índio, o que não deu certo, as ordens religiosas, especialmente

---

[2] Mércio Pereira Gomes. *O Caminho Brasileiro Para a Cidadania Indígena*. In: *História da Cidadania*. Org.: Jaime Pinsky e Carla Bassanezi Pinsky. São Paulo: Contexto, 2003, p. 419.

[3] Boris Fausto. *História do Brasil*. cit., p. 41-49-50.

[4] *Idem, Ibidem*, p. 49-50.

[5] *O Caminho Brasileiro Para a Cidadania Indígena*. In: *História da Cidadania, cit.*, p. 420.

a dos jesuítas, tentaram transformá-los em "bons cristãos". Isso significava adquirir os hábitos de trabalho dos europeus e assim atender às necessidades da colonização. A postura da Igreja Católica era bastante ambígua quanto ao tratamento que deveria ser dado ao índio. Os jesuítas, por exemplo, tiveram o mérito de tentar proteger os índios da escravização[6].

Existia, na época colonial, um questionamento sobre a humanidade do índio. A bula *Sublimis Deus,* aprovada pelo Papa Paulo III, em 1537, declarou que eles tinham alma e, portanto, eram homens capazes de compreender a fé católica. No entanto, apesar de a Igreja Católica ter constatado a humanidade do índio, durante todo o período colonial, a metrópole executou uma política que permitia o desrespeito a sua pessoa. Valia-se do instrumento jurídico-militar conhecido como "guerra justa", que poderia ser utilizado seja para o que considerava defesa, seja para o que considerava ataque, nos conflitos com os índios, para então escravizá-los. Estes também eram escravizados por punição da prática de antropofagia[7].

De acordo com Mércio Pereira Gomes:

> Se os índios não tivessem alma, se não fossem humanos, passíveis de doutrinação cristã, certamente seriam mais aceitáveis e auto-justificáveis os maltratos brutais, as torturas mais do que inquisitoriais, a opressão coletiva que os espanhóis exerceram sobre os povos caribenhos e em seguida os mexicanos. Se tivessem alma, os colonos poderiam amargar mais do que dores de consciência, se não o real perigo de serem condenados ao perpétuo inferno[8].

A "guerra justa" já se encontrava nas bulas papais que legitimaram a expansão ibérica. A bula *Romanus Pontifex,* de 1454, publicada por Nicolau V, por exemplo, já autorizava a expansão portuguesa na África, e estabelecia direitos de conquista e de submissão de povos à servidão. A bula *Inter Coetera,* por seu turno, prescrita em 1493 por Alexandre VI,

---

6 Boris Fausto. *História do Brasil, cit.,* p. 49-50.
7 Mércio Pereira Gomes. *O Caminho Brasileiro Para a Cidadania Indígena.* In: *História da Cidadania, cit.,* p. 422 e 426; Boris Fausto. *História do Brasil. cit.,* p. 50-51.
8 *O Caminho Brasileiro Para a Cidadania Indígena.* In: *História da Cidadania. cit.,* p. 422.

CIDADANIA, DIREITOS HUMANOS E EDUCAÇÃO

estabelecia benefícios similares aos da Espanha, um ano após a descoberta da ilha Hispaniola[9].

O tratamento conferido ao índio era sempre de domínio, exploração ou manipulação. Em meados do século 18, durante o reinado de D. José I, o então ministro Marquês de Pombal estabeleceu, em 1757, um conjunto de 95 dispositivos legais que ficaram conhecidos como "Diretório dos Índios" ou "Diretório de Pombal". O objetivo da política pombalina era transformar os índios em vassalos do reino[10].

Na análise de Mércio Pereira Gomes:

> o Diretório pretendia, em primeiro lugar, revogar a legitimidade legal e moral que as ordens religiosas há duzentos anos haviam obtido, da Coroa portuguesa tanto quanto da sociedade colonial, de manterem o encargo de proteção e mediação das relações interétnicas com boa parte dos índios que estavam sendo assimilados ao sistema colonial. Em seguida, pretendia abrir as aldeias à entrada indiscriminada de brancos e negros livres para mais rapidamente transformar esses índios em vassalos do Reino, o que quer dizer, no caso, o equivalente a cidadania. Assim, ironicamente, o primeiro sentido de cidadania com que os índios foram agraciados por Portugal teve como meio a anulação da autonomia relativa das aldeias onde viviam. Com a entrada de não indígenas, a quem eram dados incentivos econômicos e políticos para casar com índias, as novas vilas passaram a ser dominadas por brancos e mestiços, que estabeleceram sobre os índios o modo de relacionamento social hierarquizante que os reduziu à condição social mais baixa na pirâmide social brasileira, retirando-lhes paulatinamente toda autonomia política e quase toda vivência cultural[11].

Referida política do Marques de Pombal foi revogada em 1789 por uma carta régia, sob o fundamento de que havia falhado no propósito de transformar os índios em vassalos livres. Passaram a ser órfãos tutelados pelo Estado, por meio dos juízes de órfãos. Todavia, poderiam ser

---

[9] *Idem. Ibidem.* p. 426.

[10] Mércio Pereira Gomes. *O Caminho Brasileiro Para a Cidadania Indígena.* In: *História da Cidadania. cit.,* p. 427.

[11] *Idem. Ibidem.,* p. 428.

"instruídos" por aqueles que os trouxessem dos sertões. Foi autorizado que autoridades recrutassem índios considerados "desocupados" para atividades de interesse público, tais como a execução de obras públicas. Foram também recrutados para atender a interesses exclusivamente particulares de autoridades e fazendeiros[12]. Expõe Mércio Pereira Gomes que: "Tal condição iria caminhar para a de patrão em relação aos homens livres mestiços do Brasil oitocentista, consolidando o modo social clientelista que ainda hoje caracteriza grande parte do país"[13].

Seguindo essa política de aniquilação da autonomia política do indígena e total desrespeito a sua pessoa e a sua cultura, entre os anos de 1808 a 1811, foram criadas várias cartas régias que autorizavam o ataque aos povos indígenas que fossem considerados "ameaças" à expansão luso-brasileira. Tal política era voltada aos índios que se mantinham à margem do sistema colonial, ou seja, àqueles efetivamente considerados "selvagens". Os vencedores eram autorizados não só a matar durante as batalhas, como também a mantê-los como escravos durante um período de dez a quinze anos[14]. Diante desse profundo desrespeito aos povos indígenas, ao longo do século 19 as vilas indígenas foram perdendo autonomia política e desintegrando-se culturalmente.

Com a independência do Brasil, o legado imperial para os índios era o seguinte: "órfãos que precisam ser cristãos e civilizados"[15]. José Bonifácio, importante estadista da Independência, propôs à Assembleia Constituinte em 1823 um projeto de nação que integrasse brancos, negros e índios. Propôs a criação de uma política indigenista própria, baseada no respeito à pessoa humana e na garantia das terras indígenas. Desfeita a Assembleia, a Constituição outorgada em 1824 por D. Pedro I nem sequer mencionou o assunto[16].

Se a realidade do índio foi muito dolorosa e violenta durante o período colonial, a do negro foi muito mais intensa. Diante do insucesso da escravização dos índios na forma e escala objetivada pelo processo de colonização, a partir da década de 1570, a metrópole passou a incentivar

---

[12] *Idem. Ibidem*, p. 428-429.
[13] *Idem, Ibidem*, p. 429.
[14] *Idem, Ibidem*, p. 429.
[15] *Idem, Ibidem*, p. 430.
[16] *Idem, Ibidem*, p. 430.

CIDADANIA, DIREITOS HUMANOS E EDUCAÇÃO

a importação de africanos. A Coroa também iniciou uma série de medidas legais para impedir o morticínio e a escravização descomedida dos índios. Apesar de as leis apresentarem muitas ressalvas e serem facilmente descumpridas, a escravização do índio ocorreu em muito menor escala se comparada à do negro, em razão de vários motivos, alguns deles supramencionados. Oficialmente, a escravidão dos índios foi extinta somente em 1757[17].

Diante da imensa dificuldade em escravizar o índio, o caminho era escravizar o negro, que veio a tornar-se uma instituição nacional. Para os colonizadores, a escravização do negro apresentava vantagens em relação à do índio. Enquanto este estava em sua terra natal, o negro fora total e arbitrariamente desenraizado de suas origens e da sua cultura. Nas últimas décadas do século 16, o comércio negreiro já era uma atividade de lucro. Os colonizadores já conheciam as habilidades do negro para o trabalho escravo, dada a utilização do seu trabalho na atividade açucareira das ilhas do Atlântico.

Os negros, é claro, não aceitaram passivamente a escravidão e rebelaram-se de todas as formas por eles encontradas. Os quilombos, por exemplo, eram comunidades de negros formadas por aqueles que conseguiam fugir do regime escravocrata para constituir formas de organização social similares às africanas. Palmares foi certamente o quilombo mais importante, entre as centenas deles existentes durante o período colonial[18].

Outro fator que favorecia a escravização do negro era a postura veemente da metrópole e da Igreja Católica. O Estado português no período da colonização era absolutista, como a maioria dos países europeus. A religião do Estado era a católica, e todos os membros da sociedade portuguesa e colonial deveriam ser católicos. A Igreja não se opunha à escravização do negro, e o Estado português, é claro, tinha nítido interesse em mantê-la, em razão da política de exploração da colônia. A ordem dos beneditinos, por exemplo, foi grande proprietária de escravos. Nesse sistema extremamente repressor, o Direito Civil considerava o negro patrimônio do seu senhor, como os objetos e animais. Não era titular de qualquer direito; pior, era

[17] Boris Fausto. *História do Brasil, cit.*, p. 50-51-111.
[18] *Idem. Ibidem.* p. 50-52.

considerado um ser racialmente inferior, com pouca inteligência, emocionalmente instável e destinado biologicamente à sujeição[19]. Mas por hipocrisia do sistema, para o Direito Penal, o negro era pessoa e poderia ser sujeito ativo de crimes. Não poderia ser vítima, mas poderia ser – e era inúmeras vezes – réu.

As punições para os escravos eram severas e desumanas. De acordo com Lilia M. Schwarcz e Heloisa M. Starling:

> A montagem do aparato de controle da ordem escravista foi lenta, sistemática, sustentado numa legislação com escopo repressivo muito amplo e que acreditava fortemente na eficácia da punição pública, na exposição espetaculosa do delito e da aplicação da penalidade atribuída ao infrator. Essa crença no castigo exemplar incluía diversas modalidades de pena: mutilação do corpo do escravo infrator, para que toda a sociedade, em qualquer ocasião, ao ver a marca, ficasse ciente do crime por ele cometido; suplício no pelourinho – coluna de pedra encimada com as armas e o brasão real, símbolo de fidelidade ao rei, erguida sempre na praça principal da vila, em cujos lados pendiam argolas onde costumavam ser acorrentados e açoitados os escravos; exposição, em lugar público, à vista de todos, das cabeças dos cativos degolados durante as inúmeras expedições enviadas para perseguir fugitivos e destruir quilombos[20].

A escravidão estava tão arraigada no *"modus vivendi"* do período colonial que, segundo expõe Boris Fausto: "O desejo de ser dono de escravos, o esforço por obtê-los ia da classe dominante ao modesto artesão branco das cidades. Houve senhores de engenho e proprietários de minas com centenas de escravos, pequenos lavradores com dois ou três, lares domésticos, nas cidades, com apenas um escravo. O preconceito contra o negro ultrapassou o fim da escravidão e chegou modificado a nossos dias"[21].

No período colonial havia fundamentalmente duas classes sociais. Uma delas era pequena e estava à frente do poder. Formada pela

---

[19] Boris Fausto. *História do Brasil, cit.*, p. 52-54-59 a 62.
[20] *Brasil: Uma Biografia*. 2. ed. São Paulo. Companhia das Letras. 2018, p. 103.
[21] Boris Fausto. *História do Brasil*, cit., p.69.

CIDADANIA, DIREITOS HUMANOS E EDUCAÇÃO

aristocracia rural – com os senhores de casa-grande, os donos de engenho, os fazendeiros e sua prole –, era instruída e detinha o poder político. A outra classe social compunha o restante da população. Era pobre, sem instrução e sem poder político. Dependia dos grandes proprietários para tudo, desde a sobrevivência, até a defesa contra arbitrariedades do Estado ou de proprietários particulares. Os escravos, por sua vez, não pertenciam a nenhuma classe, porque eram considerados patrimônio dos seus senhores e equiparados aos animais[22].

Nessa divisão social considerava-se o critério da "pureza de sangue". Tal concepção vinha da organização social portuguesa, fruto do Estado absolutista, formado por uma sociedade estamental. Na colônia, impuros eram os cristãos novos, os negros, mesmo quando alcançavam a liberdade, os índios e as várias espécies de mestiços. Apesar de a Carta-Lei de 1773 ter determinado o fim da distinção entre cristãos antigos e novos, o preconceito sem dúvida permanecia. Todos os "impuros" não podiam ocupar cargos importantes como os de governo, assim como não podiam receber títulos de nobreza, participar de irmandades de prestígio, entre outras atribuições e funções de destaque[23]. O tratamento dado ao índio era muito diferente do dado ao negro. Expõe Boris Fausto que:

> Um alvará de 1755, por exemplo, chegou mesmo a estimular os casamentos mistos de índios e brancos, considerando tais uniões sem 'infâmia alguma'. O mesmo alvará previa uma preferência em 'empregos e honras' para os descendentes dessas uniões e proibia que eles fossem chamados de 'caboclos' ou outros nomes semelhantes que pudessem ser 'injuriosos'. Tratamento muito diferente recebiam as uniões de índio com negro. Por exemplo, o vice-rei do Brasil mandou dar baixa do posto de capitão-mor a um índio, porque 'se mostrara de tão baixos sentimentos que casou com uma preta, manchando seu sangue com esta aliança e tornando-se assim indigno de exercer o referido posto'[24].

---

[22] José Antonio Tobias. *História da Educação Brasileira*. São Paulo: Juriscredi. 1972, p. 256-257; José Murilo de Carvalho. *Cidadania no Brasil: O Longo Caminho*. 12 ed. Rio de Janeiro: Civilização Brasileira, 2009, p. 21-22.

[23] Boris Fausto. *História do Brasil, cit.*, p. 65.

[24] *Idem. Ibidem.*, p. 67-68.

Diante da colonização, não foi a sociedade brasileira que formou o Estado brasileiro, mas o Estado, inicialmente português e absolutista, que modulou a sociedade que se formava como brasileira, e que em razão dessa realidade constituiu-se desde o seu início com uma identidade precária e racista. Nas palavras de Fábio Konder Comparato: "Sob esses aspectos, constituímos um país singular, em que a sociedade foi por assim dizer formada pelo Estado, não o Estado pela sociedade"[25].

O colonialismo português, produto da monarquia absolutista, deixou herança até hoje presente na sociedade brasileira. Segundo Luís Roberto Barroso, ele: "assentou as bases do patrimonialismo, arquétipo de relações políticas, econômicas e sociais que predispõem à burocracia, ao paternalismo, à ineficiência e à corrupção"[26]. Nas palavras de José Murilo de Carvalho:

> A justiça do rei tinha alcance limitado, ou porque não atingia os locais mais afastados das cidades, ou porque sofria a oposição da justiça privada dos grandes proprietários, ou porque não tinha autonomia perante as autoridades executivas, ou, finalmente, por estar sujeita à corrupção dos magistrados. Muitas causas tinham que ser decididas em Lisboa, consumindo tempo e recursos fora do alcance da maioria da população. O cidadão comum ou recorria à proteção dos grandes proprietários, ou ficava à mercê do arbítrio dos mais fortes. Mulheres e escravos estavam sob a jurisdição privada dos senhores, não tinham acesso à justiça para se defenderem. (....) Frequentemente, em vez de conflito entre as autoridades e os grandes proprietários, havia entre eles conluio, dependência mútua. A autoridade máxima nas localidades, por exemplo, eram os capitães-mores das milícias. Esses capitães-mores eram de investidura real, mas sua escolha era sempre feita entre os representantes da grande propriedade. Havia então confusão, que era igualmente conivência, entre o poder do Estado e o poder privado dos proprietários. Os impostos eram também frequentemente arrecadados

---

[25] *Direitos Humanos no Brasil: O Passado e o Futuro.* In: *Direitos Humanos: Legislação e Jurisprudência.* São Paulo: Imprensa Oficial do Estado de São Paulo. Centro de Estudos da Procuradoria Geral do Estado de São Paulo, 2000. vol. I, Série Estudos, n. 12, p. 40.

[26] Luís Roberto Barroso. *O Direito Constitucional e a Efetividade de Suas Normas: Limites e Possibilidades da Constituição Brasileira, cit.,* p. 11.

por meio de contratos com particulares. Outras funções públicas, como o registro de nascimento, casamentos e óbitos, eram exercidas pelo clero católico. A consequência de tudo isso era que não existia de verdade um poder que pudesse ser chamado de público, isto é, que pudesse ser a garantia da igualdade de todos perante a lei, que pudesse ser a garantia dos direitos civis"[27].

Ao final do período colonial, não havia sociedade politicamente organizada e consequentemente não havia cidadãos. A grande maioria da população estava excluída dos direitos civis e políticos. Os direitos sociais, como tal, não eram nem sequer mencionados. Quando concebidos, tinham caráter assistencial e eram prestados fundamentalmente pela Igreja, e também pela iniciativa privada, como caridade. Não havia identidade nacional. Somado a essa realidade, havia o descaso com a questão educacional, o que representou uma sociedade analfabeta ao final desse período.

Mesmo diante de toda essa opressão, o período colonial apresentou algumas manifestações cívicas com a reivindicação de direitos. Houve as revoltas escravas, sendo a de Palmares a mais importante. Também houve três movimentos que se destacaram: a Conjuração Mineira em 1789, a Baiana em 1798 e a Revolução Pernambucana em 1817.

A Conjuração Mineira foi muito importante, primeiramente por seu valor simbólico, e por ter sido o primeiro movimento anticolonial da América portuguesa, com vistas à criação de um governo republicano. Os líderes do movimento eram da elite colonial, entre eles ricos mineradores, fazendeiros, padres, advogados e militares de alta patente. O único representante dos pobres era Tiradentes. Foi o principal propagandista e símbolo da luta pela liberdade. Barbaramente executado, a pena aplicada pela Coroa visava a mostrar o horror do castigo para que essa memória ficasse arraigada no imaginário dos colonos e não se repetisse. Foi enforcado em 21 de abril de 1792, no Rio de Janeiro[28]. Expõe Lilia M. Schwarcz e Heloisa M. Starling que: "O corpo, esquartejado e salgado. Os braços e as pernas foram pregados nos mais destacados

---

[27] *Cidadania no Brasil: O Longo Caminho, cit.*, p. 21-22.
[28] Lilia M. Schwarcz e Heloisa M. Starling. *Brasil: Uma Biografia*. 2. ed. São Paulo. Companhia das Letras. 2018, p. 129 e Boris Fausto. *História do Brasil, cit.*, p. 114-119.

pontos de trânsito do Caminho Novo. A cabeça deveria permanecer exposta até finalmente apodrecer, ficando num poste erguido na praça central de Vila Rica, em frente ao palácio do governador – onde hoje se encontra o monumento a Tiradentes"[29].

A Conjuração Baiana, por seu turno, conhecida como Revolta dos Alfaiates, também foi um movimento pela libertação da colônia e criação de uma república. Não chegou a se concretizar, mas foi organizada por vários setores da sociedade, desde pessoas pobres e sem instrução, como também pelos mais abastados e letrados. Entre eles, estavam os pequenos comerciantes, artesãos, alfaiates, soldados, mulatos, negros livres ou libertos e escravos. A base das ideias também era a iluminista[30]. Segundo o diálogo de dois participantes do movimento: "'o Povo tem intentado uma revolução, a fim de tornar essa Capitania em Governo Democrático, nele seremos felizes; porque só governarão as pessoas que tiverem capacidade para isso, ou seja, brancos ou pardos ou pretos, sem distinção de cor, e sim de juízo, e é melhor do que ser governado por tolos, e logo os convencerá'"[31].

As represálias e penas impostas à Conjuração Baiana também foram por demais rígidas e desproporcionais, muito em razão do espírito emancipador que se manifestava na América e colocava em situação de risco o poder da metrópole. O grande valor da Conjuração Baiana foi o simbólico. Nas palavras de Boris Fausto: "foi a primeira expressão de uma corrente de raiz popular que combinava as aspirações de independência com reivindicações sociais"[32]. Era a reivindicação dos valores da cidadania!

A Revolução Pernambucana de 1817, por seu turno, também objetivava se livrar do domínio lusitano e instaurar uma república. Havia um enorme descontentamento com os avultosos gastos da corte no Rio de Janeiro e o consequente peso dos impostos, bem como com as condições econômicas e os privilégios concedidos aos portugueses que vieram com a corte em 1808. Vários segmentos da sociedade aderiram ao protesto, como artesãos, comerciantes, militares, magistrados,

---

[29] *Brasil: Uma Biografia. cit.*, p. 129 e Boris Fausto. *História do Brasil, cit.*, p. 146-147.
[30] Boris Fausto. *História do Brasil, cit.*, p. 119.
[31] Lilia M. Schwarcz e Heloisa M. Starling. *Brasil: Uma Biografia.* cit., p. 149.
[32] Boris Fausto. *História do Brasil, cit.*, p. 120.

proprietários rurais, além de um grande número de sacerdotes, motivo pelo qual a revolução também ficou conhecida como "Revolução dos Padres".

A revolução se estendeu para o interior e atingiu também Alagoas, Paraíba e Rio Grande do Norte. Os objetivos desse amplo grupo não era o mesmo. Segundo Boris: "Para as camadas pobres da cidade, a independência estava associada à ideia de igualdade, uma igualdade mais para cima do que para baixo. (...) Para os grandes proprietários rurais, tratava-se de acabar com a centralização imposta pela Coroa e tomar em suas mãos o destino, se não da Colônia, pelo menos do Nordeste"[33].

Os revolucionários conseguiram tomar Recife e implantar um governo provisório baseado na "Lei Orgânica" que estabeleceu a república, a igualdade de direitos e a tolerância religiosa. No entanto, nada mencionou a respeito da escravidão. O movimento durou um pouco mais de dois meses e foi totalmente reprimido pelas forças da Coroa. Diante dessas comoções sociais, a metrópole reagia com vigor e desproporção, demonstrando seu poder absoluto diante da colônia. O que para o povo era reivindicação de direitos e busca pela cidadania, para a metrópole era conduta criminosa prevista nas Ordenações Filipinas. Nessas estavam preceituados os crimes de lesa-majestade, com penas de confisco de bens, galés perpétuas, açoites e até pena de morte[34]. Nas palavras de Lilia M. Schwarcz e Heloisa M. Starling:

> colonos transformaram a ambição de autonomia e o desejo de autogoverno em novo tipo de rebelião, ao qual deram o nome de Conjuração: forma específica de conspiração política em que os participantes estão dispostos a contestar o poder do rei e a autoridade da Coroa. Por força dessa disposição, seus autores foram também acusados por Lisboa de um novo crime: o delito de Inconfidência, cometido pelo súdito infiel ao seu príncipe"[35].

---

[33] Boris Fausto. *História do Brasil, cit.*, p. 128.

[34] Boris Fausto. *História do Brasil, cit.*, p. 128 e 129 e Lilia M. Schwarcz e Heloisa M. Starling. *Brasil: Uma Biografia. cit.*, 2018, p. 133-134.

[35] *Brasil: Uma Biografia. cit.*, p. 141. Durante todo o período colonial, o Brasil foi governado por leis portuguesas. As Ordenações Afonsinas formaram a primeira legislação a vigorar nesse país. Na sequência vieram as Ordenações Manuelinas e, a partir de 1603, as Ordenações Filipinas.

Nenhuma dessas conjurações conseguiu alcançar seus objetivos e a colônia continuou sob o domínio lusitano. Nas palavras de José Murilo de Carvalho:

> Em três séculos de colonização (1500-1822), os portugueses tinham construído um enorme país dotado de unidade territorial, linguística, cultural e religiosa. Mas tinham também deixado uma população analfabeta, uma sociedade escravocrata, uma economia monocultura e latifundiária, um Estado absolutista. À época da independência, não havia cidadãos brasileiros, nem pátria brasileira[36].

5.2 A Educação Escolar no Período do Brasil Colônia

Durante todo o período do Brasil Colônia não houve a consagração do direito à educação escolar. Nem mesmo em Portugal o acesso à educação escolar era concebido como um direito. O direito à educação escolar, como direito fundamental, nasce dos ideais da Revolução Francesa. O Brasil será influenciado pelos ideais iluministas na nossa primeira Constituição, a de 1824.

A primeira educação do Brasil foi efetivamente a indígena, realizada nas selvas, de forma empírica, por meio das histórias e exemplos ensinados pelos pajés de cada sociedade indígena aos seus pares e que era transmitida de geração para geração[37].

A educação escolar no Brasil colonial teve três importantes fases: a educação dos jesuítas; a educação imposta pelas reformas do Marquês de Pombal, principalmente após a expulsão dos jesuítas do Brasil e de Portugal em 1759; e a educação estabelecida por D. João VI, quando veio para o Brasil e instalou aqui a corte portuguesa (1808-1821)[38].

A primeira, a jesuítica, também conhecida como educação cristã brasileira, foi marcada por dois períodos, com características bem distintas. O primeiro período, também conhecido como heroico, foi curto. Iniciou-se com a chegada dos jesuítas ao Brasil, em 1549, e estendeu-se até aproximadamente 1570. Teve no Padre Manuel da Nóbrega seu maior expoente. O segundo período da fase da educa-

---

[36] *Idem, ibidem*, p. 18.
[37] José Antonio Tobias. *História da Educação Brasileira.* cit., p. 78.
[38] Paulo Ghiraldelli Jr. *História da Educação Brasileira.* São Paulo: Cortez, 2006, p. 24.

CIDADANIA, DIREITOS HUMANOS E EDUCAÇÃO

ção cristã brasileira iniciou-se em 1570, com a morte do Padre Manuel da Nóbrega, e estendeu-se até a expulsão dos jesuítas pelo Marquês de Pombal, em 1759, quando se iniciou a segunda fase da educação escolar no Brasil colonial.

Com o primeiro período, da primeira fase da educação escolar no Brasil colonial, a Bahia tornou-se o centro de irradiação do movimento jesuítico que se espalhou por todo o litoral brasileiro. Os jesuítas foram os primeiros professores do Brasil colonial. Vieram cumprir a missão determinada pela Companhia de Jesus, que fora fundada em 15 de agosto de 1534, pelo espanhol Santo Inácio de Loiola, em Paris[39].

A Companhia de Jesus, oficializada pela Igreja Católica em 1540, nasceu em um período caracterizado por muitas transformações na Europa Ocidental. Entre elas, o Renascimento no campo cultural e a Contrarreforma, no campo religioso. Esses movimentos influenciaram toda a educação do Brasil, do período da chegada dos jesuítas em terras brasileiras até sua expulsão em 1759. A Companhia de Jesus buscava atuar em três grandes campos para atingir seus fins: a defesa e a promoção da fé cristã, a propagação da fé nos territórios coloniais e a educação cristã da juventude[40]. Segundo José Antonio Tobias:

> O lema português de 'luta pelo Rei e pela Igreja Católica' sintetiza-se, agora, num só e único programa: 'luta contra a Reforma'. Este era o mais genuíno espírito da Contra-Reforma, trazido, assim, pela batina e pelas armas dos portugueses, para os primeiros bancos escolares do Brasil. Desta maneira, as primeiras lições, no Brasil, desde 'as escolas de ler e escrever' até o ensino superior, encontram-se totalmente nas mãos do jesuíta e da Contra-reforma[41].

Entre os jesuítas que chegaram com a expedição de 1549, estava o Padre Manuel da Nóbrega, personalidade importante do primeiro período da primeira fase da educação cristã brasileira, por ter sido o seu idealizador. Seu projeto educacional tinha espírito universalizador e

[39] José Antonio Tobias. *História da Educação Brasileira, cit.*, p. 46.
[40] José Antonio Tobias. *História da Educação Brasileira, cit.*, p. 30 e Paulo Ghiraldelli Jr. *História da Educação Brasileira, cit.*, p. 25.
[41] *História da Educação Brasileira, cit.*, p. 34.

cristão. O ensino era gratuito, financiado pela metrópole e executado pela Companhia de Jesus. Objetivava catequizar e educar, segundo a cultura ocidental cristã, primeiramente os índios, mas também todos pertencentes à sociedade colonial brasileira, que miscigenava o indígena, o negro e o branco. Do branco com a índia originou-se o mameluco; do negro com a índia gerou-se o cafuzo e do branco com a negra originou-se o mulato ou crioulo[42].

A educação dada ao índio e ao branco também foi dada ao mameluco e ao mulato. O negro, por conta da escravidão, foi totalmente afastado da educação cristã no Brasil. A escravidão o afastou de todo e qualquer acesso à educação escolar e à cidadania, durante todo o período colonial, apesar de os jesuítas manifestarem-se contrários à escravização, tanto do índio quanto do negro. A política educacional do Padre Manuel da Nóbrega consistia na criação de grandes recolhimentos, como os da Bahia e de São Vicente, para educação e catequese dos índios, mamelucos e brancos. Seu projeto educacional inicial e básico consistia no ensino da língua portuguesa, com a escola de ler e escrever, e no ensino da doutrina cristã. Concluída essa fase, o aluno poderia seguir para o aprendizado profissionalizante, ligado à agricultura, ou direcionar-se para as aulas de gramática e finalizar seus estudos na Europa[43].

Expõe José Antonio Tobias que o sistema educacional português do século 16 era da seguinte forma:

> O ensino elementar e primário de Portugal eram constituídos pelas 'eschollas de leer e escrever', que ministravam, só para o sexo masculino, rudimentos da atual escola primária. As casas de ensino primário subdividiam-se em escolas particulares, para os nobres, e escolas de misericórdias, para os órfãos. O ensino secundário, ministrado nas 'Schollas de Gramática' e destinado a ensinar latim, incluía: 1º - a escola oficial, que era o Real colégio de Artes de Coimbra; 2º - as escolas das ordens religiosas, para formar padres; 3º – as escolas particulares, de iniciativa

---

[42] José Antonio Tobias. *História da Educação Brasileira, cit.*, p. 51-54 e 78 e Luiz Alves Mattos. *Primórdios da Educação no Brasil: O Período Heróico (1549 a 1570), cit.*, p. 45-80 e 291.

[43] José Antonio Tobias. *História da Educação Brasileira, cit.*, p. 44 e 78 e Paulo Ghiraldelli Jr. *História da Educação Brasileira, cit.*, p. 25.

particular e paga. O ensino superior era ministrado na Universidade de Coimbra[44].

Passagem interessante desse período da educação sob o comando do Padre Manuel da Nóbrega diz respeito à educação das meninas. Seu plano visava também à educação e à catequese das meninas indígenas e das mamelucas. Não obstante a proposta ser inovadora, no sentido de possibilitar o ensino para as meninas, o objetivo da educação dos jesuítas era de catequese, o que por si só já representava desrespeito aos valores da cultura indígena.

A ideia parece ter surgido dos próprios indígenas da Bahia que, em 1552, solicitaram a ele que desse às meninas o mesmo tratamento educacional dado aos meninos. Referido pedido fundamentava-se no fato de a cultura indígena não diferenciar o tratamento educacional de meninos e meninas. Nóbrega, entusiasmado com a ideia de caráter inédito para a época, recorreu à Rainha D. Catarina, entendendo que ela seria a melhor interlocutora nas tratativas com Dom João III, para aceitar sua empreitada. A reação da metrópole foi de chacota e D. Catarina nem sequer se dignou a responder ao pedido. Cabe observar que o pedido era efetivamente muito extravagante para a época, uma vez que a colônia estava solicitando algo que nem sequer existia na metrópole, salvo com raras exceções para as filhas da alta nobreza do reino. A própria metrópole somente autorizou a criação de escolas femininas na cidade de Lisboa em 1815, ou seja, depois de mais de dois séculos e meio[45].

Quanto ao Brasil, seriam necessários ainda três séculos para a criação de escolas para o sexo feminino. Em 1802, já na segunda fase da educação escolar no Brasil colonial, a do Marquês de Pombal, José Joaquim de Azeredo Coutinho, bispo e intelectual brasileiro, fundou na cidade de Recife o Recolhimento de Nossa Senhora da Glória, para as meninas da nobreza. Era a primeira escola para meninas no Brasil. No entanto, como a metrópole era contra qualquer progresso educacional na colônia, Azeredo Coutinho retirou-se para Portugal no mesmo ano, por

---

[44] *História da Educação Brasileira, cit.*, p. 37.
[45] Luiz Alves Mattos. *Primórdios da Educação no Brasil: O Período Heróico (1549 a 1570), cit.*, p. 88 a 92.

causa da perseguição da corte[46].

O preconceito e o descaso com a educação da mulher no Brasil permaneceram por muito tempo. Segundo Luiz Alves Mattos:

> Em 1865, o sábio naturalista Agassiz, catedrático da universidade de Harvard, depois de ter viajado extensamente pela capital e pelas províncias como hóspede oficial do governo imperial, assim descreveu suas impressões sobre a nossa educação feminina: 'em geral, no Brasil, pouco se cuida da educação da mulher: o nível da instrução dada nas escolas femininas é pouquíssimo elevado. Mesmo nos pensionatos frequentados pelas filhas das classes abastadas, todos os professores se queixam de que se retiram as alunas justamente na idade em que a inteligência começa a se desenvolver. A maioria das meninas enviadas à escola aí entram com a idade de sete ou oito anos; aos 13 ou 14 são consideradas como tendo terminado os estudos. O casamento as espreita e não tarda em tomá-las. Há exceções, está visto. Habitualmente, porém, salvo uma ou duas matérias bem estudadas – o francês e a música – a educação das jovens é pouco cuidada e o tom geral da sociedade disso se ressente'[47].

O segundo período da primeira fase da educação escolar do Brasil colonial, conhecido como o da educação cristã brasileira, iniciou-se em 1570 e estendeu-se até a expulsão dos jesuítas pelo Marquês de Pombal, em 1759. Referido período teve caráter aristocrático e segregou o índio, o mameluco, o pardo e o pobre. Isso porque, com a morte de Manuel da Nóbrega, não havia mais espaço para sua política educacional voltada a todos. A partir de então, a escola na colônia começou a ser a preparação de uma elite para chegar à universidade, o que era privilégio exclusivo das classes abastadas[48].

Os jesuítas monopolizaram por praticamente 200 anos o ensino escolar no Brasil colônia. Sua educação era voltada sobretudo para o ensino médio e superior, este realizado na Europa. O ensino primário da elite ficava a cargo das famílias ou de algum preceptor por elas

---

[46] José Antonio Tobias. *História da Educação Brasileira, cit.*, p. 122.

[47] Luiz Alves Mattos. *Primórdios da Educação no Brasil: O Período Heróico (1549 a 1570), cit.*, p. 93 e José Antonio Tobias. *História da Educação Brasileira. cit.*, p. 94.

[48] José Antonio Tobias. *História da Educação Brasileira, cit.*, p. 54-56-57 e 88.

CIDADANIA, DIREITOS HUMANOS E EDUCAÇÃO

contratado. A filosofia pedagógica da Companhia de Jesus era formada por um conjunto de normas e de estratégias chamado de *Ratio Studiorum* (Ordem dos Estudos), que buscava a formação integral do homem cristão, com base na fé e na cultura europeia[49]. Expõe José Antonio Tobias que: "Quanto aos castigos, o *Ratio Studiorum* condenava a palmatória; mas, manteve a aplicação moderada do castigo corporal, aconselhando que o aluno batido não tivesse mais de 16 anos e o jesuíta não fosse o corretor"[50].

O sistema educacional da primeira fase da educação brasileira era dividido em ensino primário e médio. No ensino primário, ensinava-se fundamentalmente a ler e a escrever. O ensino era voltado para os índios, mamelucos e brancos. No entanto, o objetivo era a catequese. Já no ensino médio, o objetivo era preparar o aluno para o ingresso na universidade, cuja principal finalidade era a formação do padre[51].

Após o período heroico (1549-1570), no qual a maior personalidade foi Manuel da Nóbrega, o ensino médio torna-se cada vez mais aristocrático e baseado na cultura europeia. A universidade era voltada para pouquíssimos e os estudos eram feitos principalmente na Universidade de Coimbra, que transmitiu seus valores ao longo dos dois primeiros séculos no Brasil colônia[52].

Com a aristocratização, o ensino profissional foi completamente menosprezado. Enquanto o plano educacional de Manuel de Nóbrega dava muita importância para o ensino profissional, a nova política educacional determinada pelas autoridades jesuítas da metrópole simplesmente o abandonou. Os documentos posteriores a 1570 nem sequer fazem menção ao ensino profissional[53].

Enquanto as classes abastadas economicamente iam para a universidade, as camadas sociais pobres precisavam buscar a sobrevivência, a custo de muito trabalho. As maiores oportunidades estavam nos trabalhos manuais. No entanto, a partir desse período, difundiu-se mentalidade pelo desprezo às profissões manuais e técnicas, assim como

---

[49] Paulo Ghiraldelli Jr. *História da Educação Brasileira, cit.*, p. 25-26.

[50] *História da Educação Brasileira, cit.*, p. 72.

[51] Paulo Ghiraldelli Jr. *História da Educação Brasileira, cit.*, p. 47-48.

[52] José Antonio Tobias. *História da Educação Brasileira, cit.*, p. 40.

[53] Luiz Alves Mattos. *Primórdios da Educação no Brasil: O Período Heróico (1549 a 1570), cit.*, p. 259-260.

pelas pessoas que nelas trabalhavam. Criou-se a estigmatização do trabalho manual, relacionado fundamentalmente com o trabalho escravo. A partir desse período, o trabalho braçal foi considerado humilhante e somente realizado por pessoas de nível social inferior. Essa herança colonial perpetua-se ainda hoje na sociedade brasileira[54].

A situação oposta também se verificava. As profissões liberais, alcançadas por meio do acesso à universidade e consequentemente voltadas para as classes abastadas, passaram a ser muito valorizadas e a representar a ascensão social. Por isso, a partir do período colonial, ser padre e logo mais no período imperial, ser doutor, ou pretender essas posições, significava almejar a universidade, privilégio dos ricos e brancos[55].

A partir de então, cristalizaram-se no Brasil colônia duas classes sociais, que prosseguiram na nossa história por muito tempo. Uma delas, a que tinha acesso ao ensino médio e à universidade. Era rica e erudita e compunha a elite brasileira. A segunda classe não tinha acesso nem ao ensino médio quanto mais à universidade. Era formada pelos indivíduos com profissões manuais, assim como pelas pessoas que viviam da agricultura, além dos negros, dos pardos e dos pobres. Eram os brasileiros humildes, sem acesso à educação e à cidadania, como é ainda hoje uma parcela substancial da sociedade brasileira[56].

Nessa primeira fase da educação escolar do Brasil colonial, iniciou-se um processo de desvinculação dos valores predominantemente brasileiros, ou seja, daqueles que viriam a tornar-se a cultura brasileira. Isso porque a cultura apresentada e apreciada era a europeia. As raízes brasileiras, com todos os seus aspectos, seja o educacional, o cultural e o social, passaram a ser menosprezadas. Assim aconteceu e ainda acontece, muitas vezes, seja com a cultura indígena, seja com a própria cultura essencialmente brasileira, que nasce do entrelaçamento da cultura indígena, africana e europeia.

O ensino tornou-se cada vez mais formal e direcionado para os saberes da cultura europeia. Tratava-se de educação direcionada para a elite e não para a sociedade que se formava paulatinamente como brasileira, com suas demandas específicas. Havia uma ruptura entre a educação

---

[54] José Antonio Tobias. *História da Educação Brasileira, cit.,* p. 56-57- 90.

[55] *Idem. Ibidem.,* p. 91.

[56] José Antonio Tobias. *História da Educação Brasileira, cit.,* p. 91.

CIDADANIA, DIREITOS HUMANOS E EDUCAÇÃO

ministrada e a realidade brasileira, em todos os seus aspectos, seja o social, o cultural e o político. Com a valorização exclusiva da cultura europeia, criou-se o complexo de inferioridade do brasileiro ante o europeu, no qual se passou a conceber, de um lado, a Europa e o europeu, sempre superiores e civilizados, e de outro, o Brasil e o brasileiro, sempre inferiores e atrasados[57].

A influência da cultura europeia permanecerá na sociedade brasileira, assim como a influência da cultura americana estará presente na nossa sociedade a partir do final da Primeira Guerra Mundial. Mais do que influência, as culturas europeia e americana serão fonte de imitação não só para a educação, mas para toda a sociedade brasileira, até hoje ainda predominantemente uma sociedade de imitação. Esta gerará um processo de despersonalização dos valores sociais e culturais do Brasil e do seu povo.

Verifica-se, na atualidade, um esforço no âmbito social, cultural e educacional, de parte da sociedade, no sentido de resgatar a essência da cultura brasileira. É preciso aprimorar esse vínculo entre cultura e vida social brasileira para o fortalecimento da identidade nacional.

A segunda fase da educação escolar no Brasil Colonial iniciou-se com as reformas do Marquês de Pombal. Ao tornar-se Ministro de Estado em Portugal, ele expede o alvará de 28 de junho de 1759, que extingue por completo todo o ensino dos jesuítas em Portugal, no Brasil e nas colônias do Ultramar. Sua política rompe completamente com a educação cristã. A metrópole passa a ter controle centralizado de todo o ensino, tanto em Portugal, como nas colônias. Duas personalidades foram muito importantes na execução das reformas de Pombal. Luís Antonio Verney foi o idealizador, e Ribeiro Sanches, o pedagogo e executor das reformas educacionais de Pombal[58].

A política educacional de Pombal abrangia os três níveis de educação, ou seja, o ensino primário, o médio e o superior. Em todos eles, as reformas visavam à aristocratização do ensino. Para Ribeiro Sanches, todos os filhos de pessoas pobres e do campo deveriam ser afastados das escolas de ler e escrever, porque uma vez alfabetizados, deixariam de almejar os ofícios humildes de seus pais. Assim, quanto ao

---

[57] *Idem, Ibidem.* p. 47-48 e 98-99.
[58] Paulo Ghiraldelli Jr. *História da Educação Brasileira, cit.*, p. 26-27 e José Antonio Tobias. *História da Educação Brasileira, cit.*, p. 117- 125.

ensino primário, ele somente autorizou escolas nas cidades de mais de "duzentos fogos". "Quantidade de fogos" significava a quantidade de casas em que habitava cada família da povoação. Para as crianças pobres e da zona rural não havia acesso à educação escolar[59]. Segundo Ribeiro Sanches: "o único objeto das Colônias e das conquistas deve ser a agricultura e o comércio. Instrução, cultura, elevação científica, não podem existir nas Colônias, porque iriam fazer frutificar honras, cargos, dinheiro e valores humanos, que só devem frutificar na metrópole"[60].

Se com os jesuítas já se iniciara a aristocratização da educação, principalmente no ensino médio e superior, com as reformas de Pombal, a aristocratização do ensino foi plena. Para intensificar o processo de aristocratização da educação na colônia, o ensino deixou de ser gratuito. Somava-se a essa realidade, a falta de professores qualificados, uma vez que nem sequer havia faculdades para formar professores, a remuneração era indigna e a infraestrutura escolar inexistente. Ao lado da pobreza da grande maioria da população, havia carência generalizada de escolas primárias, dificuldade de fundarem-se escolas de nível médio e a proibição da criação do ensino superior[61].

No entanto, mais do que essas carências, a filosofia educacional de Pombal era de caráter elitista e de segregação. O objetivo da educação escolar era o ideal estrangeiro, uma vez que visava à formação do nobre. Em Portugal, a criação do colégio dos nobres, em 1761, era o símbolo da aristocratização do ensino. No Brasil colônia, o ensino não tinha qualquer relação com sua realidade e seus problemas. Era artificial, muito caro e voltado apenas para a elite[62]. Segundo José Antonio Tobias: "depois da Reforma do Marques de Pombal, estudar, em apreciável parcela, é desabrasileirar-se[63].

Com a política de Pombal, não havia mais o interesse em catequizar e muito menos em instruir o índio. Quanto ao negro, a escravidão o

---

[59] José Antonio Tobias. *História da Educação Brasileira, cit.*, p. 119-133 e Letícia Bicalho Canêdo. *Aprendendo a Votar.* In: *História da Cidadania.* Org.: Jaime Pinsky e Carla Bassanezi Pinsky. São Paulo: Contexto, 2003, p. 522.

[60] *Apud,* José Antonio Tobias. *História da Educação Brasileira, cit.*, p. 120.

[61] José Antonio Tobias. *História da Educação Brasileira, cit.*, p. 123-130-136-137.

[62] *Idem, Ibidem.* p. 121-130-133.

[63] *Idem, Ibidem.* p. 130.

CIDADANIA, DIREITOS HUMANOS E EDUCAÇÃO

excluiu de todo e qualquer acesso à educação formal. Por exemplo, na província do Rio Grande do Sul, em 1837, uma lei estabelecia expressamente que: "'São proibidas de frequentar as escolas públicas: 1º – as pessoas que padecem de moléstias contagiosas; 2º – os escravos e pretos ainda que sejam livres ou libertos'"[64].

A terceira fase da educação escolar no Brasil Colonial iniciou-se em 1808, com a chegada de D. João VI e da corte portuguesa à colônia. José Antonio Tobias expõe a essência da educação no período de D. João VI. Segundo ele:

> se o rei se preocupava e plantava escolas, não o era diretamente por amor à cultura em si, nem por amor à educação e nem tampouco por amor à educação brasileira; simplesmente era por interesse seu e por interesse de Estado; antes de mais nada, eram finalidade e preocupação desmesuradamente profissionalizantes e utilitárias. A finalidade, por conseguinte, da educação de D. João VI era de formar, não o homem, não o brasileiro, mas sim exclusivamente o profissional, sobretudo o profissional de que, então, mais urgentemente necessitava: o oficial, para defender a nação, a corte e o rei; o médico, para cuidar da saúde de todos e o engenheiro, sem o qual, o exército não poderia andar e nem o rei nada fazer[65].

Apesar dessa finalidade utilitarista, D. João VI foi o criador do ensino superior no Brasil. Ele criou em 1810 a primeira faculdade oficial brasileira, a Academia Real Militar, na cidade do Rio de Janeiro, então sede da corte. Não criou a universidade, uma vez que receava abrir caminho para a independência da colônia. Quanto à melhoria e à extensão da educação primária e média praticamente nada fez[66]. Nas palavras de Pedro Calmon: "No reinado de D. João VI, ganhou o Brasil certos estudos profissionais – medicina, marinha, história natural, artes –, sem, todavia, alcançar a independência universitária, que lhe deu D. Pedro I, em 1827, com a criação dos cursos jurídicos, e consequentemente

---

[64] *Idem, Ibidem.* p. 133.

[65] José Antonio Tobias. *História da Educação Brasileira, cit.,* p. 155-156.

[66] José Antonio Tobias. *História da Educação Brasileira, cit.,* p. 156 a 159. A primeira universidade brasileira, a do Paraná, somente foi criada em 1912 (*Idem, Ibidem,* p. 166).

rompimento com a Universidade de Coimbra, berço trissecular da cultura brasileira"[67].

Nessa fase em que D. João VI esteve no Brasil, também houve a criação da Imprensa Régia, em 1808, da Biblioteca Pública, em 1810, do Jardim Botânico da cidade do Rio de Janeiro, em 1810, e do Museu Nacional, em 1818. Em 1808, passou a circular o primeiro jornal, "A Gazeta do Rio"; em 1812, a primeira revista, chamada "As Variações ou Ensaios de Literatura" e em 1813, a primeira revista carioca, "O Patriota"[68].

Em 1821, a corte volta para Portugal e um ano depois D. Pedro I proclama a independência do Brasil. Em 1824, foi outorgada nossa primeira Constituição, que prescrevia, nos incisos XXXII e XXXIII, do artigo 179, respectivamente, que *a Instrução primária é gratuita a todos os Cidadãos e Colégios, e Universidades, onde serão ensinados os elementos das Ciências, Belas Letras, e Artes*[69]. Apesar da expressa previsão constitucional, a realidade revelava a precariedade da educação escolar na colônia, como já exposto.

5.3 A Conquista da Cidadania no Brasil Império

A emancipação do Brasil, oficialmente proclamada em 7 de setembro de 1822, deu início à fase do Império, sob a regência de D. Pedro I. Apesar de a colônia conquistar sua independência e, a partir de então, constituir-se em um país independente, no âmbito político, a princípio não houve maiores transformações da ordem econômica e social no Brasil[70].

Em 25 de março de 1824, foi outorgada a primeira Constituição brasileira. Nascia de cima para baixo, uma vez que fora imposta. No entanto, era inspirada no movimento iluminista, que predominou na Europa ocidental nos séculos 17 e 18. Foi elaborada com base no artigo 16 da Declaração dos Direitos do Homem e do Cidadão de 1789, segundo o qual não tem Constituição a sociedade onde não se encontram asseguradas a garantia dos direitos fundamentais e a separação dos poderes.

---

[67] Pedro Calmon. *História Social do Brasil. Espírito da Sociedade Imperial.* 2002. vol. 2. p. 216.

[68] Maria Luisa Santos Ribeiro. *História da Educação Brasileira: A Organização Escolar.* 15 ed. Campinas: Autores Associados, 1998, p. 40.

[69] *Constituições brasileiras (Império e República).* 1. ed. Org. vox legis. São Paulo: Sugestões literárias S/A, 1978, p. 552.

[70] Boris Fausto. *História do Brasil, cit.,* p. 146.

CIDADANIA, DIREITOS HUMANOS E EDUCAÇÃO

A criação do Estado brasileiro e de sua ordem político-jurídica estabelecia uma nova relação com seus membros. Era inaugurada juridicamente a cidadania brasileira, uma vez que, até 1822, todos os indivíduos nascidos em Portugal e no Brasil eram vassalos ou súditos do rei de Portugal e deviam respeito às leis portuguesas[71]. Expõe Gladys Sabina Ribeiro: "O que podemos chamar hoje de identidade do 'ser brasileiro' era traçada contra o 'ser português', o 'outro' em diferentes planos. E é nas páginas de O Tamoio onde claramente vislumbramos o início da construção de um sentimento nacional e do direito de ser cidadão claramente vinculado à terra de nascimento"[72].

A nossa primeira constituição, a do Império, preceituava no artigo 1º que: "O Império do Brasil é a associação política de todos os cidadãos brasileiros. Eles formam uma nação livre e independente, que não admite com qualquer outra laço algum de união, ou de federação, que se oponha à sua Independência"[73]. Nesse novo contexto, cabia indagar quem eram os então cidadãos brasileiros. Era uma minoria de brancos e mestiços que votavam e, por isso, tinham alguma participação na vida política brasileira. O restante do povo, assim como os escravos e os índios, estava excluído da participação na vida política no Estado.

De acordo com o artigo 6º da Constituição de 1824, tanto os ingênuos quanto os libertos eram cidadãos brasileiros. No entanto, como havia uma imensa distância entre o disposto na Constituição e a realidade, eles estavam efetivamente afastados da cidadania[74]. Segundo Márcia Elisa de Campos Graf e Larissa de Campos Graf:

> Os ingênuos, assim como os escravos libertos, estavam enquadrados em categorias jurídicas específicas que não lhes davam acesso a direitos iguais aos das pessoas livres. Ingênuos eram os filhos de mulher escrava libertados ao nascer ou na pia batismal. A prática da libertação do

---

[71] Tito Livio Ferreira. *História da Educação Lusobrasileira*. São Paulo: Saraiva, 1966, IX.

[72] *Nação e Cidadania no Jornal O Tamoio. Algumas considerações sobre José Bonifácio, sobre a Independência e a Constituinte de 1823.* In: *Brasileiros e cidadãos: modernidade política 1822-1930.* Gladys Sabino Ribeiro (org.). São Paulo: Alameda, 2008, p. 55.

[73] *Constituições brasileiras (Império e República), cit.*, p. 536.

[74] Márcia Elisa de Campos Graf e Larissa de Campos Graf. *Cidadania e Exclusão: A Lei e a Prática.* In: *História e Direito: Jogos de Encontros e Transdisciplinariedade.* Gizlene Neder (org.). Rio de Janeiro: Revan, 2007, p. 229 e *Constituições brasileiras (Império e República), cit.*, p. 535.

nascituro já era antiga e havia sido incorporada ao costume, sobretudo para resolver muitos casos de filhos bastardos, fruto das relações entre os proprietários, ou os filhos destes, e suas escravas[75].

A imprensa teve papel importante na discussão das principais questões políticas do novo país que se construía, inclusive nas referentes à cidadania. Segundo Carolina Paes Barreto da Silva:

> O início da construção da nação brasileira foi marcado por um intenso embate político-ideológico, fazendo da imprensa lugar privilegiado nesse processo. As discussões travadas por meio dos jornais e dos panfletos possibilitaram a elaboração de projetos de Brasil, que revelavam concepções distintas do que deveria ser a nação e a tentativa de implantar novas ideais e práticas políticas quanto ao relacionamento do indivíduo com o Estado. Debatia-se quais os rumos que a nação brasileira tomaria para diferenciar-se da portuguesa, em momento de tantas dúvidas sobre o caráter efetivo ou não da Emancipação e no qual havia grande instabilidade política e social[76].

Em relação ao exercício dos direitos políticos, os artigos 90 a 97 da Constituição estabeleciam as regras. Eram obrigados a votar os homens a partir dos 25 anos, que tivessem renda mínima de 100 mil-réis. A Constituição estabelecia as exceções. Apesar de o voto ser censitário, o critério da renda não excluía a população pobre da participação

---

[75] *Cidadania e Exclusão: A Lei e a Prática*. In: *História e Direito: Jogos de Encontros e Transdisciplinariedade, cit.*, p. 229.

[76] Direitos, liberdade e cidadania no jornal O Repúblico (1830-1831) In: *Brasileiros e cidadãos: modernidade política 1822-1930*. Gladys Sabino Ribeiro (org.). São Paulo: Alameda, 2008, p. 379. Sobre a contribuição da imprensa na discussão da cidadania, vide: Virgínia Rodrigues da Silva. *Modernidade política na imprensa da Independência: uma investigação a partir do Revérbero Constitucional Fluminense*. In: *Brasileiros e cidadãos: modernidade política 1822-1930*. Gladys Sabino Ribeiro (org.). São Paulo: Alameda, 2008, p. 365 a 378; Fernanda Crespo Talita Nunes. Aurora Fluminense: A voz dos moderados (1827-1832). In: *Brasileiros e cidadãos: modernidade política 1822-1930*. Gladys Sabino Ribeiro (org.). São Paulo: Alameda, 2008, p. 395 a 407 e Gladys Sabino Ribeiro. *Nação e cidadania no jornal O Tamoio. Algumas considerações sobre José Bonifácio, sobre a Independência e a Constituinte de 1823*. In: *Brasileiros e cidadãos: modernidade política 1822-1930*. Gladys Sabino Ribeiro (org.). São Paulo: Alameda, 2008, p. 37 a 63.

CIDADANIA, DIREITOS HUMANOS E EDUCAÇÃO

política, por meio do voto. A legislação permitia inclusive que os analfabetos votassem. Não obstante a participação política ser restrita, uma vez que o voto era não só indireto como censitário, tratava-se de legislação bastante liberal para os padrões da época, mesmo se comparada com a legislação dos países europeus. A título de ilustração, as exigências de renda na Inglaterra, no mesmo período, eram muito mais altas, mesmo depois da reforma de 1832[77].

O voto era indireto porque, nas eleições para a Câmara dos Deputados, os votantes votavam em um corpo eleitoral nas eleições primárias. Era esse corpo eleitoral que elegia os deputados. Os senadores tinham cargo vitalício e eram nomeados pelo imperador, entre componentes de uma lista tríplice, eleita por província. O voto era censitário, porque somente poderia concorrer ao cargo de deputado ou senador quem atendesse a alguns requisitos, inclusive de ordem econômica. Como a cidadania era atributo do gênero masculino e da cor branca, as mulheres não tinham participação política e, por isso, não votavam e muito menos podiam candidatar-se a algum cargo eletivo. O mesmo valia para os negros e os índios[78].

Em 1881, foi aprovada uma reforma eleitoral, por meio da conhecida Lei Saraiva (Lei n. 3.029, de 9 de janeiro de 1881). Segundo ela, o voto passava a ser direto para as eleições no âmbito legislativo. O direito de votar foi estendido para os não católicos, para os brasileiros naturalizados e para os libertos. Manteve-se o censo econômico, ou seja, a exigência de um nível mínimo de renda para poder votar, que passou para 200 mil-réis, não sendo ainda muito alto para os padrões da época. Em 1882, foi introduzido o censo literário, segundo o qual só poderiam votar as pessoas que soubessem ler e escrever[79].

Em um país de analfabetos, no qual a educação era tema secundário, referida legislação veio a restringir substancialmente a participação política. O índice de analfabetismo entre os escravos em 1872, ano do primeiro censo brasileiro, era de 99,9% e entre a população livre era em torno de 80%. Quando as mulheres eram consideradas, o índice

---

[77] José Murilo de Carvalho. *Cidadania no Brasil: O Longo Caminho, cit.*, p. 29-30.
[78] Boris Fausto. *História do Brasil, cit.*, p. 151; Letícia Bicalho Canêdo. *Aprendendo a Votar.* In: *História da Cidadania, cit.*, p. 526. São Paulo: Malheiros, 2008, p. 75.
[79] Boris Fausto. *História do Brasil, cit.*, p. 233.

subia para 86%[80]. Expõe José Murilo de Carvalho que: As consequências logo se refletiram nas estatísticas eleitorais. Em 1872, havia mais de 1 milhão de votantes, correspondentes a 13% da população livre. Em 1886, votaram nas eleições parlamentares pouco mais de 100 mil eleitores, ou 0,8% da população total. Houve um corte de quase 90% do eleitorado"[81].

Apesar dos avanços trazidos pela Constituição de 1824, em relação aos direitos políticos, a sociedade brasileira não tinha incorporado uma identidade nacional. A título de ilustração, até a década de 1840, não havia sequer partido político nacional organizado. O período era de início da organização da identidade política. No entanto, em razão da herança colonial, o que se buscava, no âmbito político, era a dominação do espaço público para atender a interesses privados[82]. Segundo José Murilo de Carvalho:

> O votante não agia como parte de uma sociedade política, de um partido político, mas como dependente de um chefe local, ao qual obedecia com maior ou menor fidelidade. O voto era um ato de obediência forçada ou, na melhor das hipóteses, um ato de lealdade e de gratidão. À medida que o votante se dava conta da importância do voto para os chefes políticos, ele começava a barganhar mais, a vendê-lo mais caro. Nas cidades, onde a dependência social do votante era menor, o preço subia mais rápido. Os chefes não podiam confiar apenas na obediência e lealdade, tinham que pagar pelo voto. O pagamento podia ser feito de várias formas, em dinheiro, roupa, alimentos, animais[83].

Se, por um lado, a Constituição de 1824 possibilitou a organização política do Estado brasileiro, inclusive com a previsão de um extenso rol de direitos civis e políticos dos cidadãos brasileiros, por outro, em especial no campo da tutela dos direitos fundamentais, sua garantia foi muito relativa, até porque a independência não foi uma conquista social

---

[80] *Idem, Ibidem.* p. 237.

[81] José Murilo de Carvalho. *Cidadania no Brasil: O Longo Caminho, cit.*, p. 39.

[82] Boris Fausto. *História do Brasil, cit.*, p. 149; Letícia Bicalho Canêdo. *Aprendendo a Votar. In: História da Cidadania, cit.*, p. 527-528.

[83] *Cidadania no Brasil: O Longo Caminho, cit.*, p. 35.

e política da sociedade brasileira que se formava. Esse sistema contraditório e ambíguo legitimou ao lado dos direitos e garantias fundamentais um regime escravocrata até 1888.

A Constituição de 1824 vigorou, com algumas alterações, durante todo o período do Império. Estabeleceu um governo monárquico, hereditário, constitucional e representativo. O Estado era unitário e o poder centralizado na figura de D. Pedro I. Foram instituídos quatro poderes: o executivo, o legislativo, o judiciário e o moderador. Em relação à figura do monarca, estabelecia o artigo 99 da Constituição que: "a pessoa do Imperador é inviolável e sagrada: Ele não está sujeito a responsabilidade alguma". O artigo 98, por seu turno, prescrevia que: "O Poder Moderador é a chave de toda a organização política, e é delegado privativamente ao Imperador, como Chefe Supremo da Nação, e seu Primeiro Representante, para que incessantemente vele sobre a manutenção da Independência, equilíbrio, e harmonia dos mais Poderes Políticos". Eram os resquícios dos regimes absolutistas europeus.

Apesar de o Imperador ter prometido a criação de uma constituição com perfil mais liberal, o Poder Moderador quebrava a harmonia e equilíbrio entre os poderes. Entre suas atribuições estava a de vetar quaisquer projetos oriundos do Poder Legislativo. Criou também um sistema eleitoral que estabelecia distinção entre os votantes ativos e os passivos. Com isso, concentrou o poder em suas mãos e atribuiu poder político a uma pequena parcela do povo[84].

A religião católica romana continuou sendo a religião oficial, mas agora do Império. A Constituição consagrava a plena liberdade de crença; todavia, restringia a liberdade de culto, ao estabelecer no seu artigo 5º que "a Religião Católica Apostólica Romana continuará a ser a Religião do Império. Todas as outras religiões serão permitidas com seu culto doméstico, ou particular, em casas para isso destinadas, sem forma alguma exterior de templo".

O artigo 179 da Constituição apresentava um amplo rol de direitos fundamentais. Entre eles estavam a liberdade, a legalidade, a segurança individual, a propriedade, além de vários princípios no campo

---

[84] Vantuil Pereira. *Petições: Liberdades Civis e Políticas na Consolidação dos Direitos do Cidadão no Império do Brasil (1822-1831)*. In: *Brasileiros e Cidadãos: Modernidade Política 1822-1930, cit.*, p. 100.

do Direito Penal, como o devido processo legal, a individualização da aplicação da pena, a vedação dos açoites, da tortura, da marca de ferro quente e de todas as demais penas cruéis. A título de ilustração, entre os direitos e garantias fundamentais, a Constituição tutelava o direito de petição. Vantuil Pereira faz importante análise do exercício dos direitos civis e políticos, por meio do direito de petição, durante o Primeiro Reinado (1822-1831). Era um período no qual prevaleciam, principalmente na Europa, as ideias liberais de organização política do Estado. Fortalecia-se, consequentemente, a noção de direitos relacionados ao exercício da cidadania, o que contribuiu para o processo de construção da cidadania brasileira[85].

O direito de petição, previsto no artigo 179, inciso XXX, da Constituição, passou a ser uma das principais formas de reivindicação e de participação política popular durante o Primeiro Reinado e fez da Câmara dos Deputados um órgão de opinião pública. Como o Estado era recém-criado e, consequentemente, as instituições eram novas, as petições tinham conotação de exercício dos direitos tanto civis quanto políticos[86]. Segundo referido inciso: "Todo cidadão poderá apresentar por escrito ao Poder Legislativo, e ao Executivo, reclamações, queixas, ou petições, e até expor qualquer infração da constituição, requerendo perante a competente Autoridade a efetiva responsabilidade dos infratores". Expõe Vantuil Pereira que: "O que percebemos nos requerimentos é uma ação em torno do sentido do direito. Não um direito comum, mas do direito do cidadão. 'Direito de socorro' que o cidadão acreditava ter ao recorrer aos Augustos e Digníssimos Senhores Representantes da Nação"[87].

Nas desavenças entre o imperador e o Poder Legislativo, este encontrou importante trunfo de legitimação do seu poder no âmbito popular. Enquanto o cidadão buscava conquistar seus direitos, parte dos parlamentares objetivava ser o órgão de representação nacional. O Poder Legislativo percebeu que poderia ter grande representação política se

---

[85] Vantuil Pereira. *Petições: Liberdades Civis e Políticas na Consolidação dos Direitos do Cidadão no Império do Brasil (1822-1831)*. In: *Brasileiros e Cidadãos: Modernidade Política 1822-1930*. Gladys Sabino Ribeiro (org.). São Paulo: Alameda, 2008, p. 97.

[86] *Idem, Ibidem.* p. 104.

[87] *Idem, Ibidem.* p. 113.

CIDADANIA, DIREITOS HUMANOS E EDUCAÇÃO

passasse a representar não só os interesses das classes dominantes, como também dos grupos sociais que não tinham maior participação política. O atendimento das petições e reclamações do povo faria dele um órgão de opinião pública nacional. No entanto, os membros da Câmara dos Deputados não se conciliavam quanto à posição de representação nacional. Muitos parlamentares temiam que a consciência política pudesse desencadear a busca dos direitos civis e políticos por toda a sociedade, o que englobava também os negros, os libertos e os pobres[88].

As petições, em sua grande maioria, diziam respeito a questões individuais, e eram, muitas vezes, de competência originária do Poder Judiciário. Isso porque o acesso ao Judiciário não era igual para todos. Além de ele privilegiar as classes dominantes e detentoras do poder político, demandava muitos recursos econômicos. As petições tratavam dos mais variados assuntos, como, por exemplo, prisões ilegais, sentenças nulas, questões de direito sucessório, entre tantos outros temas[89].

Cabe observar que durante o Primeiro Reinado houve o início da criação do Estado brasileiro em todos seus aspectos. No âmbito legislativo, por exemplo, até então vigorava a legislação portuguesa. No Direito Penal, as Ordenações Filipinas vigoraram até 1830, quando entrou em vigor o primeiro Código Penal Brasileiro, o Criminal do Império. Em 1832, criou-se o Código de Processo Penal. Em 1850, foi criado o Código Comercial[90].

A partir de 1850, ocorrem várias mudanças nos âmbitos institucional, político e econômico, que buscavam a modernização do Brasil nos moldes capitalistas. No entanto, o país continuava sendo predominantemente agrícola. Entre as pessoas que exerciam atividade laboral em 1872, 80% se dedicavam ao setor agrícola, 13% ao de serviço e apenas 7% à indústria. Nesse período, iniciam-se importantes mudanças em

---

[88] *Idem, Ibidem.* p. 111, 119 a 121.

[89] *Idem, Ibidem.* p. 107 a 123.

[90] Rui Rebello Pinho. *História do Direito Penal Brasileiro.* São Paulo: Bushatsky, 1973, p. 10; Andréa Slemian. À nação independente, um novo ordenamento jurídico: a criação dos Códigos Criminal e do Processo Penal na primeira década do Império do Brasil. In: *Brasileiros e cidadãos: modernidade política 1822-1930*: Gladys Sabino Ribeiro (org.). São Paulo: Alameda, 2008, p.176 a 206 e Edson Alvisi Neves. *Código Comercial e direitos civis na formação da legislação brasileira.* In: *Brasileiros e cidadãos: modernidade política 1822-1930.* Gladys Sabino Ribeiro (org.). São Paulo: Alameda, 2008, p. 274 a 287.

relação à política escravocrata. A primeira delas foi a extinção do tráfico de escravos em 1850[91].

Em 1871, o governo imperial propôs a *Lei do Ventre Livre*, segundo a qual eram declarados livres os filhos de mulheres escravas nascidos após a lei. Eles, todavia, ficavam em poder dos senhores de suas mães até completarem oito anos. A partir dessa idade, os senhores podiam escolher entre receber uma indenização do Estado, ou servir-se da mão de obra do menor até ele completar 21 anos. Embora na prática a lei tenha produzido efeitos escassos, uma vez que poucas crianças foram entregues ao poder público, e os donos de escravos continuaram usufruindo da mão de obra desses menores, o movimento abolicionista ganhava, cada vez mais, força política[92].

Na década de 1880, o movimento abolicionista se fortaleceu ainda mais. Houve o surgimento de associações, a adesão de jornais e o avanço da propaganda abolicionista. Pessoas de todas as classes sociais passaram a apoiar a campanha abolicionista. Entre as figuras da elite política e econômica da época estava Joaquim Nabuco, renomado parlamentar e escritor[93].

Em 1885, houve a aprovação da *Lei dos Sexagenários*, segundo a qual eram considerados livres os escravos maiores de sessenta anos. Ela também estabelecia a libertação gradual de todos os escravos, mediante indenização. Referida lei determinava que a libertação dos escravos maiores de sessenta anos pressupunha a obrigatoriedade da prestação de serviços aos seus ex-senhores, pelo período de três anos, a título de indenização[94].

A situação dos libertos era de muita discriminação e exclusão. Eles não gozavam dos mesmos direitos das pessoas livres, e a libertação era sempre condicionada a restrições, como por exemplo, a prestação de serviços para o antigo dono durante determinado prazo. A libertação de crianças e de idosos, a partir de 1870, também era concedida mediante determinadas condições. Observa Boris Fausto que: "Até 1865, a alforria

---

[91] Boris Fausto. *História do Brasil, cit.*, p. 197 e 237.

[92] *Idem, Ibidem*. p. p. 217 a 219.

[93] Boris Fausto. *História do Brasil, cit.*, p. 218- 219.

[94] *Idem, Ibidem*, p. 219-220 e Márcia Elisa de Campos Graf e Larissa de Campos Graf. *Cidadania e Exclusão: A Lei e a Prática*. In: *História e Direito: Jogos de Encontros e Transdisciplinariedade*. cit., p. 233.

CIDADANIA, DIREITOS HUMANOS E EDUCAÇÃO

mediante pagamento ou gratuita podia ser revogada pelo antigo senhor sob a simples alegação de ingratidão"[95]. Em 13 de maio de 1888, a Lei Áurea aboliu integralmente a escravidão. Após a iniciativa da maioria parlamentar, a lei foi sancionada pela Princesa Isabel que se encontrava na regência do trono[96].

A decretação da abolição da escravidão trouxe a liberdade do negro no aspecto formal. No campo real, não houve por parte do Estado nenhuma política de integração social, cultural ou econômica dessa parcela da sociedade. Com isso, ele passou a enfrentar profunda desigualdade social, juntamente com a discriminação e a exclusão. Aponta Boris Fausto que: "Sobretudo nas regiões de forte imigração, ele foi considerado um ser inferior, perigoso, vadio e propenso ao crime; mas útil quando subserviente"[97].

5.4 O Direito à Educação Escolar no Brasil Império

A primeira metade do século 19 apresentou um sistema escolar precário tanto no ensino primário quanto no secundário, com graves deficiências quantitativas e qualitativas[98]. Na segunda metade houve algum desenvolvimento na área da educação escolar; no entanto, esta se concentrou na corte e na educação de nível superior.

Com a independência, cabia agora ao Estado organizar a educação escolar. Durante o reinado de D. Pedro I, o poder estava totalmente centralizado na sua pessoa, assim como as questões educacionais. Até então, as preocupações com tais questões eram diminutas[99]. No discurso inaugural da Constituinte de 1823, D. Pedro I expôs sua aparente preocupação com as questões educacionais e assim se manifestou: "Tenho promovido os estudos públicos, quanto é possível, porém, necessita-se de uma legislação especial"[100]. Já na abertura da Assembleia Geral Legislativa em 1826, a primeira após a outorga da Constituição de 1824,

---

[95] Boris Fausto. *História do Brasil, cit.,* p.227.

[96] *Idem, Ibidem.* p.219-220 e 227.

[97] *Idem, Ibidem.* p. 121.

[98] Maria Luisa Santos Ribeiro. *História da Educação Brasileira: A Organização Escolar, cit.,* p. 49.

[99] José Antonio Tobias. *História da Educação Brasileira.* cit., p. 202-203.

[100] Antônio Chizzotti. *A Constituinte de 1823 e a Educação.* In: *A Educação nas Constituintes Brasileiras 1823-1988.* 3. ed. Osmar Fávero (org.) Campinas: Autores Associados, 2005, p. 35-36.

o imperador não apresentou maiores preocupações com as questões educacionais, o que se manteve durante todo seu reinado[101].

Segundo Sonia Marrach:

> "No Brasil monárquico, enquanto o discurso parlamentar falava da educação para cidadania, na prática, o descaso da política educacional com a educação básica era absoluto, o que só confirma a cultura retórica, espelhando o narcisismo da classe dominante. A ausência de educação básica durante o século XIX deve-se ao fato de que a maior parte da população estava submetida a controles externos, à ameaça de violência física direta – a não nos referimos somente aos escravos, mas também ao contingente de homens livres e pobres, chamados 'mestiços', 'pardos', 'cabras' e 'crioulos', que apenas teoricamente eram livres, pois na verdade estavam presos à lógica da dominação paternalista"[102].

A Constituição de 1824 cuidou da educação nos incisos XXXII e XXXIII do seu artigo 179. Segundo eles, respectivamente: "A Instrução primária é gratuita a todos os cidadãos" e "Colégios, e Universidades, onde serão ensinados os elementos das Ciências, Belas Letras e Artes". A lei de 15 de outubro de 1827 determinou a criação de escolas de primeiras letras em todas as cidades, vilas e lugares e estabeleceu o método de Lancaster[103].

Com a abdicação de D. Pedro I, em 1831, e o descontentamento generalizado com a política imperial centralizadora, foi promulgado o Ato Adicional à Constituição, de 6 de agosto de 1834, com espírito descentralizador. A descentralização atingiu também a educação, mas de forma desagregadora. Até então, a educação brasileira estava centralizada na corte, cidade do Rio de Janeiro. A partir de 1834, as questões educacionais referentes ao ensino primário e secundário foram

---

[101] Alceu Ravanello Ferraro. *História Inacabada do Analfabetismo no Brasil*. São Paulo: Cortez, 2009, p. 43.

[102] *Outras Histórias da Educação: Do Iluminismo à Indústria Cultural (1823-2005)*. São Paulo: Unesp, 2009, p. 81.

[103] José Antonio Tobias. *História da Educação Brasileira, cit.*, p. 204. O método de Lancaster, também conhecido como de ensino mútuo ou monitorial, foi o primeiro método oficial de ensino adotado no sistema educacional brasileiro. Foi instituído em 1827 e permaneceu até 1946.

transferidas para as províncias. No entanto, estas, a princípio, não tinham infraestrutura suficiente para administrar a educação primária e secundária. Dessa forma, a transferência deu-se de forma desorganizada e sem planejamento, o que veio a desestruturar ainda mais a educação no Brasil[104]. Segundo José Antonio Tobias: "Uma das consequências, logo sentidas, do Ato Adicional foi a decadência, ainda maior do ensino público, que ficou decapitado, dividido e gradativamente anemiado. Em contrapartida, escolas particulares foram, cada vez mais, tomando projeção, às vezes de âmbito nacional (...)"[105].

Apesar das previsões legais sobre a educação escolar, a realidade educacional brasileira era muito precária. O relatório do Ministro do Império, Visconde de Macaé, em 1848, comprovava a difícil realidade da instrução pública brasileira, com a falta de qualificação dos professores, o profundo descontentamento destes, em razão dos baixíssimos rendimentos, a deficiência dos métodos pedagógicos, além da precariedade das instalações escolares[106].

A partir da segunda metade do século 19, o desenvolvimento econômico do Brasil e as exigências do sistema capitalista fizeram com que o eixo político-econômico do país deixasse de ser o campo para ser a cidade. Foi também a partir da década de 1850 que houve realizações importantes na área da educação escolar. No entanto, tais realizações se concentraram na corte. Entre elas, em 1854 houve a criação da Inspetoria Geral da Instrução Primária e Secundária do Município da Corte,

---

[104] José Antonio Tobias. *História da Educação Brasileira, cit.*, p. 204-205. Segundo o parágrafo 2º do artigo 10 do Ato Adicional de 1834, competia às Assembleias Legislativas Provinciais legislar "sobre instrução pública e estabelecimentos próprios a promovê-la, não compreendendo as Faculdades de Medicina, os Cursos Jurídicos, Academias atualmente existentes e outros quaisquer estabelecimentos de instrução que para o futuro forem criados por lei geral" (*Idem, Ibidem*, p. 205).

[105] *Idem, Ibidem*, p. 206. A título de exemplo, a instrução primária na cidade do Rio de Janeiro, capital do Império, tinha a seguinte realidade após o ato institucional de 1834: catorze escolas masculinas e seis escolas femininas, com 640 alunos em uma população em torno de 100 mil habitantes, o que demonstra substancial exclusão escolar (*Idem, Ibidem*, p. 207).

[106] Newton Sucupira. *O Ato Adicional de 1834 e a Descentralização da Educação*. In: *A Educação nas Constituintes Brasileiras 1823-1988*. 3. ed. Osmar Fávero (org.) Campinas: Autores Associados, 2005. p. 59 e Maria Luisa Santos Ribeiro. História da Educação Brasileira: A Organização Escolar. cit., p. 49.

CONQUISTA DA CIDADANIA E DO DIREITO À EDUCAÇÃO ESCOLAR NO BRASIL

com a função de fiscalizar, orientar e supervisionar o ensino público e particular[107].

De acordo com Paulo Ghiraldelli:

> Tal órgão ficou incumbido do estabelecimento de regras para o exercício da liberdade de ensino e para a preparação dos professores primários, além de ser autorizado a reformular os estatutos de colégios preparatórios no sentido de colocá-los sob o padrão dos livros usados nas escolas oficiais. Também coube à Inspetoria Geral reformular os estatutos da Academia de Belas Artes, organizar de modo novo o Conservatório de Música e refazer os estatutos da aula de Comércio da Corte[108].

No mesmo ano, foi criado na corte o ensino para cegos e, em 1856, o ensino para surdos-mudos. Neles, eram ministradas a instrução elementar e a iniciação técnica. No entanto, em razão do descaso geral com as questões educacionais, os cursos só permaneceram em razão da boa vontade e da dedicação dos diretores e professores[109].

A instrução por meio do acesso às faculdades no Brasil ou na Europa passou a ser uma forma de ascensão social. Segundo José Antonio Tobias, a partir daí nasce o "Mito do Doutor"[110]. As faculdades de teologia perdem seu espaço para as faculdades de Direito, Medicina e para a Escola Militar. Segundo o autor: "O máximo para a sociedade, agora, é ser governador, ministro, deputado, gozar dos benefícios oriundos de quem legaliza as terras e distribui a justiça entre os homens"[111]. Essa realidade, entretanto, era privilégio de uma pequena elite, muito endinheirada, e que tornou a educação escolar brasileira ainda mais elitizada[112].

Em 1875, o Brasil possuía apenas seis escolas superiores: a Escola Politécnica do Rio de Janeiro, a Faculdade de Direito de Recife, a

---

[107] José Antonio Tobias. *História da Educação Brasileira, cit.*, p. 256-257; Paulo Ghiraldelli Jr. *História da Educação Brasileira, cit.*, p. 29 e Maria Luisa Santos Ribeiro. *História da Educação Brasileira: A Organização Escolar, cit.*, p. 54-55.

[108] Paulo Ghiraldelli Jr. *História da Educação Brasileira, cit.*, p. 29.

[109] Maria Luisa Santos Ribeiro. *História da Educação Brasileira: A Organização Escolar.* cit., p. 61.

[110] José Antonio Tobias. *História da Educação Brasileira, cit.*, p. 257 a 259.

[111] *Idem, Ibidem.* p. 261.

[112] *Idem, Ibidem.* p. 262-263.

CIDADANIA, DIREITOS HUMANOS E EDUCAÇÃO

Faculdade de Direito de São Paulo, a Faculdade de Medicina do Rio de Janeiro, a Faculdade de Medicina do Bahia e a Escola de Minas de Ouro Preto[113].

Os ensinos primário e médio estavam descaracterizados e totalmente desvinculados da realidade brasileira, além de serem voltados para a elite. O ensino médio era voltado exclusivamente para a preparação para o ensino superior. Os pobres, os negros e os índios estavam praticamente excluídos do acesso à educação escolar[114]. Expõe Alceu Ravanello Ferraro que:

> ao tempo do Censo 1872, a esmagadora maioria da população negra, entendida aqui como a soma de negros e pardos, escravos + livres + libertos, era analfabeta, principalmente os escravos, até porque somente na Reforma do Ensino de Leôncio de Carvalho, de 1879, em meio aos debates suscitados pelas propostas de reforma eleitoral, se eliminava a proibição de escravos frequentarem as escolas públicas. Não que a referida Reforma tenha resolvido a questão da discriminação da população negra quanto à educação escolar[115].

Apesar de a realidade educacional brasileira ser muito precária no período imperial, houve a apresentação de projetos e a realização de algumas reformas no ensino brasileiro. Entretanto, estas geralmente tinham repercussão teórica e prática muito diminuta. Entre elas, em 1879, foi realizada a reforma do Ministro Carlos Leôncio de Carvalho, por meio do Decreto n. 7.247. Era a última reforma educacional do Império e inspirada nos ideais da Revolução Francesa e no exemplo da educação dos Estados Unidos da América. Segundo o artigo 1º do referido decreto: "É completamente livre o ensino primário e secundário no Município da Corte e o superior em todo o Império, salvo a inspeção necessária para garantir as condições de moralidade e higiene".

---

[113] *Idem, Ibidem.* p. 261. De acordo com José Antonio Tobias: "No final do século XIX, das catorze Faculdades Isoladas, de que dispunha o Brasil, seis eram de Direito: a Faculdade de Direito de São Paulo (1827), a Faculdade de Direito do Recife (1827), as duas Faculdades de Direito da cidade do Rio de Janeiro (1891), a Faculdade de Direito da Bahia (1891) e a Faculdade de Direito de Minas Gerais (1892)" (*Idem, Ibidem,* p. 266).

[114] José Antonio Tobias. *História da Educação Brasileira, cit.,* p. 263 a 265.

[115] *História Inacabada do Analfabetismo no Brasil, cit.,* p. 50.

O artigo 2º, por seu turno, estabelecia a obrigatoriedade do ensino para todas as crianças brasileiras entre 7 e 14 anos e de ambos os sexos. Também nesse decreto havia a permissão legal e oficial para a criação das faculdades particulares, chamadas de "Faculdades Livres"[116].

A adoção da liberdade de ensino gerou muitas discussões no âmbito pedagógico. Segundo aponta José Antonio Tobias:

> Então, desacreditado o governo e sem líderes educacionais, estabelece-se uma liberdade suspeita em educação e na prática de métodos pedagógicos; cada um aplica, sem base científica e sem fundamentação pedagógica, o método que melhor lhe pareça. E, desalentados no ano de 1865, confessam as autoridades da Província de Minas Gerais: 'Em Minas nunca existiu método algum de ensino. (...) alias, este espírito está de acordo com o Regulamento, de 10 de janeiro de 1854, expedido para a Província: 'O método será o que a experiência tiver mostrado ser o mais profícuo'. Mas, o problema é saber qual é este método 'mais profícuo', sobretudo sem sacrificar gerações e gerações de crianças[117].

Apesar de algumas mudanças, as reformas do período do Império não tiveram preocupações mais profundas com o aspecto pedagógico da educação escolar brasileira. Não visavam a mudanças substanciais nesse campo. O que havia eram pequenas preocupações pedagógicas e algumas preocupações com a administração escolar, em um contexto um tanto quanto desorganizado. No final do século 19, inicia-se a influência do cientificismo-positivista no Brasil, que irá dominar também o século 20. Seu maior expoente foi Augusto Comte (1798-1857). A consequência desse pensamento foi o enorme desprezo pela metafísica[118].

Com o desprezo pela metafísica, há progressivamente o abandono do ensino das humanidades e o reforço do ensino das ciências positivas,

---

[116] José Antonio Tobias. *História da Educação Brasileira, cit.* p. 207-209.

[117] *Idem. Ibidem.* p. 275.

[118] José Antonio Tobias. *História da Educação Brasileira, cit.*, p. 209, 243 e 248. Ao cuidar do pensamento de Augusto Comte, expõe o autor que: "Existem os fenômenos e só eles: este é o ponto de partida para Augusto Comte. As ciências só são ciências mesmo, se estudam os fenômenos, retirando-lhes leis; reduzem-se elas a seis: Matemática, Astronomia, Física, Química, Biologia, Sociologia, sendo esta a ciência suprema, substituidora da Filosofia, que morreu. Outras ciências, não existem" *(Idem, Ibidem,* p. 243).

CIDADANIA, DIREITOS HUMANOS E EDUCAÇÃO

assim como sua supervalorização. A educação, segundo essa corrente de pensamento, era concebida exclusivamente como a socialização do educando. Os aspectos referentes ao desenvolvimento e ao aprimoramento da personalidade do educando não eram considerados[119].

Verifica-se também que, durante os séculos 18 e 19, houve no Brasil a diversificação dos métodos pedagógicos, iniciada com a abertura dos portos brasileiros por D. João VI. No entanto, toda a pedagogia aplicada no Brasil era importada e desvinculada da realidade sociocultural brasileira, como foi o caso do Método de Lancaster, adotado no primário durante 15 anos (1823-1838). Embora o Brasil tivesse acesso, por meio da Europa, aos métodos educacionais mais modernos e atuais da época, a realidade educacional brasileira era extremamente precária, o que permitiu aplicar o método da palmatória país afora. Os métodos eram aplicados por meio da decoração, o que gerava grande desinteresse pela escola e por tudo que fosse relacionado à instrução e à cultura[120].

Quanto à educação feminina, houve conquistas importantes no século 19, como a criação, em 1826, em cada convento do Brasil, de uma escola para meninos e, em cada casa de religiosos, de uma escola para meninas. Tal medida foi importantíssima para a educação escolar feminina, uma vez que, das treze escolas públicas primárias existentes na corte, nenhuma era feminina. No século 19, houve a crescente presença feminina no ensino primário e, na década de 1860, a presença desta foi em torno de 42% da frequência, o que representava um aumento expressivo. No final do século 19, e por meio da iniciativa particular, foi criado o ensino feminino no nível secundário[121]. De acordo com Maria Luisa Santos Ribeiro: "Dado o grau de subordinação da mulher no período, a maioria dessa faixa da população era analfabeta. Uma pequena parte era tradicionalmente preparada na família pelos pais e preceptores, limitando-se, entretanto, às primeiras letras e ao aprendizado das prendas domésticas e de boas maneiras"[122].

---

[119] José Antonio Tobias. *História da Educação Brasileira, cit.,* p. 249.

[120] *Idem. Ibidem,* p. 276 a 277.

[121] José Antonio Tobias. *História da Educação Brasileira,* p. 204 e Alceu Ravanello Ferraro. *História Inacabada do Analfabetismo no Brasil, cit.,* p. 46.

[122] *História da Educação Brasileira: A Organização Escolar, cit.,* p. 67.

Apesar das várias críticas ao sistema descentralizado de educação escolar estabelecido pelo Ato Adicional de 6 de agosto de 1834, a verdadeira razão para o total insucesso da educação brasileira no século 19 era não só o descaso com ela, como também a omissão das classes dirigentes em relação à educação popular. Enquanto o ensino superior ficava a cargo do governo central, o ensino primário e secundário ficou a cargo das províncias. A estas cabia a função da educação popular, concebida pela elite governante como de menor importância, não obstante os inflamados discursos retóricos sobre a importância da educação para o desenvolvimento da nação[123].

De acordo com Newton Sucupira:

> Numa sociedade patriarcal, escravagista como a brasileira do Império, num Estado patrimonialista dominado pelas grandes oligarquias do patriciado rural, as classes dirigentes não se sensibilizaram com o imperativo democrático da universalização da educação básica. Para elas, o mais importante era uma escola superior destinada a preparar as elites políticas e quadros profissionais de nível superior em estreita consonância com a ideologia política e social do Estado, de modo a garantir a 'construção da ordem', a estabilidade das instituições monárquicas e a preservação do regime oligárquico[124].

5.5 Reflexões a Respeito da Conquista da Cidadania e do Direito à Educação Escolar no Brasil Colônia e Império

O período colonial foi marcado pelos ideais expansionistas dos portugueses, pautado em interesses comerciais, militares e evangelizadores. Por isso, o processo de colonização foi avesso à cidadania e aos direitos mais básicos a ela inerentes. Nesse sentido, a chegada dos portugueses, ao hoje território brasileiro, foi muito mais uma "invasão" do que uma "descoberta".

Os povos indígenas e africanos foram inegavelmente os que mais sofreram com o processo de colonização, por conta do regime escravista. No entanto, ao longo dos três séculos de colonização, começava

---

[123] Newton Sucupira. *O Ato Adicional de 1834 e a Descentralização da Educação*. In: *A Educação nas Constituintes Brasileiras 1823-1988, cit.*, p. 66.

[124] *Idem, Ibidem.* p. 66-67.

a se formar o povo brasileiro, por meio da mestiçagem e da imigração. Já nascia sofrido, com uma ampla maioria vivendo e convivendo com a pobreza econômica e excluído dos direitos mais básicos para o exercício de uma vida digna.

Na Idade Moderna, período da colonização, nem mesmo a Europa havia alcançado padrões de liberdade, igualdade e respeito aos direitos da cidadania, porquanto essa época foi marcada, no campo político, pelas monarquias absolutas, e sua política econômica externa era imperialista. Nesse aspecto, essa era a mentalidade do período.

No contexto da exploração e da subjugação praticado pela metrópole, a sociedade colonial foi moldada pela cor. A branca significava nobreza. Na frase do padre Loretto Couto: "Todo aquele que é branco na cor entende estar fora da esfera vulgar..."[125]. Nas palavras de Lilia M. Schwarcz e Heloisa M. Starling, o que definia a nobreza no Brasil era o que ela *não* fazia. Todo o trabalho manual, braçal e artesanal era atividade dos gentios ou cativos. A nobreza vivia de rendimentos, cargos públicos, era proprietária de engenhos e tinha o poder de mando. De acordo com essa divisão social é que se incorpora o preconceito contra o trabalho manual, símbolo de atividade considerada inferior, porquanto executada principalmente pelos escravos[126].

Expõem as autoras que as várias culturas presentes na colônia:

> passaram a ser reconhecidas e classificadas a partir da cor. Na medida em que eram considerados pagãos, tanto indígenas como africanos, apesar de batizados e transformados em vassalos, continuavam sem direitos. Dessa forma, as divisões entre 'gentios' e 'índios aldeados', ou entre 'africanos', 'boçais' (aqueles recém-chegados) e 'ladinos' (aculturados), representavam gradações culturais que marcavam hierarquias internas, as quais, no limite, implicavam maior ou menor exclusão social. Os mais de dentro e os mais de fora. A cor logo se tornou um marcador social fundamental: as categorizações, fluidas, variavam com o tempo e com o lugar, além de delimitarem classificações sociais e de status[127].

---

[125] Pedro Calmon. *História Social do Brasil*, volume I: *Espírito da sociedade colonial*. São Paulo: Martins Fontes, 2002, p. 12.
[126] *Brasil: Uma Biografia*. 2. ed. São Paulo. Companhia das Letras. 2018, p. 68.
[127] *Idem, Ibidem.* p. 70 e 71.

Os escravos não aceitaram passivamente o regime a eles imposto. Lutaram de várias formas contra a barbárie perpetrada. Muitos se suicidavam por não conseguirem lidar com tamanha violência. A maioria buscava de todas as formas possíveis preservar suas culturas, estabelecendo fortes laços de afeição, cultivando a religião e, quando possível, fugindo e construindo os quilombos, que eram a possibilidade de uma vida melhor e mais livre. Segundo as autoras em foco, o quilombo dos Palmares: "se converteu em símbolo de uma luta negra por inclusão social e em referência para uma interpretação do Brasil que não legava aos escravos apenas o papel de vítimas passivas. Eram vítimas porque não tinham escolhido viajar para cá e trabalhar na cana. Mas foram agentes, uma vez que não se acomodaram ao regime de privações a eles imposto"[128].

A violência contra o escravo foi tão brutal e institucionalizada que no campo do Direito Civil era considerado patrimônio de seu senhor e por isso podia ser vendido, trocado, emprestado, explorado e até morto. Já para o Direito Penal, era considerado pessoa. Todavia, o objetivo da lei não era protegê-lo, mas sim puni-lo. De acordo com o Código Criminal do Império, poderia ser autor de crime de insurreição, que era a busca da liberdade por meio da força. A Lei n. 4, de 10 de junho de 1835, determinava as penas com que deveriam ser punidos os escravos que matassem, ferissem ou cometessem qualquer ofensa física contra seus senhores. A regra, segundo o artigo 1º da referida lei, era a pena de morte. De acordo com o artigo 2º, o julgamento se dava por um júri e, segundo o artigo 4º, da sentença não cabia recurso. A pena de morte foi largamente aplicada contra os escravos. Somente deixou de ser necessária para a economia escravista quando houve a proibição do tráfico de escravos, porquanto não atendia mais às necessidades do mercado de trabalho escravo[129].

O regime escravista esteve presente em todo o território brasileiro e foi, de acordo com Lilia M. Schwarcz e Heloisa M. Starling, responsável

---

[128] Lilia M. Schwarcz e Heloisa M. Starling. *Brasil: Uma Biografia*. 2. ed. São Paulo. Companhia das Letras. 2018, p. 102.

[129] Disponível em: http://www.planalto.gov.br/ccivil_03/leis/lim/LIM4.htm. Acesso em 17 de set. 2018 e Disponível em: http://www.planalto.gov.br/ccivil_03/leis/lim/LIM-16-12-1830.htm. Acesso em 17 de set. 2018.

pela maior importação forçada de trabalhadores africanos até hoje conhecida. Foi muito mais que um sistema econômico. Nas palavras das autoras, o regime escravista: "moldou condutas, definiu desigualdades sociais, fez de raça e cor marcadores de diferenças fundamentais, ordenou etiquetas de mando e obediência, e criou uma sociedade condicionada pelo paternalismo e por uma hierarquia estrita"[130]. Expõe Pedro Calmon que: "A escravidão foi a referência comum para a hierarquia. Ser livre era ter capacidade de possuir escravos. Possuí-los era saltar de uma classe a outra – do subpovo ao superpovo. Em país de cativeiro, a liberdade é a primeira das honras"[131].

Diante de todo o passado de desrespeito e maus-tratos às gerações escravizadas de africanos e seus descendentes, feridas e mais feridas foram sendo abertas na sociedade brasileira. As cicatrizes ficaram, o ressentimento permanece e o racismo ainda está arraigado em nossa sociedade muito mais de forma velada do que expressa. Por isso, é preciso que reconstruamos diariamente as relações sociais para que sejam pautadas no resgate da nossa história, na memória, na empatia e no respeito incondicional à dignidade da pessoa humana.

A indignação e o descontentamento com os mandos da metrópole não eram apenas dos escravos. A luta pela liberdade e por direitos sempre esteve presente, não obstante as classes menos abastadas da sociedade colonial serem oprimidas e analfabetas. Ao longo dos três séculos e à medida que os ideais iluministas chegavam às terras americanas, as sociedades coloniais foram insurgindo-se contra a dominação, especialmente no século 18. Na América do Norte, houve a independência das 13 colônias britânicas e a criação dos Estados Unidos da América em 1776. Entre 1791 a 1804, ocorreu a Revolução Haitiana, com a abolição da escravidão e a criação do Estado independente do Haiti. Foi a primeira república africana fora do continente africano. Segundo Lilia M. Schwarcz e Heloisa M. Starling: "o evento mostrou para o mundo que o sistema escravista era apenas uma perversa circunstância histórica, e por isso mutável. Não um desígnio da natureza ou uma determinação divina"[132]. Quanto ao Brasil colônia, destacaram-se três movimentos

---

[130] Lilia M. Schwarcz e Heloisa M. Starling. *Brasil: Uma Biografia. cit.*, p. 96.
[131] Pedro Calmon. *História Social do Brasil. Espírito da Sociedade Imperial*. Vol. 2, p.71.
[132] *Brasil: Uma Biografia*. cit., p. 15 e 152.

de libertação da metrópole com ideais republicanos: a Conjuração Mineira em 1789, a Baiana em 1798 e a Pernambucana em 1817, como já analisado.

Na vida social colonial, com reflexos diretos na vida política, predominou a família patriarcal. Segundo Sérgio Buarque de Holanda: "A família patriarcal fornece, assim, o grande modelo por onde se hão de calcar, na vida política, as relações entre governantes e governados, entre monarcas e súditos. Uma lei moral inflexível, superior a todos os cálculos e vontades dos homens, pode regular a boa harmonia do corpo social, e portanto deve ser rigorosamente respeitada e cumprida"[133].

No campo político, a Coroa, aliada à falta de recursos e pessoal suficientes para empreender a colonização, devido especialmente à dimensão continental das terras colonizadas, levou à criação das capitanias hereditárias em 1534. A Coroa delegou a tarefa de colonizar e explorar as terras aos particulares, ou seja, aos donatários. Estes tinham o poder supremo sobre sua capitania, podendo inclusive escravizar os índios e os africanos[134].

Nesse contexto político, econômico e social opressivo encontra-se o nascimento da distorção tão arraigada ainda hoje na sociedade brasileira entre o que pertence ao espaço público e ao espaço privado. Não havia nem poderia haver, segundo a realidade narrada, uma sociedade politicamente organizada. As relações político-sociais eram marcadas pela subordinação, e a construção de uma identidade nacional foi-se fazendo de forma precária e distorcida. A sociedade brasileira já nasce frágil quanto à construção dos valores da liberdade e da igualdade. E como é notório, até hoje sofremos as consequências dessa distorção, porquanto ela em muitos aspectos se naturalizou no nosso cotidiano e na vida nacional, não obstante a consciência democrática e republicana venha lenta e paulatinamente consolidando-se no Brasil do século 21.

Nas palavras de Sérgio Buarque de Holanda: "O Estado não é uma ampliação do círculo familiar e, ainda menos, uma integração de certos agrupamentos, de certas vontades particularistas, de que a família é

---

[133] Sérgio Buarque de Holanda. *Raízes do Brasil*. 27ª edição e 7ª reimpressão. São Paulo. Companhia das Letras. 2014, p. 100-101.
[134] *Brasil: Uma Biografia*. cit., p. 30 e 31.

CIDADANIA, DIREITOS HUMANOS E EDUCAÇÃO

o melhor exemplo. Não existe, entre o círculo familiar e o Estado, uma gradação, mas antes uma descontinuidade e até uma oposição"[135].

Quanto à educação no período colonial, os índios foram massacrados política, social e culturalmente, e a educação imposta pelos jesuítas tinha a finalidade de catequizar. Os africanos e seus descendentes foram segregados de todo e qualquer acesso à educação formal e à cidadania durante o período colonial em razão do regime escravista. O grande descaso com a educação ao final do período colonial resultou em uma sociedade analfabeta. Os mais abastados tinham acesso à educação, e esta era direcionada para os saberes da cultura europeia, o que gerou a cultura do descaso e desrespeito a tudo que é originariamente brasileiro. Desde o período colonial nos tornamos uma sociedade de imitação, e a educação escolar em muitos aspectos representava "desabrasileirar-se", porquanto não se identificava com a realidade e demandas nacionais e não se posicionava de forma crítica e reflexiva sobre o sistema aqui instalado.

Quanto ao período do Brasil Império, verifica-se que a Constituição de 1824 foi, por um lado, inspirada nos ideais iluministas vindos da Europa. Por outro, nossa realidade era marcada por velhos padrões patriarcais e coloniais. Nesse sentido, o objetivo era muito mais ostentar um aparente progresso do que promover mudanças substanciais. A mentalidade instituída no Brasil foi das constituições para não serem cumpridas e das leis para serem violadas, tudo em proveito dos interesses das oligarquias. Como esperar transformações profundas em um país que se mantinha oligárquico e com o regime escravocrata? As mudanças só poderiam ser superficiais e artificiais com o fim de ostentar uma farsa. Não poderia haver compatibilidade entre uma sociedade escravocrata e um Estado Liberal[136].

Mesmo diante dessa realidade acima exposta, a Constituição de 1824, "de caráter liberal", estabeleceu a obrigatoriedade do voto para os homens a partir dos 25 anos e com renda mínima de 100 mil-réis, o que não excluía a população pobre do direito de votar, além de permitir o voto do analfabeto. No entanto, negros, índios e mulheres estavam excluídos da participação na vida política do Estado. Ademais, em 1881, a Lei Saraiva proibiu o voto dos analfabetos, em uma sociedade na qual o índice de

---

[135] Sérgio Buarque de Holanda. *Raízes do Brasil. cit.*, p. 169.
[136] Sérgio Buarque de Holanda. *Raízes do Brasil. cit.*, p. 91-97.

analfabetismo era em torno de 80% na população masculina livre.

Se, por um lado, a Constituição de 1824 possibilitou a organização política do Estado brasileiro, inclusive com a previsão de um extenso rol de direitos civis e políticos, por outro, não havia sociedade brasileira politicamente organizada. Permanecia na esfera política a cultura colonial na qual o objetivo do poder público era atender aos interesses privados. Quanto aos direitos civis, ainda havia muitas limitações, o que possibilitou ao Estado sustentar o regime escravocrata até 1888. A cidadania era concebida pela exclusão, uma vez que os cidadãos compunham uma minoria de brancos e de mestiços, com direito de voto. Todo o restante da população, assim como os escravos, os índios, as mulheres e as crianças estavam excluídos da cidadania.

Nas palavras de Lilia M. Schwarcz e Heloisa M. Starling:

> Por certo, a emancipação não foi obra exclusiva de nosso quixotesco d. Pedro. O evento é expressão visível de uma série de tensões e arranjos que se colavam à crise do sistema colonial e do absolutismo, tão característicos do fim do período moderno. Era todo o Antigo Regime que se desintegrava, e com ele as bases do colonialismo mercantilista. Por isso, nossa emancipação não deixou de ser particular e trivial. Se o movimento foi liberal, porque rompeu com a dominação colonial, mostrou-se conservador ao manter a monarquia, o sistema escravocrata e o domínio senhorial. Além do mais, se o processo de emancipação foi deflagrado pela vinda da corte, o que explica o formato final é o movimento interno de ajustamento às pressões de dentro e de fora, e principalmente um processo de substituição de metrópoles: com a atual reinando bem no região Centro-Sul do recém-fundado país. Por outro lado, se uma nova unidade política foi implantada, prevaleceu uma noção estreita de cidadania, que alijou do exercício da política uma vasta parte da população e ainda mais o extenso contingente de escravizados. Com isso, noções bastante frouxas de representatividade das instituições políticas se impuseram, mostrando como a Independência criou um Estado mas não uma Nação. Criar uma cultura, imaginar uma formação, pretender uma nacionalidade: aí estava uma tarefa para a agenda futura do Primeiro e, sobretudo, do Segundo Reinado[137].

---

[137] *Brasil: Uma Biografia*. 2. ed. São Paulo. Companhia das Letras. 2018, p. 222.

CIDADANIA, DIREITOS HUMANOS E EDUCAÇÃO

A partir da segunda metade do século 19, houve avanços em relação à conquista da liberdade, primeiramente com a extinção do tráfico de escravos em 1850, a promulgação da *Lei do Ventre Livre* em 1871, a aprovação da *Lei dos Sexagenários* em 1885, e finalmente a abolição da escravidão em 13 de maio de 1888, por meio da Lei Áurea. A abolição da escravidão não foi acompanhada de políticas públicas de integração social, cultural ou econômica do negro, o que acentuou a desigualdade social, a discriminação e a exclusão.

Quanto à educação escolar, não obstante a Constituição de 1824 ter estabelecido a gratuidade da instrução primária a todos os cidadãos, a primeira metade do século 19 apresentou um sistema escolar com muitas deficiências no ensino primário e no secundário, com a falta de professores qualificados, baixos salários, deficiência dos métodos pedagógicos, além da precariedade das instalações escolares. Na segunda metade do século, houve algum desenvolvimento na área da educação escolar; todavia, este se concentrou na corte e na educação de nível superior, voltada exclusivamente às elites. Não houve por parte do Estado maior preocupação e investimento na educação popular. Por isso, pobres, negros e índios estavam praticamente excluídos do acesso à educação escolar.

Expõe Anísio Teixeira que:

> O Império foi uma dramatização do sistema constitucional e liberal. A nação continuou com a escravidão e o dualismo fundamental de elite e povo. Nenhuma mudança de estrutura se operou. Um monarca paternalista e 'esclarecido' presidiu, com magnanimidade, a dramatização liberal e democrática. A educação em todo esse período refletiu a cultura dominante da sociedade dividida entre o conservadorismo de hábitos e o liberalismo de gestos, entre a estrutura social reacionária e opressora e a superestrutura intelectual e formal de constitucionalismo e liberdade[138].

Por fim, cabe observar que, ao longo do período do Brasil Colônia e Império, não havia a ideia de direitos, mas sim de privilégios de determinadas camadas da sociedade. Os escravos – e, após a abolição, os

---

[138] *Educação no Brasil.* 2. ed. São Paulo: Nacional; Brasília, INL, 1976, p. 293.

negros e mestiços livres – nunca foram contemplados pela sociedade brasileira como verdadeiros cidadãos. Nas palavras de Lilia M. Schwarcz e Heloisa M. Starling:

> A própria maneira como a abolição foi apresentada oficialmente – como um presente e não como uma conquista – levou a uma percepção equivocada de todo esse processo marcado pelo envolvimento decisivo dos próprios escravos na luta. A estratégia política implicava divulgar que eles haviam sido 'contemplados' com a lci, recebido a dádiva, e mais: precisavam mostrar apenas gratidão pelo 'presente', assim como ampliar e consolidar antigas redes de dependência. Mas uma vez, a mesma perspectiva que priorizava o ressarcimento e uma liberdade apenas gradual e progressiva se inscrevia na recepção e na interpretação da nova lei, que buscava, entre outros, reconfigurar antigas estruturas de servidão, processos complexos de troca de favores e formas de submissão[139].

Foi nas sombras da escravidão que se moldou e se estruturou a nossa sociedade a partir de então. Os ex-escravos não foram reconhecidos faticamente como cidadãos. Ao contrário, deveriam ser "gratos pelo enorme favor que lhes foi feito pela sociedade e pelo Estado" e, por isso, passaram a ter uma "dívida social infindável", o que justificaria o fato de serem submetidos a trabalhos indignos e tratados como subcidadãos. Qualquer forma de indignação por parte deles era – e muitas vezes ainda é – considerada abusiva, pedante e merecedora de maior humilhação. Talvez a relação que melhor demonstre tal realidade ainda no século 21 seja a que se dá no âmbito do emprego doméstico, relação de trabalho que tem sua origem no trabalho escravo. No entanto, não podemos nos esquecer, como sociedade que se busca construir nos pilares do regime democrático, que a dívida social é sim de todos nós.

---

[139] *Brasil: Uma Biografia*. 2. ed. São Paulo. Companhia das Letras. 2018, p. 310-311.

6. Conquista da Cidadania e do Direito à Educação Escolar no Brasil República: Avanços e Retrocessos

6.1 Cidadania na Primeira República (1889-1930)

O período da Primeira República se iniciou em 1889, com um golpe militar que pôs fim à monarquia, instituiu a República Federativa e estendeu-se até a Revolução de 1930. No campo político, foi marcado pelo domínio das oligarquias agrárias no poder. Segundo Lilia M. Schwarcz e Heloisa M. Starling: "A República foi produto da ação de um grupo de oficiais sociais e intelectualmente antagônicos à elite civil do Império, insatisfeito com a situação do país e com seu próprio status político"[1].

Nas palavras de Sérgio Buarque de Holanda:

> É curioso notar-se que os movimentos aparentemente reformadores, no Brasil, partiram quase sempre de cima para baixo: foram de inspiração intelectual, se assim se pode dizer, tanto quanto sentimental. Nossa independência, as conquistas liberais que fizemos durante o decurso de nossa evolução política vieram quase de surpresa; a grande massa do povo recebeu-as com displicência, ou hostilidade. Não emanavam de uma predisposição espiritual e emotiva particular, de uma concepção de vida bem definida e específica, que tivesse chegado à maturidade plena. Os campeões das novas ideias esqueceram-se, com frequência, de

---

[1] *Brasil: Uma Biografia*. 2. ed. São Paulo. Companhia das Letras. 2018, p. 320.

CIDADANIA, DIREITOS HUMANOS E EDUCAÇÃO

que as formas de vida nem sempre são expressões do arbítrio pessoal, não se 'fazem' ou 'desfazem' por decreto. A célebre carta de Aristides Lobo sobre o 15 de Novembro é documento flagrante do imprevisto que representou para nós, a despeito de toda a propaganda, de toda a popularidade entre as moções das academias, a realização da ideia republicana. 'Por ora', dizia o célebre paredro do novo regime, 'por ora a cor do governo é puramente militar e deverá ser assim. O fato foi deles, deles só, porque a colaboração de elemento civil foi quase nula. O povo assistiu àquilo bestializado, atônito, surpreso, sem conhecer o que significava'[2].

Apesar de a República oligárquica não ter sido conquistada por expressiva manifestação popular, ela trouxe ganhos democráticos. Tem início um período de maior participação da classe média e da nascente burguesia industrial nas questões políticas do Brasil. Promulga-se a segunda Constituição brasileira, a de 24 de fevereiro de 1891, que estabelece juridicamente a República Federativa presidencialista. Suprimem-se as desigualdades provenientes da hereditariedade e as distinções jurídicas em relação ao *status* das pessoas, e o mandato passa a ser por prazo determinado[3].

O Estado e a Igreja passam a ser instituições separadas. O Estado tornou-se laico com a edição do Decreto n. 119-A, de 17 de janeiro de 1890, que estabeleceu a separação entre as duas instituições, o qual foi referendado pela Constituição de 1891. Após a sanção desse decreto, o Estado tornou-se laico e assim permanece até a atualidade, como comprova a atual Constituição de 1988[4].

Quanto à forma federativa de Estado, foram criados os Estados-membros, em número de vinte, mais o Distrito Federal, que continuava

---

[2] *Raízes do Brasil*, p. 192. Vide também: Pedro Calmon. *História Social do Brasil. A Época Republicana*. São Paulo: Martins Fontes. 2002, Vol. 3. p. 4.

[3] Boris Fausto. *História do Brasil, cit.*, p. 261-262; Celso Ribeiro Bastos e Ives Gandra Martins. *Comentários à Constituição do Brasil: Promulgada em 5 de outubro de 1988*. 2. ed. São Paulo: Saraiva, 2001, v. I., p. 324-327.

[4] Carlos Roberto Jamil Cury. *A Educação e a Primeira Constituinte Republicana*. In: *A Educação nas Constituintes Brasileiras 1823-1988*. 3. ed. Osmar Fávero (org.), Campinas: Autores Associados, 2005, p. 71 e Carolina Alves de Souza Lima. *Aborto e Anencefalia: Colisão de Direitos Fundamentais*. 2. ed. São Paulo: Juruá, 2015.

sendo a capital do país, então cidade do Rio de Janeiro. Devido à autonomia dos Estados-membros, cada um deles tinha a sua própria constituição, elegia seus representantes, estabelecia sua forma de administrar, possuía um sistema judiciário próprio, entre outras prerrogativas que lhes davam a autonomia de um ente federado. Deviam respeitar os princípios constitucionais da União.

A nova Constituição estabeleceu os três poderes – o Executivo, o Legislativo e o Judiciário – independentes e harmônicos entre si. Segundo essa nova organização dos poderes, e com base na teoria clássica de Montesquieu, não havia guarida para o Poder Moderador, que foi então extinto. O Poder Executivo passou a ser exercido pelo chefe eletivo da nação, o Presidente da República, para um mandato de quatro anos. Ele e o Vice-Presidente eram eleitos por sufrágio direto da Nação, e por maioria absoluta de votos. Entretanto, os primeiros presidentes e vice-presidentes da República seriam eleitos pelo voto indireto da Assembleia Constituinte, que seria então transformada em Congresso Nacional. O primeiro presidente da República do Brasil foi Deodoro da Fonseca e o vice, Floriano Peixoto[5].

O chefe do Poder Executivo passou a ser responsável juridicamente por seus atos, diferentemente do que ocorria com o imperador na Constituição de 1824. Preceituava o artigo 53 da Constituição de 1891 que: "O Presidente dos Estados Unidos do Brasil será submetido a processo e a julgamento, depois que a Câmara declarar procedente a acusação, perante o Supremo Tribunal Federal, nos crimes comuns, e, nos de responsabilidade, perante o Senado".

O Poder Legislativo passou a ser exercido pelo Congresso Nacional, que abrigava a Câmara dos Deputados e o Senado. Este era constituído por membros que representavam os Estados-membros, e aquela por membros que representavam, proporcionalmente, o povo, nas várias unidades da Federação. Todos os seus membros deveriam ser eleitos, de acordo com os ditames da Constituição, ou seja, por sufrágio direto. Dessa forma, os senadores perderam a vitaliciedade, garantida pela Constituição do Império[6].

[5] Boris Fausto. *História do Brasil, cit.*, p. 251-253.
[6] Celso Ribeiro Bastos e Ives Gandra Martins. 2. ed. *Comentários à Constituição do Brasil: Promulgada em 5 de outubro de 1988, cit.*, p. 328.

Quanto ao Poder Judiciário, a forma federativa de Estado trouxe a federalização da justiça, organizada em justiça estadual e federal. O Supremo Tribunal Federal foi criado em 1890 pelo Decreto n. 848, de 11 de outubro, e desde então é o órgão máximo do Poder Judiciário. Referido Poder se fortaleceu ao ter garantidas as prerrogativas da vitaliciedade e da irredutibilidade dos seus vencimentos, garantias não contempladas na Constituição do Império. Passou também a ter a competência para controlar os atos legislativos e administrativos.

O artigo 72 da primeira Constituição da República estabelecia a declaração de direitos fundamentais. Entre eles estavam a legalidade, a igualdade, a liberdade de crença, o direito de reunião, o direito de petição, a liberdade de locomoção, a inviolabilidade do domicílio, a liberdade de pensamento, a vedação das prisões ilegais, o juiz natural, o contraditório, a ampla defesa, a personalidade ou responsabilidade pessoal, a humanidade das penas, com a abolição da pena de galés e de banimento judicial, além da abolição da pena de morte em tempo de paz. Umas das importantes inovações da Constituição, quanto às garantias constitucionais, foi a introdução do *habeas corpus*, já previsto no Código Criminal de 1830, e, a partir de então, garantido no âmbito constitucional[7].

Quanto aos direitos civis, houve a criação do Código Civil, em 1916; entretanto, tais direitos não eram garantidos para a grande maioria da população, dada a estrutura oligárquica de Estado. É o que expõe Tânia Regina de Luca: "Os direitos civis, por sua vez, esbarravam no predomínio do latifúndio e no poder dos grandes proprietários, que seguiam atuando como senhores quase absolutos num país eminentemente rural"[8].

A Constituição de 1891 visou a integrar os imigrantes, importante e nova mão de obra no país do final do século 19 e início do 20. Para tanto, considerou cidadãos brasileiros os estrangeiros que, achando-se no Brasil aos 15 de novembro de 1889, não declarassem, dentro de seis meses

---

[7] Referida constituição foi alterada pela emenda constitucional de 3/9/1926; Celso Ribeiro Bastos e Ives Gandra Martins. 2. ed. *Comentários à Constituição do Brasil: Promulgada em 5 de outubro de 1988, cit.*, p. 329.

[8] *Direitos Sociais no Brasil.* In: *História da Cidadania.* Org.: Jaime Pinsky e Carla Bassanezi Pinsky. São Paulo: Contexto, 2003, p. 477-478.

depois de entrar em vigor a Constituição, o ânimo de conservar a nacionalidade de origem. Quanto aos direitos políticos, o Decreto n. 6, de 19 de novembro de 1889, extinguiu o voto censitário e manteve a determinação do saber ler e escrever, como condição do acesso à participação eleitoral, já imposta pela Lei Saraiva de 1881[9].

De acordo com o artigo 70, da Constituição de 1891, eram considerados eleitores os cidadãos maiores de 21 anos que se alistassem na forma da lei. Foram excluídos os mendigos, os analfabetos, os praças de pré e os religiosos sujeitos ao voto de obediência e que representassem renúncia à liberdade individual. A Constituição não fez qualquer referência à mulher e considerou-se implicitamente que ela estava afastada da participação política no Estado brasileiro[10].

Apesar de a Constituição de 1891 não prever o voto censitário, como o fazia a Constituição do Império, ela estabeleceu o sufrágio restrito capacitatório de natureza intelectual, o chamado censo literário[11]. Com essa previsão, os analfabetos foram duplamente discriminados na Constituição de 1891. Além de exigir como requisito para votar a capacidade de ler e escrever, ela foi totalmente omissa em relação ao direito à educação escolar. Diferentemente da Constituição do Império, a Constituição de 1891 não manteve a obrigação de o Estado oferecer educação primária gratuita a todos os seus cidadãos[12].

A proibição da participação política do analfabeto foi consolidada em uma sociedade na qual a taxa de analfabetismo era muito alta. Entre

---

[9] Carlos Roberto Jamil Cury. *A Educação e a Primeira Constituinte Republicana*. In: *A Educação nas Constituintes Brasileiras 1823-1988, cit.*, p. 72.

[10] Boris Fausto. *História do Brasil, cit.*, p. 251; Tânia Regina de Luca. *Direitos Sociais no Brasil*. In: *História da Cidadania, cit.*, p. 469.

[11] Alceu Ravanello Ferraro. *História Inacabada do Analfabetismo no Brasil, cit.*, p. 130. Expõe Alexandre de Moraes que: "O sufrágio será restrito quando o direito de voto é concedido em virtude da presença de determinadas condições especiais possuídas por alguns nacionais. O sufrágio restrito poderá ser censitário, quando o nacional tiver que preencher qualificação econômica (renda, bens etc.), ou capacitatório, quando necessitar apresentar alguma característica especial (natureza intelectual, por exemplo)" (*Direito Constitucional*. 24. ed. São Paulo: Atlas, 2009, p. 229).

[12] Letícia Bicalho Canêdo. *Aprendendo a Votar*. In: *História da Cidadania*. Org.: Jaime Pinsky e Carla Bassanezi Pinsky. São Paulo: Contexto, 2003, p. 531; Daniel José Eduardo. *Ernani Gomes de Oliveira e Silva: um Falsário a "serviço" da cidadania*. In: *Brasileiros e cidadãos: modernidade política 1822-1930*. Gladys Sabino Ribeiro (org.). São Paulo: Alameda, 2008, p. 487.

CIDADANIA, DIREITOS HUMANOS E EDUCAÇÃO

os adultos era de 65% em 1900 e de 60% em 1930. Isso significava que quase 80% da população brasileira estava excluída do direito ao voto na Primeira República[13].

Somado ao analfabetismo, expõe Boris Fausto que:

> o voto não era obrigatório e o povo, em regra, encarava a política como um jogo entre os grandes ou uma troca de favores. Seu desinteresse crescia quando nas eleições para presidente os partidos estaduais se acertavam, lançando candidaturas únicas, ou quando os candidatos de oposição não tinham qualquer possibilidade de êxito. A porcentagem de votantes oscilou entre um mínimo de 1,4% da população total do país (eleição de Afonso Pena em 1906) e um máximo de 5,7% (eleição de Júlio Prestes em 1930)[14].

No entanto, apesar de todo esse quadro negativo do processo eleitoral, em termos comparativos, o comparecimento eleitoral cresceu em relação ao período do Império. Segundo o referido autor: "Confrontando-se as eleições para a última legislatura do Parlamento imperial (1886) com a primeira eleição para a presidência da República, em que votaram eleitores de todos os Estados (1898), verificamos que a participação eleitoral aumentou em 400%"[15].

Outro aspecto da realidade política desse período eram as fraudes eleitorais, que não eram novidade, mas sim herança da mentalidade vigente no período do Império. Ademais, o voto não era secreto e a maioria dos votantes estava sujeita à pressão dos políticos, em razão do coronelismo. A Primeira República permitiu a presença do coronelismo, que representou, em um aspecto sociopolítico mais amplo, o clientelismo, presente tanto nas cidades quanto no campo. No âmbito eleitoral, o coronel controlava os votantes por meio da "compra" dos votos, em troca dos mais variados "favores". Essa relação somente era possível dada a desigualdade social presente na sociedade brasileira, estruturada em um Estado ineficaz nas suas obrigações sociais[16].

---

[13] Letícia Bicalho Canêdo. *Aprendendo a Votar*. In: *História da Cidadania, cit.*, p. 531-532.
[14] Boris Fausto. *História do Brasil, cit.*, p. 262.
[15] *Idem, Ibidem.* p. 262.
[16] *Idem, Ibidem.* p. 262-263.

Expõe José Afonso da Silva que: "O coronelismo fora o poder real e efetivo, a despeito das normas constitucionais traçarem esquemas formais da organização nacional com teoria de divisão de poderes e tudo. A relação de forças dos coronéis elegia os governadores, os deputados e senadores. Os governadores impunham o Presidente da República"[17]. Tal realidade gerava a ausência de cidadania, em seus vários aspectos, para a grande maioria da população.

De acordo com Lilia M. Schwarcz e Heloisa M. Starling:

> O voto era entendido como moeda de troca, as relações de poder se desenvolviam a partir do município, e na ponta desse relacionamento está o fenômeno do coronelismo. Coronel era o posto mais alto na hierarquia da Guarda Nacional, a instituição do Império que ligou proprietários rurais ao governo. Com a República, a Guarda perdeu sua natureza militar, mas os coronéis conservaram o poder político nos municípios onde viviam. Daí em diante, o coronelismo passou a significar um complexo sistema de negociação entre esses chefes locais e os governadores dos estados, e destes com o presidente da República. O coronel seria um dos elementos formadores da estrutura oligárquica tradicional baseada em poderes personalizados e nucleados, geralmente, nas grandes fazendas e latifúndios brasileiros. O coronel era, assim, parte fundamental do sistema oligárquico. Ele hipotecava seu apoio ao governo estadual na forma de votos, e, em troca, o governo garantia o poder do coronel sobre seus dependentes e rivais, especialmente através da cessão dos cargos públicos, que iam do delegado de polícia à professora primária. E desse modo se estabilizava a República brasileira no início do século XX, na base de muita troca, empréstimo, favoritismo, negociações e repressão. Visto desse ângulo, e como diziam os jornais satíricos da época, o país não passava de uma grande fazenda"[18].

A Constituição de 1891 não fez qualquer menção aos direitos sociais, por ser baseada no ideal do liberalismo, com respeito fundamentalmente à liberdade e à propriedade. Garantia, entre os direitos, o livre exercício de qualquer profissão moral, intelectual e industrial e

---

[17] *Curso de Direito Constitucional Positivo*. 30. ed. São Paulo: Malheiros, 2008, p. 80.
[18] *Brasil: Uma Biografia*. 2. ed. São Paulo. Companhia das Letras. 2018, p. 322.

CIDADANIA, DIREITOS HUMANOS E EDUCAÇÃO

estabelecia como uma das atribuições do Congresso Nacional legislar sobre trabalho. No entanto, as relações entre patrões e empregados davam-se segundo os parâmetros liberais e regulavam-se no âmbito das relações privadas, o que favorecia o patronato, que impunha suas condições de trabalho. O descontentamento dos trabalhadores com as condições de trabalho era muito grande. Ademais, há relatos de crianças trabalhando a partir dos 5 anos de idade, porquanto não havia restrição de idade, assim como não havia regulamentação do tempo máximo de jornada de trabalho. As mulheres também representavam um número expressivo de trabalhadoras e, assim como as crianças, eram mal remuneradas e exploradas[19].

Essa nova realidade socioeconômica e cultural do início do século 20 propiciou a luta e a reivindicação pelos direitos sociais. E é a partir desse período que os trabalhadores entram no cenário político e se inicia o seu protagonismo. Ao longo de toda a Primeira República, a estrutura social começava a se ampliar. Nos centros urbanos nascia a classe operária e no campo se formava o colonato. Os trabalhadores urbanos e do campo passaram a manifestar todo seu descontentamento com as péssimas condições de vida e de trabalho às quais eram submetidos. Manifestavam-se das formas mais variadas possíveis, como por meio das associações, sindicatos, partidos, congressos, manifestos, jornais, produções teatrais e literárias. No entanto, poucas tiveram algum êxito, uma vez que a indústria ainda tinha um significado inexpressivo no âmbito econômico, e a classe operária, no âmbito político. Haverá a partir de então a reivindicação por melhores condições de trabalho e vida, com a demanda por melhores salários, redução da jornada de trabalho, proteção ao trabalhador, entre tantas demandas outras[20].

Expõe Tânia Regina de Luca que:

> Desde a última década do século XIX, é possível distinguir diferentes porta-vozes dos interesses operários. De forma bastante esquemática e correndo o risco de incorrer em simplificações, pode-se afirmar que o

---

[19] Lilia M. Schwarcz e Heloisa M. Starling. *Brasil: Uma Biografia. cit.*, p. 336.
[20] Tânia Regina de Luca. *Direitos Sociais no Brasil.* In: *História da Cidadania, cit.*, p. 469 a 472; Boris Fausto. *História do Brasil, cit.*, p. 295 e 297 e Lilia M. Schwarcz e Heloisa M. Starling. *Brasil: Uma Biografia. cit.*, p. 336. Vide artigos 34, §28 e 72, §24 da Constituição de 1891.

espectro ia desde os chamados amarelos ou reformistas, defensores dos interesses dos patrões e da ordem estabelecida, passando pelos socialistas – que, por meio da arregimentação dos trabalhadores em torno dos partidos que fundavam e de seus candidatos, almejavam participar da vida política e propor a elaboração de leis que alterassem o duro cotidiano dos assalariados –, até os anarquistas, que negavam a ordem liberal, o estado, a representação, o jogo político partidário, propondo o enfrentamento com o capital, a chamada ação direta, levada a cabo pelos sindicatos de resistência, e a fundação, por meio da greve geral revolucionária, de uma outra sociedade, sem explorados e exploradores, ancorada na solidariedade, igualdade e reforma profunda do ser humano, o que explica a centralidade de sua proposta cultural[21].

Com o despertar para as reivindicações dos direitos sociais, uma das formas de expressá-los dava-se por meio das greves. Expõe Paulo Cruz Terra que: "A greve representava, portanto, a vontade do trabalhador de se fazer ouvir como sujeito político, ou seja, como cidadão. Essa perspectiva torna-se altamente relevante tendo em vista que na Primeira República não havia sido consolidada, entre outras esferas da cidadania, a cidadania do trabalhador – essa estaria fundada no reconhecimento das associações e no gozo dos direitos sociais do trabalho"[22].

As reivindicações davam-se tanto na cidade quanto no campo. Houve no campo as greves por melhores salários e condições de trabalho nas fazendas de café de São Paulo. Apesar das manifestações, os objetivos dos colonos não foram alcançados. Segundo Boris Fausto: "As greves só tinham forte repercussão quando eram gerais ou quando atingiam setores-chave do sistema agroexportador, como as ferrovias e os portos. Por sua vez, o jogo político oligárquico podia ser feito sem necessidade de se agradar à massa operária nascente"[23].

---

[21] *Direitos Sociais no Brasil.* In: *História da Cidadania, cit.,* p. 471-472.

[22] *Cidadania e Trabalhadores: a Greve dos Cocheiros e Carroceiros no Rio de Janeiro em 1900.* In: *Brasileiros e cidadãos: modernidade política 1822-1930.* Gladys Sabino Ribeiro (org.). São Paulo: Alameda, 2008, p. 270. Também no sentido da luta pelos direitos sociais, vide: Rômulo Costa Mattos. *Um Artigo e uma Petição: A Campanha de Evaristo de Moraes pela Construção de Casas para a Classe Trabalhadora. In: Brasileiros e cidadãos: modernidade política 1822-1930.* Gladys Sabino Ribeiro (org.). São Paulo: Alameda, 2008, p. 335 a 350.

[23] Boris Fausto. *História do Brasil, cit.,* p. 297.

CIDADANIA, DIREITOS HUMANOS E EDUCAÇÃO

No período de 1917 a 1920, houve importantes mobilizações e greves nas cidades do Rio de Janeiro e São Paulo. A realidade internacional era de reivindicações no campo político e social, e elas influenciaram profundamente o Brasil. Em vários países europeus, cresciam as manifestações operárias. Acordos internacionais reconheciam a existência de problemas na ordem social, bem como a necessidade e a importância de serem enfrentados e solucionados mediante a atuação ativa do Estado. Ademais, a Europa enfrentava as consequências econômicas do término da Primeira Guerra Mundial, e, em 1918, houve a criação do primeiro Estado socialista, a União das Repúblicas Soviéticas[24].

Todas essas realidades contribuíram para que se buscasse um modelo de Estado que interviesse nas relações entre o capital e o trabalho. Se, por um lado, o Estado passou a legislar sobre alguns direitos sociais, por outro, houve perseguição sistemática ao movimento organizado, sobretudo no período do estado de sítio, entre 1922 a 1927, e referendado com a aprovação, em 1921, da lei de repressão ao anarquismo[25]. Segundo Lilia M. Schwarcz e Heloisa M. Starling: "a despeito do claro crescimento do movimento grevista, num país de tradição clientelística e pouco afeito à esfera pública de representação, as greves eram alvo de repressão sistemática. Vários imigrantes foram expulsos do Brasil sob alegação de serem 'anarquistas e baderneiros', e muitos trabalhadores nacionais acabaram espancados e presos pela mesma razão"[26].

Entre as normas que passaram a tutelar os direitos sociais, em especial os direitos trabalhistas, houve a lei de 1919, que estabelecia a obrigação de o empregador indenizar o trabalhador nos casos de acidente do trabalho; a lei de 1925, que preceituava o direito às férias anuais de 15 dias para os trabalhadores do comércio e da indústria; o Código de Menores, de 1927, que proibia o trabalho de crianças menores de 14 anos e que estabelecia jornada de trabalho de seis horas até os 18 anos[27].

Os empregadores da época, pouco afetos aos reclamos sociais, não concordavam com todas essas mudanças e tentavam impedir qualquer

[24] Tânia Regina de Luca. *Direitos Sociais no Brasil*. In: *História da Cidadania, cit.*, p. 473.
[25] *Idem, Ibidem.* p. 473.
[26] *Brasil: Uma Biografia. cit.*, p. 336.
[27] Tânia Regina de Luca. *Direitos Sociais no Brasil*. In: *História da Cidadania*, p. 473.

CONQUISTA DA CIDADANIA E DO DIREITO À EDUCAÇÃO ESCOLAR NO BRASIL

forma de intervenção do Estado na relação de trabalho e no mercado. A lei sobre as férias, por exemplo, dependia de regulamentação e não foi aplicada até 1930, na área da indústria, devido à pressão dos industriais[28].

A Constituição Republicana, tão bem elaborada formalmente, revelava imensa distância entre suas previsões legais e a realidade brasileira. Expõe José Afonso da Silva que: "Faltara-lhe, porém, vinculação com a realidade do país. Por isso, não teve eficácia social, não regeu os fatos que previra, não fora cumprida"[29].

Não obstante o processo de urbanização ocorrido durante a Primeira República, o Brasil continuou sendo um país predominantemente agrícola e com um sistema rigorosamente oligárquico. De acordo com Boris Fausto: "Segundo o censo de 1920, dos 9,1 milhões de pessoas em atividade, 6,3 milhões (69,7%) se dedicavam à agricultura, 1,2 milhões (13,8%) à indústria e 1,5 milhão (16,5%) aos serviços"[30]. Ademais, o país era composto por uma população extremamente carente de direitos e de cidadania. A abolição da escravidão, decretada um ano antes da Proclamação da República, veio a agravar ainda mais aquela realidade, porque, não obstante a conquista formal da liberdade, ela deixava à margem da cidadania quase que a totalidade da população afrodescendente. Com a política imigratória do Estado, grande parte da mão de obra foi absorvida pelos imigrantes, em razão do primeiro surto industrial e, consequentemente, da organização do trabalho livre[31]. Expõe Paulo Bonavides que: "Na sociedade o trabalho livre do imigrante, nomeadamente o italiano das lavouras de café, substitui o braço servil do africano – prolongamento humano da era colonial nas instituições imperiais extintas em 1889"[32].

Verifica-se que a Proclamação da República e a promulgação da Constituição de 1891 não representaram o avanço esperado em relação à conquista da cidadania. Isso porque o Brasil não passara por nenhuma revolução, como a Inglaterra, os Estados Unidos e a França. A República

---

[28] Boris Fausto. *História do Brasil, cit.*, p. 303.

[29] José Afonso da Silva. *Curso de Direito Constitucional Positivo, cit.*, p. 79.

[30] *História do Brasil, cit.*, p. 281-282.

[31] Tânia Regina de Luca. *Direitos Sociais no Brasil.* In: *História da Cidadania, cit.*, p. 469-470.

[32] Paulo Bonavides. *Curso de Direito Constitucional.* 15. ed. São Paulo: Malheiros, 2004, p. 364.

se iniciou com a herança do período colonial, marcado pelas relações de subordinação entre governantes e súditos. Por isso, o único caminho para a conquista da cidadania era um processo lento, contínuo e gradual para a incorporação desses valores à sociedade brasileira como um todo. Tal processo somente poderia se consolidar por meio da garantia do direito à educação. No entanto, como se verá a seguir, a educação escolar nesse período era um privilégio de poucos e não um direito de todos[33].

Segundo José Murilo de Carvalho:

> até 1930 não havia povo organizado politicamente nem sentimento nacional consolidado. A participação na política nacional, inclusive nos grandes acontecimentos, era limitada a pequenos grupos. A grande maioria do povo tinha com o governo uma relação de distância, de suspeita, quando não de aberto antagonismo. Quando o povo agia politicamente, em geral o fazia como reação ao que considerava arbítrio das autoridades. Era uma cidadania em negativo, se se pode dizer assim. O povo não tinha lugar no sistema político, seja no Império, seja na República. O Brasil era ainda para ele uma realidade abstrata. Aos grandes acontecimentos políticos nacionais, ele assistia, não como bestializado, mas como curioso, desconfiado, temeroso, talvez um tanto divertido[34].

A Primeira República se encerrou com o que se denominou "Revolução de 1930". O então presidente Washington Luiz foi deposto pelo movimento armado, dirigido por civis e militares, dos Estados de Minas Gerais, Rio Grande do Sul e Paraíba. O movimento armado impediu a posse do presidente eleito Júlio Prestes, pondo fim à denominada República Velha. Por meio do Decreto n. 19.398, de 11 de novembro de 1930, estabeleceu-se que o Governo Provisório reorganizaria as normas do Poder Público. De acordo com seu artigo 1º, referido governo exerceria, discricionariamente, em toda sua plenitude, as funções e atribuições não só do Poder Executivo, como também do Legislativo até que, eleita a Assembleia Constituinte, ela estabelecesse

---

[33] José Murilo de Carvalho. *Cidadania no Brasil: O Longo Caminho, cit.*, p. 43.
[34] *Idem, Ibidem.* p. 83.

a reorganização constitucional do país. Getúlio Vargas assumia o Governo Provisório[35].

De acordo com Boris Fausto:

> a partir de 1930, ocorreu uma troca da elite do poder sem grandes rupturas. Caíram os quadros oligárquicos tradicionais, os 'carcomidas da política', como se dizia na época. Subiram os militares, os técnicos diplomados, os jovens políticos e, um pouco mais tarde, os industriais. Muitos, a começar pelo próprio Getúlio, já tinham começado uma carreira vitoriosa, no interior da antiga ordem. (...) Um novo tipo de Estado nasceu após 1930, distinguindo-se do Estado oligárquico não apenas pela centralização e pelo maior grau de autonomia como também por outros elementos. Devemos acentuar pelo menos três dentre eles: 1. a atuação econômica, voltada gradativamente para os objetivos de promover a industrialização; 2. a atuação social, tendente a dar algum tipo de proteção aos trabalhadores urbanos, incorporando-os, a seguir, a uma aliança de classes promovida pelo poder estatal; 3. o papel central atribuído às Forças Armadas – em especial o Exército – como suporte da criação de uma indústria de base e sobretudo como fator de garantia da ordem interna[36].

O Governo Provisório elegeu uma comissão encarregada de elaborar o anteprojeto da nova Constituição. Deveria finalizar seu trabalho até o dia 3 de maio de 1933, data estabelecida para a realização das eleições à Assembleia Constituinte. Mostrava-se fortemente orientado para a permanência no poder de forma ditatorial. Ao assumir o poder, dissolveu o Congresso Nacional e os poderes legislativos estaduais e municipais, assim como demitiu todos os antigos governadores, salvo o eleito pelo Estado de Minas Gerais, e nomeou interventores federais. A imprensa de oposição foi censurada. Era efetivamente um regime autoritário[37].

---

[35] Boris Fausto. *História do Brasil.* cit., p. 320; José Murilo de Carvalho. *Cidadania no Brasil: O Longo Caminho, cit.,* p. 89-97; Sahid Maluf. Direito Constitucional. 15 ed. São Paulo: Saraiva, 1983, p. 22.

[36] *História do Brasil, cit.,* p. 327.

[37] Celso Ribeiro Bastos e Ives Gandra Martins. 2. ed. *Comentários à Constituição do Brasil: Promulgada em 5 de outubro de 1988, cit.,* p. 337; Paulo Bonavides. *Curso de Direito Constitucional, cit.,* p. 366; Boris Fausto. *História do Brasil, cit.,* p. 333 e Lilia M. Schwarcz e Heloisa M. Starling. *Brasil: Uma Biografia. cit.,* p. 361.

CIDADANIA, DIREITOS HUMANOS E EDUCAÇÃO

A Revolução Constitucionalista de 1932, em São Paulo, foi a maior reivindicação contra o Governo Provisório, na busca pelo restabelecimento da ordem constitucional. Expõe José Murilo de Carvalho que ela: "durou três meses e foi a mais importante guerra civil brasileira do século XX. Os paulistas pediam o fim do governo ditatorial e a convocação de eleições para escolher uma assembleia constituinte. Sua causa era aparentemente inatacável: a restauração da legalidade, do governo constitucional"[38]. Apesar de São Paulo sair militarmente derrotado, a Revolução de 1932 trouxe importante resultado político. O governo federal estabeleceu a data para as eleições e convocou a Assembleia Nacional Constituinte. As eleições ocorreram em 1933, já sob novas regras eleitorais. Houve importantes conquistas democráticas, como a criação da justiça eleitoral e a introdução do voto secreto e do voto feminino[39].

6.2 Direito à Educação Escolar na Primeira República (1889-1930)

A República se inicia com o sistema educacional herdado do Império e, como já analisado, bastante precário em relação às políticas sociais. A realidade educacional brasileira passou a enfrentar nova demanda com a abolição da escravatura, declarada um ano antes da Proclamação da República, em 1888. Milhões de negros e as suas mestiçagens eram, a partir de então, livres e iguais perante a lei e deveriam ter acesso à educação escolar.

No entanto, o sistema educacional brasileiro, se é que poderíamos chamá-lo de sistema – uma vez que não havia uma organização nacional – já era extremamente deficiente e precário para os brancos da já existente classe média e pobre. Se, devido à aristocratização do ensino no Brasil, este já era um país de analfabetos, no início do século 20 os problemas com a questão educacional, desde o seu acesso até a sua qualidade, se agravaram[40].

No início do período republicano, houve algumas iniciativas em relação às questões educacionais por parte do Governo Provisório. Entre elas, o Decreto n. 7, de 20/11/1889, estabeleceu que a instrução pública, em todos os seus graus, era de competência das unidades federadas. Não

---

[38] *Cidadania no Brasil: O Longo Caminho, cit.*, p. 100.
[39] José Murilo de Carvalho. *Cidadania no Brasil: O Longo Caminho, cit.*, p. 101.
[40] José Antonio Tobias. *História da Educação Brasileira, cit.*, p. 300.

houve, no entanto, por parte do governo e no âmbito nacional, a determinação da obrigatoriedade ou da gratuidade do ensino nas escolas oficiais[41].

Em 19 de abril de 1890, foi criado o Ministério da Instrução Pública, Correios e Telégrafos, por meio da Reforma Benjamin Constant. O Ministério, apesar de breve duração, uma vez que foi extinto em 30 de outubro de 1891, empreendeu algumas realizações. Entre elas, criou o *Pedagogium*, centro de aperfeiçoamento do magistério; realizou a reforma da instrução pública primária e secundária do Distrito Federal, na época a cidade do Rio de Janeiro; autorizou a existência de escolas livres e empreendeu a reforma do ensino superior, que autorizou a existência das faculdades livres e das oficiais, além da criação do Conselho de Instrução Superior do Distrito Federal[42].

A Constituição de 1891 passou a estabelecer as diretrizes básicas da educação escolar. O artigo 35 estabelecia, ao cuidar das atribuições do Congresso, que incumbia a ele, mas não privativamente, o seguinte: animar, no país, o desenvolvimento das letras, das artes e das ciências, sem privilégios que inibissem a ação dos governos locais; criar instituições de ensino superior e secundário nos Estados e prover a instrução secundária no Distrito Federal. Já o artigo 34, inciso 30, prescrevia competir privativamente ao Congresso Nacional legislar sobre o ensino superior no Distrito Federal.

Da análise desses dispositivos, verifica-se que havia a esfera pública, dividida entre a União e os Estados da Federação. Ao governo federal cabia animar o desenvolvimento da educação escolar, sem tolher a ação dos governos locais. Segundo Carlos Roberto Jamil Cury era: "a assunção de uma espécie de federalismo educacional"[43]. Cabia também à União criar instituições de ensino superior e secundário nos Estados, assim como sus-

---

[41] Carlos Roberto Jamil Cury. *A Educação e a Primeira Constituinte Republicana*. In: *A Educação nas Constituintes Brasileiras 1823-1988, cit.*, p. 72-73.

[42] A reforma passou a exigir o diploma da Escola Normal para o exercício do magistério em escolas públicas. Para as escolas particulares, passou a solicitar-se um atestado de idoneidade moral dos professores. Paulo Ghiraldelli Jr. *História da Educação Brasileira, cit.*, p. 35 e Carlos Roberto Jamil Cury. *A Educação e a Primeira Constituinte Republicana*. In: *A Educação nas Constituintes Brasileiras 1823-1988*. 3. ed. Osmar Fávero (org.) Campinas: Autores Associados, 2005, p. 72 e 73.

[43] *A Educação e a Primeira Constituinte Republicana*. In: *A Educação nas Constituintes Brasileiras 1823-1988, cit.*, p. 76.

CIDADANIA, DIREITOS HUMANOS E EDUCAÇÃO

tentar a educação secundária no Distrito Federal e legislar privativamente sobre o ensino superior no Distrito Federal[44]. Segundo Paulo Ghiraldelli: "No final da 'Primeira República', houve a reforma Rocha Vaz (1925) que, pela primeira vez, tentou ordenar um acordo entre o que se fazia nos estados e o que se fazia na União, ao menos quanto à promoção da educação primária e à eliminação dos exames preparatórios e parcelados"[45].

A manutenção do ensino público primário permaneceu como atribuição dos Estados e dos municípios. Houve um retrocesso da Constituição de 1891, ao não garantir a instrução primária gratuita a todos os cidadãos, como o fazia a Constituição do Império. O ensino público secundário era de responsabilidade dos Estados, mas poderia também ser mantido pela União e pela iniciativa privada. Já o ensino superior público ficou sob a atribuição da União, mas os Estados e a iniciativa privada também podiam criá-los[46].

Quanto ao aspecto laico do Estado, o artigo 11 da Constituição estabelecia ser vedado à União e aos Estados estabelecer, subvencionar ou embaraçar o exercício dos cultos religiosos. O artigo 72, ao cuidar dos direitos fundamentais, preceituava em seu parágrafo 6º que o ensino ministrado nos estabelecimentos públicos seria laico. O parágrafo 7º prescrevia que nenhum culto ou igreja poderia gozar de subvenção oficial, ou ter relações de dependência ou aliança com o governo da União ou o dos Estados.

Quanto à gratuidade e à obrigatoriedade do ensino, a Constituição de 1891 foi omissa. Algumas constituições estaduais cuidaram da gratuidade da instrução primária, mas nenhuma cuidou da obrigatoriedade. Como os poderes remanescentes pertenciam aos Estados, a atribuição da instrução primária era de responsabilidade deles[47].

O tema da educação foi muito pouco considerado pela Constituição de 1891. Todavia, ainda foi um dos únicos direitos sociais previstos por ela. No entanto, cabe ressaltar que a educação escolar nem sequer era concebida como um direito fundamental. O liberalismo oligárquico da época compreendia a educação na dimensão da virtude, ou seja, própria

[44] *Idem. Ibidem.* p. 77-78.
[45] *História da Educação Brasileira, cit.*, p. 35.
[46] Carlos Roberto Jamil Cury. *A Educação e a Primeira Constituinte Republicana*. In: *A Educação nas Constituintes Brasileiras 1823-1988, cit.*, p. 77-78.
[47] Alberto Venâncio Filho. *A Educação na Constituinte de 1890-1891 e na Revisão Constitucional de 1925-1926: Comentários*. In: *A Educação nas Constituintes Brasileiras 1823-1988*. 3. ed. Osmar Fávero (org.) Campinas: Autores Associados, 2005, p. 114.

do esforço individual de cada um[48]. Por isso, aponta Carlos Roberto Jamil Cury que: "não haverá educação obrigatória exatamente porque a oportunidade educacional será vista como demanda individual"[49]. Ademais expõe o referido autor que: "após a promulgação da Constituição, o perfil do liberalismo e do 'Estado mínimo' passa a ser lei, mas dentro de um pragmatismo elitista e excludente dos grupos oligárquicos no poder"[50].

A revisão constitucional de 1926 foi muito importante na questão educacional porque propôs a ação interventora do Estado na ordem social. Não houve tempo para sua consolidação, uma vez que a Revolução de 1930 derrubou a Constituição de 1891. No entanto, seus frutos foram colhidos na década seguinte. A partir da Revolução de 1930, houve importantes conquistas no campo da educação escolar, porque a partir desse período iniciou-se uma vinculação mais ampla entre as questões educacionais e os problemas sociais. A Era Vargas foi importante no campo da conquista da educação pública[51].

Diante dessa realidade nacional, nas primeiras décadas do século 20, tinham acesso à educação escolar a burguesia urbana, a burguesia dos fazendeiros, que residiam na cidade, a classe média e pequena parcela da classe pobre urbana. O pobre do campo não tinha acesso à educação escolar, e o Brasil ainda era um país agrícola. Em 1920, a taxa de analfabetismo era em torno de 70%. A realidade revelava a escola como eminentemente seletiva. O sistema educacional visava a selecionar os intelectualmente mais preparados, integrantes das classes mais abastadas. Com essa realidade, a escola tornava-se cada vez mais uma barreira à ascensão social das classes pobres e excluídas, nas quais se incluíam os afrodescendentes[52].

De acordo com Antonio Carneiro Leão, um dos mais destacados intelectuais da educação da época, a República era apenas de fachada,

---

[48] Carlos Roberto Jamil Cury. *A Educação e a Primeira Constituinte Republicana*. In: *A Educação nas Constituintes Brasileiras 1823-1988, cit.*, p. 79.

[49] *Idem, Ibidem*, p. 79.

[50] *Idem, Ibidem*, p. 79.

[51] Marcos Cezar de Freitas e Maurilene de Souza Biccas. *História Social da Educação no Brasil (1926-1996)*. São Paulo: Cortez, 2009, v. 3, p. 47 e 61 e 62.

[52] José Antonio Tobias. *História da Educação Brasileira, cit. p. 333;* Tânia Regina de Luca. *Direitos Sociais no Brasil*. In: *História da Cidadania, cit.*, p. 469-470; Marcos Cezar de Freitas e Maurilene de Souza Biccas. *História Social da Educação no Brasil (1926-1996), cit.*, p. 63.

CIDADANIA, DIREITOS HUMANOS E EDUCAÇÃO

doente em vários aspectos, principalmente no campo intelectual. Segundo ele: "Um povo retardatário, doente, mal organizado, de péssimas finanças, vida econômica perturbada, cultura diminuta, lentidão de trabalho, atraso social, parasitismo político, não só desorganiza as suas relações no exterior, mas cria uma vida nacional deficiente, anárquica, pobre, senão mais ou menos servil e periclitante"[53].

Ao analisar o acesso à educação escolar durante a Primeira República, expõe Pachoal Lemme a realidade de São Paulo, o Estado mais rico da Federação. Segundo o autor:

> As poucas escolas públicas existentes nas cidades eram frequentadas pelos filhos das famílias de classe média. Os ricos preceptores, geralmente estrangeiros, que ministravam aos seus filhos o ensino em casa, ou os mandavam a alguns poucos colégios particulares, leigos ou religiosos, funcionando nas principais capitais, em regime de internato ou semi-internato. Muitos desses colégios adquiriram grande notoriedade. Em todo o vasto interior do país havia algumas precárias escolinhas rurais, em cuja maioria trabalhavam professores sem qualquer formação profissional, que atendiam as populações dispersas em imensas áreas: eram as substitutas das antigas aulas, instituídas pelas reformas pombalinas, após a expulsão dos jesuítas, em 1763'"[54].

Nesse contexto de ausência do Estado com responsabilidade social e, consequentemente, sem uma política educacional efetiva, a situação da criança carente no Brasil começava a revelar alguns dos graves problemas sociais do país. A realidade social era de estratificação. E a dificuldade não era somente de acesso à escola, mas de permanência nela. Expõem Marcos Cezar de Freitas e Maurilene de Souza Biccas que: "No Brasil todos os números que demonstram a expansão no número de vagas para a escola pública no transcorrer do século XX demonstram igualmente elevados e persistentes índices de evasão escolar"[55].

---

[53] *Apud.* Marcos Cezar de Freitas e Maurilene de Souza Biccas. *História Social da Educação no Brasil (1926-1996), cit.*, p. 42.

[54] *Apud*, Paulo Ghiraldelli Jr. *História da Educação Brasileira, cit.*, p. 36.

[55] *História Social da Educação no Brasil (1926-1996), cit.*, p. 54.

CONQUISTA DA CIDADANIA E DO DIREITO À EDUCAÇÃO ESCOLAR NO BRASIL

Em 1927, entrava em vigor o Código de Menores, que refletia a realidade infanto-juvenil no âmbito social. Por um lado, o Estado passou a ter uma postura muito mais pautada na repressão do que na assistência às crianças e aos adolescentes, submetidos à referida legislação. Por outro, a sociedade exigia um Estado que garantisse segurança patrimonial, física e moral, uma vez que a delinquência infanto-juvenil já era uma realidade brasileira e demandava soluções. A maioria da sociedade entendia, como talvez ainda hoje entenda, que a solução estava em aplicar medidas repressoras e que implicassem o afastamento dessas crianças e desses adolescentes infratores do convívio social[56]. No nosso entender, tal postura somente corrobora para a manutenção da cultura da violência hoje tão arraigada na sociedade brasileira.

Duas questões importantes permeiam praticamente toda a história da educação brasileira e estão muito presentes durante a Primeira República. A primeira diz respeito às reformas educacionais efetivadas e a realidade educacional em si verificada no Brasil. As reformas educacionais tanto no âmbito legal, quanto administrativo, estavam muito distantes de enfrentar e resolver as verdadeiras demandas educacionais brasileiras. A segunda questão, diretamente ligada à primeira, era que as teorias pedagógicas, na maioria das vezes aplicadas, estavam distanciadas da realidade brasileira e dos nossos problemas no campo da educação. O que se buscava era muito mais a imitação dos modelos e das teorias educacionais europeias e americanas, do que a busca de soluções para as demandas específicas da educação brasileira. Tal realidade gerava a elaboração de leis e reformas educacionais que não atendiam às necessidades específicas da sociedade brasileira[57].

No campo pedagógico, o início do século 20 foi caracterizado pela expansão do positivismo, principalmente na região do centro e do sul do Brasil. Foi um período marcado pela prevalência das ciências positivas, em detrimento da Filosofia, da Metafísica e da Psicologia

---

[56] Marcos Cezar de Freitas e Maurilene de Souza Biccas. *História Social da Educação no Brasil (1926-1996), cit.*, p. 48-49.

[57] José Antonio Tobias. *História da Educação Brasileira, cit.*, p. 333. Para um estudo das ideias pedagógicas, consultar: Dermeval Saviani. *História das Ideias Pedagógicas no Brasil*. 4 ed. Campinas. SP: Autores Associados, 2013.

CIDADANIA, DIREITOS HUMANOS E EDUCAÇÃO

Filosófica. Durante a Primeira República, houve dois amplos movimentos de ideias a respeito da necessidade de ampliação e de aperfeiçoamento da educação. Houve o movimento chamado de "entusiasmo pela educação" e o chamado de "otimismo pedagógico". O primeiro postulava a abertura de escolas e o segundo postulava a qualidade do ensino[58].

Importante destacar que, em 15 de outubro de 1924, Heitor Lyra Filho fundou, na cidade do Rio de Janeiro, a Associação Brasileira de Educação. Nela, reuniram-se intelectuais de grande importância e que apresentaram importantes reflexões sobre as questões educacionais no Brasil. Entre os membros que lutaram para que a Associação tivesse repercussão nacional, estavam Fernando Laboriau, Dulcídio Pereira, Isabel Lacombe, Paulo Carneiro, Venâncio Filho, Edgar Susskind de Mendonça, Everado Backeuser, Fernando Magalhães, Roquette Pinto, e também os chamados educadores pioneiros, como Anísio Teixeira, Fernando de Azevedo e Lourenço Filho[59].

Todavia, o Brasil mostrava-se, na Primeira República, um país de profundas desigualdades sociais. O processo imigratório iniciado no século 20 intensificou a desigualdade social, mas proporcionou enorme diversidade cultural. Na década de 1930, a grande maioria da sociedade brasileira vivia na pobreza e sem acesso aos direitos mais básicos. Segundo Marcos Cezar de Freitas e Maurilene de Souza Biccas: "na vida do trabalhador brasileiro predominava a precariedade e a instabilidade sobre a suficiência e a estabilidade. As marcas da escravidão e as consequências da maneira perversa como a população negra foi tratada no advento e no sucedâneo da abolição ainda repercutiam, especialmente na forma com que as atividades menos prestigiadas e menos valorizadas se associavam a determinados segmentos da população"[60].

Prosseguem os autores alegando que: "compreender a densidade dos dramas sociais vividos pelo Brasil no século XX demanda reconhecer que o diverso e o desigual foram combinados num padrão de

---

[58] José Antonio Tobias. *História da Educação Brasileira, cit.*, p. 300 e Paulo Ghiraldelli Jr. *História da Educação Brasileira, cit.*, p. 32.
[59] Marcos Cezar de Freitas e Maurilene de Souza Biccas. *História Social da Educação no Brasil (1926-1996), cit.*, p. 41.
[60] *Idem, Ibidem.* p. 58.

sociabilidade urbana e rural prenhe de distâncias consideráveis entre os que têm e os que não têm, entre os que podem e os que não podem, entre os que chegam e os que estão"[61].

Verifica-se que o tipo de liberalismo que se impôs no Brasil desde o início do Primeiro Reinado, e estendeu-se pelo menos até a Primeira República, era avesso à educação escolar popular. Em um país agrário, latifundiário e com estrutura social rigidamente estratificada, a falta de escolas e do próprio acesso à educação escolar, assim como a exclusão da participação política da grande maioria da população nos assuntos públicos, não era aleatória, mas parte integrante dos ideais das elites brasileiras[62].

Com a Era Vargas, a partir de 1930, houve importante desenvolvimento da educação pública no Brasil. Foi criado o Ministério da Educação e da Saúde em 1931, tendo como seu primeiro ministro Francisco Campos. No período de abril de 1931 a abril de 1932, o ministério criou o Conselho Nacional de Educação, reorganizou o ensino secundário e o superior e fundou a Universidade do Rio de Janeiro. Apesar desses empreendimentos, o Decreto n. 19.890, de 18 de abril de 1931, que reestruturou o ensino secundário, demonstrava o sempre vigente elitismo da educação escolar no Brasil[63].

6.3 Cidadania no Período do Estado Getulista (1930-1945)

O longo período no qual Getúlio Vargas governou foi marcado tanto por avanços quanto por retrocessos em relação à conquista da cidadania. Iniciou-se com o Governo Provisório, já marcado pela restrição aos direitos civis e políticos. A restrição contribuiu para o despertar da consciência política, com o surgimento dos movimentos políticos de

---

[61] *Idem, Ibidem.* p. 58.

[62] Alceu Ravanello Ferraro. *História Inacabada do Analfabetismo no Brasil, cit.,* p. 192.

[63] Marcos Cezar de Freitas e Maurilene de Souza Biccas. *História Social da Educação no Brasil (1926-1996), cit.,* p. 60 a 66. A primeira faculdade de Filosofia do Brasil foi criada pelos beneditinos. De acordo com José Antonio Tobias: "sob os auspícios do governo arquiepiscopal e por iniciativa de D. Miguel Kruse, O.S.B, abade do Mosteiro de São Bento, é fundada, na cidade de São Paulo, a 15 de julho de 1908, a 'Faculdade Livre de Filosofia e Letras de São Paulo', denominada, em 1936, 'Faculdade de Filosofia, Ciências e Letras de São Bento e Instituto Superior de Educação anexo', e, em 1941, 'Faculdade de Filosofia, Ciências e Letras de São Bento', sendo, em 1946, incorporada à Pontifícia Universidade Católica de São Paulo" (*História da Educação Brasileira, cit.,* p. 324).

CIDADANIA, DIREITOS HUMANOS E EDUCAÇÃO

massa de âmbito nacional. Multiplicaram-se os sindicatos e associações de classe, assim como nasceram vários partidos políticos[64].

Esse período abrigou importantes conquistas no campo social. Em 1931, foi instituído o Departamento Nacional do Trabalho e a partir daí houve várias conquistas no campo dos direitos trabalhistas. Entre elas, em 1932, o estabelecimento da jornada de trabalho de oito horas, tanto no comércio quanto na indústria. Foi regulamentado o trabalho feminino, com a proibição do trabalho noturno para as mulheres e de diferenciação de salário pelo sexo. Foi, outrossim, instituída a carteira de trabalho, importante documento para a proteção dos direitos do trabalhador. Nos anos de 1933 e 1934, foi disciplinado o direito de férias para os trabalhadores do comércio, dos bancos e da indústria[65].

Em 16 de julho de 1934, houve a promulgação da terceira Constituição brasileira, a mais democrática das até então vigentes. Manteve as conquistas acima mencionadas e instituiu outras no âmbito dos direitos sociais. Estabeleceu os mesmos princípios fundamentais da Constituição anterior, como os da República, do regime representativo, da federação, do presidencialismo e da divisão dos Poderes Legislativo, Executivo e Judiciário, todos independentes e coordenados entre si.

Inspirou-se na Constituição alemã de Weimar, de 1919, e apresentou inovações no campo dos direitos sociais. Entre as inovações, estabeleceu um título específico para a ordem econômica e social, e permitiu ao Estado ampla intervenção nesses campos. O artigo 115 prescrevia que a ordem econômica deveria ser organizada conforme os princípios da justiça e as necessidades da vida nacional, de modo que possibilitasse existência digna a todos.

Instituiu a justiça do trabalho, o Ministério do Trabalho, a nacionalização das empresas, a limitação dos lucros, o sindicalismo, normas sobre a previdência social, além dos direitos trabalhistas. Preceituou a proibição de diferenciação de salário para um mesmo trabalho, por motivo de idade, sexo, nacionalidade ou estado civil; o salário mínimo; a limitação de horas de trabalho; as férias; o descanso semanal, entre outros. A partir desse período, as conquistas trabalhistas foram-se efetivando e em 1943 foi aprovada a Consolidação das Leis Trabalhistas. Ainda no campo

---

[64] José Murilo de Carvalho. *Cidadania no Brasil: O Longo Caminho, cit.*, p. 97-98.
[65] *Idem. Ibidem*, p. 112-113.

social, a Constituição de 1934 estabeleceu um título específico para a família, a educação e a cultura[66].

Quanto aos direitos políticos, estabelecia seu artigo 108 serem eleitores os brasileiros de um ou de outro sexo, maiores de dezoito anos, que se alistassem na forma da lei. De acordo com o parágrafo único, não podiam alistar-se os que não soubessem ler e escrever, as praças de pré, os mendigos e os que estivessem, temporária ou definitivamente, privados dos seus direitos políticos. O artigo 109, por seu turno, determinava a obrigatoriedade do alistamento e do voto para os homens e para as mulheres, quando elas exercessem função pública remunerada, salvo as exceções estabelecidas pela lei. A Constituição inovou ao estabelecer o sufrágio feminino.

A Constituição de 1934 também estabeleceu o sistema eleitoral, com a Justiça Eleitoral, assim como a Justiça Militar, ambas como órgãos do Poder Judiciário. Instituiu ainda o Ministério Público, o Tribunal de Contas e os Conselhos Técnicos, como órgãos de cooperação nas atividades governamentais. Dedicou capítulo específico aos direitos e às garantias individuais. No artigo 113 manteve a maioria dos direitos e das garantias protegidos pela Constituição anterior, além de acrescentar outros, como por exemplo, a garantia do direito adquirido, do ato jurídico perfeito e da coisa julgada; a inviolabilidade do sigilo das correspondências; a proibição da prisão por dívidas, multas ou custas; o mandado de segurança e a ação popular. Por apresentar uma vertente social, o inciso 34 do referido artigo preceituava que: "A todos cabe o direito de prover à própria subsistência e à da sua família, mediante trabalho honesto. O poder público deve amparar, na forma da lei, os que estejam em indigência".

Apesar das previsões legais dos direitos fundamentais na Constituição em foco, expõe Tânia Regina de Luca que:

> há que se ter presente o contexto da época, marcado por um evidente retrocesso nos direitos civis e políticos, exceção feita ao curto interregno entre 1933, quando da convocação das eleições para a Assembleia Constituinte, e 1935, ano no qual houve a aprovação da Lei de

---

[66] Sahid Maluf. *Direito Constitucional*. 15 ed. São Paulo: Saraiva, 1983. p. 23 e Tânia Regina de Luca. *Direitos Sociais no Brasil*. In: *História da Cidadania, cit.*, p. 478.

CIDADANIA, DIREITOS HUMANOS E EDUCAÇÃO

Segurança Nacional e foi decretado o estado de guerra, que suspendeu as garantias asseguradas pela recém-promulgada Constituição de 1934[67].

Não obstante as conturbações políticas da época e sua existência efêmera, a Constituição de 1934 teve papel importante na conquista dos direitos sociais, uma vez que os colocou no patamar constitucional e, consequentemente, contribuiu para o processo de construção da cidadania brasileira. Mas ela também expunha os limites da República. Nas palavras de Lilia M. Schwarcz e Heloisa M. Starling:

> conservou inalterada a estrutura agrária do país e manteve o trabalhador rural fora da legislação protetora do trabalho. Os analfabetos continuavam excluídos do processo eleitoral, e os imigrantes foram submetidos a uma política restritiva em suas garantias individuais, que permitia ao Estado expulsar estrangeiros considerados politicamente perigosos à ordem pública ou aos interesses nacionais. O texto constitucional também assegurava ao Executivo o uso de um instrumento coercitivo que trazia embutida a concessão de plenos poderes – o estado de sítio – além de permitir a adoção da censura para todo tipo de publicação. Mesmo assim, essa era uma Constituição inovadora, que ampliava as condições para o exercício da cidadania[68].

A quarta Constituição Brasileira foi a de 1937. Em 15 de julho de 1934, Getúlio Vargas foi eleito Presidente da República pela Assembleia Nacional Constituinte e pelo voto indireto. Após essa eleição, as próximas seriam diretas para a escolha do Presidente da República. Todavia, por meio de um golpe do Estado, Getúlio outorgou a Constituição de 1937, estabeleceu a ditadura e permaneceu por mais oito anos no poder. Era a instituição de uma ditadura civil, garantida pelas Forças Armadas e que se compunha nas palavras de José Murilo de Carvalho em uma mistura de repressão com paternalismo, sem buscar interferir exageradamente na vida privada das pessoas. Governou-se por decreto, impôs-se a censura e as manifestações políticas foram

---

[67] Tânia Regina de Luca. *Direitos Sociais no Brasil*. In: *História da Cidadania, cit.*, p. 479.
[68] *Brasil: Uma Biografia. cit.*, p. 367.

proibidas[69]. Segundo Lilia M. Schwarcz e Heloisa M. Starling, ao analisarem o Estado Novo: "não se tratava de um regime fascista, e menos ainda da reprodução de um modelo fascista europeu – português ou italiano, ou ainda espanhol. Sua natureza era outra: autoritária, modernizante e pragmática. Ou, como definiu, sarcástico, Graciliano Ramos, o Estado Novo era, no máximo. 'nosso pequenino fascismo tupinambá'"[70].

No âmbito internacional e no período entre a Primeira e a Segunda Guerra Mundial, os movimentos e ideais totalitários e autoritários do fascismo, do nazismo e do comunismo ganhavam expressiva força na Europa. No âmbito nacional, o Brasil também estava influenciado por essas ideologias. Surgiram dois grandes movimentos políticos, com seus respectivos partidos, um com ideais de esquerda e o outro de direita. O primeiro era a Aliança Nacional Libertadora (ANL), partido comunista, liderado por Luís Carlos Prestes. O segundo era a Ação Integralista Brasileira (AIB), partido de orientação fascista, liderado por Plínio Salgado[71].

De acordo com José Murilo de Carvalho:

> Os partidários da ANL e da AIB divergiam ideologicamente em muitos pontos e se digladiavam nas ruas, refletindo em parte a luta internacional entre comunismo e fascismo. Mas os dois movimentos assemelhavam-se em vários pontos: eram mobilizadores de massa, combatiam o localismo, pregavam o fortalecimento do governo central, defendiam um Estado intervencionista, desprezavam o liberalismo, propunham reformas econômicas e sociais. Eram movimentos que representavam o emergente Brasil urbano e industrial. Apesar das diferenças ideológicas, ambos se chocavam com o velho Brasil das oligarquias. Nesse sentido, eram continuação das forças que desde a década de 20 pediam maior poder para o governo federal e a definição de um projeto de construção nacional[72].

---

[69] Boris Fausto. *História do Brasil, cit.,* p. 352 e José Murilo de Carvalho. *Cidadania no Brasil: O Longo Caminho, cit.,* p. 108-109.

[70] *Brasil: Uma Biografia. cit.,* p. 375.

[71] José Afonso da Silva. *Curso de Direito Constitucional Positivo, cit.,* p. 8; José Murilo de Carvalho. *Cidadania no Brasil: O Longo Caminho, cit.,* p. 103-102.

[72] *Cidadania no Brasil: O Longo Caminho, cit.,* p. 103-102.

CIDADANIA, DIREITOS HUMANOS E EDUCAÇÃO

No campo social e político, as ideias de purificação da raça também estavam muito presentes no Brasil e apresentaram influência no desenvolvimento das ciências. O Brasil era na essência um país mestiço, tanto pela miscigenação de portugueses, índios e negros, quanto pela imigração especialmente europeia do começo do século 20. Essa era e é a nossa identidade. No entanto, na década de 1930, muitos defendiam o "embranquecimento" da sociedade. Segundo Lilia M. Schwarcz e Heloisa M. Starling:

> Também o antropólogo Roquette Pinto, presidente do I Congresso Brasileiro de Eugenia, ocorrido em 1929, previa um país cada vez mais branco: em 2012 teríamos uma população composta de 80% de brancos e 20% de mestiços; nenhum negro, nenhum índio. A entrada conjunta e maciça dessas escolas fez com que o debate pós-abolição fosse deslocado da questão jurídica do acesso à cidadania e igualdade, para argumentos retirados da biologia. A ciência naturalizava a história, e transformava hierarquias sociais em dados imutáveis. E o movimento era duplo: de um lado, destacava-se a inferioridade presente no componente negro e mestiço da população; de outro, tentava-se escamotear o passado escravocrata e sua influência na situação atual do país. Desenhava-se, assim, uma espécie de subcidadania, que mirava os habitantes dos sertões, mas também dos 'cortiços', tão bem descritos por Aluísio Azevedo, que em 1890, publicou *O cortiço*, romance em que caracterizava tais aglomerados como verdadeiros barris de pólvora, não só por reunirem populações tão distintas – portugueses, espanhóis, ex-escravos, negros e mulatos livres – como por carregarem as mazelas dessa urbanização feita às pressas e às custas da expulsão de largos contingentes populacionais[73].

A Constituição de 1937 seguia linha autoritária e apresentava discurso demagógico, no qual dizia atender "às legítimas aspirações do povo brasileiro à paz política e social". O seu artigo 1º prescrevia que o Brasil era uma República e que o poder político emanava do povo e era exercido em nome dele, e no interesse do seu bem-estar, da sua honra, da sua independência e da sua prosperidade. No entanto, apesar desse

---

[73] *Brasil: Uma Biografia. cit.*, p. 343.

discurso inaugural, sua essência se encontrava nas "disposições transitórias e finais", que lhe davam o tom extremamente autoritário e de legitimação do regime ditatorial.

O presidente da república tinha, segundo o artigo 176, o poder para confirmar o mandato dos governadores eleitos e para nomear interventores nos casos de não confirmação. O artigo 178 estabelecia a dissolução da Câmara dos Deputados, do Senado Federal, das Assembleias dos Estados e das Câmaras Municipais. Preceituava também que as eleições ao Parlamento Nacional seriam marcadas pelo presidente da república, depois de realizado o plebiscito previsto no artigo 187.

Enquanto não houvesse eleição para o Parlamento Nacional, o presidente da república tinha o poder de expedir decretos-leis sobre todas as matérias da competência legislativa da União, de acordo com o artigo 180. O artigo 186, por sua vez, determinava a declaração do estado de emergência em todo o país. Houve, consequentemente, a suspensão das liberdades civis, tuteladas pela própria Constituição, conforme determinava o artigo 166. O que foi a princípio estabelecido como transitório, foi perpetuado para garantir o regime imposto. Nem o plebiscito nem as eleições para o parlamento foram realizados[74].

Houve a quebra da separação dos poderes, uma vez que referida Constituição estabelecia poderes praticamente ilimitados ao Presidente da República. Segundo o seu artigo 73: "O Presidente da República, autoridade suprema do Estado, coordena a atividade dos órgãos representativos, de grau superior, dirige a política interna e externa, promove ou orienta a política legislativa de interesse nacional, e superintende a administração do país"[75]. Era a supremacia do Poder Executivo sobre os demais.

A superioridade do Poder Executivo sobre os demais poderes estava presente em vários dispositivos da Constituição. Cabe citar o artigo 74, que estabelecia competir privativamente ao Presidente da República expedir decretos-leis, o que lhe permitiu legislar amplamente durante

---

[74] Boris Fausto. *História do Brasil, cit.*, p. 367.

[75] Referido artigo foi alterado pela Lei Constitucional n. 9/45 e passou a ter a seguinte redação: "O Presidente da República, autoridade suprema do Estado, dirige a política interna e externa, promove ou orienta a política legislativa de interesse nacional, e superintende a administração do país". Disponível em: http://www.planalto.gov.br/ccivil_03/Constituicao/Constituicao37.htm. Acesso em 13 de nov. 2018.

CIDADANIA, DIREITOS HUMANOS E EDUCAÇÃO

toda a ditadura. Referido artigo previa também a prerrogativa de dissolver a Câmara dos Deputados, nas hipóteses assinaladas pela Constituição. O artigo 170, por seu turno, preceituava que o Poder Judiciário não poderia apreciar os atos praticados em virtude do estado de emergência ou de guerra. No entanto, o país estava, por força do artigo 186, em constante estado de emergência. Já o artigo 171 prescrevia que, na vigência do estado de guerra, a Constituição deixaria de vigorar nas partes indicadas pelo Presidente da República.

Quanto aos direitos políticos, prescrevia o artigo 117 serem eleitores os brasileiros de ambos os sexos, maiores de dezoito anos, e que se alistassem na forma da lei. O seu parágrafo único vedava alistamento eleitoral aos analfabetos, aos militares em serviço ativo, aos mendigos e aos que estiverem privados, temporária ou definitivamente, dos direitos políticos.

Quanto aos direitos e as garantias individuais, o artigo 122 prescrevia no seu *caput* que a Constituição assegurava aos brasileiros e aos estrangeiros residentes no país o direito à liberdade, à segurança individual e à propriedade. Suprimiu o princípio da legalidade, da irretroatividade da lei penal e da personalidade da pena, garantidos pela Constituição de 1934. Suprimiu também o mandado de segurança, inaugurado pela Constituição anterior. Autorizou a pena de morte em várias situações, no seu inciso 13, o que também era vedado pela Constituição anterior, no inciso 29 do artigo 113.

A Constituição de 1937 era contrária à liberdade de opinião, segundo estava expresso no inciso 15 do seu artigo 122. A princípio, ela tutelava a liberdade de opinião. Todavia, a seguir a condicionava e a limitava de tal forma que acabava por negar a liberdade que havia tutelado. Estabeleceu a censura prévia da imprensa, do teatro, do cinematógrafo e da radiodifusão. Com tal dispositivo, determinou a suspensão da liberdade de opinião e de expressão[76].

O artigo 123 estabelecia, a princípio, como as Constituições de 1891 e 1934 que: "A especificação das garantias e direitos acima enumerados não exclui outras garantias e direitos, resultantes da forma de governo e dos princípios consignados na Constituição". No entanto, prosseguia,

---

[76] Celso Ribeiro Bastos e Ives Gandra Martins. 2. ed. *Comentários à Constituição do Brasil: Promulgada em 5 de outubro de 1988, cit.*, p. 345.

estabelecendo que: "O uso desses direitos e garantias terá por limite o bem público, as necessidades da defesa, do bem-estar, da paz e da ordem coletiva, bem como as exigências da segurança da Nação e do Estado em nome dela constituído e organizado nesta Constituição"[77]. O disposto nessa segunda parte inviabilizava todo o previsto na primeira, porque autorizava a plena restrição dos direitos fundamentais.

A ordem econômica, prevista nos artigos 135 a 155, tratava dos direitos sociais. O artigo 136 estabelecia o trabalho como um dever social, assim como um direito. Segundo ele, a todos os indivíduos era garantido o direito de subsistir mediante trabalho honesto. E constituía dever do Estado proteger esse direito, assegurando-lhe condições favoráveis ao seu desenvolvimento e meios para sua defesa. O artigo 137, por seu turno, tutelava vários direitos trabalhistas, entre eles o repouso semanal aos domingos; licença anual remunerada; indenização proporcional aos anos de serviço; salário mínimo, capaz de satisfazer, de acordo com as condições de cada região, as necessidades normais do trabalho; oito horas de trabalho diário; adicional noturno; proibição de trabalho a menores de catorze anos, e de trabalho noturno a menores de dezesseis, e em indústrias insalubres a menores de dezoito anos e a mulheres; assistência médica e higiênica ao trabalhador e à gestante, assegurada a esta, sem prejuízo do salário, um período de repouso antes e depois do parto e a instituição de seguros de velhice, de invalidez, de vida e para os casos de acidente do trabalho[78].

Segundo o artigo 187, a Constituição entraria em vigor e seria submetida ao plebiscito nacional, na forma regulada em decreto do Presidente da República. Entretanto, referido plebiscito jamais foi realizado e apesar de o dispositivo estabelecer sua vigência, em termos jurídicos, a Constituição de 1937 jamais ganhou vigência. O que vigorou foi o Estado ditatorial de Getúlio Vargas, sem controle jurisdicional. As previsões de alguns elementos do Estado de Direito eram meramente teóricas, como por exemplo a previsão do plebiscito e do rol de direitos fundamentais. O que vigorava na prática era o regime autoritário[79].

---

[77] *Idem, Ibidem*, p. 403-404-478-521.
[78] *Idem, Ibidem*, p. 405-406.
[79] Celso Ribeiro Bastos e Ives Gandra Martins. 2. ed. *Comentários à Constituição do Brasil: Promulgada em 5 de outubro de 1988, cit.*, p. 343-344.

CIDADANIA, DIREITOS HUMANOS E EDUCAÇÃO

Como expõe Celso Ribeiro Bastos e Ives Gandra Martins: "A Constituição, portanto, era na verdade uma tomada de posição do Brasil no conflito ideológico da época, pela qual ficava nítido que o País se inseria na luta contra os comunistas e contra a democracia liberal"[80].

Nas palavras de Sahid Maluf:

> Mas, uma coisa era a Carta Constitucional, e outra, muito diferente, foi o regime governamental praticado à margem e à revelia dela. O Governo não respeitou sequer a Carta que outorgava. Não realizou a consulta plebiscitária prevista no art. 187 nem convocou as eleições para composição do Poder Legislativo. Acumulando as funções legislativas com a faculdade de expedir decretos-leis, até mesmo sobre assuntos constitucionais, e exercendo ainda um controle político sobre os membros do próprio Poder Judiciário, com base no art. 177, o Chefe do Executivo personificava todo o poder de Estado. Embora o regime instituído se denominasse democracia orgânica e autoritária, o regime praticado foi visceralmente ditatorial[81].

Não obstante as dificuldades de ordem política e social presentes entre 1930 a 1945, esse período foi importante na conquista dos direitos sociais, com vários avanços na legislação social. No entanto, como não havia efetiva participação política independente, uma vez que os direitos políticos foram restringidos pela ditadura, a conquista dos direitos sociais não representou autêntica conquista democrática. Com as restrições aos direitos civis e políticos, as conquistas sociais eram colocadas muito mais como "favores" do Estado do que "direitos" da cidadania[82].

Segundo José Murilo de Carvalho:

> O populismo, no Brasil, na Argentina, ou no Peru, implicava uma relação ambígua entre os cidadãos e o governo. Era avanço na cidadania, na medida em que trazia as massas para a política. Mas, em contrapartida, colocava os cidadãos em posição de dependência perante os líderes, aos quais votavam lealdade pessoal pelos benefícios que eles de fato

---

[80] *Idem, Ibidem*. p. 342.
[81] *Direito Constitucional, cit.*, p. 25.
[82] José Murilo de Carvalho. *Cidadania no Brasil: O Longo Caminho, cit.*, p. 110.

ou supostamente lhes tinham distribuído. A antecipação dos direitos sociais fazia com que os direitos não fossem vistos como tais, como independentes da ação do governo, mas como um favor em troca do qual se deviam gratidão e lealdade. A cidadania que daí resultava era passiva e receptora antes que ativa e reivindicadora[83].

6.4 Direito à Educação Escolar Durante o Período de 1930 a 1945

Getúlio Vargas apresentou, em 3 de novembro de 1930, um plano de reconstrução nacional, no qual cuidou especificamente da educação escolar. Determinou a difusão intensa do ensino público, principalmente do técnico-profissional, e, para tanto, estabeleceu um sistema de estímulo e de colaboração direta com os Estados. Tais medidas foram cumpridas, não obstante as demandas do país fossem muito maiores[84].

Na década de 1930, o país vivia mais intensamente o processo de industrialização e de urbanização, o que possibilitou a consolidação de uma classe média. Entre suas demandas estava o direito à educação escolar[85]. No entanto, a realidade socioeconômica era marcada pela diversidade e pela desigualdade. Existia a elite, abastada no aspecto econômico e social, a classe média, que se formava e passava a demandar por seus direitos, e a classe pobre, constituída pela maioria da população. Esta era formada por vários seguimentos, entre eles a imensa maioria da população afrodescendente. Eram estigmatizados com as marcas deixadas pela escravidão, uma vez que, apesar de livres e iguais no plano jurídico, estavam abandonados em uma sociedade que os ignorava como cidadãos[86].

O novo governo mostrava-se preocupado com as questões educacionais. Objetivava formar uma elite mais ampla e intelectualmente preparada para conduzir o país. As tentativas de aprimorar a educação escolar já vinham sendo realizadas pelos Estados desde a década de 1920. Cabe destacar a reforma promovida por Sampaio Dória, em 1920, com o objetivo de enfrentar o analfabetismo em São Paulo. Foi executada parcialmente. Também no campo da educação, houve em 1922 a iniciativa de Lourenço

---

[83] *Idem. Ibidem,* p. 125-126.
[84] Paulo Ghiraldelli Jr. *História da Educação Brasileira, cit.,* p. 40.
[85] *Idem, Ibidem,* p. 39.
[86] Marcos Cezar de Freitas e Maurilene de Souza Biccas. *História Social da Educação no Brasil (1926-1996), cit.,* p. 58.

Filho no Ceará; em 1924, a iniciativa de Anísio Teixeira na Bahia; e, em 1927, a iniciativa de Mário Cassassanta e Fernando de Azevedo, respectivamente, em Minas Gerais e no Distrito Federal[87].

No entanto, o sistema educacional permanecia ainda seletivo e elitista, não obstante referidas iniciativas nos Estados da Federação. Desde a escola primária, o sistema educacional visava a selecionar os intelectualmente mais aptos para que atingissem os graus mais adiantados de ensino. Nesse processo de seleção, a classe média e, principalmente a elite, levavam vantagem. Os afrodescendentes eram os mais reprovados e os que tinham menos acesso à educação escolar. Consequentemente, eram os que menos ascendiam socialmente[88].

A partir de 1930, as medidas no campo educacional começaram a ser centralizadas pela União. Em 1931 foi criado o Ministério da Instrução e Saúde Pública. Sua primeira gestão coube a Francisco Campos, de 1930 a 1932, depois foi a de Washington Pires, em 1934, e, por fim, a de Gustavo Capanema, até 1945. Durante a gestão de Francisco Campos, e por meios de decretos, foi criado o Conselho Nacional de Educação. Entre outros, organizou o ensino superior com o chamado "regime universitário", a universidade do Rio de Janeiro, o ensino secundário e o ensino comercial. O sistema educacional, todavia, ainda se mostrava substancialmente elitizado[89].

Segundo Marcos Cezar de Freitas e Maurilene de Souza Biccas, ao analisarem o Estatuto das Universidades Brasileiras, elaborado por meio do Decreto n. 19.851, de abril de 1931:

> Até então, o ensino superior era praticado em faculdades isoladas. A partir da promulgação desse Decreto ficava determinado que a criação de qualquer universidade, em território nacional, dependeria do agrupamento de, no mínimo, três cursos, tomando como ponto de partida obrigatório os cursos de Engenharia, Medicina e Direito. O decreto previa que um desses cursos poderia ser substituído por uma Faculdade de Educação,

---

[87] Boris Fausto. *História do Brasil, cit.*, p. 336 e 337.

[88] Marcos Cezar de Freitas e Maurilene de Souza Biccas. *História Social da Educação no Brasil (1926-1996), cit.*, p. 63.

[89] Paulo Ghiraldelli Jr. *História da Educação Brasileira, cit.*, p. 40-41; Marcos Cezar de Freitas e Maurilene de Souza Biccas. *História Social da Educação no Brasil (1926-1996), cit.*, p. 65.

Ciências e Letras. (...) Mas o que estava em questão não era propriamente a organização do ensino superior em universidades com vistas à sua democratização. Ao contrário, ainda que as ações do Ministério produzissem efeitos racionalizadores em termos organizacionais, essa reforma se somava às outras que, naquele momento, modernizavam os aparatos educacionais do Estado sem que a reorganização da vida escolar em qualquer nível se convertesse em dinâmica permeável à participação popular[90].

O novo governo tentou ser provocativo na discussão das ideias pedagógicas da época. Naquele período, a Associação Brasileira da Educação (ABE), inaugurada em 1924, era uma instituição de destaque e responsável por organizar, promover e realizar importantes congressos na área da educação. Na IV Conferência Nacional de Educação, promovida pela referida instituição em 1931, o tema em discussão foi "as grandes diretrizes da educação popular". Getúlio Vargas e o seu ministro Francisco Campos estavam presentes e lançaram a proposta para os educadores discutirem e definirem o sentido pedagógico da Revolução de 1930[91].

No ano seguinte, ocorreu a V Conferência Nacional de Educação, com o fim de discutir um plano nacional de educação, cujo objetivo primordial era influenciar os trabalhos da futura Assembleia Constituinte. Nela foi assinado um texto importantíssimo, que se tornou um clássico na história da educação brasileira: o *"Manifesto dos Pioneiros da Educação Nova"*, publicado em 1932[92]. Expõe Sonia Marrach que: "A Escola Nova procurava adequar a educação à realidade vivida, fazendo da escola um laboratório de vida democrática, transformando-a em agente propulsor do desenvolvimento econômico, social, político e cultural da sociedade capitalista liberal-democrática"[93].

O Manifesto de 1932 foi assinado por vários e importantes pensadores da educação da época. Redigido por Fernando de Azevedo, teve como destaque as figuras dos educadores Anísio Teixeira e Lourenço Filho. O manifesto apresentava e representava tendências diversas do pensamento filosófico e pedagógico da época, como, por exemplo, as do

---

[90] *História Social da Educação no Brasil (1926-1996), cit.*, p. 68-69.
[91] Paulo Ghiraldelli Jr. *História da Educação Brasileira, cit.*, p. 41.
[92] *Idem, Ibidem.* p. 41.
[93] *Outras Histórias da Educação: Do Iluminismo à Indústria Cultural (1823-2005), cit.*, p. 169-170.

CIDADANIA, DIREITOS HUMANOS E EDUCAÇÃO

filósofo americano John Dewey e do sociólogo francês Émile Durkheim. Teve caráter amplo e abordou questões da filosofia da educação, da pedagogia didática e da política educacional[94].

Entre os principais temas tratados no Manifesto estava a questão do financiamento estatal da escola pública no Brasil e, consequentemente, a sua gratuidade, assim como a laicidade, a obrigatoriedade e a coeducação[95]. Expõe Boris Fausto que:

> O manifesto constatava a inexistência no Brasil de uma 'cultura própria' ou mesmo de uma 'cultura geral'. Marcava a distância entre os métodos atrasados de educação no país e as transformações profundas realizadas no aparelho educacional de outros países latino-americanos, como o México, o Uruguai, a Argentina e o Chile. A partir de uma análise das finalidades da educação, propunha a adoção do princípio de 'escola única', concretizado, em uma primeira fase, em uma escola pública e gratuita, aberta a meninos e meninas de sete a

A Associação Brasileira de Educação (ABE) apresentou, com base em seus estudos, uma proposta de anteprojeto para o capítulo sobre educação na Constituição de 1934. Nele defendia a ideia de que a educação nacional deveria ser "democrática, humana, geral, leiga e gratuita". Por "democrática" o documento compreendia a educação destinada a todos os brasileiros. Por "humana", entendia a educação destinada à formação integral do homem e do cidadão. E por "geral, leiga e gratuita" se compreendia a educação voltada para todos com as mesmas oportunidades e tratamento[96].

Com a promulgação da Constituição de 1934, a educação foi tratada no Titulo V – Da Família, da Educação e da Cultura. O capítulo II foi dedicado à educação e à cultura. Segundo o artigo 149: "A educação é direito de todos e deve ser ministrada pela família, e pelos poderes públicos, cumprindo a estes proporcioná-la a brasileiros e a estrangeiros domiciliados no país, de modo que possibilite eficientes fatores da

---

[94] Paulo Ghiraldelli Jr. *História da Educação Brasileira, cit.*, p. 41-42.
[95] Marcos Cezar de Freitas e Maurilene de Souza Biccas. *História Social da Educação no Brasil (1926-1996), cit.*, p. 74.
[96] Paulo Ghiraldelli Jr. *História da Educação Brasileira, cit.*, p. 72-73.

vida moral e econômica da Nação, e desenvolva num espírito brasileiro a consciência da solidariedade humana".

Não obstante o disposto no referido artigo 149, é importante destacar que a mesma Constituição de 1934, que estabelecia a garantia de ensino primário gratuito em todo o país, também previa em seu artigo 138 incumbir à União, aos Estados e aos Municípios estimular a educação eugênica. A eugenia era tema da atualidade tanto nos Estados Unidos da América quanto na Europa e deu origem às ideologias de purificação da raça. O Brasil, por seu turno, constituía-se, desde a sua origem, em um país mestiço. Negros, mestiços e índios sempre foram considerados cidadãos de segundo plano. Durante a República, a imagem de um Brasil "mais branco" se caracterizou pelo incentivo à entrada de imigrantes, especialmente os europeus, porquanto estes trariam o "branqueamento da raça". De acordo com Simone Rocha: "Tal ideologia influenciou sobremaneira o discurso de parlamentares deste mesmo período sendo responsável por articular na Constituição de 1934 medidas que viessem a demonstrar o que a sociedade branca e alfabetizada idealizava para a educação no Brasil"[97].

O Brasil encontrava-se influenciado pelo discurso eugênico em diversos segmentos, como a imigração, a literatura, a medicina e preponderantemente a política educacional nacional. O objetivo era o melhoramento da raça branca, voltado a sua purificação, para atingir maior desenvolvimento social e econômico para o país. Por isso, negros, mulatos, índios e asiáticos estavam fora desse projeto político e social do Estado brasileiro, em razão das suas "limitações raciais"[98].

Nas palavras de Simone Rocha:

> O ideal de educação para boa parte dos eugenistas estava associado à formação da consciência eugênica com o intuito de que os jovens não contraíssem matrimônio com raças e classes sociais diferentes. Tinha em vista que os casais pudessem gerar filhos eugenizados em número maior

---

[97] *Educação Eugênica na Constituição Brasileira de 1934*. X ANPED SUL, Florianópolis, outubro de 2014. Disponível em: http://xanpedsul.faed.udesc.br/arq_pdf/1305-1.pdf. Acesso em 2 de nov. 2018.

[98] Simone Rocha. *A Educação como Projeto de Melhoramento Racial: Uma Análise do art. 138 da Constituição de 1934.*, p. 64 e 71. Disponível em: http://www.reveduc.ufscar.br/index.php/reveduc/article/view/2116. Acesso em 2 de nov. 2018.

CIDADANIA, DIREITOS HUMANOS E EDUCAÇÃO

que os degenerados. Para tal fim, seria necessário que os jovens contraíssem matrimônio de forma antecipada, concorrendo para a formação de uma elite nacional. Ou seja, os jovens considerados eugenicamente sadios, deveriam ter filhos logo no início do matrimônio, de forma que o número de filhos fosse maior do que em casais degenerados, contribuindo assim para a formação do país[99].

O artigo 150 da Constituição de 1934, por seu turno, determinava caber à União fixar o plano nacional de educação, que deveria comportar todos os graus e ramos da educação, além de coordenar e fiscalizar sua execução, em todo o território nacional. Entre as diretrizes do plano nacional estavam: a garantia da gratuidade e da obrigatoriedade do ensino primário, que deveria ser extensivo aos adultos; tendência à gratuidade do ensino ulterior ao primário, com a finalidade de torná-lo mais acessível e liberdade de ensino em todos os graus e ramos. O reconhecimento dos estabelecimentos particulares de ensino ficou condicionado à garantia de salário condigno e à estabilidade dos professores[100].

A Constituição em análise abriu caminho para o fortalecimento do ensino privado em detrimento do ensino público. Segundo seu artigo 150, alínea "e", competia à União exercer ação supletiva onde se fizesse necessária, por deficiência de iniciativa ou de recursos, além de estimular a obra educativa em todo o país, por meio de estudos, inquéritos, demonstrações e subvenções. O artigo 154, por seu turno, estabelecia que os estabelecimentos particulares de educação gratuita primária ou profissional, oficialmente considerados idôneos, estavam isentos de tributos[101].

Expõe Marlos Bessa Mendes da Rocha que:

> A política de equiparação entre escolas públicas e escolas privadas, pela oficialização e equivalência de ambas, promovida agora de forma não

---

[99] *Idem, Ibidem.* p. 65 e 66.

[100] Paulo Ghiraldelli Jr. *História da Educação Brasileira, cit.,* p. 76. Sobre a elaboração da Constituição de 1934, vide Marlos Bessa Mendes da Rocha. *Tradição e Modernidade na Educação: O Processo Constituinte de 1933-1934.* In: *A Educação nas Constituintes Brasileiras 1823-1988.* 3. ed. Osmar Fávero (org.) Campinas: Autores Associados, 2005, p. 120-138 e José Silvério Baía Horta. *A Constituinte de 1934: Comentários.* In: *A Educação nas Constituintes Brasileiras 1823-1988.* 3. ed. Osmar Fávero (org.) Campinas: Autores Associados, 2005, p. 139-151.

[101] Paulo Ghiraldelli Jr. *História da Educação Brasileira, cit.,* p. 76.

mais restrita, favoreceu o grande 'boom', de expansão do ensino secundário de caráter privado nas décadas de 1930 e 1940. Chegou-se, assim, à formação de um empresariado de ensino, que já no início dos anos de 1940 começou a agir como um ator político específico. (No período anterior, o ator educacional privado confundia-se fundamentalmente com a organização eclesiástica católica.) O crescimento do setor privado foi fator inibidor da iniciativa pública, restringindo-se o ensino público àquele tempo a algumas escolas de grande porte e de caráter modelar[102].

Com o golpe de Estado em 1937, houve outorga de nova Constituição no mesmo ano, redigida por Francisco Campos. A Constituição de 1937 eximiu o Estado da responsabilidade pela educação pública, ao colocá-lo em um papel secundário. De acordo com o seu artigo 125: "A educação integral da prole é o primeiro dever e o direito natural dos pais. O Estado não será estranho a esse dever, colaborando, de maneira principal ou subsidiária, para facilitar a sua execução ou suprir as deficiências e lacunas da educação particular".

O então ministro da Educação, Gustavo Capanema, implementou as chamadas Leis Orgânicas do Ensino entre 1942 e 1946. Segundo Paulo Ghiraldelli Jr., referidas leis:

> chamadas de 'Reforma Capanema', consubstanciaram-se em dois decretos-leis que ordenaram o ensino primário, secundário, industrial, comercial, normal e agrícola. Foi uma reforma elitista e conservadora, mas não incorporou todo o espírito da Carta de 1937, até pela razão de que vingou já nos anos de liberalização do regime, no final do 'Estado Novo'. Todavia, é certo, deu um caminho elitista ao desenvolvimento do ensino público que marcou muito a história da educação em nosso país[103].

Diferentemente da Constituição de 1934 que estabelecia a gratuidade do ensino público, a de 1937 preceituava, em seu artigo 130, que, não obstante a gratuidade, esta não excluía o dever de solidariedade dos menos para com os mais necessitados. Isso significava

---

[102] *Tradição e Modernidade na Educação: O Processo Constituinte de 1933-34. In: A Educação nas Constituintes Brasileiras 1823-1988, cit.*, p. 137.

[103] *História da Educação Brasileira, cit.*, p. 80.

CIDADANIA, DIREITOS HUMANOS E EDUCAÇÃO

que na ocasião da matrícula seria exigida, aos que não alegassem ou notoriamente não pudessem alegar a escassa capacidade de recursos, uma contribuição módica e mensal para a caixa escolar. O artigo 129 estabelecia determinação na qual o acesso à educação escolar deveria dar-se fundamentalmente pela escola privada. Consequentemente, o acesso à escola pública passava a ser a exceção. Estabelecia, outrossim, uma diferenciação de acesso à educação escolar ao aluno rico e ao aluno pobre[104].

O descaso da Constituição de 1937 com a questão educacional contribuiu para aprofundar ainda mais as desigualdades sociais já existentes no Brasil. Enquanto a Constituição de 1934 determinava à União e aos municípios a aplicação de no mínimo 10%, e aos Estados e ao Distrito Federal a aplicação de pelo menos 20% da renda dos impostos no sistema educativo, a de 1937 foi omissa quanto à dotação orçamentária destinada à educação. Também diferentemente da Constituição de 1934, que exigia o concurso público para o magistério oficial, a Constituição de 1937 não cuidou do assunto.

O artigo 132 da Constituição de 1937 deixava claro que a intenção do Estado no âmbito da educação escolar era preparar os jovens para o cumprimento dos seus deveres relativos à economia e à defesa da Nação. Tratava-se de política educacional com caráter ditatorial. Segundo Boris Fausto: "a educação esteve impregnada de uma mistura de valores hierárquicos, de conservadorismo nascido da influência católica, sem tomar a forma de uma doutrinação fascista"[105].

Ademais, a Constituição de 1937, não obstante não fazer menção expressa ao termo eugenia ou educação eugênica, também apresentava esse perfil. O próprio Getúlio Vargas era favorável à educação eugênica e se manifestava nesse sentido[106]. Expõe Simone Rocha que:

> A política educacional desenvolvida em meados das décadas de 1930 e 40 tinha por objetivo formar o cidadão brasileiro segundo os moldes desenvolvidos em países europeus, tendo como proposta

[104] Paulo Ghiraldelli Jr. *História da Educação Brasileira, cit.*, p. 78-79.
[105] Boris Fausto. *História do Brasil, cit.*, p. 336 e 337.
[106] Simone Rocha. *A Educação como Projeto de Melhoramento Racial: Uma Análise do art. 138 da Constituição de 1934.* p. 69. *cit.*

CONQUISTA DA CIDADANIA E DO DIREITO À EDUCAÇÃO ESCOLAR NO BRASIL

para o desenvolvimento físico a contribuição efetiva para a formação moral e disciplinar do indivíduo. Os ideais de uma educação eugênica estão presentes na Constituição de 1937 que foi outorgada por Getúlio Vargas no dia 10 de novembro de 1937, no mesmo dia em que foi implantada a Ditadura do Estado Novo. É importante mencionar que a educação física, considerada integrante da educação eugênica, tinha caráter obrigatório. Percebe-se que a obrigatoriedade exigida por lei está diretamente articulada a um ideal político que objetivava através das atividades físicas o condicionamento moral e disciplinador, indispensável para a formação de um estado totalitário e ao mesmo tempo populista[107].

Apesar de o período apresentar alguma melhora no acesso à educação escolar, não se verificava por parte do Estado o compromisso com a educação pública de qualidade, gratuita e acima de tudo democrática. Não se concebia a educação escolar como obrigação primordial do Estado e este, quando presente, reforçava o nacionalismo com a propagação do patriotismo. O currículo e as práticas escolares foram modificados para introduzir, entre outros, a moral católica, o civismo, a história, a geografia brasileira e a educação física, voltados à exaltação do Estado Novo. Ademais, vigorou durante toda a Era Vargas a concepção de que o ensino secundário e o superior deveriam ser direcionados para as classes abastadas, e os outros, como o ensino profissionalizante, deveriam ser voltados para os pobres[108].

Expõe Paulo Ghiraldelli Jr. que:

> A Carta de 1937 não estava interessada em determinar ao Estado tarefas no sentido de fornecer à população uma educação geral através de uma rede de ensino pública e gratuita. A intenção da Carta de 1937 era manter, e talvez aprofundar, um explícito dualismo educacional: os ricos proveriam seus estudos através do sistema público ou particular e os pobres, sem usufruir desse sistema, deveriam ter como destino as escolas profissionais ou, se quisessem insistir em se manter em escolas

[107] *Idem. Ibidem.*
[108] Marcos Cezar de Freitas e Maurilene de Souza Biccas. *História Social da Educação no Brasil (1926-1996), cit.*, p. 112 a 115.

propedêuticas a um grau elevado, teriam de contar com a boa vontade dos ricos para com as 'caixas escolares'[109].

No entanto, apesar do explícito dualismo no sistema educacional, houve na Era Vargas considerável aumento do acesso à escola e a redução dos índices de analfabetismo, não obstante este ainda continuasse muito elevado[110].

Segundo Boris Fausto:

> Entre 1920 e 1940 houve algum declínio do índice de analfabetismo, mas esse índice continuou a ser muito elevado. Considerando-se a população de quinze anos ou mais, o índice de analfabetismo caiu de 69,9%, em 1920, para 56,2% em 1940. Os números são indicativos de que o esforço pela expansão do sistema escolar produziu resultados, a partir de índices muito baixos de frequência à escola em 1920. Estima-se que naquela época o índice de escolarização de meninos e meninas entre cinco a dezenove anos, que frequentavam a escola primária ou média, era de cerca de 9%. Em 1940, o índice chegou a mais de 21%. No que diz respeito ao ensino superior, houve um incremento de 60% do número total de alunos entre 1929 e 1939, passando de 13.239 para 21.235[111].

6.5 Cidadania no Período Democrático de 1945 a 1964

O Estado Novo terminou em 29 de outubro de 1945, com a deposição de Getúlio Vargas pelas Forças Armadas. A direção do Estado foi entregue ao Ministro José Linhares, presidente do Supremo Tribunal Federal. Realizaram-se eleições em 2 de dezembro de 1945 para Presidente da República, sendo eleito o Marechal Eurico Gaspar Dutra. Também houve eleições para o Congresso Nacional, que exerceu o papel de Assembleia Constituinte para a elaboração da Constituição de 1946, promulgada em 16 de setembro[112].

---

[109] Paulo Ghiraldelli Jr. *História da Educação Brasileira, cit.*, p. 79.

[110] Marcos Cezar de Freitas e Maurilene de Souza Biccas. *História Social da Educação no Brasil (1926-1996), cit.*, p. 61 e 112.

[111] *História do Brasil, cit.*, p. 393-394.

[112] Sahid Maluf. *Direito Constitucional, cit.*, p. 26 e José Afonso da Silva. *Curso de Direito Constitucional Positivo, cit.*, p. 84.

O Brasil foi influenciado pelo movimento de redemocratização dos Estados europeus, com a adoção dos princípios republicanos, logo após o término da Segunda Guerra Mundial. Segundo Celso Ribeiro Bastos e Ives Gandra Martins: "A Constituição de 1946 se insere entre as melhores, senão a melhor, de todas as que tivemos. Tecnicamente é muito correta, e do ponto de vista ideológico traçava nitidamente uma linha de pensamento libertário no campo político sem descurar da abertura para o campo social, que foi recuperado da Constituição de 1934"[113].

A Constituição de 1946 inaugurou um Estado democrático, republicano, representativo e federal. Preceituava que todo o poder emanava do povo e era exercido em seu nome. Estabelecia a independência e a harmonia entre os Poderes Executivo, Legislativo e Judiciário. O Poder Legislativo era exercido pelo Congresso Nacional, constituído pela Câmara dos Deputados e pelo Senado Federal. A Câmara dos Deputados era composta – como o é nos regimes democráticos – de representantes do povo, e cada legislatura tinha a duração de quatro anos. O Senado Federal era composto de representantes dos Estados e do Distrito Federal. O Poder Executivo era exercido pelo Presidente da República, com o auxílio dos seus ministros. As eleições eram diretas e o presidente era eleito com maioria relativa, e por um período de cinco anos[114]. O Poder Judiciário, por seu turno, era composto dos seguintes órgãos: Supremo Tribunal Federal; Tribunal Federal de Recursos e juízes federais; Tribunais e juízes militares; Tribunais e juízes eleitorais e Tribunais e juízes do trabalho.

O Título IV cuidava da *Declaração de Direitos*. O seu capítulo I tratava da nacionalidade e da cidadania. Segundo o artigo 131, eram eleitores os brasileiros maiores de dezoito anos que se alistassem na forma da lei. Não obstante o artigo 134 preceituar ser o sufrágio universal e direto, ele era apenas direto. Isso porque o artigo 132 vedava que se alistassem como eleitores os analfabetos; os que não soubessem exprimir-se na

---

[113] Celso Ribeiro Bastos e Ives Gandra Martins. 2. ed. *Comentários à Constituição do Brasil: Promulgada em 5 de outubro de 1988, cit.*, p. 348.

[114] A Emenda n. 4, de 2 de setembro de 1961, instituiu o sistema parlamentar de governo e a Emenda n. 6, de 23 de janeiro de 1963, restabeleceu o sistema presidencial de governo, com a revogação da primeira emenda, restabelecendo o sistema presidencial de governo instituído pela Constituição Federal de 1946. Disponível em: http://www.planalto.gov.br/ccivil_03/Constituicao/Constituicao46.htm. Acesso em 13 de nov. de 2018.

CIDADANIA, DIREITOS HUMANOS E EDUCAÇÃO

língua nacional e os que estivessem privados, temporária ou definitivamente, dos direitos políticos. O voto era secreto e era assegurada a representação proporcional dos partidos políticos nacionais, na forma da lei. O alistamento e o voto eram obrigatórios para os brasileiros de ambos os sexos, salvo as exceções previstas em lei. Não obstante a obrigatoriedade do voto a todos os brasileiros de ambos os sexos, o impedimento do voto aos analfabetos era um grande empecilho para a participação política no país, já que eles representavam aproximadamente 60% da população em 1950[115].

Apesar das restrições impostas pela Constituição, houve avanços no campo político, uma vez que se instaurou o regime democrático no país. Teve início um período de maior participação do povo nas questões políticas do Estado brasileiro. Referida participação ocorreu tanto no processo eleitoral, quanto na ação política organizada dos partidos, dos sindicatos, das ligas camponesas e das associações.

É o que demonstra José Murilo de Carvalho em números:

> Em 1930, os votantes não passavam de 5,6% da população. Na eleição presidencial de 1945, chegaram a 13,4%, ultrapassando, pela primeira vez, os dados de 1872. Em 1950, já foram 15,9% e em 1960, 18%. Em números absolutos, os votantes pularam de 1,8 milhões em 1930 para 12,5 milhões em 1960. Nas eleições legislativas de 1962, as últimas antes do golpe de 1964, votaram 14,7 milhões. O número de eleitores inscritos era em geral 20% acima do dos votantes, devido à abstenção que sempre existia, apesar de ser voto obrigatório. Em 1962, por exemplo, o eleitorado era de 18,5 milhões, correspondente a 26% da população total[116].

O restabelecimento da ordem democrática e a elaboração da nova Constituição possibilitaram a volta da garantia dos direitos civis e políticos. A Constituição inovou ao cuidar dos partidos políticos. Estabelecia, no parágrafo 13 do artigo 141, a liberdade de criação de organizações partidárias, desde que estas respeitassem o regime democrático, a pluralidade de partidos e a garantia dos direitos fundamentais. Os partidos

---

[115] Tânia Regina de Luca. *Direitos Sociais no Brasil*. In: *História da Cidadania, cit.*, p. 482 e *Constituições brasileiras (Império e República), cit.*, p. 305.
[116] *Cidadania no Brasil: O Longo Caminho, cit.*, p. 146.

políticos foram reorganizados e entre os principais estavam o Partido Social Democrático (PSD), o Partido Trabalhista Brasileiro (PTB), a União Democrática Nacional (UDN) e o Partido Comunista Brasileiro (PCB), cujo registro foi cassado em 1947. Foi após esse período que houve a criação e a consolidação de partidos nacionais de massa, com programas definidos e estruturados[117].

Expõe José Murilo de Carvalho que:

> Até 1964, houve liberdade de imprensa e de organização política. Apesar de tentativas de golpes militares, houve eleições regulares para presidente da República, senadores, deputados federais, governadores, deputados estaduais, prefeitos e vereadores. Vários partidos políticos nacionais foram organizados e funcionaram livremente dentro e fora do Congresso, à exceção do Partido comunista, que teve seu registro cassado em 1947. Uma das poucas restrições sérias ao exercício da liberdade referia-se ao direito de greve. Greves só eram legais se autorizadas pela justiça do trabalho. Essa exigência, embora conflitante com a Constituição, sobreviveu até 1964, quando foi aprovada a primeira lei de greve, já no governo militar. O que não impediu que várias greves tenham sido feitas ao arrepio da lei[118].

O Capítulo II do Título IV tutelava os direitos e as garantias individuais. Foi a primeira Constituição a estabelecer a proteção da vida humana como um direito fundamental expresso. Era o que preceituava o artigo 141 ao estabelecer a inviolabilidade do direito à vida, assim como à liberdade, à segurança individual e à propriedade. O §4º do artigo em foco inovava ao estabelecer que: "A lei não poderá excluir da apreciação do Poder Judiciário qualquer lesão de direito individual"[119].

O Título V cuidava da ordem econômica e social. De acordo com Celso Bastos e Ives Gandra Martins: "Do ângulo da ordem econômica a Constituição de 1946 pode ser vista como uma tentativa de conciliar o

---

[117] Celso Bastos e Ives Gandra Martins. *Comentários à Constituição do Brasil: Promulgada em 5 de outubro de 1988. cit.*, p. 351 e Tânia Regina de Luca. *Direitos Sociais no Brasil*. In: *História da Cidadania, cit.*, p. 482.

[118] José Murilo de Carvalho. *Cidadania no Brasil: O Longo Caminho, cit.*, p. 127.

[119] *Constituições brasileiras (Império e República), cit.*, p. 309.

CIDADANIA, DIREITOS HUMANOS E EDUCAÇÃO

princípio da liberdade de iniciativa com o princípio da justiça social"[120]. Segundo o artigo 145, a ordem econômica deveria ser organizada de acordo com os princípios da justiça, e conciliar a liberdade de iniciativa com a valorização do trabalho. Este era concebido como uma obrigação social. A todos era assegurado trabalho que possibilitasse existência digna. O artigo 157 estabelecia um amplo rol de direitos sociais, o que representou a manutenção das conquistas sociais.

Entre os avanços no campo dos direitos sociais, destacamos que em 1960 foi aprovada a Lei Orgânica da Previdência Social. Em 1963, entrou em vigor o Estatuto do Trabalhador Rural. Este estendeu a aplicação da legislação previdenciária, trabalhista e o direito de sindicalização aos empregados da agricultura. Não houve, todavia, previsão de recursos econômicos para sua implementação, o que gerou ineficácia em grande parte da sua execução. A criação do sindicalismo rural representou importante avanço para a época, uma vez que, em 1960, 55% da população brasileira residia na zona rural, e o setor primário da economia correspondia a 54% da mão de obra[121].

Não obstante referidas previsões constitucionais e legais, a realidade brasileira ainda era marcada por uma enorme distância entre as previsões normativas e a realidade em si. No campo econômico, o período democrático proporcionou importante crescimento, o que gerou novos empregos e desenvolvimento para o país. Durante o governo de Juscelino Kubitschek foi desenvolvido vasto programa de industrialização e planejada a nova capital da República, Brasília. No entanto, cabe observar que o desenvolvimento econômico buscado na época visava substancialmente ao crescimento econômico, sem maiores preocupações com as demandas sociais pela distribuição da riqueza coletiva para o avanço da cidadania, especialmente para a população mais carente[122].

De acordo com Marcos Cezar de Freitas e Maurilene de Souza Biccas: "Por um lado, desenhou-se com mais clareza a concentração regional do país urbano e industrial e, por outro lado, uma série

[120] Celso Ribeiro Bastos e Ives Gandra Martins. *Comentários à Constituição do Brasil: Promulgada em 5 de outubro de 1988, cit.*, p. 353.

[121] Tânia Regina de Luca. *Direitos Sociais no Brasil.* In: *História da Cidadania, cit.*, p. 483 e José Murilo de Carvalho. *Cidadania no Brasil: O Longo Caminho, cit.*, p. 139-140 e 153.

[122] Marcos Cezar de Freitas e Maurilene de Souza Biccas. *História Social da Educação no Brasil (1926-1996), cit.*, p. 225-226.

de acontecimentos revelou a sobrevivência do 'país profundo' ainda à mercê de um isolamento suficientemente grande para consolidar distâncias colossais não só entre regiões mas, principalmente, entre pessoas e estratos sociais"[123]. Nesse contexto de exclusão social, os trabalhadores rurais continuaram à margem dos direitos sociais, assim como os trabalhadores autônomos e as empregadas domésticas. Segundo José Murilo de Carvalho, as "empregadas constituíam um grande mercado informal de trabalho em que predominavam relações pessoais que lembravam práticas escravistas"[124].

Não obstante os avanços em relação à conquista da cidadania no período democrático, ainda prevalecia a pobreza e a desigualdade social. A democracia ainda era incipiente e não conseguiu impedir o golpe militar em 1964, marcado pelo retrocesso das instituições democráticas e da cidadania[125].

6.6 Direito à Educação Escolar no Período Democrático de 1945 a 1964

Ao longo do período democrático em análise, o Brasil era formado por uma imensa heterogeneidade social, em razão das profundas desigualdades sociais, com reflexos diretos na precária realidade da educação escolar. A Constituição de 1946, no seu Título VI, cuidava da família, da educação e da cultura. O Capítulo II era dedicado especificamente à educação e à cultura e seu artigo 166 preceituava a educação como um direito de todos, a ser oferecida tanto no lar quanto na escola. A educação deveria basear-se nos princípios de liberdade e nos princípios e ideais de solidariedade humana. Tratava-se de inegável avanço no campo da educação quando comparado ao disposto na Constituição de 1937, já comentado no item específico.

O artigo 167 estabelecia ser o ensino ministrado pelos poderes públicos e livre à iniciativa particular, respeitadas as leis que o regulavam. O artigo 168, por seu turno, determinava a adoção dos seguintes princípios: ensino primário obrigatório e ministrado exclusivamente na língua nacional; ensino primário oficial gratuito para todos; ensino oficial após

---

[123] *História Social da Educação no Brasil (1926-1996), cit.*, p. 129.
[124] *Cidadania no Brasil: O Longo Caminho, cit.*, p. 153.
[125] José Murilo de Carvalho. *Cidadania no Brasil: O Longo Caminho, cit.*, p. 150-152.

CIDADANIA, DIREITOS HUMANOS E EDUCAÇÃO

o primário, somente para os que comprovassem a falta ou a insuficiência de recursos.

O artigo 168 também estabelecia que as empresas industriais, comerciais e agrícolas, em que trabalhassem mais de cem pessoas, eram obrigadas a manter ensino primário gratuito para seus servidores e os filhos destes. Prosseguia estabelecendo que as empresas industriais e comerciais estavam obrigadas a ministrar, em cooperação, aprendizagem aos seus trabalhadores menores, pela forma que a lei estabelecesse e respeitados os direitos dos professores.

O artigo em foco também prescrevia que o ensino religioso constituía disciplina dos horários das escolas oficiais, e era de matrícula facultativa, devendo ser ministrado de acordo com a confissão religiosa do aluno. A questão da relação entre o Estado e a Igreja foi a mais discutida durante a constituinte no campo da educação. Acabou por prejudicar uma reflexão mais profunda que enfrentasse os verdadeiros problemas educacionais do país. Somente nos anos seguintes, com a discussão da Lei de Diretrizes e Bases da Educação Nacional e do Plano Nacional de Educação é que as verdadeiras questões educacionais foram retomadas[126].

Ainda segundo o artigo 168, o provimento das cátedras, seja no ensino secundário oficial, no superior oficial ou no livre, deveria ser feito por meio de concurso de títulos e provas. E aos professores admitidos por concurso de títulos e provas era assegurada a vitaliciedade. Por fim, era garantida a liberdade de cátedra. O artigo 169, por seu turno, preceituava que a União tinha o dever de aplicar anualmente pelo menos dez por cento da renda resultante dos seus impostos na manutenção e no desenvolvimento do ensino. Os Estados, Distrito Federal e Municípios também tinham a mesma obrigação e sua porcentagem era de pelo menos vinte por cento. Com base nessa determinação constitucional, a partir da década de 1950, começaram a ser criadas as redes municipais de educação[127].

---

[126] Romualdo Portela de Oliveira. *A Educação na Assembleia Constituinte de 1946*. In: *A Educação nas Constituintes Brasileiras 1823-1988*. 3. ed. Osmar Fávero (org.) Campinas: Autores Associados, 2005, p. 186-187.

[127] Marcos Cezar de Freitas e Maurilene de Souza Biccas. *História Social da Educação no Brasil (1926-1996)*, *cit.*, p. 195.

À União cabia organizar o sistema federal de ensino, assim como o dos Territórios. Referido sistema tinha caráter supletivo e era estendido a todo o país, nos estritos limites das suas deficiências locais, segundo preceituava o artigo 170 da Constituição de 1946. Os Estados e o Distrito Federal também deveriam organizar seus sistemas de ensino, os quais teriam cooperação da União, por meio do auxílio pecuniário, de acordo com o artigo 171. O artigo 172, por seu turno, estabelecia que cada sistema de ensino teria, obrigatoriamente, serviços de assistência educacional que assegurassem aos alunos necessitados condições de bom desempenho escolar. As ciências, as letras e as artes eram livres e o amparo à cultura foi colocado como dever do Estado. Com isso, a lei deveria promover a criação de institutos de pesquisas, de preferência nos estabelecimentos de ensino superior, segundo respectivamente os artigos 173 e 174 da Constituição de 1946.

Diante desses novos dispositivos constitucionais, o então Ministro da Educação e Saúde, Clemente Mariani, constituiu um grupo para a elaboração do projeto de Lei de Diretrizes e Bases da Educação Nacional, nos anos de 1947 e 1948. No entanto, a Lei n. 4.024 somente foi aprovada treze anos mais tarde, em 1961. Durante esses treze anos aconteceram muitos debates e embates em torno das questões educacionais brasileiras. Houve importante campanha em defesa da escola pública, que foi estruturada a partir da I Convenção Estadual em Defesa da Escola Pública, realizada em 4 de maio de 1960, na Biblioteca Municipal de São Paulo[128].

Os problemas com a educação eram de todas as ordens. Apesar de a oferta de vagas na escola pública vir crescendo desde a década de 1930, a demanda era sempre maior. Ademais, o sistema educacional ainda privilegiava o aluno mais abastado, em detrimento do aluno pobre, não obstante este ter conquistado mais espaço na educação pública no transcorrer do século 20. O sistema educacional também não levava em consideração as enormes diferenças regionais e culturais do país, porque estava padronizado. A escola brasileira, no entender de Anísio Teixeira, "permanecia 'anacrônica', no ritmo de um outro tempo, fora e distante da vida real"[129].

---

[128] *Idem. Ibidem,* p. 133-134 e 173.
[129] *Idem, Ibidem.* p. 147 e 154-160-161.

CIDADANIA, DIREITOS HUMANOS E EDUCAÇÃO

No período em análise também se mantinha a imensa distância entre as previsões legais e a realidade educacional existente de fato. Tal realidade foi claramente retratada na Conferência Mundial de Educadores em Viena, entre os dias 21 e 25 de julho de 1953, organizada pela Federação Internacional Sindical do Ensino (Fise). O Brasil esteve presente e foi representado pela delegação brasileira, liderada por Paschoal Lemme, que expôs a realidade educacional brasileira com base no recenseamento de 1950[130]. Segundo ele:

> (...) A percentagem média de analfabetos, para todo o país, é calculada em 51,5%, havendo contudo regiões em que essa taxa sobe até 80%. O curso das escolas primárias, nas regiões mais desenvolvidas, não vai além dos 4 anos de extensão, mas, na quase totalidade dos casos, as crianças fazem apenas de 1 a 2 anos de curso, abandonando a escola mal alfabetizadas. Para uns 9 milhões de crianças em idade escolar primária, uns 4 milhões matriculam-se nas escolas existentes, mas apenas uns 10% concluem os respectivos cursos. De quase 9 milhões de adolescentes (12 a 18), cerca de 6.000.000 conseguem matricular-se em escolas de ensino médio, mas também pouco mais de 10% concluem os respectivos cursos. É preciso notar que o ensino secundário, de 7 anos de extensão, acha-se na quase totalidade (85%) em mãos particulares, sendo portanto, caro e somente acessível a uma minoria dos filhos das classes mais ricas. No ensino superior, para menos de 40.000 estudantes se matriculam nos vários cursos, apenas uns 20% conseguem concluí-los (...). Os professores, em geral de formação muito deficiente, percebem salários vexatórios, em relação à importância de suas responsabilidades. Os professores rurais, situados na parte inferior dessa escala de salários, não têm, em sua maioria, qualquer formação pedagógica e vivem nas piores condições materiais e profissionais[131].

Esse quadro demonstrava que o sistema educacional brasileiro apresentava *déficits* tanto de quantidade quanto de qualidade, e em todos os níveis de escolarização, ou seja, do ensino primário até o superior.

---

[130] *Idem, Ibidem*, p. 135.
[131] *Apud*, Marcos Cezar de Freitas e Maurilene de Souza Biccas. *História Social da Educação no Brasil (1926-1996), cit.*, p. 136.

A grande maioria da população sequer tinha acesso à educação escolar. No final dos anos 1950 e início dos anos 60, o *déficit* na oferta de ensino primário no país era em torno de 1.200 mil vagas. A desigualdade no âmbito educacional era o reflexo da realidade social do país. De um lado, existia a extrema concentração de renda de pequena parcela da população e, de outro, os elevados níveis de pobreza da grande maioria da população brasileira[132].

Segundo dados apresentados por Anísio Teixeira, em 1957, em conferência proferida no clube de Engenharia, no Rio de Janeiro:

> Já no ingresso, o corte era brutal, uma vez que 40% das crianças ficavam de fora da escola do primeiro para o segundo ano primário e apenas 17,5% conseguiam concluir o ensino primário. Outro grande corte acontecia na entrada para o ensino médio, quando apenas 8,6% conseguiam ingressar e somente 1,5% concluíam o ensino médio completo (1º e 2º Ciclos). No topo da 'pirâmide/obelisco' só chegavam menos de 1% dos que ingressaram na escola primária[133].

A escola brasileira continuava com caráter excludente e seletivo e não conseguia atingir as metas básicas de uma educação democrática. Sua função primordial era ministrar uma cultura básica para o estudante. Com isso, deixava de considerar a individualidade do aluno. Tal realidade colocava o aluno muitas vezes na situação de incapaz e reprovado, e consequentemente na categoria dos excluídos[134].

Em 1959, foi anunciado o *"Manifesto dos Educadores Mais Uma Vez Convocados"*, redigido por Fernando de Azevedo, e que invocava as ideias do *"Manifesto dos Pioneiros da Educação Nova"*, de 1932. O Manifesto foi referendado por educadores e intelectuais de todas as correntes, como as liberais, as liberais-progressistas, as socialistas, as comunistas, as nacionalistas e outras. Entre eles estavam, por exemplo, historiadores como Caio Prado Júnior e Nelson Werneck Sodré, o sociólogo Florestan Fernandes, e o jurista Miguel Reale. O Manifesto de 1959 não

---

[132] *Idem, ibidem*, p. 184-187-188.

[133] *Apud*, Marcos Cezar de Freitas e Maurilene de Souza Biccas. *História Social da Educação no Brasil (1926-1996), cit.*, p. 185-186.

[134] *Idem, ibidem*, p. 185-186.

CIDADANIA, DIREITOS HUMANOS E EDUCAÇÃO

cuidou das questões pedagógico-didáticas, como o fez o Manifesto de 1932. Admitiu as diretrizes escolanovistas e tratou das questões gerais de política educacional. Foi favorável à existência tanto da rede pública quanto da rede particular de ensino. No entanto, defendia que as verbas públicas deveriam ser destinadas exclusivamente para a rede pública de ensino, e que as escolas particulares deveriam ser submetidas à fiscalização oficial[135].

Em 20 de dezembro de 1961 foi promulgada a Lei n. 4.024/1961, conhecida como Lei de Diretrizes de Bases da Educação. Foi a primeira lei geral de educação no país, e segundo Edivaldo M. Boaventura: "permitiu a descentralização da educação da esfera federal para a estadual, com a institucionalização dos sistemas de educação e recriação dos Conselhos de Educação com funções normativas. Ainda na vigência desta LDB, foram instituídos o salário-educação e a pós-graduação"[136].

Marcos Cezar de Freitas e Maurilene de Souza Biccas, ao analisarem a Lei de Diretrizes de Bases da Educação, n. 4.024/1961, afirmam que:

> No que diz respeito à organização da educação nacional, essa controversa Lei apresentou um significativo avanço em relação à história social da infância brasileira que foi o reconhecimento das demandas educacionais de crianças de zero a seis anos de idade. Isso se refletiu na seguinte organização: A educação pré-escolar deveria ser oferecida em escolas maternais e jardins de infância; A educação primária dar-se-ia em quatro séries consecutivas (da 1ª à 4ª) podendo ser acrescida de mais duas séries de artes aplicadas; O ensino médio dar-se-ia em duas etapas: o ginasial com quatro séries consecutivas (da 1ª à 4ª) e o colegial com três consecutivas (da 1ª à 3ª). O ensino médio, na etapa ginasial e na etapa colegial, poderia ser oferecido em duas modalidades: técnica e de formação de professores; o ensino superior seria oferecido nos termos da legislação vigente, pois a LDB 4.024/1961 não trouxe alterações sobre a matéria[137].

---

[135] Paulo Ghiraldelli Jr. *História da Educação Brasileira, cit.*, p. 93.

[136] Edivaldo M. Boaventura. *A Educação na Constituição de 1946: Comentários*. In: *A Educação nas Constituintes Brasileiras 1823-1988*. 3. ed. Osmar Fávero (org.) Campinas: Autores Associados, 2005, p. 196.

[137] *História Social da Educação no Brasil (1926-1996), cit.*, p. 175. Anísio Teixeira apresenta análise da Lei de Diretrizes e Bases da Educação na sua obra Educação no Brasil (*cit.*, p. 160-247).

Se, por um lado, a realidade fática da educação escolar no país durante o período democrático era desalentadora, em razão da herança dos outros períodos históricos, mas também da insuficiente atuação do Estado da época, por outro, foi um período marcado por vários movimentos na esfera da sociedade civil, que buscavam soluções para as questões relacionadas à educação escolar no Brasil. No âmbito governamental também houve algum esforço nesse sentido.

O movimento civil, por sua vez, era muito engajado e voltado à conscientização sobre a necessidade e a importância de respeitar o direito fundamental à educação escolar, no contexto democrático. Em 1963 foi realizado o 1º Encontro Nacional de Alfabetização e Cultura Popular, no qual se criou um programa voltado para a educação de adultos analfabetos. O Encontro visava a promover o intercâmbio entre os diversos movimentos de alfabetização de adultos e de cultura popular, com o fim de estabelecer uma articulação no âmbito nacional[138].

Quanto à ação governamental, o Ministério da Educação realizou a campanha para a educação de adultos analfabetos. A primeira etapa foi realizada no período entre 1947 e 1949 e teve a direção de Lourenço Filho. A segunda ocorreu entre 1950 e 1954 e foi incorporada pelas práticas administrativas do governo federal e dos Estados. Em 1964, por meio do Decreto n. 53.465, foi criado o Programa Nacional de Alfabetização[139].

Expõem Marcos Cezar de Freitas e Maurilene de Souza Biccas que:

> A aproximação entre o Ministério da Educação e Cultura e as entidades estudantis, sindicatos e setores da Igreja Católica que vinham atuando com a educação popular estabeleceu-se efetivamente no último período do governo João Goulart, antes do golpe de Estado, quando o ministro da educação, Paulo de Tarso, criou uma Comissão de Cultura Popular com a missão de implantar, em todo território nacional, 'novos sistemas educacionais de caráter eminentemente popular'. Paulo Freire

---

[138] Marcos Cezar de Freitas e Maurilene de Souza Biccas. *História Social da Educação no Brasil (1926-1996), cit.*, p. 241. Alceu Ravanello Ferraro expõe vários exemplos da atuação dos movimentos civis pela educação (*História Inacabada do Analfabetismo no Brasil, cit.*, p. 96 a 98).
[139] Marcos Cezar de Freitas e Maurilene de Souza Biccas. *História Social da Educação no Brasil (1926-1996), cit.*, p. 213 e 241.

foi nomeado presidente dessa Comissão e assumiu a tarefa de produzir levantamentos e pesquisas sobre a questão do analfabetismo no país. Na sequência, foram também criadas as Comissões Regionais de Cultura popular, com a função de incentivar pesquisas nas áreas ligadas à promoção da cultura popular, tais como folclore, teatro, cinema, música etc. Predominou, no entanto, a concentração de esforços e recursos destinados à educação. Um pulsar acelerado passou a ditar os rumos dos movimentos culturais que se multiplicaram no país e mobilizaram lideranças tanto do mundo privado quanto da esfera pública[140].

A Unesco, agência para o desenvolvimento da educação, da ciência e da cultura, da Organização das Nações Unidas, criada após o término da Segunda Grande Guerra, também teve papel fundamental no desenvolvimento da educação brasileira nesse período. De acordo com Marcos Cezar de Freitas e Maurilene de Souza Biccas, a atuação da Unesco foi determinante na reformulação das ciências sociais e da pesquisa educacional no Brasil[141].

Para os autores:

> Dois momentos foram decisivos para que esse papel fomentador fosse desempenhado pela Agência. O primeiro deu-se em agosto de 1949, quando Arthur Ramos, o mesmo que havia realizado com Anísio no Distrito Federal o estudo sobre 'criança-problema', assumiu a direção do Departamento de Ciências Sociais da UNESCO. Como a UNESCO já vinha engendrando ações no sentido de combater o analfabetismo, Ramos acrescentou a esse esforço a necessidade de ampliação quantitativa e qualitativa dos estudos raciais e das pesquisas sobre a integração do negro e do indígena nas sociedades que se modernizavam. O segundo momento está relacionado à aproximação que se intensifica a partir de 1952 entre Anísio Teixeira e os especialistas que passam a visitar o INEP no Brasil, especialmente Charles Wagley, Jacques Lambert, Otto Klineberg, Andrew Pearse e Bertram Hutchinson. Tais episódios foram decisivos no processo de institucionalização das ciências sociais

---

[140] Marcos Cezar de Freitas e Maurilene de Souza Biccas. *História Social da Educação no Brasil (1926-1996), cit.,* p. 240.
[141] *Idem, Ibidem.* p. 148-149.

no Brasil que, a partir da década de 1950, passam por refundações teóricas e temáticas. Pode-se atribuir aos mesmos eventos a colaboração decisiva para a aproximação intensa que ocorreu entre sociologia, antropologia e educadores[142].

O Brasil caminhava, a passos lentos, para a democratização da educação escolar. No entanto, o golpe militar de 1964 não só interrompeu como também rompeu com as conquistas no campo da educação escolar até então conquistadas.

6.7 Retrocesso da Cidadania Durante o Período da Ditadura Militar: 1964-1985

As Forças Armadas assumiram o poder em 31 de março de 1964. No dia 9 de abril daquele ano foi decretado, pelo general Castelo Branco, o Ato Institucional n. 1, que classificava o golpe militar como uma autêntica revolução. Considerava a revolução como vitoriosa e investida no exercício do Poder Constituinte Originário, titularizado pelo povo[143]. Seu artigo 1º mantinha a Constituição de 1946, com as modificações do próprio Ato, o que, na verdade, significava a prevalência do Ato em si[144].

De plano já se verificava a quebra da independência e da harmonia entre os poderes do Estado, concentrados a partir de então no Poder Executivo Federal. O artigo 10 do AI-1 prescrevia que, "no interesse da paz e da honra nacional, e sem as limitações previstas na Constituição, os Comandantes-em-Chefe, que editam o presente Ato, poderão suspender direitos políticos pelo prazo de dez (10) anos e cassar mandatos

---

[142] *Idem. Ibidem.*

[143] Segundo o ato: "Os Chefes da revolução vitoriosa, graças à ação das Forças Armadas e ao apoio inequívoco da Nação, representam o Povo e em seu nome exercem o Poder Constituinte, de que o Povo é o único titular. O Ato Institucional que é hoje editado pelos Comandantes-em-Chefe do Exército, da Marinha e da Aeronáutica, em nome da revolução que se tornou vitoriosa com o apoio da Nação na sua quase totalidade se destina a assegurar, ao novo governo a ser instituído, os meios indispensáveis à obra de reconstrução econômica, financeira, política e moral do Brasil, de maneira a poder enfrentar, de modo direto e imediato, os graves e urgentes problemas de que depende a restauração da ordem interna e do prestígio internacional da nossa Pátria" (*Constituições brasileiras (Império e República), cit.,* p. 341).

[144] Celso Ribeiro Bastos e Ives Gandra Martins. *Comentários à Constituição do Brasil: Promulgada em 5 de outubro de 1988, cit.,* p. 355.

CIDADANIA, DIREITOS HUMANOS E EDUCAÇÃO

legislativos federais, estaduais e municipais, excluída a apreciação judicial desses atos"[145].

Com base nele, foram realizadas muitas condutas de desrespeito aos direitos humanos, entre elas a cassação dos direitos políticos, durante dez anos, de muitos líderes políticos, sindicais e intelectuais e também de militares. Foi também imposta a aposentadoria forçada de muitos funcionários públicos civis e militares. Vários sindicatos sofreram intervenção e órgãos de cúpula do movimento operário foram fechados. A União Nacional dos Estudantes foi invadida e fechada por determinação do regime militar. Comissões de inquérito foram criadas para investigar supostos delitos de corrupção e de subversão[146].

Iniciava-se um período de 21 anos de regime militar ditatorial, no qual os direitos civis e políticos foram drasticamente restringidos. Os atos institucionais foram os instrumentos legais de repressão utilizados pelo regime. A base de legitimação do regime ditatorial não só no Brasil, mas em toda a América do Sul, foi a ideologia da "segurança nacional"[147].

Em 27 de outubro de 1965 foi decretado o Ato Institucional n. 2, que estabeleceu a eleição indireta para Presidente da República, a ser realizada pelo Congresso Nacional. Extinguiu os partidos políticos e estabeleceu um sistema de apenas dois partidos, a Arena, partido do governo, e o Movimento Democrático Brasileiro (MDB), partido de oposição. Os poderes do chefe do Poder Executivo Federal foram ainda mais fortalecidos, como aquele de decretar o recesso do Poder legislativo, em todas as esferas, e legislar mediante decretos-leis, sobre todas as matérias previstas na Constituição e na lei orgânica. Poderia, outrossim, decretar estado de sítio e a intervenção federal nos Estados para prevenir ou reprimir a "subversão da ordem". O Presidente da República podia também baixar atos complementares do próprio ato, assim como decretos-leis sobre matéria de segurança nacional[148].

---

[145] *Constituições brasileiras (Império e República), cit.*, p. 343

[146] José Murilo de Carvalho. *Cidadania no Brasil: O Longo Caminho.* cit., p. 160-161 e Boris Fausto. *História do Brasil, cit.*, p. 465 a 468.

[147] José Murilo de Carvalho. *Cidadania no Brasil: O Longo Caminho, cit.*, p. 157 e Celso Ribeiro Bastos e Ives Gandra Martins. *Comentários à Constituição do Brasil: Promulgada em 5 de outubro de 1988, cit.*, p. 360.

[148] *Constituições brasileiras (Império e República), cit.*, p. 352 a 357.

Tinha também poder para cassar os direitos políticos de quaisquer cidadãos pelo prazo de dez anos, assim como mandatos legislativos federais, estaduais e municipais. A suspensão de direitos políticos acarretava simultaneamente: a cessação do foro por prerrogativa de função; a suspensão do direito de votar e de ser votado nas eleições sindicais; a proibição de atividade ou de manifestação sobre assunto de natureza política e a aplicação, quando necessária à *"preservação da ordem política e social"*, das seguintes medidas de segurança: liberdade vigiada; proibição de frequentar determinados lugares ou domicílios. Além disso, o AI-2 excluiu da apreciação do Poder Judiciário todos os atos praticados pelo regime[149].

Expõe Tânia Regina de Luca que:

> Todas as manifestações da política popular do início dos anos 60 (greves, petições, passeatas etc.) foram consideradas desviantes e vistas como ausência da interiorização do dever cívico. Manuais de instrução moral e cívica nas escolas e a intensificação das eleições controladas nas cidades do interior foram soluções encontradas à supressão das eleições majoritárias nas capitais e dos partidos políticos, impedidos, então, de fazer seu trabalho de socialização da cidadania na prática das ruas. O cidadão selvagem precisava ser civilizado e controlado pelo Estado[150].

O Ato Institucional n. 4, de 7 de dezembro de 1966, determinava a convocação do Congresso Nacional para a elaboração de uma nova Constituição. Esta foi outorgada em 24 de janeiro de 1967 e entrou em vigor em 15 de março do mesmo ano. Não obstante sua redação, ao estabelecer o Estado brasileiro como uma república estruturada na independência e harmonia dos Poderes Legislativo, Judiciário e Executivo, e na qual todo poder emanava do povo e em seu nome era exercido, o país estava em pleno regime ditatorial, no qual todo o poder se concentrava autoritariamente no Poder Executivo Federal.

Quanto ao exercício dos direitos políticos, eram considerados eleitores os brasileiros maiores de dezoito anos, alistados na forma da lei.

---

[149] *Idem, Ibidem.*

[150] Tânia Regina de Luca. *Direitos Sociais no Brasil.* In: *História da Cidadania, cit.,* p. 541.

CIDADANIA, DIREITOS HUMANOS E EDUCAÇÃO

O alistamento e o voto eram obrigatórios para os brasileiros de ambos os sexos, salvo as exceções previstas em lei. Permanecia, como na Constituição de 1946, a proibição do alistamento dos analfabetos, dos que não soubessem exprimir-se na língua nacional e dos que estivessem privados, temporária ou definitivamente, dos direitos políticos.

Segundo o artigo 143 da Constituição de 1967, o sufrágio era universal e o voto era direto e secreto, salvo casos previstos na Constituição, assim como ficava assegurada a representação proporcional dos partidos políticos, na forma que a lei estabelecesse. Como é cediço, o sufrágio não era universal e o voto não era direto para todas as eleições.

O Capítulo IV cuidava dos direitos e das garantias individuais. Não obstante o rol de direitos fundamentais previstos na Constituição, a prática revelava uma outra realidade. Eram tempos de repressão. Apesar da retórica da Constituição em relação a vários de seus dispositivos, alguns deles eram claros quanto às restrições aos direitos fundamentais. Por exemplo, o artigo 150 tutelava o direito à liberdade de manifestação do pensamento, da convicção política ou filosófica, o livre exercício da profissão, trabalho ou ofício, o direito de reunião e de associação. No entanto, o artigo seguinte preceituava que aquele que "abusasse" desses direitos e dos direitos políticos para atentar contra a "ordem democrática" ou praticar a corrupção incorreria na suspensão desses últimos direitos pelo prazo de dois a dez anos.

Referida Constituição era finalizada com as disposições gerais e transitórias que convalidavam todos os ditames do regime ditatorial. Seu primeiro artigo, o 173, preceituava que ficavam aprovados todos os atos praticados pelo comando supremo da Revolução, assim como os praticados pelo governo federal, com base nos Atos Institucionais n. 1 ao n. 4, e nos Atos Complementares dos mesmos Atos Institucionais. Estabelecia, outrossim, que ficavam aprovadas as resoluções das Assembleias Legislativas e Câmaras de Vereadores que haviam cassado mandatos eletivos ou declarado o impedimento de governadores, deputados, prefeitos e vereadores, fundados nos referidos Atos Institucionais, assim como os atos, de natureza legislativa, realizados com base nos Atos Institucionais de n. 1 a n. 4 e seus Atos Complementares. Segundo o artigo em foco, estavam todos esses atos não só aprovados, como também excluídos da apreciação judicial.

Em 13 de dezembro de 1968 foi editado o Ato Institucional n. 5, que estabeleceu as maiores violações aos direitos humanos. Ele autorizava o Presidente da República a fechar desde a Câmara dos Deputados até o Congresso Nacional, assim como decretar a intervenção nos Estados e nos Municípios, sem as limitações previstas na Constituição. O Congresso foi fechado e o Presidente Costa e Silva passou a governar ditatorialmente. O Ato autorizava, outrossim, a suspensão dos direitos políticos de quaisquer cidadãos pelo prazo de dez anos, assim como a cassação de mandatos eletivos federais, estaduais e municipais. Suspendia a garantia do *habeas corpus* para os crimes políticos e contra a segurança nacional, a ordem econômica e a economia popular. Por fim, excluía da apreciação judicial todos os atos praticados de acordo com o referido ato[151].

Em meio aos atos de repressão, em 17 de outubro de 1969, tomou posse o general Garrastazu Médici e na mesma data foi aprovada a Emenda Constitucional n. 1, que incorporava os atos institucionais. As medidas repressivas atingiam seu ponto mais alto. O parágrafo 11 do artigo 153 da Constituição passou a ter a seguinte redação: "Não haverá pena de morte, de prisão perpétua, de banimento, ou confisco, salvo nos casos de Guerra Externa, Psicológica Adversa, ou Revolucionária ou Subversiva nos termos que a lei determinar"[152]. Foi estabelecida uma nova lei de segurança nacional, que previa a pena de morte por fuzilamento[153].

Segundo Elisabete Fernandes Basílio Tamas:

> Médici assumiu a presidência com o discurso de que o desenvolvimento do país dependia de ações mais incisivas do governo, defendendo, assim, a necessidade do uso dos poderes e instrumentos extraordinários do Executivo para promover a integração de todos os brasileiros aos níveis mínimos de bem-estar, de tranquilidade e de paz. Para intensificar o combate ao inimigo interno, o novo governo passou a

---

[151] Celso Ribeiro Bastos e Ives Gandra Martins. *Comentários à Constituição do Brasil: Promulgada em 5 de outubro de 1988, cit.*, p. 360 e Mary Del Priore e Renato Pinto Venâncio. *O Livro de Ouro da História do Brasil*. 2. reimpressão. Rio de Janeiro: Ediouro, 2001, p. 370.

[152] Redação determinada pelo Ato Institucional n. 14/69.

[153] José Murilo de Carvalho. *Cidadania no Brasil: O Longo Caminho, cit.*, p. 161-162.

CIDADANIA, DIREITOS HUMANOS E EDUCAÇÃO

sustentar a urgência da implantação da doutrina de Segurança Nacional, através da criação de novos órgãos de repressão e da reestruturação dos já existentes[154].

No início da década de 1970 foi introduzida a censura prévia nos meios de comunicação. Com tal medida, qualquer publicação de livros e revistas ou programa de rádio ou de televisão deveria ser submetida aos censores do governo, antes de ser levada ao público[155].

Segundo José Murilo de Carvalho:

> A censura à imprensa eliminou a liberdade de opinião; não havia liberdade de reunião; os partidos eram regulados e controlados pelo governo; os sindicatos estavam sob constante ameaça de intervenção; era proibido fazer greves; o direito de defesa era cerceado pelas prisões arbitrárias; a justiça militar julgava crimes civis; a inviolabilidade do lar e da correspondência não existia; a integridade física era violada pela tortura nos cárceres do governo; o próprio direito à vida era desrespeitado[156].

O período do regime militar (1964-1985) leva a importante reflexão sobre o exercício dos direitos políticos em tempos de ditadura. José Murilo de Carvalho levanta interessante questionamento sobre o exercício desses direitos no referido período. Expõe, que, por um lado, o eleitorado cresceu muito durante o regime militar. Por outro, houve muitas restrições quanto ao exercício dos direitos políticos. As eleições diretas para Presidência da República foram suspensas entre os anos de 1960 e 1989. Foram também suspensas a partir de 1966 para governadores e somente voltaram em 1983. As eleições para o Poder Legislativo foram mantidas; no entanto, havia as restrições impostas pelo regime[157].

---

[154] *A Tortura em Presos Políticos e o aparato Repressivo Militar.* In: *Cultura e Poder. O Golpe de 1964: 40 Anos Depois.* Revista do Programa de Estudos Pós-Graduados em História e do Departamento de História da PUC São Paulo. n. 29. Dez. de 2004, tomo 2, p. 638

[155] José Murilo de Carvalho. *Cidadania no Brasil: O Longo Caminho, cit.,* p. 161-162.

[156] *Idem. Ibidem,* p. 163-164.

[157] *Idem. Ibidem,* p. 166-167. De acordo com o autor: "Em 1960, nas eleições presidenciais, votaram 12,5 milhões de eleitores; nas eleições senatoriais de 1970 votaram 22,4 milhões; nas de 1982, 48,7 milhões; nas de 1986, 65,6 milhões. Em 1960, a parcela da população que votava

José Murilo de Carvalho apresenta várias indagações sobre o exercício do direito político de votar naquela conjuntura. Indaga se o ato de votar representava efetivamente o exercício de um direito político. Questiona o que significava para esses milhões de cidadãos exercerem o direito de votar, quando ao mesmo tempo vários outros direitos fundamentais eram suprimidos pelo regime. Ademais, indaga que significava escolher representantes de órgãos que não espelhavam a representação popular, mas eram apenas instrumentos do poder executivo. Por fim, indaga se naquelas circunstâncias, o ato de votar poderia ser visto como o exercício efetivo de um direito político[158].

Diante dos dados históricos, verifica-se que o exercício do direito de votar estava desprovido de conteúdo, uma vez que, quando ele se realizava, era, na maioria das vezes, o cumprimento de um dever formal dos cidadãos. Os mecanismos políticos e jurídicos do regime autoritário inviabilizavam o efetivo exercício material do direito de votar. Nas situações na qual esse direito era, de alguma forma, alcançado, mesmo que parcialmente, o regime logo impunha medidas restritivas para restabelecer e manter o poder. Segundo o autor, as eleições legislativas: "foram às vezes adiadas, a propaganda política era censurada, os candidatos mais radicais, vetados. Quando os generais se viam surpreendidos pelos resultados, mudavam as leis, para manter a maioria no Congresso"[159].

Enquanto o período foi marcado pelo profundo desrespeito aos direitos civis e políticos, os governos militares investiram na expansão dos direitos sociais. No entanto, tal expansão não era e nem foi suficiente para resolver os principais problemas relacionados à desigualdade social. Houve, inclusive, retrocessos quanto às condições de vida e os salários[160].

---

era de 18%; em 1986, era de 47%, um crescimento impressionante de 161%. Isto significa que 53 milhões de brasileiros, mais do que a população total do país em 1950, foram formalmente incorporados ao sistema político durante os governos militares" (*Idem, Ibidem*, p. 167).

[158] José Murilo de Carvalho. *Cidadania no Brasil: O Longo Caminho, cit.*, p. 167.

[159] *Idem. Ibidem*, p. 166.

[160] *Idem. Ibidem*, p. 170 e Tânia Regina de Luca. *Direitos Sociais no Brasil*. In: *História da Cidadania*. cit., p. 484. Na obra "O Direito dos Pobres", Wagner Balera expõe as carências sociais e econômicas vividas pela população brasileira pobre durante a década de 1980. Analisa a ausência de compromisso político, jurídico e social do Estado brasileiro com os direitos sociais dos mais carentes, ou seja, dos pobres (*O Direito dos Pobres*. São Paulo: Paulíneas, 1982).

CIDADANIA, DIREITOS HUMANOS E EDUCAÇÃO

Apesar de esse período ser conhecido como o do milagre econômico, tal realidade já se encontra hoje desmistificada. Em que pese o crescimento econômico acelerado, o período foi marcado pela acentuação das desigualdades sociais e a concentração de renda. Predominava o "capitalismo selvagem", no qual se estimulava o desenvolvimento econômico a qualquer custo, sem respeito às condições dignas de vida e à preservação do meio ambiente[161].

Expõe José Murilo de Carvalho que:

> Em 1960, os 20% mais pobres da população economicamente ativa ganhavam 3,9% da renda nacional. Em 1980, sua participação caíra para 2,8%. Em contraste, em 1960 os 10% mais ricos ganhavam 39,6% da renda, ao passo que em 1980 sua participação subira para 50,9%. Se subirmos na escala de renda, cresce a desigualdade. O 1% mais rico ganhava 11,9% da renda total em 1960; em 1980 sua participação era de 16,9%. Se os pobres não ficaram muito mais pobres, os ricos ficaram muito mais ricos[162].

A partir de 1974, com a posse do Presidente, o general Ernesto Geisel[163], inicia-se o abrandamento do regime ditatorial. No entanto, o processo de abertura não foi tranquilo. Houve diminuição das restrições à propaganda eleitoral e, em 1978, a revogação do AI-5, o fim da censura prévia, o restabelecimento do *habeas corpus* para os crimes políticos, a atenuação da Lei de Segurança Nacional, além de ser decretada a anistia aos presos políticos[164].

Em 1979 foi extinto o bipartidarismo forçado. Os então únicos partidos – a Arena e o Movimento Democrático Brasileiro (MDB) – foram extintos, e criaram-se seis novos partidos. A Arena converte-se no

[161] Boris Fausto. *História do Brasil, cit.*, p. 487.

[162] *Cidadania no Brasil: O Longo Caminho, cit.*, p. 168-169.

[163] O Presidente Ernesto Geisel, em uma de suas falas, expõe: "Acho que a tortura, em certos casos, torna-se necessária, para obter confissões... Não justifico a tortura, mas reconheço que há circunstâncias em que o indivíduo é impelido a praticar a tortura para obter determinadas confissões e, assim, evitar um mal maior" (Mary Del Priore e Renato Pinto Venâncio. *O Livro de Ouro da História do Brasil, cit.*, p. 372).

[164] José Murilo de Carvalho. *Cidadania no Brasil: O Longo Caminho, cit.*, p. 173-176; Mary Del Priore e Renato Pinto Venâncio. *O Livro de Ouro da História do Brasil, cit.*, p. 373 e Elisabete Fernandes Basílio Tamas. *A Tortura em Presos Políticos e o aparato Repressivo Militar.* In: *Cultura e Poder. O Golpe de 1964: 40 Anos Depois, cit.*, p. 642 a 645.

Partido Democrático Social (PDS) e o MDB no Partido do Movimento Democrático Brasileiro (PMDB). Nascem o Partido Trabalhista Brasileiro (PTB), o Partido Democrático Trabalhista (PDT), o Partido Popular (PP) e o Partido dos Trabalhadores (PT), em 1980[165].

A partir de 1974, também se iniciam a retomada e a renovação dos movimentos de oposição, com forte atuação dos partidos de oposição, do movimento sindical, tanto urbano quanto rural, das organizações civis e religiosas. A Igreja Católica se colocava com firmeza na proteção dos direitos humanos e contra o regime militar. A Ordem dos Advogados do Brasil teve papel de destaque na resistência ao regime militar. Do mesmo modo, a Associação Brasileira de Imprensa, assim como a Sociedade Brasileira para o Progresso da Ciência[166].

Na linha de transição, em 1982, ocorrem as eleições diretas para os cargos de governadores dos Estados. Mas o ponto culminante da mobilização popular aconteceu em 1984, com a campanha pelas eleições diretas, a maior campanha popular da história brasileira, com a participação dos partidos políticos de oposição, da Confederação Nacional dos Bispos do Brasil, da Ordem dos Advogados do Brasil, da Associação Brasileira de Imprensa e outras organizações. Apesar de a mobilização não ter conseguido a efetiva alteração da Constituição, e as eleições terem permanecido indiretas, em 1985, os militares se abstiveram de impor um general como candidato à sucessão presidencial, e o candidato da oposição, Tancredo Neves, governador do Estado de Minas Gerais, venceu as eleições no Colégio Eleitoral[167].

De acordo com José Afonso da Silva:

> O povo emprestou a Tancredo Neves todo o apoio para a execução de seu programa de construção da Nova República, a partir da derrota das forças autoritárias que dominaram o país durante vinte anos (1964 a 1984). Sua eleição, a 15.1.85, foi, por isso, saudada como o início de um novo período na história das instituições políticas brasileiras, e que ele próprio denominara de Nova República, que haveria de ser democrática

---

[165] José Murilo de Carvalho. *Cidadania no Brasil: O Longo Caminho, cit.*, p. 176.

[166] *Idem, Ibidem*, p. 178, 183 a 187.

[167] José Murilo de Carvalho. *Cidadania no Brasil: O Longo Caminho, cit.*, p. 177 e 188-189; Tânia Regina de Luca. *Direitos Sociais no Brasil*. In: *História da Cidadania, cit.*, p. 541.

CIDADANIA, DIREITOS HUMANOS E EDUCAÇÃO

e social, a concretizar-se pela Constituição que seria elaborada pela Assembleia Nacional Constituinte, livre e soberana, que ele convocaria assim que assumisse a Presidência da República[168].

Todavia, por ironia do destino, Tancredo Neves morreu antes de assumir a Presidência. Assumiu o vice, José Sarney, aliado das forças autoritárias, mas que mesmo assim deu sequência às promessas do Presidente morto[169]. No dia 1 de fevereiro de 1987, foi constituída a Assembleia Nacional Constituinte para a elaboração da Constituição de 1988, promulgada em 5 de outubro de 1988, que inaugurou nova ordem jurídica democrática, com ênfase na proteção dos direitos humanos, tanto no âmbito nacional quanto no internacional.

6.8 Educação Escolar no Período da Ditadura Militar (1964-1985)

O período do regime militar, como já exposto, foi marcado pela repressão aos direitos da liberdade. Em relação aos direitos da igualdade, não obstante algum investimento feito pelos governos militares no sentido da sua promoção, não era e nem foi suficiente para resolver os principais problemas relacionados à desigualdade social, entre eles o direito à educação escolar.

Os movimentos de educação e cultura populares, até então muito presentes na sociedade brasileira das décadas anteriores ao início do regime militar de 1964, foram reprimidos. Suas lideranças e muitos de seus membros foram perseguidos, cassados e alguns exilados. Entre os movimentos, um de maior destaque e importância foi a "pedagogia de Paulo Freire", até hoje muito reconhecida e estudada pelos interessados nos temas da educação contemporânea. No entanto, para o regime militar, sua pedagogia era subversiva e deveria ser combatida[170].

---

[168] José Afonso da Silva. *Curso de Direito Constitucional Positivo, cit.*, p. 88.

[169] *Idem, Ibidem*, p. 88-89.

[170] Marcos Cezar de Freitas e Maurilene de Souza Biccas. *História Social da Educação no Brasil (1926-1996), cit.*, p. 247; Paulo Ghiraldelli Jr. *História da Educação Brasileira, cit.*, p. 137 a 139. A escritora argentina Maria Tereza Nidelcoff, com seu livro traduzido para o português com o título "Uma escola para o povo", publicado em 1978, também foi importante personalidade do período. Em sua obra, apresenta análise crítica da escola e de seus fundamentos, na realidade social e política. Contrasta o "professor-policial" com o "professor-povo" (Maria Teresa Nidelcoff. *Uma Escola para o Povo*. Tradução de João Silvério Trevisan. São Paulo: Brasiliense, 2004).

Expõe Paulo Ghiraldelli Jr. que o período do regime militar:

> foi pautado em termos educacionais pela repressão, privatização de ensino, exclusão de boa parcela dos setores mais pobres do ensino elementar de boa qualidade, institucionalização do ensino profissionalizante na rede pública regular sem qualquer arranjo prévio para tal, divulgação de uma pedagogia calcada mais em técnica do que em propósitos com fins abertos e discutíveis, tentativas variadas de desmobilização do magistério através de abundante e confusa legislação educacional[171].

Durante a ditadura militar foi criado o Movimento Brasileiro de Alfabetização, conhecido como Mobral, regulamentado pela Lei n. 5.379, de 15 de dezembro de 1967. O analfabetismo no país permanecia muito alto e o Estado, que o considerava "vergonha nacional", pretendia erradicá-lo em um prazo de dez anos, por meio do Mobral[172]. Segundo o Plano Setorial de Educação e Cultura do período de 1972 a 1974, os objetivos fundamentais do regime militar, em relação ao combate ao analfabetismo, eram: "1.1 – Secar a fonte, pela universalização do ensino fundamental obrigatório e gratuito, na faixa dos 7 aos 14 anos de idade; 1.2 – eliminar, possivelmente, no decorrer da década de 1970, o analfabetismo de adolescentes e adultos, com esforço concentrado na faixa dos 15 aos 35 anos de idade"[173].

Apesar de contar com forte aparato do governo para a execução do seu programa em âmbito nacional, os resultados do Mobral eram insatisfatórios, de acordo com o censo de 1980. O ensino oferecido por ele era precário, de má qualidade, além de visar a incutir a ideologia do regime militar, por meio de total ausência de proposta reflexiva sobre a realidade. No mais, seus professores eram leigos e, por isso, sem qualquer formação específica[174].

---

[171] Paulo Ghiraldelli Jr. *História da Educação Brasileira, cit.*, p. 112.

[172] Marcos Cezar de Freitas e Maurilene de Souza Biccas. *História Social da Educação no Brasil (1926-1996), cit.*, p. 249.

[173] Alceu Ravanello Ferraro. *História Inacabada do Analfabetismo no Brasil, cit.*, p. 105-106.

[174] Marcos Cezar de Freitas e Maurilene de Souza Biccas. *História Social da Educação no Brasil (1926-1996), cit.*, p. 261.

CIDADANIA, DIREITOS HUMANOS E EDUCAÇÃO

Segundo Marcos Cezar de Freitas e Maurilene de Souza Biccas:

> As pessoas que não sabiam ler nem escrever representavam 25,8% da população. Tomando por base a taxa de analfabetismo de 1970, que era de 33,6%, a redução promovida pelo Mobral não superou a marca de 7,8%. As campanhas das décadas de 1950 e 1960 lograram resultados mais consistentes em condições de funcionamento demasiadamente precárias e com poucos recursos financeiros. A presença do Mobral na história da educação brasileira estendeu-se até 1985, quando foi extinta, e no seu lugar foi criada a Fundação Educar, com a publicação do Decreto n. 91.980, de 25 de novembro de 1985. O objetivo da Fundação Educar era o de promover a execução de programas de alfabetização e de educação básica não-formais, voltados para pessoas cuja experiência de empobrecimento resultou na exclusão do acesso à escola[175].

A Constituição de 1967[176] dedicava o Título IV à família, à educação e à cultura. O *caput* do artigo 168 tinha a seguinte redação: "A educação é direito de todos e será dada no lar e na escola, assegurada a igualdade de oportunidade, deve inspirar-se no princípio da unidade nacional e nos ideais da liberdade e da solidariedade humana". Tratava-se, é claro, de um discurso meramente retórico para apaziguar os ânimos sociais. A Emenda n. 1/ 69 cuidou do referido tema em seu artigo 176. A redação do seu *caput* ficou muito próxima da prevista na Constituição de 1967. No entanto, referida emenda eliminou a garantia da igualdade de oportunidades educacionais a todos, o que representava enorme retrocesso.

O §1º do artigo 168 estabelecia que o ensino seria ministrado nos diferentes graus pelos Poderes Públicos. Já o §2º preceituava que, respeitadas as disposições legais, o ensino era livre à iniciativa particular, a qual merecia o amparo técnico e financeiro dos poderes públicos, inclusive mediante bolsas de estudo. Era a declaração expressa do poder

---

[175] *Idem. Ibidem*, p. 262-263

[176] Importante análise sobre a elaboração da Constituição de 1967 é feita pelos autores José Silvério Baía Horta, no texto: *A Educação no Congresso Constituinte de 1966-1967*. In: *A Educação nas Constituintes Brasileiras (1823-1988)*. Osmar Fávero (org.). 3 ed. Campinas: Autores Associados, 2005, p. 201 a 239 e por Osmar Fávero, no texto: *A Educação no Congresso Constituinte de 1966-67: Contrapontos*. In: *A Educação nas Constituintes Brasileiras (1823-1988)*. Osmar Fávero (org.). 3 ed. Campinas: Autores Associados, 2005, p. 241 a 253.

CONQUISTA DA CIDADANIA E DO DIREITO À EDUCAÇÃO ESCOLAR NO BRASIL

público quanto ao pouco comprometimento com o ensino público e o incentivo ao ensino privado em detrimento do público.

O §3º do artigo 168, por seu turno, estabelecia a adoção dos seguintes princípios e normas: I – ensino primário ministrado exclusivamente na língua nacional; II – ensino obrigatório dos sete aos catorze anos para todos e gratuito nos estabelecimentos primários oficiais; III – ensino oficial ulterior ao primário igualmente gratuito para os que demonstrassem efetivo aproveitamento e provassem ausência ou insuficiência de recursos. O poder público poderia substituir o regime de gratuidade pelo de concessão de bolsas de estudo. No caso do ensino superior, o reembolso era obrigatório; IV – ensino religioso, como matéria facultativa, nos horários normais das escolas oficiais de grau primário e médio; V – provimento dos cargos iniciais e finais das carreiras do magistério de grau médio e superior do ensino oficial, por concurso público de provas e títulos; VI – garantia da liberdade de cátedra.

O disposto no artigo 168 da Constituição de 1967 passou a ser disciplinado pelo artigo 176, quando da edição da Emenda Constitucional n. 1/69. As modificações estavam presentes nos incisos III, IV e VII do parágrafo 3º do artigo 176. O inciso III apresentava a seguinte redação: "O ensino público será, igualmente gratuito para quantos, no nível médio e no superior, demonstrarem efetivo aproveitamento e provarem falta ou insuficiência de recursos". O inciso IV estabelecia que: "O Poder Público substituirá, gradativamente, o regime de gratuidade no ensino médio e no superior pelo sistema de concessão de bolsas de estudos, mediante restituição, que a lei regulará". Verifica-se, diante da análise desses dispositivos, que o Poder Público não se mostrava efetivamente comprometido com o ensino público. Isso porque um dos objetivos do regime militar era ampliar o sistema privado de ensino, em detrimento do público.

A Emenda Constitucional de 1969 proibiu a liberdade de cátedra, até então garantida no inciso VI do §3º do artigo 168 da Constituição de 1967. Segundo o inciso VII do §3º do artigo 176, introduzido pela referida emenda, a legislação do ensino adotava os seguintes princípios e normas: "a liberdade de comunicação de conhecimento no exercício do magistério, ressalvado o disposto no artigo 154". Referido artigo preceituava que o abuso de direito individual ou político, com o propósito de subversão do regime democrático ou de corrupção, importaria na suspensão daqueles direitos pelo prazo de dois a dez anos, ou seja, estabelecia a proibição da liberdade de expressão e comunicação no exercício do magistério.

A Constituição de 1967 manteve o princípio da obrigatoriedade escolar, já previsto nas Constituições de 1934, 1937 e 1946. Estabeleceu a obrigatoriedade escolar dos 7 aos 14 anos, ampliando o ensino fundamental para o período de oito anos. Se, por um lado, tratava-se da manutenção de uma conquista já prevista nas constituições anteriores, por outro, referida Constituição estabeleceu o ensino gratuito apenas em estabelecimentos oficiais[177]. Estes, é cediço, não eram suficientes para atender a toda a demanda por educação escolar. Segundo crítica de Alceu Ravanello Ferraro: "o mesmo Estado que obriga a todos a permanecer por mais tempo na escola, não se obriga a si mesmo a dar escola gratuita a todos"[178].

Essa aparente pretensão de democratizar e universalizar a educação escolar durante o regime militar era totalmente incompatível com seu projeto político, econômico e social, de caráter autoritário e excludente. A política educacional da ditadura militar era vislumbrada claramente nas reformas introduzidas pelas Leis n. 5.692/71 e n. 5.540/68. A primeira organizou o sistema educacional em três graus sucessivos. O primeiro grau incorporou o ensino primário e o ginasial, e estabeleceu oito anos de escolarização obrigatória. O segundo grau passou a compreender o segundo ciclo do antigo ensino médio. O ensino superior foi denominado de terceiro grau[179].

Marcos Cezar de Freitas e Maurilene de Souza Biccas definem o projeto educacional do regime militar como comprometido com propostas deletérias[180]. Ao analisarem a Lei n. 5.692/71 expõem que:

> Com um certo grau de obscurantismo os conteúdos considerados de caráter acadêmico foram retirados para que fosse possível introduzir

---

[177] Alceu Ravanello Ferraro. *História Inacabada do Analfabetismo no Brasil, cit.*, p. 106.

[178] *Idem, Ibidem.*

[179] Alceu Ravanello Ferraro. *História Inacabada do Analfabetismo no Brasil, cit.*, p. 112 e Marcos Cezar de Freitas e Maurilene de Souza Biccas. *História Social da Educação no Brasil (1926-1996), cit.*, p. 280 a 282.

[180] Marcos Cezar de Freitas e Maurilene de Souza Biccas. *História Social da Educação no Brasil (1926-1996), cit.*, p. 280 a 282.

CONQUISTA DA CIDADANIA E DO DIREITO À EDUCAÇÃO ESCOLAR NO BRASIL

disciplinas que abordavam, predominantemente, as temáticas profissionalizantes. A retirada do currículo das disciplinas História e Geografia, substituindo-as por Estudos Sociais e Educação Moral e Cívica, ministradas com base em manuais que eram, na realidade, canais de comunicação dos repertórios políticos governamentais, demonstrava a projeção idealizadora de um futuro trabalhador invulnerável aos apelos da luta política por direitos e por democracia. Outra dimensão importante da reforma do ensino de 1º e 2º graus, ensejada pela Lei n. 5.692/1971, diz respeito à educação de jovens e adultos, com a tônica também na formação para o trabalho e que promoveu uma aproximação em relação às ações já desenvolvidas pelo Mobral[181].

O direito à educação escolar da criança de zero a seis anos foi praticamente desconsiderado pelo regime militar. Cabe observar que a educação da criança pequena já não era, ao longo da história da educação brasileira, preocupação primordial dos governos. A Lei n. 5.692/71, no seu artigo 10, §2º, apenas estabelecia que os sistemas de ensino "velarão para que as crianças de idade inferior a sete anos recebam conveniente educação em escolas maternais, jardins de infância e instituições equivalentes". Isso representava a retirada dos governos de praticamente quaisquer obrigações educacionais relacionadas às crianças nessa faixa etária[182].

Enquanto referida questão não era de interesse da ditadura, a sociedade civil estava cada vez mais indignada e interessada em mudar tal realidade. Nesse período, como já exposto, surgem muitos movimentos sociais e populares, vários entre eles postulando o direito à educação escolar pública e creches para as crianças na faixa etária de zero a seis anos[183].

Nas palavras de Marcos Cezar de Freitas e Maurilene de Souza Biccas:

> Nesse cenário que acumula anos de desvalorização social em relação ao 'ponto de vista' das camadas pobres, o Movimento de Luta Pró-Creche constitui-se, por sua longa existência e pelo caráter de suas

---

[181] *Idem, Ibidem*, p. 282.
[182] Marcos Cezar de Freitas e Maurilene de Souza Biccas. *História Social da Educação no Brasil (1926-1996), cit.*, p. 290.
[183] *Idem, Ibidem* p. 291-303-310.

CIDADANIA, DIREITOS HUMANOS E EDUCAÇÃO

reivindicações, num dos mais importantes movimentos sociais urbanos. Se inicialmente buscavam assegurar a sobrevivência das creches, rapidamente perceberam, não sem contradições e tensões, o que se configurava inequivocamente como 'dever do Estado' que, em poucas palavras, consistia em assegurar creches públicas de qualidade para toda a população[184].

No Brasil, a demanda pelo direito à educação escolar pública das crianças de 0 a 6 anos estava diretamente relacionada à realidade trazida pela industrialização e urbanização do século 20, e que trouxe transformações sociais que alteraram diretamente a estrutura da família brasileira. A mulher estava no mercado de trabalho. Vale lembrar que as primeiras creches foram criadas na Europa no século 18 e na América do Norte no século 19, em razão dessas novas demandas sociais. No Brasil, as primeiras creches foram criadas no início do século 20 e a demanda era cada vez maior[185].

A título de ilustração, uma das primeiras escolas de educação infantil, a antiga pré-escola, foi criada em 1908, na cidade de Belo Horizonte, pelo governo estadual de Minas Gerais. Chamava-se Escola Infantil Delfim Moreira e já nos seus primeiros anos tinha matriculado em torno de duzentas crianças. Seu objetivo era instruir e educar seus alunos[186]. No entanto, esse exemplo não espelhava a realidade da educação pública brasileira como um todo.

No âmbito internacional, somente a partir de 1950 é que a educação das crianças pequenas começou a fazer parte da agenda relacionada às políticas de desenvolvimento econômico e social. Nos países considerados subdesenvolvidos, como o Brasil, o atendimento educacional das crianças pequenas foi ampliado com a diminuição dos gastos públicos. Isso significava a clara opção por atendimento precário e de baixa qualidade[187].

A própria Unesco e a Unicef promoveram não só no Brasil, mas em todo o mundo subdesenvolvido, a política de educação infantil de baixo

---

[184] *Idem, Ibidem*, p. 309

[185] *Idem, Ibidem*, p. 286-287.

[186] Marcos Cezar de Freitas e Maurilene de Souza Biccas. *História Social da Educação no Brasil (1926-1996), cit.*, p. 288-289.

[187] *Idem. Ibidem*, p. 292.

CONQUISTA DA CIDADANIA E DO DIREITO À EDUCAÇÃO ESCOLAR NO BRASIL

custo. O objetivo das políticas públicas implantadas no Brasil, na década de 1970, era oferecer atendimento com baixo custo, o que representava atendimento precário e de má qualidade aos pobres, em razão da escassez de recursos. Era o atendimento "pobre ao pobre". Esse repertório político fez parte da Doutrina de Segurança Nacional do regime militar e tinha entre seus principais objetivos combater a pobreza e ampliar a participação da comunidade na execução das políticas sociais no Brasil[188].

Nos governos de Ernesto Geisel (1974-1979) e de João Figueiredo (1979-1985) foram criados programas sociais voltados à educação infantil, que se valiam da estratégia da participação comunitária. Entre eles, estava o Projeto Casulo, criado em 1977 pelo Ministério da Previdência e Assistência Social, por meio da Legião Brasileira de Assistência (LBA), e o Programa Nacional de Educação Pré-escolar, criado pelo Ministério da Educação. Todos eles eram baseados nas teorias da privação cultural[189].

Expõem Marcos Cezar de Freitas e Maurilene de Souza Biccas que:

> Em termos de prática pedagógica a ideia de privação cultural fundamentava a aplicação de 'programas compensatórios' que pretendiam oferecer às crianças pobres, consideradas culturalmente desfavorecidas, condições para evitar o fracasso na escola de ensino fundamental. (...) As concepções que estavam em evidência consideravam a cultura das camadas populares uma subcultura originada do atraso que impregnava toda a sociedade, inclusive os setores que de forma generalizada eram designados como classes dominantes[190].

A solução encontrada para a criança pobre, que na verdade estava inserida em uma dimensão muito maior, ou seja, de pobreza familiar, era fazer com que o sistema escolar compensasse as carências sociais. Os currículos e os programas escolares foram adequados para atender às crianças carentes, com o fim de compensar suas deficiências. Os problemas de base, relacionados à desigualdade social e à distribuição de

---

[188] *Idem. Ibidem*, p. 292 a 294.
[189] *Idem. Ibidem*, p. 295.
[190] *Idem. Ibidem*, p. 295-296.

CIDADANIA, DIREITOS HUMANOS E EDUCAÇÃO

renda, nunca eram enfrentados, e a criança, de vítima, passou a ser a vilã do insucesso da escola pública no Brasil[191].

A Lei n. 5.540/68, por seu turno, dificultou ainda mais o acesso ao ensino superior, que estava diretamente ligado à possibilidade de ascensão social. Segundo Paulo Ghiraldelli Jr.:

> A Lei 5.540/68 criou a departamentalização e a matricula por disciplina, instituindo o curso parcelado através do regime de créditos. Adotou-se o vestibular unificado e classificatório, o que eliminou com um passe de mágica os excedentes, aqueles que, apesar de aprovados no vestibular, conforme a média exigida, não podiam efetivar a matrícula por falta de vagas. O chamado 'problema dos excedentes' – este era o jargão da época, na mobilização estudantil –, na verdade, ficou longe de ser resolvido, uma vez que a nova lei apenas usurpou o direito de matrícula dos estudantes já aprovados no vestibular. De fato, o problema do aceso ao ensino superior foi equacionado pela Ditadura Militar com o incentivo à privatização do ensino – na década de 1970 o governo colaborou com a abertura de cursos de terceiro grau de duvidosa idoneidade moral. Essas medidas provocaram, ao longo dos anos, uma profunda alteração na vida universitária e na qualidade do ensino[192].

Quanto ao analfabetismo no país, os índices ainda eram muito altos. Expõem Marcos Cezar de Freitas e Maurilene de Souza Biccas que: "De acordo com os dados do PNUD/IPEA, 1996, ao final da década de 1980, o país possuía 33% da sua população analfabeta, somente 14% da população havia completado o primeiro grau, 7% o ensino médio e apenas 5% o ensino superior"[193].

Nas palavras de Alceu Ravanello Ferraro:

> No período 1970/80, o número absoluto de analfabetos aumentou em ambos os extremos da pirâmide de idade, ou seja, tanto nos grupos

---

[191] Marcos Cezar de Freitas e Maurilene de Souza Biccas. *História Social da Educação no Brasil (1926-1996), cit.*, p. 297 a 299.

[192] *História da Educação Brasileira, cit.*, p. 117-118.

[193] Marcos Cezar de Freitas e Maurilene de Souza Biccas. *História Social da Educação no Brasil (1926-1996), cit.*, p. 189.

de mais idade, a partir de 40-49 anos, como também em toda a faixa de escolarização obrigatória (até 14 anos). Em outras palavras, nessa década o número de analfabetos diminuiu apenas nas idades de 15 até 30-39 anos. Vale notar que não foram incluídas na tabela as crianças de 7 anos, porquanto em boa parte ainda em processo de alfabetização na 1ª série quando da realização dos censos e da PNAD. No período 1980/91, o analfabetismo continuou crescendo nos grupos de idade a partir de 40 anos, passando, porém, a diminuir em todas as idades de 8 a 14 anos. Foi somente no período 1991/2000 que o número absoluto de analfabetos passou a diminuir em todas as idades abaixo de 60. No quinquênio 2000/2005, manteve-se basicamente a mesma tendência da década de 1990[194].

6.9 Reflexões a Respeito da Conquista da Cidadania e do Direito à Educação Escolar no Brasil República até a Redemocratização em 1985

Até a recente redemocratização do país, após 21 anos de regime ditatorial militar entre os anos de 1964 e 1985, a República brasileira percorreu 96 anos. Foram décadas com avanços e retrocessos na luta pela construção da cidadania. A república, na sua essência, representa a limitação do poder dos governantes e o dever de assegurar as liberdades aos cidadãos. Por isso, trata-se de regime com as características da temporariedade (o mandato do chefe de governo tem prazo de duração predeterminado), eletividade (o chefe de governo é eleito pelo povo) e responsabilidade (o chefe de governo é politicamente responsável, ou seja, deve prestar contas de sua atuação política). Por isso, a forma de governo republicana guarda relação direta com o regime democrático[195].

No entanto, a história do Brasil revela que, em grande parte, nossa República foi de fachada ao não respeitar claramente as características acima expostas. Tivemos nesses 96 anos poucos períodos de democracia republicana e a construção de um país guiado pelo respeito à cidadania. Esta, quanto mais consolidada, mais alcança a garantia da relação de pertencimento que se busca nos regimes democráticos. Quanto maior é

---

[194] *História Inacabada do Analfabetismo no Brasil, cit.*, p. 174-175.

[195] Dalmo de Abreu Dallari. *Elementos de Teoria Geral do Estado*. 31 ed. São Paulo: Saraiva. 2012, p. 226 a 228.

a proteção dos direitos fundamentais e dos direitos humanos em determinado país, maior e mais sólida é a democracia.

A Primeira República inaugura a Constituição de 1891, com a forma federativa e presidencialista, pautada na independência e harmonia entre os poderes do Estado, assim como em um extenso rol de direitos fundamentais. No entanto, ainda éramos um país agrário, latifundiário e com estrutura social rigidamente estratificada, marcado por profundas desigualdades sociais. Mesmo diante de tantas privações, a sociedade mais carente não deixou de se mobilizar e reivindicar seus direitos na República. Entre os movimentos sociais desse período, vale destacar a Guerra de Canudos, que representou a luta e a resistência das populações marginalizadas do sertão nordestino no final do século 19. Embora derrotados – e muitos deles, homens, mulheres e crianças, massacrados –, mostraram que não aceitavam a realidade de injustiça social presente na região do sertão baiano.

Para Lilia M. Schwarcz e Heloisa M. Starling, ao analisarem o período:

> Mais do que analisar cada movimento – foram muitos –, o importante é destacar como, por trás de cada um deles, está a questão da posse da terra, o desejo de justiça, a imoderação religiosa, e o encontro entre revolta e mística. Digna de atenção é a peculiaridade de suas organizações, que revelam a persistência de estruturas de poder baseadas nas polaridades dispostas entre padres e fiéis; coronéis e bandos armados. Não por acaso, nesse momento ganharam fama, ultrapassando a fronteira do sertão, chefes de bandos armados, como Antônio Silvino, Lampião e Antônio Dó; personagens ambíguos, representativos de uma alternativa às relações de poder enraizadas na posse da terra. Ao mesmo tempo que acenavam para uma vida mais justa e igualitária, terminaram reproduzindo as antigas marcas de violência e do arbítrio. Desafiando os modelos de cidadania e da igualdade jurídica, aí estavam os sertões bravios, com seus personagens inesperados, mas essenciais para se entender a jovem República brasileira[196].

O liberalismo presente no Brasil era avesso à participação política da grande maioria da população, o que representava o descaso com a cidadania e a relação de pertencimento. Por isso, até a década de 1930, a grande

---

[196] *Brasil: Uma Biografia. cit.*, p. 334.

maioria da sociedade brasileira vivia na pobreza, especialmente os afrodescendentes, os quais, após a abolição da escravidão em 1888, foram colocados à margem da cidadania, sem qualquer proteção social do Estado.

A Primeira República, por expressa determinação constitucional, se inicia proibindo a participação política dos analfabetos no processo eleitoral. Como a taxa de analfabetismo era altíssima, quase 80% da população masculina foi impossibilitada de exercer seu direito de voto durante o período. A mulher continuava afastada da participação política, uma vez que a Constituição não fez qualquer referência aos seus direitos. Somado a isso tudo, já convivíamos com as fraudes eleitorais.

Em relação à educação escolar, a Constituição de 1891 foi omissa quanto à gratuidade e à obrigatoriedade. A escola era eminentemente seletiva e tornava-se cada vez mais uma barreira à ascensão social das classes pobres, especialmente os afrodescendentes. Não havia infraestrutura e interesse político em atender a toda a demanda social dos mais carentes por educação escolar e cidadania.

A Era Vargas de 1930 a 1945, por seu turno, foi caracterizada por um longo período de regime autoritário e um curtíssimo período democrático. Quanto às liberdades públicas, não obstante a introdução do sufrágio feminino pelo Código Eleitoral, importantíssima conquista para as mulheres e a sociedade como um todo, o período foi marcado por restrições aos direitos civis e políticos. É preciso também destacar a importância da criação da Justiça Eleitoral com o Código Eleitoral. Este impossibilitou fraudes muito comuns na Primeira República. Ademais, o voto secreto resguardava o eleitor das pressões das elites regionais[197].

Quanto aos direitos sociais, houve importantes avanços, especialmente no campo dos direitos trabalhistas. Todavia, com as restrições aos direitos civis e políticos, os avanços sociais eram apresentados pelo Estado como "favores" e não como "direitos" da cidadania. De acordo com Lilia M. Schwarcz e Heloisa M. Starling:

> Um assunto dominava a atenção de Getúlio: a política trabalhista. Foi nessa área que ele mostrou quem era e a que viera. Dividiu sua política em duas metades. Numa, criou as leis de proteção ao trabalhador – jornada de oito horas, regulação do trabalho da mulher e do menor; lei de férias,

---

[197] Lilia M. Schwarcz e Heloisa M. Starling. *Brasil: Uma Biografia. cit.*, p. 362.

instituição da carteira de trabalho e do direito a pensões e à aposentadoria. Na outra, reprimiu qualquer esforço de organização dos trabalhadores fora do controle do Estado – sufocou, com particular violência, a atuação dos comunistas. Para completar, liquidou com o sindicalismo autônomo, enquadrou os sindicatos como órgãos de colaboração com o Estado e excluiu o acesso dos trabalhadores rurais aos benefícios da legislação protetora do trabalho[198].

Quanto à educação, a década de 1930 foi muito fértil na discussão das ideias pedagógicas, com destaque para a elaboração do *"Manifesto dos Pioneiros da Educação Nova"*, de 1932, que defendia a educação escolar pública gratuita, laica, obrigatória e para ambos os sexos, como um direito de todos. No entanto, além da realidade educacional ser muito precária e o acesso ao ensino um privilégio ainda para poucos, a Constituição de 1934 previu o estímulo à educação eugênica, o que em si já representa uma forma de discriminação, exclusão e preconceito.

Lilia M. Schwarcz e Heloisa M. Starling ensinam que:

> Sobretudo a mestiçagem era considerada um grande mal, quase uma sina local. Afinal, teorias como o darwinismo racial e mesmo a antropologia criminal de Cesare Lombroso faziam sucesso no país. Supunha-se que as raças correspondiam a dados essenciais e fixos, e que a humanidade se dividia a partir delas em hierarquias naturais. Ou seja, cada raça teria potenciais distintos e inalteráveis, estando os brancos caucasianos no topo da pirâmide social e evolutiva, e os negros na base. Contudo, piores que as raças puras seriam as mestiçadas, as quais de acordo com esses mesmos teóricos, eram passíveis de todo tipo de 'degeneração hereditária'. Segundo profissionais brasileiros com Nina Rodrigues, médico da Faculdade de Medicina da Bahia, os mestiços estariam mais propensos à criminalidade, à loucura e a outros 'estigmas' próprios de seu grupo racial. Não por acaso, em 1894 Nina Rodrigues publicou o livro *As raças humanas e a responsabilidade penal no Brasil*, propondo a existência de dois códigos penais, um para branco e outro para negros, adaptados aos 'graus de evolução de cada grupo'[199].

---

[198] *Brasil: Uma Biografia. cit.*, p. 362.
[199] *Idem. Ibidem*, p. 329.

A Constituição de 1937, por seu turno, eximiu o Estado da responsabilidade pela educação pública, ao colocá-lo em um papel secundário, contribuindo para aprofundar ainda mais as desigualdades sociais. Vigorou durante a Era Vargas a concepção de que o ensino secundário e o superior deveriam ser direcionados para as classes abastadas, e os outros, como o ensino profissionalizante, deveriam ser voltados para os pobres. Apesar desse cenário precário, na Era Vargas houve considerável aumento do acesso à educação escolar e redução dos índices de analfabetismo, não obstante estes ainda continuassem muito elevados.

Com a redemocratização do país em 1945, promulga-se a Constituição de 1946 e o país atinge alguns ganhos na cidadania. Não obstante o desenvolvimento econômico do período, a pobreza e a desigualdade social revelavam uma sociedade extremamente heterogênea. A Constituição preceituava a educação como um direito de todos, baseada nos princípios de liberdade e nos ideais de solidariedade humana. No entanto, mantinha-se a imensa distância entre as previsões legais e a realidade. O sistema educacional apresentava *déficits* tanto de quantidade quanto de qualidade, e em todos os níveis de escolarização. A escola brasileira continuava com caráter excludente e seletivo e não conseguia atingir as metas básicas de uma educação democrática. Em que pesem as conquistas no campo da cidadania, o processo democrático ainda era incipiente e não conseguiu impedir o golpe militar em 1964, marcado pelo retrocesso das instituições democráticas.

O período do regime militar, por sua vez, representou 21 anos de retrocessos em relação à construção e à consolidação da cidadania. Todos os atos institucionais adotados pelo governo durante o período restringiram drasticamente os direitos civis e políticos, com base na ideologia da "segurança nacional". Os dispositivos dos atos institucionais demonstravam claramente o discurso dissimulado. O mesmo se verificava em relação ao estabelecido na Constituição de 1967, ao preceituar que o Estado brasileiro era uma república estruturada na harmonia e independência entre os poderes. A prática revelava um regime autoritário. Era a manifestação de uma legislação de farsa, porque o que se estabelecia por lei, decreto ou ato institucional como defesa dos interesses do povo era, na verdade, um regime de repressão e violação aos direitos humanos.

Todas as formas de reivindicações contrárias ao sistema eram consideradas subversivas e reprimidas com violência. A restrição aos direitos

CIDADANIA, DIREITOS HUMANOS E EDUCAÇÃO

civis e políticos englobava, ainda, a censura, a proibição da liberdade de opinião e de reunião, o controle dos partidos políticos pelo governo, a intervenção nos sindicatos, a proibição das greves, as prisões arbitrárias, a violação às garantias processuais e a prática reiterada da tortura. Quanto à educação escolar, o projeto educacional do regime militar tinha caráter autoritário e excludente. Além de utilizar uma pedagogia voltada a promover o regime, foi pautado pela repressão, privatização do ensino e elitismo, e excluiu do ensino de qualidade a população mais pobre.

Reflexão importante a ser feita ao longo do período republicano diz respeito à vedação dos direitos políticos aos analfabetos e mendigos. Todas as Constituições, a de 1891, 1934, 1937, 1946 e a de 1967, com as alterações estabelecidas em 1969, vedaram o exercício de direitos políticos aos analfabetos. As Constituições de 1891, 1934 e 1937 também vedaram o exercício de direitos políticos aos mendigos.

Esse também foi um aspecto que revelou a República de fachada, baseada no censo literário. A grande maioria da população era analfabeta e estava proibida de exercer direitos políticos por expressa determinação constitucional. O impedimento estava relacionado à capacidade literária, em um país que, como já demonstrado, não tinha como meta maior instruir, formar e educar seu povo. Muito pelo contrário, a história do Brasil nos revela o enorme descaso com a questão educacional no país. Criou-se um ciclo vicioso e de violência cultural no qual a grande maioria da sociedade não tinha instrução e por isso não podia participar da vida política. Assim se construiu a alienação política e social do brasileiro ao longo de todo esse período e com reflexos na atualidade.

Ademais, a República se inicia um ano após a abolição da escravidão. As populações de origem africana foram recebidas com um racismo velado, silencioso, mas muito intenso. Apesar de terem "recebido" a liberdade e não "conquistado", deveriam se contentar exclusivamente com a liberdade de ir e vir. "Direitos políticos, acesso à vida digna, educação e cidadania, estes eram ganhos das elites brancas". Essa era a mentalidade que reinava na República brasileira.

Cabe lembrar que a proibição da participação política dos analfabetos se iniciou no Império, oito anos antes da República, por meio da Lei Saraiva. Durante o período colonial, as ordenações do Reino estabeleciam o direito de voto quando uma pessoa ouvia os que não sabiam escrever. Era o chamado voto "cochichado". Somente com a promulgação da Emenda Constitucional n. 25, de 15 de maio de 1985, os analfabetos voltaram a exercer o direito de votar em caráter facultativo[200].

A vedação ao voto do analfabeto inegavelmente representa uma ofensa à cidadania. No entanto, o que é preciso analisar ao longo desses 96 anos de República é a dupla punição ao analfabeto. Ele não podia votar porque era analfabeto e era analfabeto porque o Estado pretendia manter o povo ignorante e sem consciência política e acesso à educação escolar de qualidade. Era o descaso com a cidadania dos mais vulneráveis e que representavam a maioria da população.

As Constituições de 1891, 1934 e 1937, além de vedarem direitos políticos aos analfabetos, também vedaram aos mendigos, ou seja, as populações mais vulneráveis materialmente. O ciclo de violência e exclusão era imenso. Os mendigos, a população mais miserável no plano social e econômico, e que, por isso, sobrevivia nas ruas em busca de alguma caridade, eram o grupo mais excluído. Deveriam ser vistos como invisíveis, ou seja, não deveriam ser vistos, porque não eram cidadãos. A relação de pertencimento, essência da cidadania, jamais era alcançada. Mas não se tratava de fatalidade, desgraça ou mesmo incompetência do Estado. Essa era sua real intenção, colocada de forma camuflada, distorcida, perversa e hipócrita.

Observa-se que as camadas mais vulneráveis da sociedade, como os pobres, os negros e seus descendentes, os analfabetos e os mendigos eram considerados muito "pouco civilizados" e representavam sempre uma ameaça aos bem-nascidos, brancos, cultos e endinheirados. O que sempre representou negação da cidadania, e consequentemente de direitos, era colocado no campo das mentalidades sociais como "defeito", "falta de esforço e dedicação", "preguiça", "desleixo", "incompetência" e várias outras formas de diminuição das qualidades humanas. O retrocesso sempre esteve em não garantir cidadania a quem mais precisava, ou seja, às populações mais carentes, para que tivessem acesso a

---

[200] Disponível em: http://www.tse.jus.br/imprensa/noticias-tse/2013/Abril/serie-inclusao--a-luta-dos-analfabetos-para-garantir-seu-direito-ao-voto-na-republica. Acesso em 26 de set. 2018.

educação, saúde, moradia, trabalho e todos os demais direitos que proporcionam uma vida digna.

No contexto dos grupos excluídos ao longo do período republicano, não podemos deixar de mencionar as populações indígenas e suas culturas. Cabe destacar o Relatório Figueiredo, produzido pelo próprio Estado em 1967, com gravíssimas denúncias de crimes perpetrados contra as populações indígenas. Após ficar desaparecido por 44 anos sob a alegação de ter sido destruído em um incêndio, o material foi encontrado praticamente intacto em 2013. Organizado pelo procurador-geral Jader de Figueiredo Correia, o resultado é, nas palavras de Lilia M. Schwarcz e Heloisa M. Starling, estarrecedor:

> matanças de tribos inteiras, torturas e toda sorte de crueldades foram cometidas contra indígenas brasileiros por proprietários de terras e por agentes do Estado. Figueiredo fez um trabalho de apuração notável. Incluiu relatos de dezenas de testemunhas, apresentou centenas de documentos e identificou cada uma das violações que encontrou: assassinatos, prostituição de índias, sevícias, trabalho escravo, apropriação e desvio de recursos do patrimônio indígena. Seu relatório denuncia – e comprova – a existência de caçadas humanas feitas com metralhadoras e dinamite atirada de aviões, inoculações propositais de varíola em populações indígenas isoladas e doações de açúcar misturado a estricnina[201].

6.10 Paulo Freire e seu Legado

Paulo Freire (1921-1997) foi um dos mais importantes educadores e intelectuais que o Brasil já teve, com expressivo reconhecimento internacional. É o brasileiro com mais títulos de Doutor *Honoris Causa* em diversas universidades, entre elas as renomadas Harvard, Cambridge e Oxford. Personalidade de caráter humanista, defendeu ao longo de toda sua trajetória a educação popular voltada à construção da cidadania pautada no respeito à ética, ao regime democrático e aos direitos humanos[202].

Criou um método inovador para a alfabetização de adultos, por meio do emprego de palavras geradas no cotidiano sociocultural dos alunos,

---

[201] *Brasil: Uma Biografia. cit.*, p. 463.
[202] Disponível em: https://www.ebiografia.com/paulo_freire/ Acesso em 30 de out. 2018.

reconhecendo a sua condição de sujeitos de direitos. O projeto, aplicado pela primeira vez em 1962, para alfabetizar 300 trabalhadores da agricultura na cidade de Angicos, no sertão do Rio Grande do Norte, ficou conhecido como "Quarenta horas de Angicos". No entanto, a ditadura militar, a partir de 1964, considerou sua metodologia perigosamente subversiva, o que lhe rendeu o exílio no Chile. Durante o período, desenvolveu trabalhos em programas de educação de adultos no Instituto Chileno para a Reforma Agrária[203].

Em 1969, Paulo Freire lecionou na Universidade de Harvard, nos Estados Unidos da América. Também foi consultor especial do Departamento de Educação do Conselho Municipal das Igrejas, em Genebra, na Suíça, durante dez anos. Viajou por vários países, especialmente para os mais carentes, elaborando consultoria educacional. Retornou ao Brasil em 1980, com a anistia, e estabeleceu-se em São Paulo. Tornou-se professor da Unicamp e da PUC de São Paulo. Foi secretário de Educação da Prefeitura de São Paulo, na gestão de Luiza Erundina. Patrono da educação no Brasil, é autor de inúmeras obras, entre elas: *Educação Como Prática da Liberdade*, de 1967; *Pedagogia do Oprimido*, de 1968; *Educação e Mudança*, de 1981; *Prática e Educação*, de 1985; *Pedagogia da Esperança*, de 1992; e *Pedagogia da Autonomia*, de 1997. Importante destacar que a Organização das Nações Unidas para a Educação, a Ciência e a Cultura (Unesco) considera seu trabalho "Patrimônio Documental da Humanidade"[204].

Paulo Freire tinha plena consciência cidadã. Idealizou a educação popular com o objetivo de conscientizar politicamente a sociedade, em especial os excluídos e oprimidos, em prol da sua emancipação social, cultural e política. Denunciava as várias formas de exclusão e opressão presentes na história da sociedade brasileira e na qual as classes dominantes não reconheciam, e muitas vezes ainda hoje não reconhecem, indígenas, negros, pobres, camponeses, quilombolas, ribeirinhos e

---

[203] Disponível em: https://www.ebiografia.com/paulo_freire/. cit e Ana Luiza Basílio. *Paulo Freire em seu Devido Lugar.* Disponível em: https://educacaointegral.org.br/reportagens/paulo-freire-em-seu-devido-lugar/?gclid=EAIaIQobChMI1-im-Lmu3gIVgRGRCh2fQQZp EAAYASAAEgKjb_D_BwE. Acesso em 30 de out. 2018.

[204] Disponível em: https://www.ebiografia.com/paulo_freire/ Acesso em 30 de out. 2018 e http://www.paulofreire.org/noticias/691-50-anos-de-pedagogia-do-oprimido-e-o-legado-
-amoroso-e-libertador-de-paulo-freire. Acesso em 3 de nov. 2018.

CIDADANIA, DIREITOS HUMANOS E EDUCAÇÃO

favelados como sujeitos humanos e, consequentemente, como sujeitos de direitos. Dessa perspectiva, apontava que as culturas populares foram e continuam sendo, em sociedades desiguais, mantidas fora do projeto político de construção da vida social[205].

As ideias de Paulo Freire lançaram um novo olhar sobre o conceito do humano e sua condição de sujeito social e cultural. Condenava veementemente a concepção dos grupos excluídos como a expressão da sub-humanidade e da subcultura. Ensinava que todas as culturas têm o seu valor e importância. Por isso, não é preciso menosprezar ou diminuir uma cultura para mostrar o valor da outra. Elas são diferentes e cada uma tem o seu valor. Defendia a necessidade de dialogar com as várias culturas, identidades e histórias. Carlos Rodrigues Brandão expõe que o pensamento do autor era no sentido de que: "Cada cultura é uma original e insubstituível experiência humana de vida e troca. De igual maneira, todas as experiências culturais de uma mesma nação possuem um mesmo valor humano. O mesmo vale para todo o planeta"[206].

Para Paulo Freire, a educação é um ato político em si. O processo educacional deve necessariamente passar pela cultura, pelo reconhecimento do sujeito que conhece, analisa, critica e faz sua leitura do mundo. É no sentido cultural que a educação é política para o educador, porquanto discute e reflete a vida, suas demandas e problemas, e acima de tudo coloca em análise a indagação a respeito de qual mundo queremos viver[207]. Expõe Carlos Rodrigues Brandão que, para Paulo Freire: "Todo o gesto humano possui uma dimensão política. Todo o gesto pedagógico (isto é: tudo o que acontece no âmbito da educação, dentro e fora da sala de aula) é também um gesto essencialmente político. Uma educação que se pretende neutra é uma educação que em sua neutralidade pretendida afirma politicamente a sua posição anti-crítica e não-conscientizadora"[208].

---

[205] Ana Luiza Basílio. *Paulo Freire em seu Devido Lugar. cit.*, e Carlos Rodrigues Brandão. *Paulo Freire e Todos Nós: Algumas Lembranças sobre sua Vida e seu Pensamento.* p. 255/31. Disponível em: http://www.acervo.paulofreire.org:8080/jspui/bitstream/7891/2941/3/FPF_PTPF_01_0299.pdf. Acesso em 01 de nov. 2018.

[206] *Paulo Freire e Todos Nós: Algumas Lembranças sobre sua Vida e seu Pensamento.* p. 254/30. *cit.*

[207] Ana Luiza Basílio. *Paulo Freire em seu Devido Lugar. cit.*

[208] *Paulo Freire e Todos Nós: Algumas Lembranças sobre sua Vida e seu Pensamento.* p. 255/31. *cit.*

CONQUISTA DA CIDADANIA E DO DIREITO À EDUCAÇÃO ESCOLAR NO BRASIL

Nessa perspectiva, Paulo Freire defendia a educação democrática, na qual a escola deve formar para a cidadania e os valores éticos. A democracia madura pressupõe sujeitos éticos, comprometidos com o humano. Por isso, não tem como a educação ser neutra ou apolítica. Segundo o autor:

> O que se coloca à educadora ou ao educador democrático, consciente da impossibilidade de neutralidade da educação, é forjar em si um saber especial, que jamais deve abandonar, saber que motiva e sustenta sua luta: *se a educação não pode tudo, alguma coisa fundamental a educação pode.* Se a educação não é a chave das transformações sociais, não é também simplesmente reprodutora da ideologia dominante. O que quero dizer é que a educação nem é uma força imbatível a serviço da transformação da sociedade, porque assim eu queira, nem tampouco é a perpetuação do "status quo" porque o dominante o decrete. O educador e a educadora críticos não podem pensar que, a partir do curso que coordenam ou do seminário que lideram, podem transformar o país. Mas podem demonstrar que é possível mudar, E isto reforça nele ou nela a importância de sua tarefa político-pedagógica[209].

Paulo Freire expunha a importância da ética em todo o processo educacional e na vida em sociedade. Atentava para o papel da prática docente como dimensão social da formação humana e da necessidade de o processo educacional se manter sempre contrário a toda e qualquer prática de desumanização[210]. Deixava muito claro que a ética da qual falava não era a ética menor, a ética do mercado, mas sim a ética da responsabilidade, voltada à formação humanista do ser humano. A prática educativa, como prática formadora, pressupõe necessariamente a ética. O preparo científico do professor pressupõe também o preparo ético[211]. Para Paulo Freire:

> A raiz mais profunda da politicidade da educação se acha na educabilidade mesmo do ser humano, que se funda na sua natureza inacabada e da qual se tornou consciente. Inacabado e consciente de seu

---

[209] Paulo Freire. *Pedagogia da Autonomia: Saberes Necessários à Prática Educativa.* São Paulo: Paz e Terra. 1996, p. 112.
[210] *Idem. Ibidem.* p. 11.
[211] *Idem. Ibidem*, p. 15, 16.

inacabamento, histórico, necessariamente o ser humano se faria um ser ético, um ser de opção, de decisão. Um ser ligado a interesses e em relação aos quais tanto pode manter-se fiel à eticidade quanto pode transgredi-la. É exatamente porque nos tornamos éticos que se criou para nós a probabilidade, como afirmei antes, de violar a ética[212].

Prossegue o autor:

> Quando, porém, falo da ética universal do ser humano estou falando da ética enquanto marca da natureza humana, enquanto, algo absolutamente indispensável à convivência humana. Ao fazê-lo estou advertido das possíveis críticas que, infiéis a meu pensamento, me apontarão como ingênuo e idealista. Na verdade, falo da ética universal do ser humano da mesma forma como falo de sua vocação ontológica para o ser mais, como falo de sua natureza constituindo-se social e historicamente não como *a priori* da História. A natureza que a ontologia cuida se gesta socialmente na História. É uma natureza em processo de estar sendo com algumas conotações fundamentais sem as quais não teria sido possível reconhecer a própria presença humana no mundo como algo original e singular. Quer dizer, mais do que um ser no mundo, o ser humano se tornou uma Presença no mundo, com o mundo e com os outros. Presença que, reconhecendo a outra presença como um 'não-eu' se reconhece como 'si própria'. Presença que se pensa a si mesma, que se sabe presença, que intervém, que transforma, que fala do que faz mas também do que sonha, que constata, compara, avalia, valora, que decide, que rompe. E é no domínio da decisão, da avaliação, da liberdade, da ruptura, da opção, que instaura a necessidade da ética e se impõem a responsabilidade. A ética se torna inevitável e sua transgressão possível é um desvalor, jamais uma virtude[213].

Paulo Freire também criticava a visão conformista da realidade, que acaba por inviabilizar o amadurecimento e a transformação da sociedade. Expunha: "A ideologia fatalista, imobilizante, que anima o discurso neoliberal anda solta no mundo. Com ares de pós-modernidade, insiste em convencer-nos de que nada podemos contra a

---

[212] *Idem. Ibidem*, p. 110 e 111.
[213] Paulo Freire. *Pedagogia da Autonomia: Saberes Necessários à Prática Educativa. cit.*, p. 18.

realidade social que, de histórica e cultural, passa a ser ou a virar 'quase natural'"[214]. Afirmava que somos seres condicionados, mas não determinados. A história é tempo de possibilidades e não de determinismo. Destacava o nosso papel de sujeitos da História, capazes de transformar a realidade. O futuro, defendia, é problemático e não inexorável[215].

O pensador era muito claro nos seus ideais da educação como prática formadora do ser humano. Para ele: "ensinar não é transmitir conhecimento, mas criar as possibilidades para a sua produção ou a sua construção"[216]. Entendia que: "transformar a experiência educativa em puro treinamento técnico é amesquinhar o que há de fundamentalmente humano no exercício educativo: o seu caráter formador. Se se respeita a natureza do ser humano, o ensino dos conteúdos não pode dar-se alheio à formação moral do educando. Educar é substancialmente formar"[217].

Paulo Freire expunha que ensinar exige a consciência da nossa finitude e inacabamento. Faz parte da própria experiência da vida:

> A consciência do inacabamento entre nós, mulheres e homens, nos fez seres responsáveis, daí a eticidade de nossa presença no mundo. Eticidade, que não há dúvida, podemos trair. O mundo da cultura que se alonga em mundo da história é um mundo de liberdade, de opção, de decisão, mundo de possibilidade em que a decência pode ser negada, a liberdade ofendida e recusada. Por isso mesmo a capacitação de mulheres e de homens em torno de saberes instrumentais jamais pode prescindir de sua formação ética"[218].

Outros pontos colocados pelo autor no processo educacional eram os do autoritarismo e da licenciosidade. Segundo ele, ambos: "são rupturas do equilíbrio tenso entre autoridade e liberdade. O autoritarismo é a ruptura em favor da autoridade contra a liberdade e a licenciosidade, a ruptura em favor da liberdade contra a autoridade. Autoritarismo e licenciosidade são formas indisciplinadas de comportamento que

---

[214] *Idem. Ibidem*, p. 19.
[215] *Idem. Ibidem*, p. 18, 19, 53, 54.
[216] *Idem. Ibidem. cit*, p. 22.
[217] *Idem. Ibidem*, p. 33.
[218] Paulo Freire. *Pedagogia da Autonomia: Saberes Necessários à Prática Educativa. cit*, p. 56.

negam o que venho chamando de vocação ontológica do ser humano"[219]. Em razão do nosso passado histórico autoritário: "oscilamos entre formas autoritárias e formas licenciosas. Entre uma certa tirania da liberdade e o exacerbamento da autoridade ou ainda na combinação das duas hipóteses"[220]. Compreendia que:

> O bom seria que experimentássemos o confronto realmente tenso em que a autoridade de um lado e a liberdade do outro, medindo-se, se avaliassem e fossem aprendendo a ser ou a estar sendo elas mesmas, na produção de situações dialógicas. Por isto, o indispensável é que ambas, autoridade e liberdade, vão se tornando cada vez mais convertidas ao ideal do respeito comum somente como podem autenticar-se"[221].

Dialogando com o pensamento do autor a respeito das consequências do autoritarismo e da licenciosidade, nos deparamos com a realidade também estudada e analisada no âmbito dos Direitos Humanos. Estes estão diretamente ligados aos regimes democráticos e, por isso, avessos ao autoritarismo, porquanto esse representa a opressão ao ser humano, à sua liberdade e aos seus direitos. A essência dos regimes democráticos é exatamente buscar o equilíbrio entre os vários direitos dos membros da sociedade que se expressam tanto nas suas várias individualidades, quanto nos seus aspectos sociais e coletivos. Nenhum direito fundamental é absoluto. Todos são relativos e devem conviver harmonicamente nas sociedades democráticas. Por isso, há o princípio da convivência das liberdades públicas, que visa a ponderar o exercício dos vários direitos no convívio social.

Diante de todo o majestoso legado de Paulo Freire, buscamos aqui apresentar ao leitor apenas uma pequena parte do seu pensamento, com o objetivo de mostrar a preocupação e o enfretamento do autor com as questões da conquista da cidadania. Nas palavras do autor:

> Sou professor a favor da decência contra o despudor, a favor da liberdade contra o autoritarismo, da autoridade contra a licenciosidade, da

---

[219] *Idem. Ibidem*, p 89.
[220] *Idem. Ibidem*, p. 89.
[221] Paulo Freire. *Pedagogia da Autonomia: Saberes Necessários à Prática Educativa. cit.*, p. 89-90.

democracia contra a ditadura de direito ou de esquerda. Sou professor a favor da luta constante contra qualquer forma de discriminação, contra a dominação econômica dos indivíduos ou das classes sociais. Sou professor contra a ordem capitalista vigente que inventou esta aberração: a miséria na fartura. Sou professor a favor da esperança que me anima apesar de tudo. Sou professor contra o desengano que me consome e imobiliza. Sou professor a favor da boniteza de minha própria prática, boniteza que dela some se não cuido do saber que devo ensinar, se não brigo por este saber, se não luto pelas condições materiais necessárias sem as quais meu corpo, descuidado, corre o risco de se amofinar e de já não ser o testemunho que deve ser de lutador pertinaz, que cansa mas não desiste[222].

---

[222] Paulo Freire. *Pedagogia da Autonomia: Saberes Necessários à Prática Educativa. cit.*, p. 102 e 103.

7. Principais Conquistas da Cidadania e do Direito à Educação Escolar na Constituição Federal de 1988

7.1 Principais Conquistas da Cidadania na Constituição Federal de 1988

A Constituição Federal de 1988 nasce conhecida como a Constituição Cidadã. Isso porque, quando promulgada, foi qualificada dessa forma por Ulysses Guimarães, então presidente da Assembleia Nacional Constituinte, em virtude da ampla participação popular em sua elaboração e também das inúmeras conquistas referentes à cidadania. Segundo Lilia M. Schwarcz e Heloisa M. Starling:

> é a única que foi escrita no decorrer do mais democrático debate constitucional da história do país. Durante um ano e oito meses o Congresso se transformou no centro da vida pública nacional, e a sociedade se organizou para participar do debate constitucional em associações, comitês pró-participação popular, plenários de ativistas, sindicatos. Surgiram inúmeras formas de manifestação. A mais inovadora, as 'emendas populares', abarcava todo tipo de tema, e funcionou como um instrumento de democracia participativa – no fim do processo, foram encaminhadas 122 emendas populares à Constituição, contendo mais de 12 milhões de assinaturas[1].

---

[1] *Brasil: Uma Biografia. cit.*, p. 488.

CIDADANIA, DIREITOS HUMANOS E EDUCAÇÃO

A Constituição inaugura o Estado Democrático de Direito brasileiro, com o compromisso de promover e proteger os direitos humanos como valores supremos da sociedade brasileira, tanto no âmbito nacional como no internacional[2]. O Estado Democrático de Direito é, nas palavras de Carlos Ari Sundfeld: "a soma e o entrelaçamento de: constitucionalismo, república, participação popular direta, separação de Poderes, legalidade e direitos (individuais e políticos)"[3] Para o autor, os elementos do seu conceito são os seguintes:

> a) criado e regulado por uma Constituição; b) os agentes públicos fundamentais são eleitos e renovados periodicamente pelo povo e respondem pelo cumprimento de seus deveres; c) o poder político é exercido em parte diretamente pelo povo, em parte por órgãos estatais independentes e harmônicos, que controlam uns aos outros; d) a lei produzida pelo Legislativo é necessariamente observada pelos demais Poderes; e) os cidadãos, sendo titulares de direitos, inclusive políticos, podem opô-los ao próprio Estado[4].

O maior ganho da sociedade brasileira com a atual constituição foi a volta do regime democrático. A essência desse regime está em promover e proteger os direitos da pessoa humana. Segundo exposto no início deste trabalho, os direitos humanos, assim como os direitos fundamentais, são concebidos na atualidade como relacionados à liberdade, à igualdade, à solidariedade e à dignidade humana e protegem o ser humano em todas essas dimensões. Os direitos da liberdade protegem o ser humano em sua individualidade ou singularidade, assim como o protegem como ser político. Os direitos da igualdade, por seu turno, tutelam os direitos que concebem o ser humano como ser coletivo e social. Já os direitos da solidariedade protegem o ser humano como humanidade. Todos esses direitos estão fundamentados no respeito à dignidade da pessoa humana[5].

[2] José Afonso da Silva. *Curso de Direito Constitucional Positivo, cit.,* p. 90.
[3] *Fundamentos de Direito Público, cit.,* p. 53.
[4] *Idem, Ibidem.*
[5] Carolina Alves de Souza Lima. *Aborto e Anencefalia: Direitos Fundamentais em Colisão, cit.,* p. 22.

286

Os direitos fundamentais são aqueles garantidos por um ordenamento jurídico positivo, geralmente com nível constitucional, e que gozam de tutela reforçada. Apresentam um sentido específico e preciso, uma vez que representam o conjunto de direitos reconhecidos e garantidos por uma ordem jurídica positiva e necessariamente democrática. Os direitos humanos, por sua vez, englobam uma gama mais ampla de direitos. Compõem os direitos da natureza dos direitos fundamentais, reconhecidos não só nos ordenamentos jurídicos nacionais, como também os previstos em declarações e tratados internacionais de direitos humanos. Compõem, outrossim, todas aquelas exigências básicas do ser humano, relacionadas à liberdade, à igualdade, à solidariedade e à dignidade, mas que ainda não alcançaram um estatuto jurídico positivo[6].

A expressão República, empregada no artigo 1º da Constituição, foi utilizada primeira e fundamentalmente no sentido de coletividade política, de sociedade política, ou seja, no verdadeiro e mais profundo sentido da expressão *res publica*[7]. A Constituição de 1988 apresenta novo paradigma na concepção do Estado Democrático de Direito brasileiro e no seu compromisso com a proteção dos direitos fundamentais e humanos, assim como na promoção da cidadania. Para tanto, está estruturada em princípios que viabilizam a democracia. Entre os princípios, o da constitucionalidade estabelece que o Estado Democrático de Direito brasileiro se legitima em uma constituição suprema e rígida, emanada da vontade popular, e que vincula todo o Estado com seus princípios norteadores[8].

O princípio democrático, previsto no parágrafo único do artigo 1º, por seu turno, preceitua que "todo o poder emana do povo, que o exerce por meio de representantes eleitos, ou diretamente, nos termos da Constituição". É a consagração da democracia representativa, participativa e pluralista. Já o princípio da separação dos poderes, previsto no artigo 2º da Constituição, preceitua a independência e harmonia entre os Poderes Executivo, Legislativo e Judiciário[9].

---

[6] Antonio E. Perez Luño. *Los Derechos Fundamentales, cit.*, p. 44 a 47. Observa-se que o autor não faz menção expressa à solidariedade. No entanto, entendemos que ela também está presente na conceituação tanto dos direitos fundamentais quanto humanos.

[7] J.J. Gomes Canotilho e Vital Moreira. *Constituição da República Portuguesa Anotada, cit.*, p. 197.

[8] José Afonso da Silva. *Curso de Direito Constitucional Positivo, cit.*, p. 122.

[9] *Idem, Ibidem*, p. 122.

Por ser plenamente comprometido com" a proteção e a promoção dos direitos fundamentais e humanos, o Estado brasileiro está vinculado a todos os princípios que fundamentam o sistema de proteção desses direitos na Constituição de 1988. Entre os fundamentos do Estado Democrático de Direito brasileiro, estão a cidadania e a dignidade da pessoa humana. A cidadania é, nas palavras de Paulo Freire, "uma produção, uma criação política"[10]. Ela é construída no seio da sociedade e deve ser constantemente aprimorada na vida em sociedade. No âmbito jurídico, a cidadania apresenta sentido estrito e amplo. No primeiro, representa a titularidade e o gozo dos direitos políticos. Já no segundo sentido, a cidadania representa não só a titularidade dos direitos políticos, como também de todos os outros direitos fundamentais e humanos, tanto no plano nacional quanto no internacional.

A Convenção Americana de Direitos Humanos preceitua no seu preâmbulo que: "os direitos essenciais do homem não derivam do fato de ser ele nacional de determinado Estado, mas sim do fato de ter como fundamento os atributos da pessoa humana, razão porque justificam uma proteção internacional, de natureza convencional, coadjuvante ou complementar da que oferece o direito interno dos Estados americanos".

Referida previsão está presente no Sistema Internacional de Proteção dos Direitos Humanos, em razão do contexto histórico revelado pela Segunda Grande Guerra, no qual os indivíduos, que perderam o *status* de cidadão, passaram a não pertencer à trindade Estado-Povo--Território e, como consequência, foram destituídos de quaisquer direitos, sendo expulsos da humanidade no âmbito jurídico[11]. Celso Lafer, ao dialogar com as ideias de Hannah Arendt, expõe que a autora: "realça, a partir dos problemas jurídicos suscitados pelo totalitarismo, que o primeiro direito humano é o direito a ter direitos. Isto significa pertencer, pelo vínculo da cidadania, a algum tipo de comunidade juridicamente organizada e viver numa estrutura onde se é julgado por ações e opiniões, por obra do princípio da legalidade"[12].

---

[10] *Pedagogia da Tolerância*. Organização e notas Ana Maria Araújo Freire. São Paulo: Unesp, 2004, p. 127.

[11] Celso Lafer. *A Reconstrução dos Direitos Humanos: Um diálogo com o Pensamento de Hannah Arendt, cit.*, p. 147.

[12] *Idem. Ibidem*, p. 153-154.

O Sistema Internacional de Proteção dos Direitos Humanos consolida-se com o Direito Internacional dos Direitos Humanos e tem como fundamento maior o respeito incondicional à dignidade da pessoa humana. O respeito incondicional à dignidade da pessoa humana também passa a ser a base dos Estados Democráticos de Direito. Nesse novo contexto, o simples fato de ser pessoa, ou seja, de ter o atributo da humanidade, já concede a cada indivíduo a titularidade de direitos humanos, independentemente de qualquer outra circunstância. É o que prescreve o artigo 2º, do Pacto Internacional de Direitos Civis e Políticos, segundo o qual:

> Os Estados-Partes do presente Pacto comprometem-se a respeitar e a garantir a todos os indivíduos que se achem em seu território e que estejam sujeitos a sua jurisdição os direitos reconhecidos no presente Pacto, sem discriminação alguma por motivo de raça, cor, sexo, língua, religião, opinião política ou de outra natureza, origem nacional ou social, situação econômica, nascimento ou qualquer outra condição.

Diante desses dispositivos de ordem internacional, reafirmados também em legislações de inúmeros países da comunidade internacional, verifica-se que o Direito Internacional dos Direitos Humanos prima pela cidadania universal. O Brasil, como membro desse sistema, também prima por essa cidadania, segundo a qual o único requisito para titularizar direitos humanos é ter a condição humana.

O Estado brasileiro, a partir da Constituição de 1988, elege a dignidade da pessoa humana e a cidadania como seus fundamentos. A Lei Maior reconhece expressa e categoricamente que o Estado brasileiro existe em função da pessoa humana, e não o contrário, uma vez que o ser humano constitui a finalidade precípua, e não meio da atividade estatal[13]. O presente trabalho compartilha dos ensinamentos de José Afonso da Silva, segundo o qual a dignidade da pessoa humana constitui valor supremo do Estado brasileiro. Para o autor: "Se é fundamento é porque se constitui num valor supremo, num valor fundante da República, da Federação, do País, da Democracia e do Direito. Portanto, não é apenas um princípio da ordem jurídica, mas o é também da

---

[13] Ingo Wolfagang Sarlet. *Dignidade da Pessoa Humana e Direitos Fundamentais na Constituição Federal de 1988*. 3. ed. Porto Alegre: Livraria do Advogado. 2004, p. 65.

CIDADANIA, DIREITOS HUMANOS E EDUCAÇÃO

ordem política, social, econômica e cultural. Daí sua natureza de valor supremo, porque está na base de toda a vida nacional"[14].

Quanto ao conceito, a dignidade é, em si, qualidade intrínseca e indissociável de todo e qualquer ser humano, porque pertence à condição humana. É irrenunciável e inalienável, uma vez que se trata de um atributo de todo ser humano, porque lhe pertence de forma inata. O ser humano, dada exclusivamente sua condição humana, é dotado de dignidade e, consequentemente, titular de direitos que devem ser reconhecidos e tutelados pelo Estado, assim como respeitados pela sociedade[15].

Kant foi o primeiro filósofo a formular, de modo moderno, a dignidade da pessoa humana como uma obrigação moral incondicional[16]. Segundo Antonio Carlos Campos Pedroso:

> Kant reconhece o valor absoluto da pessoa humana, já que tendo o ser humano a dimensão da liberdade e da autonomia deve, nas relações de intersubjetividade, reconhecer a dignidade dos semelhantes e, exigir destes, por idêntico fundamento, o respeito de sua dignidade pessoal. Valor absoluto significa que a pessoa tem dignidade, tem valor que não comporta medida[17].

A dignidade da pessoa humana é não só um dos fundamentos da República brasileira, como também o seu limite mais essencial. Como limite à atuação estatal, todo Estado que a tutela, como o faz o brasileiro, deve insurgir-se contra todas as formas de aniquilação do ser humano e que violam sua dignidade[18]. A dignidade da pessoa humana apresenta três vertentes de proteção jurídica. A primeira delas diz respeito à proteção do ser humano na sua dimensão intrínseca. Visa a

---

[14] José Afonso da Silva. *A Dignidade da Pessoa Humana como Valor Supremo da Democracia.* cit., p. 92.

[15] Ingo Wolfagang Sarlet. *Dignidade da Pessoa Humana e Direitos Fundamentais na Constituição Federal de 1988, cit.,* p. 38, 59 e 60.

[16] Jean Rivera e Hugues Moutouh. *Liberdades Públicas, cit.,* p. 343.

[17] *A Justificação dos Direitos Fundamentais.* Revista Mestrado em Direitos Fundamentais. Osasco: Edifieo, ano 7, n. 1, p. 60. A concepção kantiana de dignidade humana foi analisada no capítulo I.

[18] J.J.Gomes Canotilho e Vital Moreira. *Constituição da República Portuguesa Anotada, cit.,* p. 198.

proteger essencialmente os direitos da personalidade, no sentido de proteger o indivíduo em sua individualidade e singularidade. Segundo J.J. Gomes Canotilho e Vital Moreira: "A dimensão intrínseca e autônoma da dignidade da pessoa humana articula-se com a liberdade de conformação e de orientação da vida segundo o projecto espiritual de cada pessoa, o que aponta para a necessidade de, não obstante a existência de uma constante antropológica, haver uma abertura às novas exigências da própria pessoa humana"[19].

A segunda vertente da dignidade da pessoa humana representa a proteção dos direitos que exigem não apenas respeito do Estado e da sociedade, mas também atuação na prestação de serviços, seja no âmbito público, seja no privado. Materializa-se por meio de condutas positivas que efetivem os direitos sociais, econômicos e culturais para proporcionarem as condições dignas de existência. A terceira vertente da dignidade da pessoa humana representa sua proteção nas relações entre as pessoas no convívio social e, por isso, nas suas relações intersubjetivas, e que possibilita a solidariedade, a fraternidade e a tolerância[20].

Diante de todas essas vertentes da dignidade da pessoa humana, um Estado que se compromete com esse valor não se coaduna com toda e qualquer forma de sua violação, como, por exemplo, a prática da tortura e das penas e tratamentos cruéis, desumanos e degradantes. Também não admite a aplicação da prisão perpétua e da pena de morte, assim como não aceita a prática da escravidão, da servidão e dos trabalhos forçados. Igualmente não são aceitos por Estados que tutelam a dignidade da pessoa humana, o tráfico de seres humanos, as práticas eugênicas de seleção de pessoas, a venda de órgãos, a alteração da identidade genética do ser humano por meio da clonagem reprodutiva do ser humano, assim como toda e qualquer prática que venha a desrespeitá-la[21].

O respeito à dignidade da pessoa humana está diretamente relacionado à tutela dos direitos fundamentais e humanos e, consequentemente, ao exercício da cidadania. Se os direitos fundamentais e humanos não forem reconhecidos e minimamente assegurados, não há real respeito à dignidade humana. A concretização dos referidos

---

[19] *Idem. Ibidem.* p. 199.
[20] *Idem. Ibidem.* p. 199-200.
[21] *Idem, Ibidem,* p. 199-200.

CIDADANIA, DIREITOS HUMANOS E EDUCAÇÃO

direitos é a concretização da própria dignidade da pessoa humana. Em cada direito fundamental ou humano faz-se presente um conteúdo ou, ao menos, alguma projeção da dignidade humana. O não reconhecimento dos referidos direitos à pessoa humana representa a negação da própria dignidade e do exercício da cidadania[22].

Para a concretização da cidadania e da dignidade da pessoa humana, a Constituição é repleta de dispositivos que determinam nesse sentido. Dentre eles, o artigo 3º do Título I da Lei Maior preceitua que constituem objetivos fundamentais do Estado brasileiro construir uma sociedade livre, justa e solidária; garantir o desenvolvimento nacional; erradicar a pobreza e a marginalização; reduzir as desigualdades sociais e regionais e promover o bem de todos, sem preconceito de origem, raça, sexo, cor, idade e quaisquer outras formas de discriminação. Referido dispositivo visa a garantir o direito ao desenvolvimento. No plano jurídico internacional, a Declaração sobre o Direito ao Desenvolvimento de 1986 reconhece o desenvolvimento como um processo econômico, social e político abrangente, de caráter multidimensional, que visa à melhoria das condições de vida e de bem-estar de todo as pessoas. Prevê que todos os aspectos do referido direito são indivisíveis e interdependentes, e cada um deles deve ser considerado no contexto de todos. O relatório de 1994 do Programa das Nações Unidas para o Desenvolvimento apresentou o conceito de desenvolvimento humano sustentável e situou as pessoas em posição central, no sentido de proporcionar a todos iguais oportunidades de desenvolvimento em um sentido amplo e holístico[23].

Mesmo diante de todos os avanços jurídicos trazidos pela Constituição de 1988, a realidade do país na década seguinte à sua promulgação continuou marcada por profundas desigualdades sociais e econômicas. Expõe José Murilo de Carvalho que:

> Segundo relatório do Banco Mundial, era o país mais desigual do mundo em 1989, medida a desigualdade pelo índice de Gini. Em 1997,

---

[22] Ingo Wolfagang Sarlet. *Dignidade da Pessoa Humana e Direitos Fundamentais na Constituição Federal de 1988, cit.*, p. 59 e 84.

[23] Carolina Alves de Souza Lima e Bianca Vettorazzo Brasil Pereira. *Globalização e Solidariedade: Desafios Para a Construção da Cidadania Universal*. Revista de Direito Internacional e Globalização Econômica, v. 1, p. 133-153, 2019.

o índice permanecia inalterado (0,6). Pior ainda, segundo dados do Instituto de pesquisa Econômica Aplicada (IPEA), a desigualdade econômica cresceu ligeiramente entre 1990 e 1998. Na primeira data, os 50% mais pobres detinham 12,7% da renda nacional; na segunda, 11,2%. De outro lado, os 20% mais ricos tiveram sua parcela de renda aumentada de 62,8% para 63,8% no mesmo período. A desigualdade é sobretudo de natureza regional e racial. Em 1997, a taxa de analfabetismo no Sudeste era de 8,6%; no Nordeste, de 29,4%. O analfabetismo funcional no Sudeste era de 24,5%. No Nordeste era de 50%, e no Nordeste rural, de 72%; a mortalidade infantil era de 25% no Sudeste em 1997, de 59% no Nordeste, e assim por diante. O mesmo se dá em relação à cor. O analfabetismo em 1997 era de 9,0% entre os brancos, 33,6% ganhavam até um salário mínimo; entre os negros, 58% estavam nessa situação, e 61,5% entre os pardos; a renda média dos brancos era de 4,9 salários mínimos, a dos negros, 2,4, e a dos pardos, 2,2. Esses exemplos poderiam ser multiplicados sem dificuldades[24].

Voltando ao texto constitucional, o artigo 4º, por seu turno, estabelece que a República Federativa do Brasil rege-se, nas suas relações internacionais, entre outros, pelo princípio da prevalência dos direitos humanos. Nesse sentido, o Brasil é signatário de um amplo rol de tratados nessa área, tanto no sistema global da Organização das Nações Unidas quanto no sistema interamericano de direitos humanos. O Título I da Constituição estabelece expressamente o comprometimento político-jurídico do Estado brasileiro com a tutela dos direitos fundamentais e humanos, no âmbito nacional e internacional.

O Título II da Constituição Federal, por sua vez, tutela os direitos e as garantias fundamentais. O Capítulo I é dedicado aos direitos e deveres individuais e coletivos, previstos no extenso rol do artigo 5º. A redemocratização trouxe ganhos fundamentais, como as várias liberdades, entre elas o resgate da liberdade de expressão, de imprensa e de organização, que passaram a ter *status* constitucional. O Capítulo II é dedicado aos direitos sociais, como o direito à educação, que será analisado detalhadamente neste capítulo. A educação é uma seara que teve

---

[24] *Cidadania no Brasil: O Longo Caminho*. 12 ed. Rio de Janeiro: Civilização Brasileira, 2009. p. 207 e 208.

CIDADANIA, DIREITOS HUMANOS E EDUCAÇÃO

importantes avanços nos anos seguintes à redemocratização, não obstante estarem muito longe de serem satisfatórios. De acordo com José Murilo de Carvalho: "O analfabetismo da população de 15 anos ou mais caiu de 25,4% em 1980 para 14,7% em 1996. A escolarização da população de sete a 14 anos subiu de 80% em 1980 para 97% em 2000. O progresso se deu, no entanto, a partir de um piso muito baixo e refere-se sobretudo ao número de estudantes matriculados"[25].

Entre os avanços constitucionais e a realidade em si, o Título II da Lei Maior apresenta importantes inovações. Entre eles, o artigo 5º inovou ao estabelecer a igualdade entre homens e mulheres em direitos e obrigações, a proibição da tortura e de qualquer tratamento desumano ou degradante; as várias garantias no âmbito processual-penal; os remédios constitucionais, com a incorporação do *habeas data* e do mandado de injunção, entre muitos outros direitos e garantias fundamentais.

A Constituição, outrossim, inovou muito em relação aos direitos políticos por meio da participação na vida política do Estado. No ano seguinte à promulgação da Constituição, houve a primeira eleição direta para presidente da República desde 1960. Nesse sentido, o artigo 14 da Lei Maior preceitua que: "a soberania popular será exercida pelo sufrágio universal e pelo voto direto e secreto, com valor igual para todos, e, nos termos da lei, mediante plebiscito, referendo e iniciativa popular". Para a maior garantia das instituições democráticas, o voto direto, secreto, universal e periódico foi concebido como uma das cláusulas pétreas, por força do artigo 60, §4º, II, da Lei Maior. A Constituição inova ao estabelecer que os analfabetos têm o direito de votar, não obstante continuem inelegíveis. Nas palavras de José Murilo de Carvalho: "A Constituição de 1988 eliminou o grande obstáculo ainda existente à universalidade do voto, tornando-o facultativo aos analfabetos"[26].

Em relação aos Direitos da Igualdade (Direitos Sociais, Econômicos e Culturais), a Lei Maior também apresenta relevantes inovações e avanços, apesar de não declarar expressamente o comprometimento com o Estado de Bem-Estar, como o faz em relação ao Estado Democrático de Direito. Segundo Carlos Ari Sundfeld: "O Estado se torna um Estado

---

[25] *Idem. Ibidem.* p. 206 e 207.
[26] José Murilo de Carvalho. *Cidadania no Brasil: O Longo Caminho.* 12 ed. Rio de Janeiro: Civilização Brasileira, 2009, p. 200.

Social, positivamente atuante para ensejar o *desenvolvimento* (não o mero crescimento, mas a elevação do nível cultural e a mudança social) e a realização de *justiça social* (é dizer, a extinção das injustiças na divisão do produto econômico)"[27].

Não obstante a Constituição não fazer menção expressa ao Estado Social e Democrático de Direito, há nela vários dispositivos que sinalizam o compromisso com a justiça social. Entre os objetivos da República brasileira está o respeito e a promoção da igualdade. O Capítulo II do Título II é dedicado exclusivamente aos direitos sociais. Anuncia referidos direitos em seu artigo 6º e os direitos trabalhistas no artigo 7º. O Título VII, por seu turno, ao cuidar da Ordem Econômica e Financeira, preceitua no artigo 170 que "A ordem econômica, fundada na valorização do trabalho humano e na livre iniciativa, tem por fim assegurar a todos existência digna, conforme os ditames da justiça social". O Título VIII, ao tratar da ordem social, prescreve no seu artigo 193 que: "A ordem social tem como base o primado do trabalho, e como objetivo o bem-estar e a justiça sociais".

Verifica-se o comprometimento do Estado brasileiro com a justiça social tanto na ordem econômica quanto na social. Todos esses dispositivos constituem reais compromissos pela busca da igualdade material, por meio da concretização dos direitos sociais e econômicos. Segundo Wagner Balera: "De fato, tudo começa com a vida digna. E só há vida digna a quem esteja assegurado um mínimo existencial"[28].

A Constituição de 1988, outrossim, apresenta inovações em relação aos Direitos da Solidariedade. Nas palavras de Luiz Alberto David Araújo e Vidal Serrano Nunes Júnior:

> Depois de preocupações em torno da liberdade e das necessidades humanas, surge uma nova convergência de direitos, volvidos à essência do ser humano, sua razão de existir, ao destino da humanidade, pensando o ser humano enquanto gênero e não adstrito ao indivíduo ou mesmo a uma coletividade determinada. A essência desses direitos se

---

[27] *Fundamentos de Direito Público, cit.,* p. 54 e 55.

[28] *A Dignidade da Pessoa e o Mínimo Existencial.* In: *Tratado Luso-Brasileiro da Dignidade Humana.* Coordenação de Jorge Miranda e Marco Antonio Marques da Silva. 2. ed. Atualizada e ampliada. 2009, p. 474.

CIDADANIA, DIREITOS HUMANOS E EDUCAÇÃO

encontra em sentimentos como a solidariedade e a fraternidade, constituindo mais uma conquista da humanidade no sentido de ampliar os horizontes de proteção e emancipação dos cidadãos. Enfoca-se o ser humano relacional, em conjunto com o próximo, sem fronteiras físicas ou econômicas[29].

A Constituição é comprometida com vários Direitos da Solidariedade, entre eles o direito ao desenvolvimento, já exposto acima, o direito à autodeterminação dos povos, à democracia, à paz e ao meio ambiente sadio.

Quanto à autodeterminação dos povos, o artigo 4º inciso III, expressamente o prevê como um princípio respeitado pela República Federativa do Brasil nas suas relações com a comunidade internacional. Referido direito garante a cada povo escolher e decidir livremente seu próprio *status* político e perseguir o desenvolvimento econômico, social e cultural, sem a influência ou o domínio de qualquer entidade ou Estado. Nesse sentido, os povos têm direito à autonomia e à soberania sobre suas riquezas, recursos naturais e cultura. É o que determina a Declaração da ONU sobre Direito ao Desenvolvimento de 1986 e que também estabelece a intrínseca relação entre desenvolvimento e autodeterminação dos povos.

O direito à democracia, por seu turno, está na instituição do Estado Democrático de Direito, segundo o qual: "Todo o poder emana do povo, que o exerce por meio de representantes eleitos ou diretamente", como expressamente determina o parágrafo único do artigo 1º da Constituição. Nas palavras de José Afonso da Silva: "A democracia não é um mero conceito político abstrato e estático, mas é um processo de afirmação do povo e de garantia dos direitos fundamentais que o povo vai conquistando no correr da história"[30].

O direito à paz também é um direito da solidariedade resguardado pela Lei Maior, ao preceituar no artigo 4º, inciso VI, a defesa da paz como um dos princípios que regem a República Federativa do Brasil nas suas relações internacionais. A paz está diretamente ligada ao

---

[29] Luiz Alberto David Araújo e Vidal Serrano Nunes Júnior. *Curso de Direito Constitucional*. 12. ed. São Paulo: Saraiva, 2008, p. 117-118.

[30] *Curso de Direito Constitucional Positivo*. 19 ed., São Paulo: Malheiros, 2001, p. 30.

desenvolvimento e ao regime democrático. Seu alcance tem sido uma das principais preocupações da comunidade internacional neste novo milênio, em razão não só dos inúmeros conflitos armadas, como também da violência em suas várias formas. O conceito de paz na atualidade representa a realização de uma cultura de paz, segundo prescreve a Declaração da ONU sobre uma Cultura de Paz de 1999. De acordo com o artigo 1º da Declaração, a Cultura de Paz representa um conjunto de valores, atitudes, tradições, comportamentos e estilos de vida baseados no respeito a todos os direitos humanos e no enfrentamento dos conflitos com base no diálogo, na cooperação, na educação e em práticas avessas a qualquer forma de violência. Por isso, adere aos princípios da liberdade, da justiça, da democracia, da tolerância, da solidariedade, da cooperação, do pluralismo, da diversidade cultural, do diálogo e do entendimento em todos os níveis da sociedade e das nações, assim como no envolvimento em uma atmosfera nacional e internacional que favoreça a paz em todas as formas de relacionamento[31].

A Constituição Cidadã também inova ao reconhecer o direito ao meio ambiente hígido como um direito fundamental. Trata-se da primeira Carta Constitucional a estabelecer referido direito com *status* constitucional e com o propósito de proteger as presentes e futuras gerações. A preservação do meio ambiente está diretamente ligada à sobrevivência da humanidade no planeta Terra. Ele é a nossa casa, e nossa sobrevivência e bem-estar demandam que seja preservado. A história natural nos mostra que somos seres recém-chegados a um planeta que tem bilhões de anos. Não vivemos sem o planeta, mas ele vive muito bem sem a presença humana. Por isso, precisamos preservar o meio ambiente e nos reconhecer também em nossa dimensão planetária e cósmica, afinal pertencemos à humanidade e habitamos o planeta Terra[32].

A proteção ao meio ambiente sadio está expressa no artigo 225 da Lei Maior. Celso Antonio Pacheco Fiorillo expõe que o referido artigo

---

[31] Disponível em: http://www.comitepaz.org.br/download/Declara%C3%A7%C3%A3o%20 e%20Programa%20de%20A%C3%A7%C3%A3o%20sobre%20uma%20Cultura%20de%20 Paz%20-%20ONU.pdf. Acesso em 14 de nov. 2018.
[32] Carolina Alves de Souza Lima e Bianca Vettorazzo Brasil Pereira. *Globalização e Solidariedade: Desafios Para a Construção da Cidadania Universal. cit.*

CIDADANIA, DIREITOS HUMANOS E EDUCAÇÃO

estabelece quatro concepções fundamentais no âmbito do direito ambiental:

> a) de que todos têm direito ao meio ambiente ecologicamente equilibrado; b) de que o direito ao meio ambiente ecologicamente equilibrado diz respeito à existência de um bem de uso comum do povo e essencial à sadia qualidade de vida, criando em nosso ordenamento o *bem ambiental*; c) de que a Carta Maior determina tanto ao Poder Público como à coletividade o dever de defender o bem ambiental, assim como o dever de preservá-lo; d) de que a defesa e a preservação do bem ambiental estão vinculadas não só às presentes como também às futuras gerações[33].

O referido artigo 225 inovou também no ordenamento jurídico nacional, ao introduzir os institutos do desenvolvimento sustentável e do meio ambiente ecologicamente equilibrado. Trata-se, efetivamente, de avanço substancial no campo jurídico[34].

A Constituição também dá destaque à preservação dos direitos dos grupos vulneráveis, tais como crianças, adolescentes e jovens, idosos, índios, pessoas com necessidades especiais e consumidores. Quanto à proteção de crianças, adolescentes e jovens, estabelece a adoção da doutrina da Proteção Integral no *caput* do artigo 227, segundo o qual: "É dever da família, da sociedade e do Estado assegurar à criança, ao adolescente e ao jovem, com absoluta prioridade, o direito à vida, à saúde, à alimentação, à educação, ao lazer, à profissionalização, à cultura, à dignidade, ao respeito, à liberdade e à convivência familiar e comunitária, além de colocá-los a salvo de toda forma de negligência, discriminação, exploração, violência, crueldade e opressão". Importante inovação apresentada pela Constituição foi estabelecer crianças e adolescentes como sujeitos de direito, diferentemente do que ocorria com o Código de Menores de 1979.

Em relação aos direitos dos idosos, assim consideradas as pessoas maiores de 60 anos de idade, estabelece o artigo 230, *caput*, da Constituição, que: "A família, a sociedade e o Estado têm o dever de amparar

---

[33] *Curso de Direito Ambiental*. São Paulo: Saraiva, 2000, p. 14.
[34] Élida Séguin. *O Direito Ambiental: Nossa Casa Planetária*. Rio de Janeiro: Forense, 2000, p. 25 e 26.

as pessoas idosas, assegurando sua participação na comunidade, defendendo sua dignidade e bem-estar e garantindo-lhes o direito à vida". A Lei n. 10.741/2003 regulamenta o Estatuto do Idoso e estabelece em seu artigo 2º que: "o idoso goza de todos os direitos fundamentais inerentes à pessoa humana, sem prejuízo da proteção integral de que trata esta Lei, assegurando-se-lhe, por lei ou por outros meios, todas as oportunidades e facilidades, para preservação de sua saúde física e mental e seu aperfeiçoamento moral, intelectual, espiritual e social, em condições de liberdade e dignidade".

Em relação aos direitos dos índios, preceitua o artigo 231, *caput*, da Lei Maior, que "são reconhecidos aos índios sua organização social, costumes, línguas, crenças e tradições, e os direitos originários sobre as terras que tradicionalmente ocupam, competindo à União demarcá--las, proteger e fazer respeitar todos os seus bens". Quanto à educação, o artigo 210, parágrafo 2º, estabelece que: "O ensino fundamental regular será ministrado em língua portuguesa, assegurada às comunidades indígenas também a utilização de suas línguas maternas e processos próprios de aprendizagem". Trata-se do efetivo respeito ao multiculturalismo dos direitos humanos, com proteção e resgate às origens da sociedade brasileira.

Em relação à proteção dos direitos das pessoas com deficiência, a Constituição mais uma vez inova no tratamento jurídico concedido, ao estabelecer vários dispositivos com proteção pertinente e justa, como, por exemplo, ao proibir qualquer discriminação no tocante a salário e critérios de admissão do trabalhador com deficiência, de acordo com o artigo 7º, inciso XXXI, assim como ao estabelecer no seu artigo 208, inciso III, que: "O dever do Estado com a educação será efetivado mediante a garantia de atendimento educacional especializado aos portadores de deficiência, preferencialmente na rede regular de ensino". Há também os seguintes dispositivos constitucionais que cuidam dos direitos das pessoas com deficiência: art. 24, XIV; art. 37, VIII; 227, §2º e art. 244. No plano internacional, o Brasil é signatário da Convenção Interamericana para a Eliminação de todas as Formas de Discriminação contra as Pessoas Portadoras de Deficiência e da Convenção sobre os Direitos das Pessoas com Deficiência e seu Protocolo Facultativo.

A Lei Maior inova também ao tratar dos direitos do consumidor. Preceitua no artigo 5º, inciso XXXII, que "o Estado promoverá, na forma da lei, a defesa do consumidor". Com base nessa determinação, foi criado o Código de Proteção e Defesa do Consumidor, a Lei n. 8.078, de 11 de setembro de 1990. Se, por um lado, a proteção dos direitos dos consumidores é importante dada a estrutura neoliberal econômica que os coloca em posição de vulnerabilidade, por outro, é sempre fundamental frisar que o consumidor não se confunde com o cidadão. A concepção de cidadania é muito mais complexa e abrangente e está diretamente ligada à relação entre a sociedade e o Estado. Refere-se à relação de pertencimento do indivíduo pautada no contrato social previsto na Lei Maior e que vem sendo amplamente discutido e desenvolvido no presente trabalho.

Juntamente com toda essa proteção aos direitos fundamentais, o parágrafo 2º do artigo 5º da Constituição preceitua que "os direitos e garantias expressos nesta Constituição não excluem outros decorrentes do regime e dos princípios por ela adotados, ou dos tratados internacionais em que a República Federativa do Brasil seja parte". Esse parágrafo, ao prescrever que os direitos e as garantias expressos na Constituição "não excluem outros direitos decorrentes dos tratados internacionais", estabelece que os direitos previstos nos tratados internacionais de direitos humanos incorporados pelo Brasil também englobam o rol de direitos tutelados no Sistema Jurídico Brasileiro. Referido dispositivo é de extrema relevância, por estabelecer a relação intrínseca entre o Sistema Nacional e o Internacional de proteção dos Direitos Humanos. Ambos atuam em parceria e cooperação em prol da maior e mais ampla proteção aos direitos humanos no Brasil.

Visando à maior proteção dos direitos fundamentais, o inciso IV do parágrafo 4º do artigo 60 da Constituição de 1988 estabelece a não possibilidade de deliberar proposta de emenda tendente a abolir tanto direitos como garantias Individuais. São as cláusulas pétreas. Se mencionados direitos e garantias não podem ser abolidos, *a contrario sensu* podem ser ampliados. A incorporação de tratados de direitos humanos ao ordenamento jurídico brasileiro amplia o rol desses direitos e garantias.

A Emenda Constitucional n. 45, de 8 de dezembro de 2004, por sua vez, introduziu os §§3º e 4º ao artigo 5º da Constituição. Segundo a redação do primeiro: "os tratados e convenções internacionais sobre direitos humanos que forem aprovados, em cada Casa do Congresso

Nacional, em dois turnos, por três quintos dos votos dos respectivos membros, serão equivalentes às emendas constitucionais".

Entendemos tratar-se de dispositivo inconstitucional, porque viola a cláusula pétrea prevista no §4º, IV, do artigo 60, da Constituição, ao atentar contra as normas dos §§1º e 2º do artigo 5º da Lei Maior. O parágrafo 2º do artigo 5º, norma advinda do poder constituinte originário, já disciplina a questão da incorporação dos tratados internacionais de direitos humanos ao ordenamento jurídico nacional, o que torna o §3º desnecessário. No entanto, como sua redação viola o que está disposto no §2º, uma vez que estabelece tratamento diferenciado para os direitos humanos, trata-se de dispositivo inconstitucional[35].

O parágrafo 4º do artigo 5º, por seu turno, estabelece que: "O Brasil se submete à jurisdição de Tribunal Penal Internacional a cuja criação tenha manifestado adesão". Trata-se, no nosso entender, de dispositivo que apenas reforça o já estabelecido no Ordenamento Jurídico Constitucional, quando da promulgação da Constituição de 1988, no que concerne ao comprometimento do Estado brasileiro com a proteção dos direitos humanos no plano internacional. Está também em consonância com o artigo 7º do Ato das Disposições Constitucionais Transitórias, ao preceituar que: "O Brasil propugnará pela formação de um tribunal internacional dos direitos humanos". Na atualidade, o Estado brasileiro faz parte tanto da Convenção Americana de Direitos Humanos, tratado que criou a Corte Interamericana de Direitos Humanos, quanto do Estatuto de Roma, tratado que criou o Tribunal Penal Internacional. O Brasil se submete à jurisdição de ambas as cortes internacionais.

Diante de todo o exposto, verifica-se, por um lado, que a Constituição de 1988 é marco de uma nova era na tutela dos direitos da pessoa humana e na construção da cidadania. No entanto, por outro, não se pode deixar de mencionar a sempre enorme distância entre os avanços jurídicos e a realidade em si. Tal realidade é fruto das ações tanto do Estado quanto da sociedade e dos padrões de mentalidade presentes ao longo da história nacional, intensamente marcados pela exclusão e pela desigualdade no campo social, econômico e político. A desigualdade

---

[35] Nosso posicionamento sobre a inconstitucionalidade do §3º do artigo 5º da Constituição de 1988 encontra-se de forma detalhada na nossa obra *Aborto e Anencefalia: Direitos Fundamentais em Colisão*. 2. ed., *cit.*, p. 33 a 40.

CIDADANIA, DIREITOS HUMANOS E EDUCAÇÃO

crônica é marcada pela expressiva falta de comprometimento do Poder Público com as demandas da *res publica*.

Os sem poder, sem direitos e sem cidadania, sempre foram a grande maioria da população e também os excluídos de proteção jurídica mais eficaz por parte do Estado. Esse padrão de ação e de mentalidade, muitas vezes referendado na legislação, arraigou-se profundamente na organização sociocultural e jurídica do Brasil. Nesse sentido, as relações em sociedade passaram a não reconhecer grupos vulneráveis como sujeitos de direitos, e credores do mesmo grau de respeito e consideração que se exige para si. Com isso, a lógica dos direitos humanos pouco prevaleceu ao longo da História do Brasil, e é na atualidade uma das mais importantes reivindicações para a consolidação da cidadania para todos[36].

Se, por um lado, no campo econômico somos hoje a sexta maior economia do mundo, o que representa sermos um país rico, por outro, também somos um dos campeões em desigualdade social. Esta vem acentuando-se no Brasil, segundo dados do Programa das Nações Unidas para o Desenvolvimento. Quanto ao Coeficiente de Gini, que mede a concentração de renda, o país é o 10º mais desigual do mundo e o quarto da América Latina, à frente apenas de Haiti, Colômbia e Paraguai[37].

Sem dúvida, ainda há um longo caminho a ser percorrido para alcançarmos a justiça social por meio da distribuição da riqueza coletiva. Não basta o país crescer economicamente, é preciso distribuir a riqueza com a garantia de serviços públicos de qualidade, entre eles, a educação escolar pública de excelência para todos, esta sim, capaz de gerar novas possibilidades de transformação social. Por isso, a democracia instalada com a Constituição de 1988 abre novas possibilidades para o amadurecimento da sociedade brasileira e assim permitir diariamente construir as bases de um verdadeiro Estado Democrático de Direito para as presentes e futuras gerações. Nas palavras de Lilia M. Schwarcz e Heloisa

---

[36] Oscar Vilhena Vieira. *Gramática dos Direitos Fundamentais*. In: *Gramática dos Direitos Fundamentais: a Constituição Federal de 1988, 20 anos depois*. Edinilson Donisete Machado; Norma Sueli Padilha, Thereza Christina Nahas (coordenadores) Rio de Janeiro: Campus Jurídico, p. 19.

[37] Disponível em: https://brasil.elpais.com/brasil/2017/03/21/politica/1490112229_963711. html e https://www.jornaldocomercio.com/site/noticia.php?codn=82504 Acesso em 20 de nov. 2018.

M. Starling: "O Brasil abriu-se ao século XXI com uma grande certeza: a consolidação da democracia é nosso maior legado para as próximas gerações. Mas não existe um regime político de democracia plena – ela é sempre um conceito que se movimenta constantemente e que permite ampliação, desenvolvimento e correção de rota"[38].

7.2 O Direito à Educação na Constituição de 1988 e suas Dimensões

O direito à educação é um direito fundamental por excelência. A educação foi concebida pelo artigo 205 da atual Constituição como um direito de todos e dever do Estado e da família, que será promovida e incentivada com a colaboração da sociedade. Deve visar ao pleno desenvolvimento da pessoa, seu preparo para o exercício da cidadania e sua qualificação para o trabalho.

A Lei de Diretrizes e Bases da Educação Nacional – Lei n. 9.394/1996 – inova no seu artigo 1º ao apresentar um conceito amplo de educação. Segundo ela, a educação contempla também os processos formativos que se desenvolvem além do âmbito escolar, tais como os que se desenvolvem na vida familiar, na convivência humana, no trabalho, nas instituições de ensino e pesquisa, nos movimentos sociais e organizações da sociedade civil e nas manifestações culturais. Para completar essa concepção ampla, o seu parágrafo 2º preceitua que a "educação escolar deverá vincular-se ao mundo do trabalho e à prática social". No entanto, define declaradamente no seu parágrafo 1º que seu foco é a educação escolar.

A Constituição é clara ao estabelecer que a garantia do direito à educação configura obrigação não só do Estado, como também da família, e que conta com a colaboração da sociedade. Trata-se de um compromisso legal de todos. A educação é parte da cultura, e a educação atual é consequentemente parte da cultura contemporânea. Segundo Álvaro Laborinho Lúcio: "A acção educativa haverá sempre que conceber-se como um processo de libertação do indivíduo, que 'reconhecendo-o como sujeito, lhe proporciona os instrumentos de pensamento e cultura que lhe permitem agir como autor do seu tempo cultural e humano'"[39].

---

[38] *Brasil: Uma Biografia. cit.*, p. 502.
[39] Álvaro Laborinho Lúcio. *Educação Arte e Cidadania*. 2. ed. Paredes: Tema e Lemas, 2008, p. 17.

CIDADANIA, DIREITOS HUMANOS E EDUCAÇÃO

A Constituição de 1988 estabelece triplo papel para a educação. Ela deve proporcionar o pleno desenvolvimento da pessoa, seu preparo para o exercício da cidadania e sua qualificação para o trabalho. O primeiro papel da educação consiste em possibilitar ao ser humano seu pleno desenvolvimento. A primeira instituição que possibilita esse desenvolvimento é a família, base de toda sociedade. Com o crescimento da criança, esse papel passa a ser compartilhado na vida em sociedade. Uma dessas facetas dá-se na relação aluno e escola. A educação, da vertente da educação escolar, tem o papel de proporcionar ao estudante sua formação como pessoa humana, dotada de personalidade e consequentemente de uma singularidade. O ser humano é, na sua essência, um ser inacabado, porque é ser em transcendência. Nas palavras de Eduardo C. B. Bittar: "o ser humano é um ser que está em permanente processo de construção, de invenção e reinvenção dos modos pelos quais organiza o meio em que vive, administra os conflitos a ele inerentes e constrói relações"[40].

O segundo papel da educação é preparar o indivíduo para o exercício da cidadania. Referido papel, da vertente da educação escolar, consiste em proporcionar ao estudante que se torne cidadão. A educação escolar deve ser voltada para a construção da cidadania e consequentemente para o respeito aos direitos da pessoa humana. Trata-se de educação para a cidadania, assim como de cidadania na educação.

Segundo Eduardo C. B. Bittar:

> quando se fala de cidadania, não se quer falar em mero conjunto de direitos e deveres legais ou constitucionais, mas em cidadania ativa e participativa, interativa e crítica, libertadora e autoconsciência, produtiva e dinâmica. Ademais da consciência cívica, para o exercício dos direitos e deveres públicos, a educação tem em vista a formação da consciência nacional, uma vez que fortalece os laços históricos, éticos, comunitários e restabelece ligações com o passado e as tradições culturais de um povo[41].

Exercer a cidadania é exercer a política no seu sentido mais amplo e original. Expõe José Pedro Galvão de Souza, Clovis Lima Garcia e

---

[40] *Ética, Educação, Cidadania e Direitos Humanos: Estudos Filosóficos entre Cosmopolitismo e Responsabilidade Social.* Barueri, São Paulo: Manoel, 2004, p. 79.
[41] *Idem, Ibidem.* p. 108.

José Fraga Teixeira de Carvalho que: "Como virtude, a Política encontra na prudência o instrumento apropriado a buscar, constante e operativamente, o bem comum da sociedade, consistente em proporcionar a seus integrantes condições suficientes para usufruir uma vida cada vez melhor e mais digna"[42]. E o ato educacional é por essência um ato político. Por isso, segundo Eduardo C. B. Bittar: "Negar a politicidade do ato educacional é negar a sua essência, o que representa a perda de sentido da própria experiência da educação"[43].

A educação cidadã pressupõe um terreno democrático, único espaço propício para o efetivo respeito aos direitos fundamentais e a construção da cidadania. A cultura democrática é aquela que proporciona a seus cidadãos o exercício real e constante da reflexão e da crítica para a construção de uma sociedade que respeita tanto a diversidade quanto a singularidade de cada indivíduo. De acordo com Eduardo C.B. Bittar:

> Parece que prática ética, prática educativa e prática política estão saudavelmente imbricadas no ato de ensinar, e isso num sentido muito democrático. (...). Isso porque o sentido da consciência política aqui trabalhado não é o de uma consciência política-partidária, ou muito menos o de uma consciência exclusivista refratária e impermeável a novas demandas políticas. Consciência política é sinônimo de preocupação com o social, com as carestias reais que envolvem certa comunidade e suas demandas, com o momento histórico vivido, como os projetos sociais em andamento e as grandes e pequenas questões que incomodam uma sociedade em dado contexto. Política aqui não significa clausura ou unilateralidade político-partidária, mas sim liberdade. E disso não pode o educador democrático se esquivar[44].

A educação pautada na promoção e na proteção dos direitos da pessoa humana é da essência da educação escolar no Estado Democrático de Direito. Por isso, deve despertar os indivíduos e a sociedade

---

[42] *Dicionário de Política*. São Paulo: T. A. Queiroz, 1998, José Pedro Galvão de Sousa, e outros, p. 425.

[43] *Ética, Educação, Cidadania e Direitos Humanos: Estudos Filosóficos entre Cosmopolitismo e Responsabilidade Social. cit.*, p. 90.

[44] *Idem, Ibidem*. p. 94.

CIDADANIA, DIREITOS HUMANOS E EDUCAÇÃO

para novos tempos, por meio da conscientização e do fortalecimento da importância pelo respeito aos direitos humanos de forma universal. Referido processo de conscientização visa à construção da cultura dos direitos humanos, na qual se conscientiza o ser humano para o respeito a si mesmo, ao outro, ao coletivo e ao todo universal, do qual cada um de nós faz parte. Por isso, o sistema educacional brasileiro deve pautar-se pelo respeito à democracia, à cidadania e aos direitos humanos, uma vez que um dos papéis da educação, e em particular da educação escolar, consiste em preparar o indivíduo para o exercício da cidadania.

O terceiro papel da educação, sobretudo a educação escolar, é qualificar os indivíduos para o trabalho, o que possibilita qualificar as pessoas para a própria subsistência de forma digna. O trabalho insere os indivíduos na vida produtiva da sociedade e permite a cada pessoa contribuir para a vida coletiva, assim como alcançar meios para sua própria subsistência. Esse terceiro papel da educação se materializa por meio da formação profissional, que se dá com o acesso aos cursos profissionalizantes e à universidade.

7.3 Princípios do Direito à Educação Escolar no Ordenamento Jurídico Brasileiro

O direito à educação engloba o direito à educação escolar, este sim dever oficial do Estado, segundo previsto no artigo 206 da Constituição. O direito à educação é mais amplo porque engloba, além do direito à educação escolar, a formação ética da pessoa como ser humano, além da possibilidade de desenvolver suas potencialidades, o que se dá ao longo de toda a vida. Por isso, o constituinte estabeleceu o direito à educação como dever não só do Estado, mas também da família, além da colaboração da sociedade, por meio da sua promoção e incentivo.

O papel da escola, que se materializa no direito à educação escolar, é imprescindível na formação dos indivíduos e na construção da cidadania. Segundo Márcio Thadeu Silva Marques:

> À escola compete propiciar o espaço para o desenvolvimento do aluno, seja na sua formação física, intelectual e emocional, seja favorecendo, através de disposições claras em suas normas internas, atividades que concorram para (a) a formação política, através de grêmios e outras

CONQUISTA DA CIDADANIA E DO DIREITO À EDUCAÇÃO ESCOLAR NO BRASIL

atividades associativas; (b) a formação ética, por via do estabelecimento de práticas que ensinem, pelo exemplo, a cultura de paz e a educação em valores humanos; (c) a formação comunitária, identificando formas de fazer com que haja um sentimento de pertencimento recíproco entre a escola e a comunidade em que está inserida; e (d) a formação cidadã, valorizando as formas de controle social dos elementos de gestão, da qualidade de ensino e de legitimação das relações de poder em seu âmbito[45].

A garantia do direito à educação escolar é dever do Estado brasileiro. Com base nesse dever, o artigo 206 da Constituição enuncia os princípios que regem o direito à educação escolar: igualdade de condições para o acesso e a permanência na escola; liberdade de aprender, ensinar, pesquisar e divulgar o pensamento, a arte e o saber; pluralismo de ideias e de concepções pedagógicas; coexistência de instituições públicas e privadas de ensino; gratuidade do ensino público em estabelecimentos oficiais; valorização dos profissionais da educação escolar, garantidos, na forma da lei, planos de carreira, com ingresso exclusivamente por concurso público de provas e títulos, aos professores das redes públicas, assim como piso salarial profissional nacional para os profissionais da educação escolar pública, nos termos de lei federal; garantia de padrão de qualidade e gestão democrática do ensino público. Esses princípios são reafirmados no Estatuto da Criança e do Adolescente (Lei n. 8.069/1990) e na Lei de Diretrizes e Bases da Educação (Lei n. 9.394/1996).

O primeiro princípio constitucional do direito à educação escolar é o da igualdade de condições para o acesso e a permanência na escola. Trata-se do princípio da universalização do ensino. A determinação constitucional é que todos, sem exceção, tenham iguais condições para o acesso e a permanência na escola. É a garantia do princípio da igualdade no campo da educação escolar.

A educação formal foi dividida em dois patamares: a básica e a superior. A primeira engloba a educação infantil, a educação fundamental

---

[45] Márcio Thadeu Silva Marques. *Sistemas de Garantia de Direitos da Infância e da Juventude. In: Direito à Educação: Uma Questão de Justiça.* Organizador Wilson Donizeti Liberati. São Paulo: Malheiros, 2004, p. 59.

CIDADANIA, DIREITOS HUMANOS E EDUCAÇÃO

(com nove anos de duração)[46] e a educação média. Já a educação superior engloba os cursos de graduação e pós-graduação.

Tanto o acesso quanto a permanência na escola configuram direitos fundamentais e devem ser garantidos pelo Poder Público, sob pena de responsabilidade deste. Segundo o artigo 208, inciso I, da Constituição, alterado pela Emenda Constitucional n. 59, de 11 de novembro de 2009, o dever do Estado com a educação será efetivado mediante a garantia de educação básica obrigatória e gratuita dos quatro aos dezessete anos de idade, assegurada, inclusive, sua oferta gratuita para todos os que a ela não tiveram acesso na idade própria.

Cabe ressaltar que a redação anterior do artigo 208, inciso I, da Constituição, estabelecia exclusivamente a gratuidade e a obrigatoriedade do ensino fundamental. A emenda veio a ampliar o direito ao ensino gratuito e obrigatório também à educação infantil e ao ensino médio. Antes da referida emenda, já era possível interpretação segundo a qual a educação infantil e o ensino médio eram direitos fundamentais. Isso porque o disposto no artigo 208, inciso I, da Lei Maior, baseava-se nos princípios da universalização do ensino, da gratuidade do ensino público oficial e da sua gestão democrática, previstos no artigo 206 da Lei Maior. Tal análise já levava à compreensão que tanto o acesso quanto a permanência na escola configuram direito fundamental de todo e qualquer cidadão brasileiro que ainda não tenha recebido a educação básica, que engloba, além do ensino fundamental, a educação infantil e o ensino médio. No entanto, a nova redação do artigo 208, inciso I, da Constituição, inova ao estabelecer a obrigatoriedade de todo o ensino básico.

A obrigatoriedade da educação básica gera obrigações tanto para o Poder Público quanto para os pais. Por um lado, há o dever do Estado (Municípios e Estados da Federação, Distrito Federal e União) de oferecer obrigatoriamente o serviço público de educação básica. Por outro, há o dever dos pais ou responsáveis de obrigatoriamente matricular seus filhos na educação básica, assim como de acompanhar a frequência às aulas e o desempenho destes, sob pena de serem responsabilizados pela omissão[47].

---

[46] A Lei n. 11.274, de 6 de fevereiro de 2006, fixa a idade de seis anos para o início do ensino fundamental obrigatório e altera para nove anos seu período de duração.

[47] Murillo José Digiácomo analisa detalhadamente essa questão no capítulo intitulado *Instrumentos Jurídicos para Garantia do Direito à Educação*. In: *Direito à Educação: Uma*

A obrigatoriedade da educação básica, introduzida pela Emenda Constitucional n. 59/2009, constitui importante avanço para a construção da cidadania. A obrigatoriedade a partir da educação infantil possibilita o maior sucesso da educação fundamental, que tem suas raízes na educação infantil de qualidade. A obrigatoriedade do ensino médio proporciona ao aluno a continuação do trabalho desenvolvido no ensino fundamental, com o fortalecimento da formação da cidadania, a preparação e a qualificação para o trabalho e ou o ingresso na Universidade. A obrigatoriedade de toda a educação básica levará ao maior desenvolvimento humano do país, e consequentemente ao desenvolvimento econômico, social, cultural e político.

O parágrafo 1º do artigo 208 da Constituição prescreve que o acesso ao ensino obrigatório e gratuito, agora dos quatro aos dezessete anos de idade, é direito público subjetivo. Se a antiga redação do artigo 208, inciso I, já era um avanço no campo da garantia do direito à educação escolar, sua nova redação, introduzida pela Emenda Constitucional n. 59/2009, configura maior avanço ainda, ao ampliar a garantia do direito à educação escolar também à educação infantil quanto ao ensino médio.

Referido avanço deve ser não só comemorado, mas fundamentalmente exigido do Poder Público. O artigo 6º, da Emenda Constitucional n. 59, preceitua que o disposto no artigo 208, inciso I, da Constituição, deverá ser implementado progressivamente, até 2016, nos termos do Plano Nacional de Educação, e com apoio técnico e financeiro da União. Constatamos, todavia, que referido dispositivo não foi plenamente implementado, o que revela a baixa efetividade dos direitos fundamentais no país. A Constituição de 1988 estabeleceu, no seu artigo 214, o Plano Nacional de Educação. Trata-se de um plano de Estado e não de governo. Objetiva estabelecer articulações entre a sociedade civil e o Estado, visando a estabelecer parcerias voltadas a implementar o direito à educação escolar em âmbito nacional e direcionada fundamentalmente para as populações pouco ou nada escolarizadas[48].

Questão de Justiça. Organizador Wilson Donizeti Liberati. São Paulo: Malheiros, 2004, p. 273 a 374.

[48] Marcos Cezar de Freitas e Maurilene de Souza Biccas. *História Social da Educação no Brasil (1926-1996), cit.,* p. 343.

CIDADANIA, DIREITOS HUMANOS E EDUCAÇÃO

Outra conquista importante do artigo 208, inciso I, da Constituição é o reconhecimento do direito ao ensino básico gratuito aos jovens e aos adultos que não tiveram acesso na idade própria. A educação de jovens e de adultos também é um direito fundamental. Esse dispositivo expressa importante demanda da sociedade brasileira durante as décadas de 1970 e 1980. Com a Constituição, o direito à educação escolar foi estendido a todos aqueles que não tiveram acesso na idade própria[49].

Segundo Marcos Cezar de Freitas e Maurilene de Souza Biccas: "Essa especificação corrige as legislações criadas na década de 1960 que restringiam a gratuidade e a obrigatoriedade apenas para a faixa etária de 7 aos 14 anos. Pela primeira vez a educação de pessoas jovens e adultas passou a ser considerada como parte da educação básica"[50]. Também com base na universalização do ensino, há a previsão do inciso IV do artigo 208, da Constituição de 1988, que estabelece a garantia da educação infantil em creches e pré-escolas às crianças de até cinco anos de idade.

A universalização do ensino também garante atendimento educacional especializado às pessoas com deficiência, preferencialmente na rede regular de ensino, como prescreve o inciso III do artigo 208 da Lei Maior. Além da legislação infraconstitucional[51] que regulamenta tal dispositivo, há, no âmbito internacional, a Convenção Interamericana para a Eliminação de todas as Formas de Discriminação contra as Pessoas Portadoras de Deficiência e a Convenção sobre os Direitos das Pessoas com Deficiência e seu Protocolo Facultativo, das quais o Estado brasileiro faz parte. Ambas cuidam da educação das pessoas com deficiência[52].

---

[49] *Idem, Ibidem*, p. 323.

[50] *Idem, Ibidem*, p. 323.

[51] A Lei n. 10.845, de 5 de março de 2004, institui o Programa de Complementação ao Atendimento Educacional Especializado às Pessoas Portadoras de Deficiência (Paed), em cumprimento ao disposto nesse inciso. Disponível em: http://www.planalto.gov.br/ccivil_03/_ato2004-2006/2004/lei/l10.845.htm. Acesso em 14 de nov. 2018. A Lei n. 7.853, de 24 de outubro de 1989, regulamentada pelo Decreto n. 3.298, de 20 de dezembro de 1999, estabelece as normas de proteção à pessoa portadora de deficiência. Disponível em: http://www.planalto.gov.br/ccivil_03/LEIS/L7853.htm . Acesso em 14 de nov. 2018.

[52] Convenção Interamericana para a Eliminação de todas as Formas de Discriminação contra as Pessoas Portadoras de Deficiência: Decreto n. 3.956, de 8 de outubro de 2001. Disponível em: http://www.planalto.gov.br/ccivil_03/decreto/2001/D3956.htm. Acesso em 14 de

Segundo o artigo 24 da Convenção sobre os Direitos das Pessoas com Deficiência, os Estados membros reconhecem o direito das pessoas com deficiência à educação. Para efetivar esse direito sem discriminação e com base na igualdade de oportunidades, os Estados devem assegurar o sistema educacional inclusivo, em todos os níveis da educação, assim como o aprendizado ao longo de toda a vida[53].

O princípio da igualdade de condições para o acesso e a permanência na escola importa na liberdade de acesso a ela. Isso significa que o Estado, como responsável pela garantia desse direito, não pode impor obstáculos ou restrições ao acesso à escola pública e deve oferecer vagas suficientes nessas escolas para que todos tenham acesso a ela[54].

A universalização do ensino requer também a garantia das condições para frequentar a escola. Faz-se necessária a garantia de outros direitos, como, por exemplo, a existência de escolas próximas à residência dos alunos[55] ou transporte gratuito, alimentação, assistência à saúde e o fornecimento de material didático-escolar. O artigo 208, inciso VII, da Constituição Federal, alterado pela Emenda Constitucional n. 59/2009, estabelece o dever de o Estado fornecer essa assistência ao educando, em todas as etapas da educação básica, por meio de programas suplementares de material didático-escolar, transporte, alimentação e assistência à saúde. A redação constitucional anterior estabelecia o atendimento apenas aos alunos do ensino fundamental.

A nova redação do artigo 208, inciso VII, da Lei Maior, amplia o atendimento ao educando e a garantia passa a englobar, além do ensino fundamental, também a educação infantil e o ensino médio. Essa nova redação garante efetivamente o acesso e a permanência na escola durante todo o período da educação básica. Isso porque o sucesso do ensino fundamental se inicia com a garantia plena da educação infantil.

---

nov. 2018 e Convenção sobre os Direitos das Pessoas com Deficiência e seu Protocolo Facultativo: Decreto n. 6949 de 25 de agosto de 2009. Disponível em: http://www.planalto.gov.br/ccivil_03/_Ato2007-2010/2009/Decreto/D6949.htm. Acesso em 14 de nov. 2018.

[53] Disponível em: http://www.planalto.gov.br/ccivil_03/_Ato2007-2010/2009/Decreto/D6949.htm. Acesso em 14 de nov. 2018.

[54] J.J.Gomes Canotilho e Vital Moreira. *Constituição da República Portuguesa Anotada, cit.*, p. 896.

[55] Essa previsão está no artigo 53, V, do Estatuto da Criança e do Adolescente.

CIDADANIA, DIREITOS HUMANOS E EDUCAÇÃO

Para garantir a universalização do direito à educação escolar, o artigo 208, inciso VI, da Constituição, por seu turno, estabelece como dever do Estado a oferta de ensino noturno regular e adequado às condições do educando. No sentido da universalização do direito à educação escolar, o artigo 13 do Pacto Internacional de Direitos Econômicos, Sociais e Culturais prescreve que os Estados membros reconhecem que, com o objetivo de assegurar o pleno exercício do direito à educação, a educação primária deverá ser obrigatória e gratuita a todos. Quanto à educação secundária, em suas diferentes formas, entre elas a educação secundária técnica e a profissional, deverá ser generalizada e tornar-se acessível a todos, por todos os meios apropriados e, principalmente, pela implementação progressiva do ensino gratuito.

Quanto ao ensino superior, deverá também tornar-se acessível a todos, com base na capacidade individual, por todos os meios apropriados e, principalmente, pela implementação progressiva do ensino gratuito. O Pacto estabelece também o fomento à educação de base para as pessoas que não tiveram acesso ou não concluíram a educação primária.

Para a efetividade do direito à educação escolar, o referido Pacto prescreve, em seu artigo 14, que o Estado que incorporar o tratado ao seu ordenamento jurídico, e ainda não tiver estabelecidas, em seu território ou território sob sua jurisdição, a obrigatoriedade e a gratuidade da educação primária, compromete-se a criar um plano, em dois anos, para a implementação progressiva desse direito. Verifica-se, por parte do Estado brasileiro, signatário do referido tratado, o compromisso também internacional com o direito à educação escolar.

O segundo princípio constitucional que rege o direito à educação escolar é o da liberdade de aprender, ensinar, pesquisar e divulgar o pensamento, a arte e o saber, previsto no artigo 206, inciso II, da Lei Maior. A liberdade de ensino compreende todas essas facetas: a liberdade de ensinar, de aprender, de pesquisar e de divulgar o pensamento, a arte e o saber. Configura a liberdade de pensamento, de expressão e de comunicação, voltada para o campo da educação e da cultura, em uma sociedade livre e organizada em um Estado democrático e laico.

Diretamente relacionados com o segundo princípio, estão o terceiro e o quarto princípios constitucionais, que regem o direito à educação escolar, e que estão previstos no inciso III do artigo 206 da Lei Maior.

CONQUISTA DA CIDADANIA E DO DIREITO À EDUCAÇÃO ESCOLAR NO BRASIL

Trata-se da garantia do pluralismo de ideias e de concepções pedagógicas, e da coexistência de instituições públicas e privadas de ensino.

O ensino é por essência um serviço público e deve ser fornecido primordialmente pelo Estado. No Estado democrático e laico, há a liberdade da escolha pelo ensino público ou privado; no entanto, o oferecimento do ensino público a todos configura tarefa primária do Estado. O ensino público deve pautar-se pelo princípio da neutralidade para com as opiniões e as crenças[56].

Segundo Jean Rivera e Hugues Moutouh, o princípio da neutralidade tem como foco primeiro o respeito à liberdade do aluno, porquanto ele ainda é uma pessoa em formação. Expõem os autores que:

> Entre os dois aspectos da liberdade de ensino – ou seja, a liberdade do professor e a do aluno –, o ensino público teve de optar: ele sacrificou, ao menos nos dois primeiros graus, a primeira à segunda. O professor não tem a liberdade de difundir 'seus pensamentos e suas opiniões' na medida em que, fazendo isso, imporia a mentes que ele deve formar a sua própria visão do mundo. O respeito da liberdade do aluno é que permanece a regra do ensino público. A liberdade do professor reaparece, contudo, com relação ao Estado, que, optando pela neutralidade, se proíbe fazer destes os divulgadores de uma ideologia partidária[57].

As políticas educacionais devem estar acima dos planos de governo, com viés político-partidário ou religioso. Devem ser planos de Estado, porquanto visam à formação dos seus cidadãos. Nesse sentido, o Estado não pode doutrinar os alunos com suas convicções político-partidárias ou religiosas. Elas podem e devem ser discutidas no período adequado na educação escolar, com o objetivo de formar pessoas cultas e com capacidade de reflexão e opinião crítica. Por isso, o espaço escolar deve ser estruturado para o respeito ao pluralismo. A neutralidade está em ensinar aos alunos as várias visões de mundo para que eles tenham capacidade de fazer suas próprias escolhas de forma consciente, madura e livre. O processo educacional está diretamente ligado à conquista da autonomia. Alunos alienados ou doutrinados estão subjugados. Não têm

---

[56] Jean Rivera e Hugues Moutouh. *Liberdades Públicas, cit.*, p. 626.
[57] *Idem. Ibidem*, p. 627-628.

sua individualidade respeitada. Por isso, a educação deve ser um processo que proporciona a aprendizagem e, com ela, o desenvolvimento e o amadurecimento do aluno para que seja capaz de usufruir sua vida de forma autônoma, independente e feliz segundo suas escolhas. Deve também ser preparado para viver e conviver em sociedade, com vistas ao atendimento das demandas que buscam o bem comum e o convívio social, cidadão, republicano e democrático[58].

Por isso, a educação escolar deve estar pautada nos valores éticos humanistas e não há qualquer incompatibilidade com o princípio da neutralidade, porquanto o viés do referido princípio é proteger primeiramente o aluno de qualquer forma de doutrinação. Os valores éticos humanistas são a essência dos Estados Democráticos de Direitos. Entre esses valores estão a igualdade, a liberdade, a solidariedade, a justiça, a tolerância e fundamentalmente o respeito à dignidade da pessoa humana. E é nesse sentido, acreditamos, que Paulo Freire expõe que a educação é sempre um ato político. Político não no sentido político-partidário, mas no sentido do comprometimento com a ética humanista que estabelece em primeiro plano todo o indivíduo como sujeito de direitos. Para o autor:

> Aprender para nós é *construir*, reconstruir, *constatar para mudar*, o que não se faz sem abertura ao risco e à aventura do espírito. Creio poder afirmar, na altura destas considerações, que toda prática educativa demanda a existência de sujeitos, um que ensinando, aprende, outro que, aprendendo, ensina, daí o seu cunho gnosiológico; a existência de objetos, conteúdos a serem ensinados e aprendidos; envolve o uso de métodos, de técnicas, de materiais; implica, em função de seu caráter diretivo, objetivo, sonhos, utopias, ideais. Daí a sua politicidade, qualidade que tem a prática educativa de ser política, de não poder ser neutra[59].

Parece-nos que Jean Rivera e Hugues Moutouh, na obra *Liberdades Públicas*, estão em sintonia com Paulo Freire na obra *Pedagogia da Autonomia* em relação à temática exposta. Os dois primeiros autores até indagam se haveria limites à neutralidade: "Mas o Estado poderá renunciar, por respeito pela neutralidade, a fazer que a escola pública

---

[58] *Idem, Ibidem.* p. 629.
[59] Paulo Freire. *Pedagogia da Autonomia: Saberes Necessários à Prática Educativa. cit.*, p. 69 e 70.

ensine o mínimo de valores éticos e políticos indispensáveis à vida social? Há, portanto, um limite para a neutralidade escolar: é o que atesta a recente inserção nos programas de um ensino dos direitos do homem, ou seja, de uma ideologia"[60]. Observa-se que os autores questionam e colocam os direitos fundamentais como o limite para a neutralidade.

No nosso entender, e com a devida vênia, Jean Rivera e Hugues Moutouh não precisariam defender "um limite à neutralidade". Não se trata de limite, mas sim dos valores éticos que estruturam os Estados Democráticos de Direito. Se o respeito à dignidade da pessoa humana é o valor maior dos regimes democráticos, a garantia dos direitos fundamentais há de ser o maior compromisso desses regimes. Expõe Paulo Freire, ao analisar os saberes indispensáveis à prática docente, que é: "O saber da impossibilidade de desunir o ensino dos conteúdos da formação ética dos educandos. De separar prática de teoria, autoridade de liberdade, ignorância de saber, respeito aos professores de respeito aos alunos, ensinar de aprender"[61].

No entanto, o que é preciso alertar e trazer para a discussão são as formas de manipulação dos direitos humanos com viés político-partidário. Isso sim representa ofensa ao princípio da neutralidade e leva à doutrinação do aluno. Ademais, cabe ressaltar que a educação voltada para os direitos humanos está de acordo com os postulados da Constituição Federal de 1988, assim como os tratados internacionais de direitos humanos incorporados ao ordenamento jurídico brasileiro. Por isso, não ofende o princípio da neutralidade, uma vez que esses direitos são as bases do Estado Democrático de Direito brasileiro.

O princípio da neutralidade também é a base dos Estados laicos, como o é o brasileiro, que, por força do artigo 19, inciso I, da Constituição, fundamenta-se na concepção de que o poder político é autônomo em relação às questões religiosas. O Estado laico é desvinculado dos valores religiosos; todavia, quando democrático, como é o Estado brasileiro, é vinculado a determinados valores éticos[62]. Entre eles estão o

---

[60] Jean Rivera e Hugues Moutouh. *Liberdades Públicas, cit.*, p. 630.
[61] *Pedagogia da Autonomia: Saberes Necessários à Prática Educativa. cit.*, p. 95.
[62] Maria Helena Diniz. *Dicionário jurídico, cit.*, p. 54 e João Baptista Villela. *Estado laico, Estado amoral? Premissas de um Debate*. Revista Del Rey Jurídica. Ano 7. n. 15. 2º semestre de 2005, p. 9.

respeito à liberdade, à igualdade, à justiça, à solidariedade e à dignidade da pessoa humana. Tais valores são transformados em princípios constitucionais que sinalizam os caminhos que devem ser percorridos para a constante construção e aprimoramento do Estado Democrático de Direito brasileiro. Ademais, cabe acrescentar que o atual Plano Nacional de Educação apresenta entre suas diretrizes a formação para o trabalho e para a cidadania, com ênfase nos valores morais e éticos em que se fundamenta a sociedade, assim como a promoção dos princípios do respeito aos direitos humanos.

A laicidade do Estado brasileiro importa na não confessionalidade do ensino público. Por isso, é vedada toda e qualquer orientação religiosa do ensino público, assim como sua imposição como disciplina obrigatória. No entanto, não ofende a laicidade do Estado brasileiro a previsão do artigo 210, §1º, da Constituição, ao preceituar que "o ensino religioso, de matrícula facultativa, constituirá disciplina dos horários normais das escolas públicas de ensino fundamental". As escolas públicas devem propiciar, com base nesse dispositivo, a igualdade plural de oportunidades na exposição das ideias no campo da religião.

Segundo J.J.Gomes Canotilho e Vital Moreira:

> A não confessionalidade do ensino público não implica obviamente nenhum compromisso de laicidade dos professores ou qualquer limitação do direito de ensino nas escolas públicas a professores com convicções religiosas. Mas os professores não podem invocar objecção de consciência para se recusarem numa escola pública a ensinar determinadas teorias científicas intersubjectivamente aceites e comprovadas na comunidade científica (por ex., recusa de ensinar a teoria da evolução por um professor religiosamente adepto do 'criacionismo'). Em contrapartida, e ressalvada a liberdade de ensino, o ensino não pode identificar-se, nem pautar-se pelo proselitismo religioso ou antirreligioso (...)[63].

Se o ensino público deve pautar-se pelo princípio da neutralidade, o ensino privado pode pautar-se tanto pela neutralidade quanto pela opção ideológica. Se há a liberdade de o aluno não ser doutrinado

---

[63] J.J. Gomes Canotilho e Vital Moreira. *Constituição da República Portuguesa Anotada, cit.,* p. 627.

contra sua vontade, há a possibilidade de escolher determinada convicção, seja ela filosófica, ideológica ou religiosa. Há a possibilidade de os pais escolherem entre a neutralidade da escola pública ou a escola privada com ou sem determinada opção, seja ela filosófica, ideológica ou religiosa, o que representa o respeito ao pluralismo de ideias e convicções[64]. No entanto, no nosso entender, sempre deve ser desenvolvida no aluno a capacidade de crítica e reflexão, uma vez que a essência do processo educacional é possibilitar a ele autonomia intelectual, psíquica e moral.

O direito de aprender e de ensinar está diretamente relacionado ao direito de criar instituições privadas de ensino. O direito de criar escolas privadas é um dos elementos da liberdade de ensino, que se manifesta por meio da liberdade de nelas ensinar e de frequentá-las. Isso significa que o direito de aprender e de ensinar pode ser exercido tanto na escola pública quanto privada. Há a liberdade de escolha quanto à educação que se quer receber, por parte dos pais e dos filhos, e há a liberdade de ministrar o ensino com ou sem sujeição a determinada orientação filosófica, ideológica ou religiosa, por parte das instituições privadas de ensino[65].

De acordo com o artigo 13 do Pacto Internacional sobre Direitos Econômicos, Sociais e Culturais, tratado do qual o Brasil faz parte, os Estados-partes: "comprometem-se a respeitar a liberdade dos pais – e, quando for o caso, dos tutores legais – de escolher para seus filhos escolas distintas daquelas criadas pelas autoridades públicas, sempre que atendam aos padrões mínimos de ensino prescritos ou aprovados pelo Estado, e de fazer com que seus filhos venham a receber educação religiosa ou moral que esteja de acordo com suas próprias convicções".

No âmbito da liberdade de ensino das escolas particulares também se insere a liberdade de direção dos seus estabelecimentos de ensino, o que representa a abertura para ideários educativos próprios, como, por exemplo, as escolas confessionais ou de tendência, assim como as universidades confessionais. Há, outrossim, a liberdade acadêmica, referente ao conjunto de direitos dos docentes, no plano interno do

---

[64] Jean Rivera e Hugues Moutouh. *Liberdades Públicas, cit.,* p. 614.
[65] J.J. Gomes Canotilho e Vital Moreira. *Constituição da República Portuguesa Anotada, cit.,* p. 625-626.

CIDADANIA, DIREITOS HUMANOS E EDUCAÇÃO

estabelecimento de ensino, e a liberdade de cátedra que consiste na liberdade de expor ideias no âmbito das matérias incluídas no plano curricular dos estabelecimentos de ensino superior. Essas duas últimas liberdades, é claro, também estão presentes no ensino público. A liberdade de ensinar, tanto nos estabelecimentos privados quanto nos públicos, está vinculada ao respeito aos princípios da igualdade e consequentemente da não discriminação[66].

A título de ilustração, a Constituição portuguesa, em seu artigo 43, foi muito clara ao cuidar da liberdade de aprender e de ensinar. Além de garanti-las expressamente no inciso 1, o inciso 2 estabelece não poder o Estado programar a educação e a cultura segundo quaisquer diretrizes filosóficas, estéticas, políticas, ideológicas ou religiosas. A Constituição brasileira também se pauta pela mesma orientação quando interpretada teleológica e sistematicamente; no entanto, não há previsão expressa no texto constitucional de 1988, como ocorre com a Constituição portuguesa. J.J. Gomes Canotilho e Vital Moreira, ao comentarem referido artigo, expõem que: "o princípio proíbe designadamente a doutrinação oficial (*endocritination*) mediante a programação ideológica dos planos e programas escolares, bem como a discriminação entre escolas particulares e cooperativas de acordo com a sua orientação"[67].

O quinto princípio constitucional que rege o direito à educação escolar é o da gratuidade do ensino público em estabelecimentos oficiais. A gratuidade do ensino público em estabelecimentos oficiais é um direito fundamental. Isso significa que todo o ensino público deve ser gratuito, por força do artigo 206, inciso IV. Referido dispositivo não faz nenhuma ressalva quanto a educação infantil, ensino fundamental, médio e superior.

Para reforçar esse dispositivo, há a nova redação do artigo 208, inciso I, da Constituição, introduzida pela Emenda Constitucional n. 59/2009, e que estabelece educação básica obrigatória e gratuita dos quatro aos dezessete anos de idade e oferta gratuita a todos aqueles que não tiveram acesso na idade própria. O parágrafo 2° do referido artigo 208 preceitua que o não oferecimento do ensino obrigatório pelo Poder Público, ou sua oferta irregular, importa responsabilidade da autoridade

---

[66] *Idem, Ibidem.* p. 628.
[67] *Idem, Ibidem,* p. 626.

competente. Isso significa que o Poder Público deve ter infraestrutura mediante políticas públicas adequadas e competentes para atender à demanda de todo o país. A Constituição portuguesa, por exemplo, foi enfática ao estabelecer no seu artigo 75 n. 1 que "O Estado criará uma rede de estabelecimentos públicos de ensino que cubra as necessidades de toda a população", ou seja, que garanta efetivamente acesso de todos à educação escolar.

O direito à educação escolar é um direito fundamental por excelência e pode ser pleiteado em todas as situações em que o Poder Público for omisso ou apresentar serviço precário ou irregular. Isso porque a educação básica, que compreende a educação infantil, o ensino fundamental e o ensino médio, configura direito fundamental, e o Estado tem o dever de oferecer a educação para todos que a pleitearem.

Segundo as palavras de Paulo Afonso Garrido de Paula:

> Garantidas a vida e a saúde de uma pessoa, a educação representa o bem mais valioso da existência humana, porquanto confere a possibilidade de influir para que os demais direitos se materializem e prevaleçam. Somente reivindica aquele que conhece, que tem informação, saber, instrução, e, portanto, cria e domina meios capazes de levar transformação à sua própria vida e história. Se a ignorância é a principal arma dos exploradores, a educação é o instrumento para a transposição da marginalidade para a cidadania, única medida do desenvolvimento de um povo[68].

O princípio constitucional da garantia de padrão de qualidade está previsto no inciso VII do artigo 206 da Constituição e abrange os princípios dispostos nos incisos V, VI e VIII, do mesmo artigo, ou seja, o da valorização dos profissionais da educação, o da gestão democrática do ensino público e o do estabelecimento de piso salarial profissional nacional para os profissionais da educação escolar pública.

A Constituição garante não só o direito de acesso e de permanência na escola como também o direito ao ensino de qualidade. A Lei de Diretrizes e Bases, ao cuidar dos princípios e fins da educação nacional, preceitua no seu artigo 3º, incisos VII e IX, que o ensino será ministrado com base nos

---

[68] Paulo Afonso Garrido de Paulo. *Educação, Direito e Cidadania*. In: *Cadernos de Direito da Criança e do Adolescente*. nº. 1. São Paulo: Malheiros, 1995, p. 103.

CIDADANIA, DIREITOS HUMANOS E EDUCAÇÃO

princípios da valorização do profissional da educação escolar e da garantia de padrão de qualidade. O seu artigo 4º, inciso IX, reza, por sua vez, que: "o dever do Estado com educação escolar pública será efetivado mediante a garantia de padrões mínimos de qualidade de ensino, definidos como a variedade e quantidade mínimas, por aluno, de insumos indispensáveis ao desenvolvimento do processo de ensino-aprendizagem".

A garantia de padrão de qualidade está diretamente ligada à valorização dos profissionais da educação. E a valorização desses profissionais foi uma das metas do primeiro Plano Nacional de Educação, aprovado pela Lei n. 10.172/2001. Esse plano, que previa 294 metas a serem atingidas entre 2001 e 2010, alcançou apenas um terço delas. O segundo Plano Nacional de Educação, aprovado pela Lei n. 13.005, de 25 de junho de 2014, também apresenta como uma das diretrizes fundamentais para o período de 2014 a 2024 a valorização dos profissionais de educação.

Segundo Wilson Donizeti Liberati, a garantia de padrões mínimos de qualidade do ensino compreende: a gestão da escola, a utilização do tempo, a organização do espaço, a valorização dos profissionais da educação, a composição e a dinâmica do currículo escolar, a orientação didático-pedagógica, as formas de avaliação, a participação dos pais na escola, o reconhecimento da comunidade e o apoio das autoridades[69].

7.4 Atendimento Educacional Especializada para os Alunos com Necessidades Especiais na Rede Regular de Ensino

Dispõe o artigo 208, inciso III, da Constituição, que o dever do Estado com a educação será efetivado mediante o atendimento educacional especializado aos alunos com deficiência, preferencialmente na rede regular de ensino. A Lei de Diretrizes e Bases da Educação Nacional apresenta redação mais abrangente, ao preceituar no seu artigo 4º, inciso III, alterado pela Lei n. 12. 796/2003, que: "o dever do Estado com educação escolar pública será efetivado mediante a garantia de atendimento educacional especializado gratuito aos educandos com deficiência, transtornos globais do desenvolvimento e altas habilidades ou superdotação, transversal a todos os níveis, etapas e modalidades, preferencialmente na rede regular de ensino".

---

[69] *Conteúdo Material do Direito à Educação Escolar. In: Direito à Educação: Uma Questão de Justiça, cit.,* p. 257.

Trata-se de garantir a universalização do ensino aos educandos com necessidades especiais. A inclusão desses alunos no sistema regular de ensino representa o respeito ao direito à educação escolar, pautado na garantia da igualdade por meio do ensino inclusivo. Trata-se, por um lado, de proporcionar às pessoas com necessidades especiais a possibilidade de integração à escola e ao convívio social. Por outro, de proporcionar aos alunos como um todo o convívio com a diversidade e o exercício da solidariedade. Essa dialética propicia a construção de uma sociedade mais plural, democrática e inclusiva, com vistas à consolidação da cidadania[70]. Cabe observar que a não oferta ou a oferta irregular desse serviço pelo Poder Público implica sua responsabilidade jurídica.

A meta 4 do atual Plano Nacional de Educação, por seu turno, objetiva: universalizar, para a população de 4 a 17 anos com deficiência, transtornos globais do desenvolvimento e altas habilidades ou superdotação, o acesso à educação básica e ao atendimento educacional especializado, preferencialmente na rede regular de ensino, com a garantia de sistema educacional inclusivo, de salas de recursos multifuncionais, classes, escolas ou serviços especializados, públicos ou conveniados. Há várias estratégias elencadas no plano para que a meta seja efetivamente materializada. No entanto, os dados oficiais revelam atraso na referida meta.

Importante destacar que o Brasil é signatário da Convenção da ONU sobre Direitos das Pessoas com Deficiência[71]. Seu artigo 24 é dedicado exclusivamente a garantir o direito à educação. Nesse sentido, os Estados partes reconhecem o direito das pessoas com deficiência à educação inclusiva e em todos os níveis, assim como o aprendizado ao longo da vida. Devem efetivar referido direito sem que haja discriminação, com respeito à igualdade de oportunidades e com os seguintes objetivos:

a) O pleno desenvolvimento do potencial humano e do senso de dignidade e auto-estima, além do fortalecimento do respeito pelos direitos humanos, pelas liberdades fundamentais e pela diversidade humana;

---

[70] Luiz Alberto David Araujo. *A Proteção Constitucional das Pessoas Portadoras de Deficiência*. 3. ed. Brasília: CORDE, 2003, p. 52 e 91 e Luiz Alberto David Araújo. *A Proteção Constitucional das Pessoas com Deficiência e o Cumprimento do Princípio da Dignidade Humana. In: Tratado Luso-Brasileiro da Dignidade Humana*. 2. ed. Coordenação de Jorge Miranda e Marco Antonio Marques da Silva. São Paulo: Quartier Latin, 2009, p. 207 e 208.

[71] Decreto Legislativo n. 186-2008 e Decreto Presidencial n. 6949-2009.

CIDADANIA, DIREITOS HUMANOS E EDUCAÇÃO

b) O máximo desenvolvimento possível da personalidade e dos talentos e da criatividade das pessoas com deficiência, assim como de suas habilidades físicas e intelectuais; c) A participação efetiva das pessoas com deficiência em uma sociedade livre.

Referido artigo também estabelece obrigações dos Estados partes, especialmente no campo das políticas públicas, para que o direito à educação das pessoas com deficiência seja efetivado. Uma dessas obrigações é a de garantir, de forma digna e com vistas à inclusão plena, o acesso ao ensino primário inclusivo, de qualidade e gratuito, e ao ensino secundário, em igualdade de condições com as demais pessoas na comunidade em que vivem. O acesso ao ensino superior e a educação continuada também são direitos das pessoas com deficiência e expressamente consagrados no referido tratado[72].

Em 2015 foi promulgada a Lei n. 13.146, que estabelece o Estatuto da Pessoa com Deficiência. De acordo com seu artigo 27, a educação é direito da pessoa com deficiência e deve ser-lhe assegurado o sistema educacional inclusivo em todos os níveis, assim como o aprendizado ao longo de toda a vida, de forma a alcançar o máximo desenvolvimento possível de seus talentos e habilidades, de acordo com suas características, interesses e necessidades de aprendizagem. Segundo o parágrafo único, trata-se de "dever do Estado, da família, da comunidade escolar e da sociedade assegurar educação de qualidade à pessoa com deficiência, colocando-a a salvo de toda forma de violência, negligência e discriminação"[73].

Questão interessante e importante foi o julgamento em 2016 da Ação Direta de Inconstitucionalidade n. 5.357 pelo Supremo Tribunal Federal. A ação foi ajuizada pela Confederação Nacional dos Estabelecimentos de Ensino (Confenen), para questionar a constitucionalidade do parágrafo primeiro do artigo 28 e *caput* do artigo 30 da Lei n. 13.146/2015. O Plenário do Tribunal julgou constitucionais as referidas normas do Estatuto da Pessoa com Deficiência que estabelecem

---

[72] Disponível em: http://www.planalto.gov.br/ccivil_03/_ato2007-2010/2009/decreto/d69 49 .htm. Acesso em 14 de jan. 2019.

[73] Disponível em: https://www2.camara.leg.br/legin/fed/lei/2015/lei-13146-6-julho-2015- -781174-publicacaooriginal-147468-pl.html. Acesso em 14 de jan. 2019.

a obrigatoriedade de as escolas privadas promoverem a inserção de pessoas com deficiência no ensino regular, assim como prover as medidas de adaptação necessárias sem que o ônus financeiro seja repassado às mensalidades, anuidades e matrículas[74]. Segundo o relator, ministro Edson Fachin: "O ensino privado não deve privar os estudantes – com e sem deficiência – da construção diária de uma sociedade inclusiva e acolhedora, transmudando-se em verdadeiro local de exclusão, ao arrepio da ordem constitucional vigente"[75].

7.5 Educação Infantil como Direito Fundamental

Segundo o artigo 208, inciso IV, da Constituição, o dever do Estado com o direito à educação infantil materializa-se por meio do oferecimento do serviço público de creches e de pré-escolas de qualidade às crianças de até 5 anos de idade. Tal dispositivo ampliou o direito à educação escolar a essa faixa etária. O inciso II do artigo 4º da Lei de Diretrizes e Bases da Educação, alterado pela Lei n. 12.796/2013, estabeleceu a gratuidade da educação infantil às crianças de até 5 anos de idade. Segundo Marcos Cezar de Freitas e Maurilene de Souza Biccas: "Essa extensão de direito significa uma mudança definitiva na forma de conceber as creches e as pré-escolas, instituições até então consideradas não educativas, mas apenas de assistência social"[76]. Tanto o Estatuto da Criança e do Adolescente quanto a Lei de Diretrizes e Bases da Educação Nacional reafirmam esse mandamento constitucional. Trata-se também da materialização da universalização do direito ao ensino, consagrado no artigo 206, inciso I, da Lei Maior.

Segundo o artigo 29, da Lei de Diretrizes e Bases da Educação, alterado pela Lei n. 12.796/2013: "A educação infantil, primeira etapa da educação básica, tem como finalidade o desenvolvimento integral da criança de até 5 (cinco) anos, em seus aspectos físico, psicológico, intelectual e social, complementando a ação da família e da comunidade".

---

[74] Disponível em: http://www.stf.jus.br/portal/cms/verNoticiaDetalhe.asp?idConteudo=318570. Acesso em 14 de jan. 2019.

[75] Disponível em: http://www.stf.jus.br/portal/cms/verNoticiaDetalhe.asp?idConteudo=318570. Acesso em 14 de jan. 2019. Para maior aprofundamento do tema, vide: Luiz Alberto David Araujo. *Pessoas com Deficiência e o Dever Constitucional de Incluir: A Ação Direta de Inconstitucionalidade n. 5357: Uma Decisão Vinculante e Muitos Sinais Inequívocos*. São Paulo: Verbatim, 2018.

[76] *História Social da Educação no Brasil (1926-1996), cit.*, p. 323.

CIDADANIA, DIREITOS HUMANOS E EDUCAÇÃO

O artigo 30, por seu turno, preceitua que ela será oferecida em creches, ou entidades equivalentes, para crianças de até 3 anos de idade e em pré-escolas, para as crianças de 4 a 5 anos de idade. Referido artigo estabelece o caráter educativo da educação infantil fornecido nas creches e pré-escolas.

A educação infantil a partir da pré-escola, ou seja, a que atende a crianças de quatro a cinco anos de idade, passou a ser obrigatória por força da nova redação do artigo 208, inciso I, da Lei Maior, introduzida pela Emenda Constitucional n. 59/2009. A educação infantil já era gratuita nos estabelecimentos oficiais, segundo o preceituado no artigo 206, inciso IV, da Constituição, que garante a gratuidade de todos os níveis de ensino público.

A nova redação do artigo 208, inciso I, ao estabelecer a obrigatoriedade e a gratuidade do ensino básico a partir dos quatro anos, determina que o Estado forneça esse serviço a todas as crianças a partir de quatro anos. Caso o Estado ainda não tenha infraestrutura para oferecer educação na pré-escola para todas as crianças que solicitarem, ele é obrigado a financiar referida educação na rede privada de ensino, uma vez que se trata de ensino obrigatório. O Estado tem o dever de oferecer o serviço, sob pena de ser responsabilizado, e os pais também têm o dever de matricular e manter os filhos na pré-escola. Observa-se que a Emenda Constitucional n. 59/2009 estabeleceu até 2016 o prazo para o Estado brasileiro implementar os novos dispositivos constitucionais, o que não se verificou.

É importante destacar que a Constituição adotou, em relação à criança, ao adolescente e ao jovem, a doutrina da proteção integral, preconizada no seu artigo 227, segunda a qual cabe tanto à família quanto à sociedade e ao Estado assegurar à criança, ao adolescente e ao jovem, com absoluta prioridade, os seus direitos fundamentais, entre eles o direito à educação. Não há dúvida que com a Constituição de 1988 crianças e adolescentes tornaram-se sujeitos de direitos e, portanto, cidadãos. O artigo 229, por seu turno, prescreve que os pais têm o dever de assistir, criar e educar os filhos menores.

Quanto ao atual Plano Nacional de Educação, a sua primeira meta objetivava universalizar, até 2016, a educação infantil na pré-escola para as crianças de 4 a 5 anos de idade e ampliar a oferta de educação infantil em creches, de forma a atender, no mínimo, 50% das crianças de até

3 anos até o final da vigência do plano. Referida meta ainda não foi atingida, não obstante o prazo colocado ter sido até 2016.

7.6 Acesso aos Níveis mais Elevados do Ensino, da Pesquisa e da Criação Artística

Segundo o artigo 208, inciso V, da Constituição, o dever do Estado com a educação será efetivado com a garantia do acesso aos níveis mais elevados do ensino, da pesquisa e da criação artística, segundo a capacidade de cada um. A garantia desse direito representa a possibilidade de concretização do pleno desenvolvimento, no campo da educação escolar, de crianças e de adolescentes, assim como de todos os indivíduos que se utilizam do sistema de ensino brasileiro[77]. Visa a proporcionar o pleno desenvolvimento do ser humano, que se inicia, no âmbito escolar, por meio do acesso inicial à educação infantil, passando pelo ensino fundamental, depois pelo médio, até o ensino superior. O acesso a todos esses níveis de educação tem proteção constitucional e cada um deles realiza sua contribuição ao fornecer educação de qualidade.

Com vistas ao oferecimento dos níveis mais elevados do ensino, da pesquisa e da criação artística, a Constituição estabeleceu no ensino superior o princípio da indissociabilidade entre ensino, pesquisa e extensão, de acordo com seu artigo 207. Expõem J.J.Gomes Canotilho e Vital Moreira que: "O direito de aceso aos graus mais elevados do ensino, da investigação científica e da criação artística – e, consequentemente, o direito de acesso à Universidade – está intimamente conexionado com a liberdade de escolha de profissão, pois a qualificação acadêmica universitária é hoje condição (prática e jurídica) de acesso a muitas profissões"[78].

Com o fim de possibilitar o maior acesso à cultura, o artigo 210, da Constituição de 1988, preceitua que além de fixar conteúdos mínimos para o ensino fundamental, de maneira a assegurar a formação básica comum, deverão ser respeitados os valores culturais e artísticos, nacionais e regionais. No mesmo sentido encontra-se o artigo 58 do Estatuto da Criança e do Adolescente, segundo o qual devem ser respeitados, no

---

[77] Wilson Donizeti Liberati. *Conteúdo Material do Direito à Educação Escolar. In: Direito à Educação: Uma Questão de Justiça, cit.*, p. 238.
[78] *Constituição da República Portuguesa Anotada, cit.*, p. 913.

CIDADANIA, DIREITOS HUMANOS E EDUCAÇÃO

processo educacional, os valores culturais, artísticos e históricos próprios do contexto social da criança e do adolescente, sendo garantido a estes a liberdade de criação e o acesso às fontes de cultura.

Corroborando com esse mandamento constitucional, o artigo 15, do Pacto Internacional de Direitos Econômicos, Sociais e Culturais, preceitua que os Estados membros comprometem-se a respeitar a liberdade necessária à pesquisa científica e à atividade criadora. Reconhecem a cada indivíduo o direito de participar da vida cultural; desfrutar o progresso científico e suas aplicações; beneficiar-se da proteção dos interesses morais e materiais decorrentes de toda a produção científica, literária ou artística de que seja autor. O Pacto preceitua que os Estados devem adotar medidas com a finalidade de assegurar o pleno exercício desse direito, as quais devem incluir medidas necessárias à conservação, ao desenvolvimento e à difusão da ciência e da cultura. Os Estados reconhecem os benefícios oriundos do fomento e do desenvolvimento da cooperação e das relações internacionais no domínio da ciência e da cultura.

7.7 Instituições Privadas de Ensino

Preceitua o artigo 209 da Constituição que o ensino é livre à iniciativa privada, desde que atendidas as condições de cumprimento das normas gerais da educação nacional e a autorização e a avaliação de qualidade do ensino pelo Poder Público. A possibilidade de coexistência do ensino público juntamente com o privado garante a liberdade de ensino, essencial nos regimes democráticos. A história da educação brasileira, todavia, demonstra que o Estado brasileiro abdicou de uma atuação mais intensa no campo educacional e com viés social, em prol de outros interesses, especialmente na área econômico-empresarial, fazendo da educação muitas vezes bem de consumo e não um direito fundamental. Com tal postura, possibilitou o crescimento do ensino privado, por meio do amplo incentivo. Já o ensino público não recebeu o mesmo incentivo e teve seu desenvolvimento prejudicado[79].

---

[79] Maria Francisca Pinheiro. *O Público e o Privado na Educação: Um conflito fora de Moda?* Osmar Fávero (org.). *A Educação nas Constituintes Brasileiras (1823-1988).* 3 ed. Campinas: Autores Associados, 2005. p. 287-288. A autora apresenta a discussão ocorrida na Assembleia Nacional Constituinte sobre o conceito de público e privado na educação brasileira.

O Estado brasileiro vinha, ao longo do século 20, atuando na área educacional por meio da transferência de recursos públicos para o setor privado, o que fazia com que se acirrasse o conflito público-privado na educação escolar. A título de exemplo, a Constituição de 1934 abriu caminho para o fortalecimento do ensino privado em detrimento do ensino público, por força dos seus artigos 150, alínea "e", e 154[80]. A Constituição de 1967, por seu turno, estabelecia no §2º do seu artigo 168 que o ensino era livre à iniciativa particular, a qual merecia o amparo técnico e financeiro dos Poderes Públicos, inclusive mediante bolsas de estudo[81]. Referidos artigos possibilitaram o fortalecimento do ensino privado com pleno apoio do Poder Público. Todavia, com tal postura, os investimentos no ensino público foram reduzidos e considerados de menor relevância. A política governamental, especialmente a partir da década de 1970, continuou com a mesma postura das décadas anteriores, ou seja, permitiu que o ensino privado se desenvolvesse muito, em detrimento, no entanto, do ensino público, uma vez que este passava a receber menos investimentos.

Na atualidade, a educação primária e secundária de qualidade está concentrada na educação privada, e apenas parte da classe média e a classe alta têm acesso a ela, em razão dos altos custos. Já as classes menos abastadas não têm possibilidade de escolha. Têm acesso apenas ao sistema público de ensino, em sua grande maioria de baixa qualidade educacional, salvo raras exceções. Dos 48,8 milhões de alunos na educação básica, 39,8 milhões estão matriculados na rede pública de ensino, o que representa que a grande maioria dos alunos usufrui do sistema público de educação[82].

Tal realidade demonstra total inversão de valores na política pública educacional brasileira. Enquanto a escola pública deveria ser a opção

---

[80] Segundo o artigo 150, alínea "e" da Constituição de 1934: "compete à União exercer ação supletiva, onde se faça necessária por deficiência de iniciativa ou de recursos e estimular a obra educativa em todo o país, por meio de estudos, inquéritos, demonstrações e subvenções". O artigo 154 da referida Constituição prescrevia, por seu turno, o seguinte: "Os estabelecimentos particulares de educação gratuita primária ou profissional, oficialmente considerados idôneos, serão isentos de qualquer tributo".

[81] Paulo Ghiraldelli Jr. *História da Educação Brasileira, cit.*, p. 76 e Maria Francisca Pinheiro. *O Público e o Privado na Educação: Um Conflito fora de Moda? cit.*, p. 286-287.

[82] Disponível em: https://fundacaolemann.org.br/noticias/como-esta-nossa-educacao--basica?gclid=EAIaIQobChMIpM2Wh_Dl3gIVkQqRCh14lA-PEAAYASAAEgI8pvD_BwE Acesso em 21 de nov. 2018.

mais almejada por todos, o que ocorre é exatamente o contrário. A escola pública, uma vez que possui baixa qualidade de ensino, tornou--se instituição sem prestígio na concepção da grande maioria da sociedade brasileira. O descaso com a escola pública representa enorme atraso na construção de uma sociedade pautada no respeito à cidadania e aos valores democráticos.

A construção de uma sociedade democrática e cidadã, orientada pelo sistema educacional público democrático, requer que tanto Estado quanto sociedade atribuam à escola pública o seu lugar e a sua importância, já garantido constitucionalmente. O mandamento constitucional a ser seguido é o do ensino público de qualidade como direito de todos e do ensino privado como liberdade de escolha[83].

7.8 Educação Indígena

A educação indígena também foi uma das preocupações do constituinte de 1988. Segundo o artigo 210, §2º, da Lei Maior: "O ensino fundamental regular será ministrado em língua portuguesa, assegurada às comunidades indígenas também a utilização de suas línguas maternas e processos próprios de aprendizagem". Trata-se de importante avanço quanto à proteção dos direitos fundamentais dos povos indígenas, uma vez que o desrespeito a sua cultura sempre esteve presente na História do Brasil. Referido artigo é complementado pelo artigo 231, *caput*, da Constituição, que estabelece aos índios o reconhecimento da sua organização social, costumes, línguas, crenças e tradições.

Expõe Aracy Lopes da Silva ao tratar da educação indígena que:

> A questão de fundo é, sem dúvida, a questão dos povos indígenas: seu direito à condução de seu próprio destino; ao acesso às informações cruciais à sua sobrevivência; à decisão sobre medidas que os afetam diretamente; à obtenção, garantia e respeito a um território adequado a suas necessidades. Trata-se, de fato, de sua liberdade: algo a ser vivido no equilíbrio justo entre a assistência – tantas vezes e em tantos aspectos ainda essencial à defesa e preservação dos povos indígenas (especialmente a assistência médica, jurídica e educacional), e formas de

---

[83] J.J. Gomes Canotilho e Vital Moreira. *Constituição da República Portuguesa Anotada, cit.*, p. 905.

organização voltadas para o confronto com a sociedade nacional, e para a garantia de seus direitos como povos. Uma liberdade a ser conquistada e que significa a busca de modos mais simétricos de relacionamento entre os povos indígenas e a sociedade brasileira como um todo. Uma situação, enfim, que exige da sociedade civil a consciência do direito que têm as minorias étnicas de serem elas mesmas – direito de serem diferentes – e, nesta medida, escolherem, com conhecimento de causa, seu caminho. Dessa perspectiva fica clara não só a necessidade mas o direito que os povos indígenas têm a uma educação que considera a especificidade de sua posição e de seus interesses[84].

No que se refere ao Plano Nacional de Educação, há algumas estratégias direcionadas para a proteção da identidade cultural dos índios e também dos quilombolas. A primeira meta visa à universalização da educação infantil e estabelece como uma das estratégias: "fomentar o atendimento das populações do campo e das comunidades indígenas e quilombolas na educação infantil nas respectivas comunidades, por meio do redimensionamento da distribuição territorial da oferta, limitando a nucleação de escolas e o deslocamento de crianças, de forma a atender às especificidades dessas comunidades, garantindo consulta prévia e informada".

Quanto à segunda meta, voltada para a universalização da educação fundamental, uma das estratégias é: "desenvolver tecnologias pedagógicas que combinem, de maneira articulada, a organização do tempo e das atividades didáticas entre a escola e o ambiente comunitário, considerando as especificidades da educação especial, das escolas do campo e das comunidades indígenas e quilombolas", assim como: "estimular a oferta do ensino fundamental, em especial dos anos iniciais, para as populações do campo, indígenas e quilombolas, nas próprias comunidades"[85].

Já para a quinta meta, direcionada à alfabetização de todas as crianças, no máximo, até o final do terceiro ano do ensino fundamental, há a

---

[84] Aracy Lopes da Silva. *A Questão da Educação Indígena*. São Paulo: Brasiliense, Comissão Pró-Índio/SP, 1981, p. 14.

[85] Disponível em: http://www.planalto.gov.br/cciviL_03/_Ato2011-2014/2014/Lei/L13005.htm . Acesso em 21 de nov. 2018.

estratégia de: "apoiar a alfabetização de crianças do campo, indígenas, quilombolas e de populações itinerantes, com a produção de materiais didáticos específicos, e desenvolver instrumentos de acompanhamento que considerem o uso da língua materna pelas comunidades indígenas e a identidade cultural das comunidades quilombolas"[86].

7.9 A Constituição Federal de 1988: Organização e Financiamento do Sistema Educacional Público Brasileiro

A Constituição de 1988 estabelece expressamente nos seus artigos 211 a 213 as principais regras sobre as obrigações de cada ente da Federação em relação ao financiamento da educação[87]. Prescreve claramente a divisão de competências na área da educação escolar, com o fim de coibir a omissão e possibilitar a exigibilidade dos deveres do Poder Público nessa área.

Segundo seu artigo 211, cada ente da Federação – União, Estados, Distrito Federal e Municípios – organizará, em regime de colaboração, seu sistema de ensino. Referida colaboração não significa subordinação, mas apenas e tão somente colaboração[88]. As formas de colaboração devem assegurar a universalização do ensino obrigatório, por força do §4º do referido artigo.

De acordo com as competências traçadas pela Constituição, cabe à União, segundo o §1º do artigo 211, da Constituição, organizar o sistema federal de ensino, financiar as instituições federais de ensino público e exercer, em matéria educacional, função redistributiva e supletiva, de forma a garantir equalização de oportunidades educacionais e padrão mínimo de qualidade do ensino, mediante assistência técnica e financeira aos Estados, ao Distrito Federal e aos Municípios.

Os Municípios, por força do §2º do artigo 211, da Constituição, atuarão prioritariamente no ensino fundamental e na educação infantil.

---

[86] *Idem, Ibidem.*

[87] Para uma compreensão mais detalhada sobre o assunto, vide: Marisa Timm Sari. *A Organização da Educação Nacional.* In: *Direito à Educação: Uma Questão de Justiça, cit.,* e Ricardo Chaves de Rezende Martins. *Financiamento da Educação Básica Pública no Brasil: Algumas Notas.* In: *Direito à Educação: Uma Questão de Justiça.* Organizador Wilson Donizeti Liberati. São Paulo: Malheiros, 2004, p. 169 a 205.

[88] Marisa Timm Sari. *A Organização da Educação Nacional.* In: *Direito à Educação: Uma Questão de Justiça, cit.,* p. 86 a 88.

Os Estados e o Distrito Federal, com base no §3º do referido artigo, atuarão prioritariamente no ensino fundamental e médio. O Distrito Federal tem as competências tanto dos Municípios quanto dos Estados--membros, segundo o artigo 10, parágrafo único, da Lei de Diretrizes e Bases da Educação.

O §5º do referido artigo 211, por sua vez, prescreve que: "A educação básica pública atenderá prioritariamente ao ensino regular". Tal dispositivo foi introduzido pela Emenda Constitucional n. 53/2006. Até então, a Constituição não utilizava a terminologia educação básica. A Lei de Diretrizes e Bases da Educação, por seu turno, já a utilizava. Segundo seu artigo 21, que cuida da composição dos níveis escolares, a educação escolar é constituída pela educação básica – que abrange a educação infantil, o ensino fundamental e o ensino médio – e pela educação superior. O artigo 22 da Lei de Diretrizes e Bases da Educação, por seu turno, prescreve que: "A educação básica tem por finalidades desenvolver o educando, assegurar-lhe a formação comum indispensável para o exercício da cidadania e fornecer-lhe meios para progredir no trabalho e em estudos posteriores".

A Constituição estabelece expressamente a base do financiamento da educação pública no seu artigo 212. O *caput* desse artigo preceitua os percentuais mínimos de aplicação da receita de impostos dos entes da Federação. À União cabe aplicar, anualmente, no mínimo dezoito por cento, e aos Estados, ao Distrito Federal e aos Municípios, também anualmente, no mínimo vinte e cinco por cento da receita resultante de impostos, compreendida a proveniente de transferências, na manutenção e desenvolvimento do ensino.

O §3º do artigo 212 da Constituição prescreve que: "A distribuição dos recursos públicos assegurará prioridade ao atendimento das necessidades do ensino obrigatório, no que se refere a universalização, garantia de padrão de qualidade e equidade, nos termos do plano nacional de educação". Isso significa que a prioridade de atendimento está na educação básica, por força do artigo 208, inciso I, da Constituição. De acordo com o §5º do referido artigo: "a educação básica pública terá como fonte adicional de financiamento a contribuição social do salário-educação, recolhido pelas empresas na forma de lei".

Também no sentido da ampliação do financiamento da educação pública está o §6º do artigo 212 da Constituição, que preceitua: "As cotas

CIDADANIA, DIREITOS HUMANOS E EDUCAÇÃO

estaduais e municipais da arrecadação da contribuição social do salário-
-educação serão distribuídas proporcionalmente ao número de alunos
matriculados na educação básica nas respectivas redes públicas de ensino".

Os recursos públicos arrecadados para a educação serão destinados, de
regra, às escolas públicas. Poderão, no entanto, ser destinados às escolas
comunitárias, confessionais ou filantrópicas, definidas em lei, desde que
comprovem a finalidade não lucrativa, apliquem seus excedentes financeiros em educação e também assegurem a destinação do seu patrimônio
para outra escola comunitária, filantrópica ou confessional, ou ao Poder
Público, no caso de encerramento de suas atividades. É o que determinam os incisos I e II do artigo 213 da Lei Maior. O parágrafo 2º do referido
artigo foi alterado pela Emenda Constitucional n. 85 de 2015. Sua redação
original estabelecia que "as atividades universitárias de pesquisa e extensão poderão receber apoio financeiro do Poder Público". A nova redação
ampliou a possibilidade de apoio financeiro do Poder Público também às
"atividades de estímulo e fomento à inovação realizadas por universidades
e/ou por instituições de educação profissional e tecnológica".

Os recursos de que trata esse artigo também poderão ser destinados
a bolsas de estudo para o ensino fundamental e para o ensino médio,
na forma da lei, e nos seguintes casos: para os que demonstrarem insuficiência de recursos, quando houver falta de vagas e cursos regulares da rede pública, na localidade da residência do educando. O Poder
Público fica obrigado a investir prioritariamente na expansão de sua
rede de ensino na localidade carente. É o que preceitua o §1º do referido artigo 213 da Constituição.

7.10 Judicialização da Educação Escolar

O direito à educação passou a gozar, na Constituição de 1988, de toda a
proteção jurídica atribuída aos direitos fundamentais. Diante dessa nova
perspectiva legal, a responsabilidade do Poder Público com a educação
escolar configura função primária e essencial. Cabe primeiramente ao
Poder Executivo, como órgão encarregado da administração pública,
tanto no âmbito municipal, estadual, distrital e federal, garantir o acesso
à educação pública de forma universal, gratuita e de qualidade, especialmente a crianças e adolescentes.

Em face do direito à educação escolar, garantido constitucionalmente, e partindo da premissa que as normas constitucionais que

tratam do direito à educação são normas de eficácia plena e aplicação imediata, quando o Poder Público, no caso o Poder Executivo, não cumpre com seu dever de garantir educação de qualidade a todos, ele poderá ser responsabilizado judicialmente[89]. Quando as instituições privadas de ensino ofendem o direito à educação escolar, também é possível postular judicialmente a garantia do direito à educação escolar. Segundo Luiz Antonio Miguel Ferreira: "pode-se afirmar que a judicialização da educação representa a busca de mais e melhores instrumentos de defesa de direitos juridicamente protegidos. Essa proteção judicial avança na consolidação desse direito da criança e do adolescente e significa a exigência da obrigatoriedade da transformação do legal no real"[90].

Na esfera do Poder Legislativo, observa-se que a legislação infraconstitucional veio trazer mecanismos jurídicos de consolidação do direito à educação escolar, garantido constitucionalmente. O Estatuto da Criança e do Adolescente estabelece mecanismos jurídicos de proteção do direito à educação de crianças e de adolescentes. O artigo 208 do Estatuto cuida da proteção judicial dos interesses individuais, difusos e coletivos da criança e do adolescente. Entre eles estão os relativos ao direito à educação escolar.

De acordo com referido artigo:

> Regem-se pelas disposições desta Lei as ações de responsabilidade por ofensa aos direitos assegurados à criança e ao adolescente, referentes ao não oferecimento ou oferta irregular: I - do ensino obrigatório; II - de atendimento educacional especializado aos portadores de deficiência; III – de atendimento em creche e pré-escola às crianças de zero a cinco anos de idade; (Redação dada pela Lei nº 13.306, de 2016) IV - de ensino noturno regular, adequado às condições do educando; V - de programas suplementares de oferta de material didático-escolar, transporte e assistência à saúde do educando do ensino fundamental; (...) VIII - de escolarização e profissionalização dos adolescentes privados de liberdade.

---

[89] Luiz Antonio Miguel Ferreira. *Temas de Direito à Educação*. São Paulo: Imprensa Oficial do Estado de São Paulo: Escola Superior do Ministério Público, 2010, p. 60 e Regina Maria Fonseca Muniz. O *Direito à Educação*. Rio de Janeiro: Renovar, 2002, p. 122.

[90] *Temas de Direito à Educação, cit.*, p. 92.

O artigo 208, do Estatuto da Criança e do Adolescente, deve ser compreendido em face da nova redação do artigo 208, da Constituição, alterado pela Emenda Constitucional n. 59/2009, e que ampliou o ensino obrigatório, mediante a garantia de educação básica obrigatória e gratuita a todas as crianças e adolescentes, dos quatro aos dezessete anos de idade. Referido dispositivo constitucional assegura, inclusive, a oferta gratuita de educação escolar para todos os que a ela não tiveram acesso na idade própria.

A Lei de Diretrizes e Bases da Educação Nacional, por seu turno, preceitua no seu artigo 5º, *caput*, que em virtude de a educação básica obrigatória ser direito público subjetivo, qualquer cidadão, grupo de cidadãos, associação comunitária, organização sindical, entidade de classe ou outra legalmente constituída e, ainda, o Ministério Público, têm legitimidade para acionar o Poder Público para exigi-lo. O §3º desse artigo, por seu turno, reza que: "Qualquer das partes mencionadas no caput deste artigo tem legitimidade para peticionar no Poder Judiciário, na hipótese do §2º do art. 208 da Constituição Federal, sendo gratuita e de rito sumário a ação judicial correspondente". O Estatuto da Criança e do Adolescente prescreve, outrossim, no seu artigo 54, §2º, que: "O não oferecimento do ensino obrigatório pelo poder público ou sua oferta irregular importa responsabilidade da autoridade competente".

Em relação aos pais, preceitua o artigo 22, do Estatuto da Criança e do Adolescente, que: "Aos pais incumbe o dever de sustento, guarda e educação dos filhos menores, cabendo-lhes ainda, no interesse destes, a obrigação de cumprir e fazer cumprir as determinações judiciais". Caso os pais ou responsáveis não cumpram com o dever de educação prescrito no Estatuto e na Constituição, poderão ser responsabilizados administrativa e judicialmente[91].

Na ausência do Poder Executivo, há a possibilidade de buscar a atuação do Ministério Público, uma vez que este, com a Constituição de 1988, passa a ter destaque na promoção e na proteção dos direitos fundamentais. A instituição é, de acordo com o artigo 127 da Lei Maior, "essencial à função jurisdicional do Estado, incumbindo-lhe a defesa da

---

[91] Luiz Antonio Miguel Ferreira. *Temas de Direito à Educação*. São Paulo: Imprensa Oficial do Estado de São Paulo: Escola Superior do Ministério Público, 2010, p. 44 e 45.

ordem jurídica, do regime democrático e dos interesses sociais e individuais indisponíveis". Já o artigo 129 estabelece, entre suas funções institucionais: "II - zelar pelo efetivo respeito dos Poderes Públicos e dos serviços de relevância pública aos direitos assegurados nesta Constituição, promovendo as medidas necessárias a sua garantia e III - promover o inquérito civil e a ação civil pública, para a proteção do patrimônio público e social, do meio ambiente e de outros interesses difusos e coletivos". Como fiscal da lei, tem o dever de fiscalizar a prestação dos serviços de educação, especialmente os direcionados a crianças e adolescentes. A ação civil pública tem sido importante garantia da proteção do direito à educação escolar no país.

Nas palavras de Motauri Ciocchetti de Souza, "a circunstância de uma criança não conseguir vaga na rede pública não significa dizer que apenas o seu direito individual está sendo lesado: em verdade, a universalização do acesso a ensino de qualidade é premissa da própria construção do Estado Democrático de Direito (...)"[92]. De acordo com o autor, a educação escolar é um direito fundamental e há mecanismos jurídicos que visam a garantir sua efetividade. Todo direito pressupõe uma garantia que é o meio assecuratório do respectivo direito. São as respectivas ações judiciais. A tutela jurisdicional da educação pode ser alcançada tanto por demandas individuais quanto coletivas.

Leciona o autor: "Daí a concreta possibilidade de uso, na tutela jurisdicional da educação, de demandas individuais, pautadas no Código de Processo Civil ou em leis extravagantes (como a do mandado de segurança – Lei Federal nº 12.016/09), assim como do sistema das ações coletivas, colacionadas no Código de Defesa do Consumidor, no Estatuto da Criança e do Adolescente e na Lei Federal nº 7347/85"[93]. Prossegue o autor afirmando que: "o sistema da ação civil pública é adequado para obter a efetividade de qualquer dos princípios que regem a educação, inclusive seus objetivos, traçados pelo art. 206 da Magna Carta"[94].

---

[92] *Direito Educacional.* São Paulo: Verbatim. 2010, p. 115.
[93] *Idem, Ibidem.* 117.
94 *Idem. Ibidem*, p. 134. Quanto à ação civil pública, consultar: Motauri Ciocchetti de Souza. *Ministério Público e o Princípio da Obrigatoriedade: Ação Civil Pública, Ação Penal Pública.* São Paulo: Método. 2007.

CIDADANIA, DIREITOS HUMANOS E EDUCAÇÃO

7.11 Plano Nacional de Educação – Lei n. 13.005/2014: Perspectivas para o Alcance da Cidadania

Antes de analisarmos o atual Plano Nacional de Educação, cabe lembrar que o primeiro Plano Nacional de Educação, regulamentado por lei, foi instituído pela Lei n. 10.172, de 9 de janeiro de 2001, e vigorou de 2001 a 2010. As maiores críticas feitas a esse plano estão relacionadas à relação entre as metas propostas e a ausência de recursos financeiros para sua concretização. Por isso, foi considerado muito mais uma "carta de intenções" do que verdadeiramente um projeto de Estado na seara da educação.

O atual Plano Nacional de Educação foi elaborado com outra perspectiva e, por determinação constitucional, os recursos públicos investidos em educação guardam proporção com o produto interno bruto do país. De acordo com a meta 20 do referido plano, o objetivo é ampliar o investimento público em educação pública de forma a atingir, no mínimo, o patamar de 7% do Produto Interno Bruto do país no 5º ano de vigência da lei e, no mínimo, o equivalente a 10% do PIB ao final do decênio[95].

A execução e o cumprimento do Plano Nacional de Educação são tarefa de altíssima complexidade. Na atualidade, o sistema educacional brasileiro é composto de 48,8 milhões de alunos na educação básica, sendo 39,8 milhões matriculados na rede pública de ensino, o que demonstra que a grande maioria dos alunos precisa do sistema público de educação. Ademais, se o sistema público fosse de excelência, como em muitos países desenvolvidos, a demanda seria ainda maior. Para atender os alunos, o Brasil tem 186 mil escolas e cerca de 2,2 milhões de docentes espalhados pelo país[96].

O artigo 214 da Constituição, alterado pela Emenda Constitucional n. 59/2009, estabelece a elaboração do Plano Nacional de Educação por lei, com duração de dez anos e com o objetivo de articular o Sistema Nacional de Educação em regime de colaboração, assim como de definir diretrizes, objetivos, metas e estratégias de implementação para assegurar a manutenção e o desenvolvimento do ensino em seus diversos

---

[95] Disponível em: http://www.planalto.gov.br/cciviL_03/_Ato2011-2014/2014/Lei/L13005. htm. Acesso em 21 de nov. 2018.

[96] Disponível em: https://fundacaolemann.org.br/noticias/como-esta-nossa-educacao--basica?gclid=EAIaIQobChMIpM2Wh_Dl3gIVkQqRCh14lA-PEAAYASAAEgI8pvD_BwE Acesso em 21 de nov. 2018.

níveis, etapas e modalidades, por meio de ações integradas dos poderes públicos das diferentes esferas da Federação. As ações devem conduzir à erradicação do analfabetismo; à universalização do atendimento escolar; à melhoria da qualidade do ensino; à formação para o trabalho; à promoção humanística, científica e tecnológica do país e ao estabelecimento de meta de aplicação de recursos públicos em educação como proporção do produto interno bruto.

Em 2014 foi promulgada a Lei n. 13.005, que regulamenta o atual Plano Nacional de Educação para o período de dez anos, iniciado em 2014 e com término previsto para 2024. O artigo 2º do plano apresenta dez diretrizes a serem alcançadas, quais sejam: erradicar o analfabetismo; universalizar o atendimento escolar; superar as desigualdades educacionais, com ênfase na promoção da cidadania, e erradicar todas as formas de discriminação; melhorar a qualidade da educação; formar para o trabalho e para a cidadania, com ênfase nos valores morais e éticos nos quais se fundamenta a sociedade; promover o princípio da gestão democrática da educação pública; promover de forma humanística, científica, cultural e tecnológica o país; estabelecer meta de aplicação de recursos públicos em educação como proporção do Produto Interno Bruto, para assegurar atendimento às necessidades de expansão, com padrão de qualidade e equidade; valorizar os profissionais da educação e promover os princípios do respeito aos direitos humanos, à diversidade e à sustentabilidade socioambiental[97].

Verifica-se que as diretrizes apresentadas no plano têm compromisso pontual com a promoção da cidadania e dos direitos humanos, por meio de várias vertentes, entre elas, a superação das desigualdades educacionais, a erradicação de todas as formas de discriminação, a formação para a cidadania, com ênfase nos valores morais e éticos nos quais se fundamenta a sociedade brasileira e na promoção dos princípios do respeito aos direitos humanos, à diversidade e à sustentabilidade socioambiental.

Para que o atual Plano Nacional de Educação seja efetivamente cumprido, o artigo 5º da lei estabelece que o monitoramento das metas será realizado de forma contínua por quatro instâncias: o Ministério da Educação; as Comissões de Educação da Câmara dos Deputados e Comissão

---

[97] Disponível em: http://www.planalto.gov.br/ccivil_03/_Ato2011-2014/2014/Lei/L13005. htm. Acesso em 16 de nov. 2018.

CIDADANIA, DIREITOS HUMANOS E EDUCAÇÃO

de Educação, Cultura e Esporte do Senado Federal; o Conselho Nacional de Educação e o Fórum Nacional de Educação. A esses cabe analisar e propor políticas públicas para assegurar a implementação das estratégias e o cumprimento das metas, assim como estabelecer como será a revisão do percentual de investimento público em educação no país[98].

Cabe observar que, de acordo com o artigo 212 da Constituição, a União aplicará, anualmente, nunca menos de 18%, e os Estados, o Distrito Federal e os Municípios 25%, no mínimo, da receita resultante de impostos, compreendida a proveniente de transferências, na manutenção e desenvolvimento do ensino. A distribuição dos recursos públicos assegurará prioridade no atendimento das necessidades do ensino obrigatório, que engloba a educação dos 4 aos 17 anos de idade e se refere a universalização, garantia de padrão de qualidade e equidade, nos termos do Plano Nacional de Educação. Observa-se que o atual plano tem um foco expressivo na universalização e na qualidade da educação, importantíssimos desafios do Brasil nessa seara[99].

A execução do Plano Nacional de Educação é de suma importância para que o Brasil avance na universalização do acesso à educação, assim como na excelência da qualidade da educação. O Brasil é um país de proporção continental, marcado por profundas desigualdades econômicas e sociais, o que potencializa a complexidade e as tensões relacionadas ao alcance da universalização da educação e da sua excelência em todo o país. Para tanto, é preciso consolidar um pacto federativo cooperativo em relação às demandas da educação nacional para se eliminarem ou reduzirem ao máximo as assimetrias educacionais ainda existentes, e para que todos os brasileiros e estrangeiros residentes no país tenham igual oportunidades de acesso à educação escolar, independentemente das desigualdades sociais, econômicas e regionais[100].

---

[98] Disponível em: http://www.observatoriodopne.org.br/uploads/reference/file/439/documento-referencia.pdf. Acesso em 16 de nov. 2018.

[99] Disponível em: http://www2.camara.leg.br/camaranoticias/radio/materias/RADIOAGENCIA/551942-REGULAMENTACAO-DO-SISTEMA-NACIONAL-DE-EDUCACAO-ESTA-PRONTA-PARA-ANALISE-DA-COMISSAO-DE-EDUCACAO.html. e disponível em: http://portal.mec.gov.br/component/tags/tag/36419-sistema-nacional-de-educacao. Acesso de ambos em 17 de nov. 2018.

[100] Disponível em: http://pne.mec.gov.br/images/pdf/sase_mec.pdf . Acesso em 17 de nov. 2018.

O artigo 23 da Constituição Federal também precisa ser regulamentado por lei para que se definam de forma mais específica as competências de cada ente da Federação quanto aos meios de acesso à cultura, à educação, à ciência, à tecnologia, à pesquisa e à inovação. Preceitua seu parágrafo único que: "Leis complementares fixarão normas para a cooperação entre a União e os Estados, o Distrito Federal e os Municípios, tendo em vista o equilíbrio do desenvolvimento e do bem-estar em âmbito nacional". O mandamento constitucional visa a respeitar o pacto federativo em regime de colaboração e por meio do Sistema Nacional de Educação. É preciso especificar de forma detalhada as competências de cada ente da Federação, com vistas à tutela do direito à educação de qualidade.

No âmbito do Sistema Nacional de Educação serão estabelecidas as ações coordenadas entre a União, os Estados e os Municípios, em regime de colaboração, com o fim de cumprir as metas e as estratégias da educação de excelência para todos. O objetivo é estabelecer à União a coordenação da política nacional de educação, com funções normativas, distributivas e supletivas em relação às demais instâncias educacionais no âmbito estadual, distrital e municipal. Dessa forma, todas as normas que tutelam o direito à educação devem ser analisadas, interpretadas e fundamentadas no Sistema Nacional de Educação, que tem como pilar a Constituição de 1988 e as legislações que dela decorrem, entre elas a do Plano Nacional de Educação e a Lei de Diretrizes e Bases da Educação. Objetiva-se criar uma identidade nacional no que se refere a promover e proteger o direito à educação escolar. Daí a importância da base nacional comum para os currículos da educação básica e superior, do financiamento adequado, de padrões mínimos de criação e de gestão das instituições educativas, da gestão democrática, da formação e da valorização dos profissionais da área da educação, com carreiras elaboradas com base em parâmetros nacionais, de processos de avaliação institucional e de aprendizagem, entre outros[101].

A definição das normas de cooperação e os padrões nacionais de qualidade e gestão contribuirão substancialmente para o avanço no acesso à educação escolar de qualidade. É fundamental definir de forma clara

---

[101] Disponível em: http://pne.mec.gov.br/images/pdf/sase_mec.pdf . Acesso em 17 de nov. 2018.

CIDADANIA, DIREITOS HUMANOS E EDUCAÇÃO

e precisa o papel de cada ente federativo, para que cada um assuma suas responsabilidades e corresponsabilidades na promoção e garantia do direito à educação escolar. Deve buscar-se a melhor e mais eficaz articulação legal, política e administrativa entre o nacional e o local, com respeito aos princípios do federalismo e com o objetivo maior de garantir a todos o acesso à educação de excelência, sempre com respeito às particularidades regionais e culturais de um país com dimensão continental[102].

Além das dez diretrizes, o Plano Nacional de Educação estabelece 20 metas e as respectivas estratégias para seu alcance ao longo dos dez anos de vigência do plano. As metas estabelecidas para o ano de 2016 não foram cumpridas. Entre elas, a primeira, a segunda, a terceira e a quarta metas estabelecem respectivamente a universalização da educação infantil, do ensino fundamental, do ensino médio e da educação dos alunos com deficiência, transtornos globais do desenvolvimento e altas habilidades ou superdotação até 2016, o que não aconteceu.

Quanto à universalização da educação infantil, de acordo com dados do site *De Olho nos Planos*: "O crescimento de 2012 a 2015 foi de apenas 5%. Em relação às crianças de 0 a 3, o desafio ainda é significativo, pois é preciso ampliar em 20% o atendimento em menos de 6 anos. Desse modo, se a evolução da taxa se mantiver em ritmo igual ao período analisado (2012 a 2015), possivelmente não conseguiremos cumprir a meta do PNE"[103].

No caso da universalização do atendimento escolar para população de 15 a 17 anos, verifica-se que os desafios são grandes. Também de acordo com o referido site:

> apenas 78,73 desses estudantes frequentavam instituições educacionais. O crescimento nos últimos anos foi bastante tímido. Ao analisar essa mesma taxa pelo recorte da renda, encontra-se que, entre os 20% com menores rendas, esse percentual é ainda mais baixo (76,26%), enquanto dentre os 20% com maior renda, o percentual sobe para 87,12%. Cabe destacar que percentual significativo desses estudantes, apesar de

[102] *Idem. Ibidem.*
[103] Disponível em: http://www.deolhonosplanos.org.br/pne-tem-so-um-dispositivo-cumprido/ Acesso em 19 de nov. 2018.

estarem na escola, não se encontram no Ensino Médio, pois a taxa de matrícula é de apenas 56,17%. A obrigatoriedade da escolarização para os jovens de 15 a 17 anos vem reforçar a necessidade de garantir escolas para todos. Porém, o debate precisa ser mais amplo do que a existência ou não das vagas, problematizando formas de tornar essa escola mais acessível, mais atrativa e menos excludente. Concomitante à isso, é preciso discutir as trajetórias escolares de insucesso que impedem que esses jovens cheguem à última etapa da educação básica, a fim de intervir sobre elas de modo mais efetivo[104].

Ademais, o analfabetismo continua sendo um gravíssimo problema da sociedade e do Estado brasileiro. Sua eliminação configura uma das diretrizes do Plano Nacional de Educação. Todavia, o país ainda apresenta 13 milhões de analfabetos e 28 milhões de analfabetos funcionais[105].

De acordo com balanço realizado pela Campanha Nacional pelo Direito à Educação, apenas 30% dos dispositivos do plano para os anos de 2015 a 2018 tiveram algum avanço, e apenas um foi cumprido integralmente, mas, ainda assim, com atraso. Em relação às outras metas do plano, constatou-se que a maioria está distante de ser alcançada até 2024[106]. Nesse sentido:

> O único dispositivo cumprido – e com atraso – foi o art. 5º, §2º, que prevê a publicação de estudos pelo INEP para aferir a evolução das metas, com informações organizadas por ente federado e consolidadas em âmbito nacional. Ainda assim, críticas foram traçadas ao documento, especialmente a de que o investimento em educação, explicitado na avaliação da Meta 20, apresenta os valores em relação ao PIB somente até 2014[107].

Observa-se que o Plano Nacional de Educação foi estruturado como uma agenda progressiva, e seus dispositivos foram organizados para

---

[104] *Idem, Ibidem.*

[105] *Idem. Ibidem.*

[106] No quarto ano de vigência, PNE tem apenas um dispositivo cumprido integralmente. Disponível em: http://www.deolhonosplanos.org.br/pne-tem-so-um-dispositivo-cumprido/ Acesso em 19 de nov. 2018.

[107] *Idem, Ibidem.*

serem cumpridos com tarefas distribuídas para cada um dos dez anos. Caso uma meta atrase, há prejuízo no cumprimento da agenda seguinte e assim por diante. O atraso já é um fato e os avanços ainda são tímidos.

7.12 Qualidade da Educação Escolar: Nosso Maior Desafio

A realidade da educação escolar no Brasil sempre foi muito precária, especialmente quando se analisa a educação pública, em razão de inúmeros motivos que vêm sendo discutidos neste trabalho, mas também, substancialmente, da pouquíssima valorização que essa temática tem no universo cultural e social brasileiro. A educação ainda é concebida como um privilégio de poucos que têm condições de arcar com os altos custos da escola privada. Não há dúvida que a escola privada desempenha papel fundamental na construção da educação escolar no Brasil e tem seu mérito. Todavia, a educação pública de qualidade, base de uma verdadeira democracia e elemento central na formação da cidadania, não vem cumprindo seu papel constitucional.

A baixa qualidade da educação escolar caminha ao lado de um país campeão em desigualdade social e econômica, não obstante ser uma das maiores economias do mundo. Segundo dados da organização Oxfam: "O Brasil tirou 28 milhões de pessoas da pobreza nos últimos 15 anos. Mas os super-ricos continuam sendo os mais beneficiados: entre 2001 e 2015, o grupo dos 10% mais ricos abocanhou 61% do crescimento econômico"[108]. Já segundo dados do Programa das Nações Unidas para o Desenvolvimento (Pnud), em 2017 o país se manteve, em um conjunto de 189 economias, na 79ª posição, logo atrás da Venezuela, no cálculo do índice de desenvolvimento humano, medida comparativa utilizada para classificar os países de acordo com seu grau de desenvolvimento humano e para avaliar dados como expectativa de vida, educação, saúde e renda[109].

No contexto brasileiro de baixa qualidade da educação pública e da falta de infraestrutura administrativa na gestão da escola, as Regiões Norte e Nordeste são as mais afetadas em virtude da maior concentração da pobreza. A evasão escolar afeta, principalmente, os alunos com

---

[108] Disponível em: https://www.oxfam.org.br/os-numeros-das-desigualdades-no-brasil. Acesso em 22 de jan. 2019.
[109] Disponível em: https://oglobo.globo.com/economia/idh-educacao-nao-avanca-brasil-fica-estagnado-no-ranking-de-bem-estar-da-onu-23067716. Acesso em 21 de jan. 2019.

menor poder aquisitivo. Nesse sentido, a quebra da equidade é mais acentuada nessas regiões. Segundo dados da Fundação Lemann:

> Quase 600 mil crianças de 4 anos estão fora da escola. Aos 5 ou 6 anos, o número é 300 mil. Mais de 99% da população de 6 a 13 anos estão na escola. Cerca de 1,7 milhão de jovens de 14 a 17 anos estão fora da escola. Segundo a Pesquisa Nacional Domiciliar realizada pelo IBGE em 2015, estudantes de baixa renda entram na escola mais tarde e saem mais cedo. A partir dos 15 anos, muitos deixam a escola para ir trabalhar (26% entre os jovens de 15 a 17 anos empregados não estão estudando). Nos últimos 12 anos a desigualdade de atendimento escolar caiu, porém a população negra e as comunidades de áreas rurais ainda estão mais distantes do ensino formal do que a população branca e urbana[110].

Mesmo diante desse quadro de precariedade da educação escolar no país, houve avanços nas últimas décadas. A realidade da educação escolar na década de 1990 revelava resultados precários tanto na educação básica quanto no ensino médio. No entanto, avançamos no acesso à educação escolar, passando de 90% da frequência na educação fundamental em 1991 para 97% em 1999. Quanto à qualidade, continuávamos com níveis medíocres.

Diante do quadro de mediocridade, foram criados alguns mecanismos visando ao desenvolvimento e ao aprimoramento do sistema nacional de avaliação da educação escolar. O Instituto Nacional de Estudos e Pesquisas Educacionais Anísio Teixeira, o Inep, autarquia federal vinculada ao Ministério da Educação, passou a realizar as avaliações do sistema educacional brasileiro. Em 1990 foi criado o Sistema Nacional de Avaliação da Educação Básica, o Saeb. A partir de 1995, esse órgão passou a efetuar avaliações e foi paulatinamente se aprimorando e sendo ampliado. Atualmente:

> A intenção do Saeb é acompanhar, a cada dois anos, a qualidade da educação brasileira. Isso é feito confrontando-se os resultados bienais

[110] Disponível em: https://fundacaolemann.org.br/noticias/como-esta-nossa-educacao--basica?gclid=EAIaIQobChMIpM2Wh_Dl3gIVkQqRCh14lA-PEAAYASAAEgI8pvD_BwE Acesso em 21 de nov. 2018.

do Ideb com metas estabelecidas, de forma a avaliar se os objetivos traçados estão sendo efetivamente cumpridos. Busca-se, para isso, analisar diferentes estratos: o país como um todo, as unidades da federação, os municípios e as escolas[111].

O Ideb, Índice de Desenvolvimento da Educação Básica, por seu turno, foi criado em 2007, e hoje é o principal indicador de qualidade da educação do Brasil[112]. O objetivo do Ministério da Educação é que o Brasil atinja até 2022 – ano do bicentenário da independência –, o patamar educacional médio dos países da Organização para a Cooperação e Desenvolvimento Econômico (OCDE) e que participam do Pisa[113].

O Brasil participa do Pisa desde o seu início, em 2000. Primeiramente, cabe lembrar que o Pisa é o Programa Internacional de Avaliação dos Estudantes realizado desde o ano 2000 pela Organização para Cooperação e Desenvolvimento Econômico. Trata-se de organização internacional que visa a colaborar com os governos-membros para que estes desenvolvam melhores políticas nas áreas econômica e social. A educação escolar e a sua qualidade passam a ser, na seara das políticas públicas, tema de destaque e foco central do Pisa. Entre os principais questionamentos do Pisa estão: "Até que ponto os alunos próximos do término da educação obrigatória adquiriram conhecimentos e habilidades essenciais para a participação efetiva na sociedade? As escolas estão preparando os alunos para enfrentarem os desafios do futuro? Quais estruturas e práticas educacionais maximizam oportunidades para alunos que vêm de contextos pouco privilegiados? Qual a influência da qualidade dos recursos das escolas nos resultados alcançados pelos alunos?"[114].

As avaliações são feitas a cada três anos e têm o objetivo de monitorar a educação formal em longo prazo nos países membros e detectar

---

[111] Disponível em: https://www.somospar.com.br/aneb/. Acesso em 20 de jan. 2019.

[112] Disponível em: https://todospelaeducacao.org.br/conteudo/perguntas-e-respostas-o--que-e-o-ideb-e-para-que-ele-serve. Acesso em 20 de jan. 2019.

[113] Disponível em: http://portal.mec.gov.br/component/tags/tag/32130. Acesso em: 20 de jan. 2019.

[114] Disponível em: http://portal.inep.gov.br/documents/186968/484421/PISA+2000+--+Relat%C3%B3rio+Nacional/e050a3a8-cf8a-4672-bd3b-43897c71518f?version=1.2. Acesso em 24 de jan. 2019.

os principais desafios para construir melhores e mais eficazes sistemas de educação no mundo. Cabe observar que os membros da OCDE são países ricos, com alto índice de desenvolvimento humano e com apreço pela educação de qualidade. São países que estão muito à frente no campo da educação quando comparados com o Brasil.

Nesse sentido, nossa participação voluntária e como país convidado, desde o início do Pisa, em 2000, reflete o amadurecimento do Estado brasileiro no sentido de ter um referencial internacional a respeito do nível da educação brasileira, com dados de qualidade e imparcialidade, e com vistas à implantação de políticas públicas que visem ao aprimoramento do sistema educacional brasileiro. O Pisa representa mais uma fonte de conhecimento da realidade educacional nacional em relação aos alunos na faixa etária dos 15 anos.

No entanto, se em 2000 o Brasil se mostrou corajoso e humilde ao buscar um olhar exterior para o nosso sistema educacional e a partir daí encontrar caminhos para o seu aprimoramento, hoje, 19 anos depois, quase duas décadas, constatamos, infelizmente, que o Estado brasileiro ainda não se comprometeu verdadeiramente com a educação de qualidade. Os próprios indicadores nacionais demonstram essa realidade. Em duas décadas, muito pouco foi feito diante do que já poderia ter sido feito. Como sociedade, não podemos nos acomodar e aceitar essa precariedade como algo tolerado. Não podemos perder nosso poder de indignação e nossa força para transformar a realidade educacional. Cabe lembrar o exemplo da Coreia do Sul que, segundo Claudio de Moura Castro:

> nos idos de 60 não estava melhor do que o Brasil, seja em qualidade, seja em quantidade. Não era um país mais rico do que o Brasil. Não obstante, atingiu os níveis quantitativos dos mais avançados países da OCDE e níveis qualitativos acima de quase todos eles. Nem por isso teve que gastar com educação uma proporção do PIB fora dos padrões mundiais. Simplesmente, houve um compromisso férreo entre famílias, a sociedade e o governo acerca da prioridade a ser dada à educação[115].

---

[115] *A Penosa Evolução do Ensino e seu Encontro com o Pisa*. Pisa 2000. Relatório Nacional. Disponível em: http://portal.inep.gov.br/documents/186968/484421/PISA+2000+-+Relat%C3%B3rio+Nacional/e050a3a8-cf8a-4672-bd3b-43897c71518f?version=1.2. Acesso em 24 de jan. 2019.

O Instituto Nacional de Estudos e Pesquisas Educacionais (Inep), instituição vinculada ao Ministério da Educação, assumiu a responsabilidade de implementar o Pisa no Brasil e, por isso, coordena sua aplicação, avaliação e análise dos resultados, sob a orientação da OCDE. O Pisa concentra as avaliações em três grandes áreas do conhecimento – leitura, matemática e ciências – e em cada ciclo prioriza um domínio: leitura em 2000, matemática em 2003, ciências em 2006 e assim sucessivamente[116].

É sabido que nenhum sistema de avaliação é perfeito ou completo, mas o Pisa tem apresentado análises e resultados que vêm contribuindo substancialmente para a melhoria da qualidade da educação no mundo e no Brasil. Por isso, seus resultados são importantes e merecem respeito e análise, não obstante as inúmeras críticas a eles[117].

Na primeira avaliação do Pisa, 32 países foram avaliados e o Brasil ficou em último lugar em leitura, com uma média geral de 396 pontos, enquanto a Finlândia, primeira colocada, ficou com a média geral de 546 pontos. No entanto, a partir de então, o Brasil passou a apresentar algumas melhoras. Segundo Martin Carnoy e outros:

> Estudantes brasileiros de 15 anos de idade indubitavelmente obtiveram ganhos substanciais no teste de matemática do Pisa entre 2000 e 2012 e podem ter obtido ganhos mais modestos no teste de leitura do Pisa. Isso aconteceu enquanto o Brasil, como outros países da América Latina, aumentou consideravelmente a taxa de matrícula na 9ª e na 10ª série, e a distorção idade-série diminuiu. Ganhos dos alunos brasileiros em matemática são iguais ou maiores do que os obtidos pelos alunos na maioria dos outros países latino-americanos, da Espanha e de Portugal. Este não é o caso para o teste de leitura do Pisa, no qual os ganhos do Brasil têm sido menores do que os da maioria dos outros países. Estudantes brasileiros da 8ª e 9ª séries também têm mostrado ganhos significativos no teste de matemática do Saeb (e ganhos modestos no teste

---

[116] Disponível em: http://portal.inep.gov.br/documents/186968/484421/PISA+2000+--+Relat%C3%B3rio+Nacional/e050a3a8-cf8a-4672-bd3b-43897c71518f?version=1.2. Acesso em 24 de jan. 2019.
[117] Disponível em: https://novaescola.org.br/conteudo/4697/nove-motivos-para-desconfiar--do-pisa. Acesso em 20 de jan. 2019.

de português), mas só a partir de 2005. Em ambos, no Pisa e no Saeb, os ganhos têm sido, em geral, maiores para os estudantes de famílias com menos recursos acadêmicos do que para estudantes de famílias que poderiam ser chamadas de "favorecidas" em termos de recursos acadêmicos familiares[118].

Observa-se que a avaliação dos estudiosos é no sentido de alguns ganhos no desempenho dos estudantes, apesar dos resultados ainda serem modestos. Cabe observar também que o Pisa está muito longe de traçar um diagnóstico da realidade educacional no Brasil como um todo. Muito pelo contrário, trata-se de avaliação amostral e para estudantes da faixa etária de 15 anos. Analisa um grupo muito pequeno de estudantes e não avalia grupos vulneráveis como indígenas, quilombolas e estudantes de escolas rurais no Nordeste. No entanto, mesmo assim, trata-se de mais um elemento formador de parte do diagnóstico da qualidade da aprendizagem no Brasil. Nesse sentido, em relação ao Pisa de 2015, destacamos os seguintes dados:

. O desempenho dos alunos no Brasil está abaixo da média dos alunos em países da OCDE em ciências (401 pontos, comparados à média de 493 pontos), em leitura (407 pontos, comparados à média de 493 points) e em matemática (377 pontos, comparados à média de 490 pontos).

. O PIB per capita do Brasil (USD 15 893) corresponde a menos da metade da média do PIB per capita nos países da OCDE (USD 39 333). O gasto acumulado por aluno entre 6 e 15 anos de idade no Brasil (USD 38 190) equivale a 42% da média do gasto por aluno em países da OCDE (USD 90 294). Esta proporção correspondia a 32% em 2012. Aumentos no investimento em educação precisam agora ser convertidos em melhores resultados na aprendizagem dos alunos. Outros países, como a Colômbia, o México e o Uruguai, obtiveram resultados melhores em 2015 em comparação ao Brasil muito embora tenham um custo

---

[118] Martin Carnoy; Tatiana Khavenson; Izabel Fonseca; Leandro Costa e Luana Marotta. *A Educação Brasileira está Melhorando? Evidências do PISA e DO SAEB*. Tradução de Henrique C. J. Santos. 452 Cadernos de Pesquisa v. 45 n. 157 p. 450-485 jul./set. 2015. Disponível em: http://www.scielo.br/pdf/cp/v45n157/1980-5314-cp-45-157-00450.pdf. Acesso em 20 de jan. 2019.

CIDADANIA, DIREITOS HUMANOS E EDUCAÇÃO

médio por aluno inferior. O Chile, com um gasto por aluno semelhante ao do Brasil (USD 40 607), também obteve uma pontuação melhor (477 pontos) em ciências.

- No Brasil, 71% dos jovens na faixa de 15 anos de idade estão matriculados na escola a partir da 7ª. série, o que corresponde a um acréscimo de 15 pontos percentuais em relação a 2003, uma ampliação notável de escolarização. O fato de o Brasil ter expandido o acesso escolar a novas parcelas da população de jovens sem declínios no desempenho médio dos alunos é um desenvolvimento bastante positivo.

- Menos de 10% dos alunos que participaram do PISA 2015 no Brasil são imigrantes (primeira ou segunda geração). Numa comparação entre alunos de mesmo nível socioeconômico, a média dos alunos imigrantes em ciências é 66 pontos inferior à média de alunos não-imigrantes.

- O Brasil tem um alto percentual de alunos em camadas desfavorecidas: 43% dos alunos se situam entre os 20% mais desfavorecidos na escala internacional de níveis socioeconômicos do PISA, uma parcela muito superior à média de 12% de alunos nesta faixa entre os países da OCDE. Esta proporção, no entanto, é semelhante àquela observada na Colômbia. Apenas dois outros países latino-americanos possuem uma proporção ainda maior de alunos neste nível socioeconômico, o México e o Peru.

- No Brasil, 36% dos jovens de 15 anos afirmam ter repetido uma série escolar ao menos uma vez, uma proporção semelhante à do Uruguai. Entre os países latino-americanos que participaram do PISA 2015, apenas a Colômbia possui uma taxa de repetência escolar (43%) superior à do Brasil. Esta prática é mais comum entre países com um baixo desempenho no PISA e está associada a níveis mais elevados de desigualdade social na escola. No Brasil, altos índices de repetência escolar estão ligados a níveis elevados de abandono da escola. Entre 2009 e 2015, houve um declínio de 6% na taxa de repetência escolar no Brasil, observado principalmente entre os alunos do ensino médio[119].

[119] Disponível em: http://www.oecd.org/pisa/pisa-2015-Brazil-PRT.pdf. Acesso em 22 de jan. 2018

Referidos dados são de extrema relevância, porquanto apresentam um diagnóstico de parte da realidade educacional brasileira e com um olhar exterior. Não há dúvida que o Brasil ainda tem inúmeros desafios tanto no acesso à educação escolar quanto na sua qualidade para que possa atingir níveis mais avançados de cidadania.

É notória a urgente necessidade de se aprimorarem os sistemas de avaliação da educação escolar já existentes no país e se investir maciçamente em políticas públicas eficientes e efetivamente comprometidas com a educação pública de qualidade para todos. Isso porque o acesso à educação escolar básica, que compreende da educação infantil ao ensino médio, ainda se revela estruturado na dicotomia exclusão--inclusão, assim como o acesso à universidade. O analfabetismo puro e o funcional são realidades expressivas na sociedade brasileira e ainda há profundas deficiências tanto na qualidade do ensino quanto de administração escolar brasileira. Nas palavras de Marcos Cezar de Freitas e Maurilene de Souza Biccas: "Chegamos ao século XXI celebrando a universalização do acesso à educação básica, mas não nos iludimos com números. À maior parte das crianças e adolescentes do país se oferece muito menos do que o direito faculta a todas as pessoas"[120].

Quanto à qualidade da educação escolar nacional, expõe Sonia Marrach que as reformas feitas no sistema educacional brasileiro durante o governo militar e durante a Nova República: "transformaram o processo de democratização do ensino em um processo de massificação da cultura escolar humanística, em que o ensino, embora público, assimila as técnicas da Indústria Cultural, e a formação humanística cultural fica reduzida ao que Adorno chamou de semiformação ou semieducação"[121].

Diante desse quadro, nossa cidadania encontra-se maltratada, sofrida, desolada... Enquanto não nos conscientizarmos da importância de investir em pessoas e – por isso – na educação de qualidade, caminharemos a passos muito lentos e não construiremos uma sociedade fraterna, solidária e acima de tudo justa. São as pessoas que fazem uma nação e é a elas que o Estado deve servir.

---

[120] *História Social da Educação no Brasil (1926-1996)*, cit., p. 345.
[121] *Outras Histórias da Educação: Do Iluminismo à Indústria Cultural (1823-2005)*. São Paulo: Unesp, 2009, p. 238.

CIDADANIA, DIREITOS HUMANOS E EDUCAÇÃO

7.13 Plano Nacional de Educação em Direitos Humanos e suas Principais Perspectivas

O Brasil vem paulatinamente avançando na promoção e proteção dos direitos humanos após a redemocratização do país e a promulgação da Constituição de 1988. Na II Conferência Internacional de Direitos Humanos da ONU, em 1993, e da qual o Brasil participou, foi feita a recomendação para que os Estados-membros das Nações Unidas constituíssem seus respectivos programas nacionais de direitos humanos. Nesse sentido, o Brasil foi um dos primeiros países a elaborar seu Programa Nacional de Direitos Humanos, em 1996, por meio do Decreto n. 1904, de 13 de maio de 1996, segundo o qual o Brasil atribuiu ineditamente aos direitos humanos o *status* de política pública governamental.

O programa foi elaborado pelo Ministério da Justiça, juntamente com diversas organizações da sociedade civil, e seu principal objetivo é identificar: "os principais obstáculos à promoção e proteção dos direitos humanos no Brasil, eleger prioridades e apresentar propostas concretas de caráter administrativo, legislativo e político-cultural que busquem equacionar os mais graves problemas que hoje impossibilitam ou dificultam a sua plena realização"[122]. O programa foi revisto com a elaboração do segundo Programa Nacional de Direitos Humanos, por meio do Decreto n. 4.229, de 13 de maio de 2002. Houve o acréscimo dos direitos da igualdade – econômicos, sociais e culturais – aos já consagrados direitos da liberdade – civis e políticos.

A terceira versão do programa foi consolidada pelo Decreto n. 7.037, de 21 de dezembro de 2009, e apresenta seis eixos orientadores: Interação Democrática entre Estado e Sociedade Civil; Desenvolvimento e Direitos Humanos; Universalizar Direitos em um Contexto de Desigualdades; Segurança Pública, Acesso à Justiça e Combate à Violência; Educação e Cultura em Direitos Humanos e Direito à Memória e Verdade.

O eixo "Educação e Cultura em Direitos Humanos" determina a criação do Plano Nacional de Educação em Direitos Humanos, segundo o qual:

> A educação em Direitos Humanos, como canal estratégico capaz de produzir uma sociedade igualitária, extrapola o direito à educação

---

[122] Programa Nacional de Direitos Humanos. Disponível em: http://www.dhnet.org.br/dados/pp/pndh/textointegral.html. Acesso em: 21 de nov. 2018.

permanente e de qualidade. Trata-se de mecanismo que articula, entre outros elementos: a) a apreensão de conhecimentos historicamente construídos sobre Direitos Humanos e a sua relação com os contextos internacional, nacional e local; b) a afirmação de valores, atitudes e práticas sociais que expressem a cultura dos Direitos Humanos em todos os espaços da sociedade; c) a formação de uma consciência cidadã capaz de se fazer presente nos níveis cognitivo, social, ético e político; d) o desenvolvimento de processos metodológicos participativos e de construção coletiva, utilizando linguagens e materiais didáticos contextualizados; e) o fortalecimento de políticas que gerem ações e instrumentos em favor da promoção, da proteção e da defesa dos Direitos Humanos, bem como da reparação das violações[123].

Para cumprir essa missão, o Plano Nacional de Educação em Direitos Humanos nasce em 2006, da articulação institucional dos três poderes da República, com destaque para o Poder Executivo, em todas as esferas da Federação – federal, estadual, municipal e distrital – juntamente com organizações internacionais, instituições de educação superior e com a sociedade civil organizada. Configura-se projeto de Estado e de política pública voltado a consolidar os valores da democracia, da justiça social, da cultura de paz e da cidadania ativa e participativa na sociedade brasileira[124].

Segundo o plano, a concepção contemporânea de direitos humanos incorpora os valores da cidadania democrática, ativa, participativa e planetária, baseada nos valores humanistas e nos princípios da liberdade, da igualdade, da equidade, da solidariedade e da diversidade. Expõe que o processo de construção da cidadania planetária e do exercício da cidadania ativa requer, necessariamente, a formação de cidadãos protagonistas, conscientes de seus direitos e responsáveis e comprometidos com seus deveres, com o respeito ao princípio da dignidade da pessoa humana, com a solidariedade nacional e internacional e o respeito aos valores democráticos[125].

---

[123] Programa Nacional de Direitos Humanos III. Decreto nº 7.037/2009. Disponível em: http://www.dhnet.org.br/dados/pp/a_pdf/pndh3_programa_nacional_direitos_humanos_3.pdf. Acesso em: 21 de nov. 2018.
[124] Plano Nacional de Educação em Direitos Humanos. Disponível em: http://dhnet.org.br/dados/pp/edh/br/pnedh2/pnedh_2.pdf. Acesso em 30 de nov. 2018.
[125] *Idem, Ibidem.*

CIDADANIA, DIREITOS HUMANOS E EDUCAÇÃO

O plano em análise reitera os mandamentos da Constituição Federal e da Lei de Diretrizes e Bases da Educação Nacional no sentido de que o exercício da cidadania é uma das finalidades da educação, e que a prática educativa deve ser "inspirada nos princípios de liberdade e nos ideais de solidariedade humana, com a finalidade do pleno desenvolvimento do educando, seu preparo para o exercício da cidadania e sua qualificação para o trabalho"[126]. Também está em sintonia com os documentos internacionais de direitos humanos e com o Programa Mundial de Educação em Direitos Humanos e seu Plano de Ação. São objetivos do referido programa, segundo seu artigo 2º:

> a) fortalecer o respeito aos direitos humanos e liberdades fundamentais; b) promover o pleno desenvolvimento da personalidade e dignidade humana; c) fomentar o entendimento, a tolerância, a igualdade de gênero e a amizade entre as nações, os povos indígenas e grupos raciais, nacionais, étnicos, religiosos e linguísticos; d) estimular a participação efetiva das pessoas em uma sociedade livre e democrática governada pelo Estado de Direito; e) construir, promover e manter a paz[127].

Observa-se que o plano em análise apresenta proposta pragmática para sua efetiva implementação. Seu objetivo é difundir a cultura de direitos humanos no país. Expõe: "Essa ação prevê a disseminação de valores solidários, cooperativos e de justiça social, uma vez que o processo de democratização requer o fortalecimento da sociedade civil, a fim de que seja capaz de identificar anseios e demandas, transformando-as em conquistas que só serão efetivadas, de fato, na medida em que forem incorporadas pelo Estado brasileiro como políticas públicas universais"[128].

O plano apresenta vários objetivos gerais e com base neles traça as linhas gerais de ação, com o desenvolvimento normativo e institucional; produção de informação e conhecimento; realização de parcerias e intercâmbios internacionais; produção e divulgação de materiais;

---

[126] *Idem, Ibidem.*
[127] *Idem. Ibidem.*
[128] *Idem, Ibidem.*

formação e capacitação de profissionais; gestão de programas e projetos, além de avaliação e monitoramento. Os objetivos gerais são:

a) destacar o papel estratégico da educação em direitos humanos para o fortalecimento do Estado Democrático de Direito; b) enfatizar o papel dos direitos humanos na construção de uma sociedade justa, equitativa e democrática; c) encorajar o desenvolvimento de ações de educação em direitos humanos pelo poder público e a sociedade civil por meio de ações conjuntas; d) contribuir para a efetivação dos compromissos internacionais e nacionais com a educação em direitos humanos; e) estimular a cooperação nacional e internacional na implementação de ações de educação em direitos humanos; f) propor a transversalidade da educação em direitos humanos nas políticas públicas, estimulando o desenvolvimento institucional e interinstitucional das ações previstas no PNEDH nos mais diversos setores (educação, saúde, comunicação, cultura, segurança e justiça, esporte e lazer, dentre outros); g) avançar nas ações e propostas do Programa Nacional de Direitos Humanos (PNDH) no que se refere às questões da educação em direitos humanos; h) orientar políticas educacionais direcionadas para a constituição de uma cultura de direitos humanos; i) estabelecer objetivos, diretrizes e linhas de ações para a elaboração de programas e projetos na área da educação em direitos humanos; j) estimular a reflexão, o estudo e a pesquisa voltados para a educação em direitos humanos; k) incentivar a criação e o fortalecimento de instituições e organizações nacionais, estaduais e municipais na perspectiva da educação em direitos humanos; l) balizar a elaboração, implementação, monitoramento, avaliação e atualização dos Planos de Educação em Direitos Humanos dos estados e municípios; m) incentivar formas de acesso às ações de educação em direitos humanos a pessoas com deficiência[129].

De acordo com a estrutura do documento, há cinco grandes eixos de atuação, sendo eles na seara da educação básica, educação superior, educação não formal, educação dos profissionais dos sistemas de justiça e segurança pública e educação e mídia. Importante destacar que a educação escolar, desenvolvida na educação básica e superior, tem como uma de

---

[129] Plano Nacional de Educação em Direitos Humanos. Disponível em: http://dhnet.org.br/dados/pp/edh/br/pnedh2/pnedh_2.pdf. Acesso em 30 de nov. 2018.

CIDADANIA, DIREITOS HUMANOS E EDUCAÇÃO

suas metas a construção da cidadania, daí sua relação direta com os direitos humanos. No entanto, a construção da cidadania também está em outras searas; nesse sentido, o plano apresenta os cinco eixos de atuação. Quanto à educação não formal em direitos humanos, expõe o plano que ela:

> orienta-se pelos princípios da emancipação e da autonomia. Sua implementação configura um permanente processo de sensibilização e formação de consciência crítica, direcionada para o encaminhamento de reivindicações e a formulação de propostas para as políticas públicas, podendo ser compreendida como: a) qualificação para o trabalho; b) adoção e exercício de práticas voltadas para a comunidade; c) aprendizagem política de direitos por meio da participação em grupos sociais; d) educação realizada nos meios de comunicação social; e)aprendizagem de conteúdos da escolarização formal em modalidades diversificadas; e f) educação para a vida no sentido de garantir o respeito à dignidade do ser humano[130].

O plano estabelece na sequência a relevância da educação em direitos humanos dos profissionais dos sistemas de justiça e de segurança. Trata-se de importante instrumento estratégico das políticas de segurança e justiça do Estado no sentido de construir relações mais respeitosas entre agentes estatais e a sociedade. Os agentes do poder público precisam e devem estar devidamente preparados e formados para atuar com respeito aos direitos humanos. Os sistemas de justiça e de segurança devem promover os direitos humanos e ampliar os espaços para exercício da cidadania.

Nesse sentido, de acordo com o plano: "A construção de políticas públicas nas áreas de justiça, segurança e administração penitenciária sob a ótica dos direitos humanos exige uma abordagem integradora, intersetorial e transversal com todas as demais políticas públicas voltadas para a melhoria da qualidade de vida e de promoção da igualdade, na perspectiva do fortalecimento do Estado Democrático de Direito"[131].

O plano também apresenta como um de seus eixos de atuação a relação da mídia com a educação em direitos humanos. A mídia é reconhecida como um patrimônio social fundamental para garantir o exercício

[130] *Idem, Ibidem.*
[131] *Idem. Ibidem.*

do direito a informação, expressão, comunicação, lazer, cultura e educação. Por isso, segundo o plano, ela é: "um espaço político, com capacidade de construir opinião pública, formar consciências, influir nos comportamentos, valores, crenças e atitudes"[132]. Ela pode contribuir para a construção de uma sociedade democrática, livre e crítica, e também se pautar em valores opressores e não democráticos. Nesse sentido, expõe o plano que a mídia pode:

> tanto cumprir um papel de reprodução ideológica que reforça o modelo de uma sociedade individualista, não-solidária e não democrática, quanto exercer um papel fundamental na educação crítica em direitos humanos, em razão do seu enorme potencial para atingir todos os setores da sociedade com linguagens diferentes na divulgação de informações, na reprodução de valores e na propagação de ideias e saberes.

Fundamental sinalizar que a educação em direitos humanos representa um elemento diferenciador na formação do ser humano, porquanto se baseia na análise, discussão e reflexão de temáticas imprescindíveis para a concepção do cidadão. Dessa perspectiva, a formação do indivíduo passa por searas singulares que vão desde o desenvolvimento das potencialidades humanas e respeito à individualidade e à singularidade de cada um, até a formação do cidadão como participante da vida política e social da comunidade.

A cidadania construída com base na educação em direitos humanos busca alicerçar-se no campo das relações humanas em valores, atitudes, comportamentos e regras pautadas no respeito e na valorização das diversidades, entre elas as culturais, as religiosas, as políticas, as filosóficas, as étnico-raciais, as de gênero e de nacionalidade, entre outras.

As relações humanas vão desde as mais próximas e privadas, caminhado para as relações sociais e comunitárias, até chegar às relações políticas mais amplas, como as que se materializam na relação Estado-cidadão. A educação em direitos humanos busca também conscientizar e despertar os indivíduos para atuarem como cidadãos ativos na consolidação de todas as formas de justiça social, respeito ao meio ambiente e participação em uma sociedade livre e democrática.

---

[132] *Idem. Ibidem.*

A educação em direitos humanos tem o objetivo maior de formar cidadãos. Quando o direito à educação escolar se alinha à educação em direitos humanos, o foco está na formação de sujeitos de direito para que estes se tornem indivíduos saudáveis emocional e socialmente, comprometidos com o bem comum, com a democracia, com a justiça social e com o respeito tanto à singularidade de cada um como ser humano, como também às mais variadas diferenças, seja em relação a nacionalidade, gênero, idade, ideologia, identidade, religião, entre outras.

A educação em direitos humanos apresenta um importantíssimo questionamento a respeito de qual educação queremos em nosso país para nossa sociedade. O que queremos construir? Quais são os valores mais fundamentais da nossa organização político-social? No nosso entender e com respaldo na Lei Maior e no Sistema Internacional de Direitos Humanos do qual o Brasil faz parte, inegavelmente buscamos construir um Estado Social e Democrático de Direito pautado no valor maior do respeito à dignidade da pessoa humana. E a educação em direitos humanos tem muito a contribuir nessa seara, ao apresentar os instrumentos para despertar e construir a consciência cidadã.

De acordo com o Plano Nacional de Educação em Direitos Humanos, a educação em direitos humanos:

> é compreendida como um processo sistemático e multidimensional que orienta a formação do sujeito de direitos, articulando as seguintes dimensões: a) apreensão de conhecimentos historicamente construídos sobre direitos humanos e a sua relação com os contextos internacional, nacional e local; b) afirmação de valores, atitudes e práticas sociais que expressem a cultura dos direitos humanos em todos os espaços da sociedade; c) formação de uma consciência cidadã capaz de se fazer presente em níveis cognitivo, social, ético e político; d) desenvolvimento de processos metodológicos participativos e de construção coletiva, utilizando linguagens e materiais didáticos contextualizados; e) fortalecimento de práticas individuais e sociais que gerem ações e instrumentos em favor da promoção, da proteção e da defesa dos direitos humanos, bem como da reparação das violações[133].

---

[133] Plano Nacional de Educação em Direitos Humanos, *cit.*

Como é sabido, não obstante a ampla proteção normativa nacional e internacional dos direitos humanos, ainda temos muito a caminhar na consolidação de níveis mais civilizados de respeito e proteção aos direitos da pessoa humana. E apesar da enorme importância de todo o arcabouço jurídico de proteção dos direitos humanos, é preciso muito mais. É preciso trabalhar no campo das mentalidades, do imaginário coletivo e social para construir esses valores no seio da sociedade brasileira. E dessa perspectiva a educação em direitos humanos tem papel crucial, porquanto possibilita despertar e conscientizar para novas mentalidades pautadas em valores humanistas para a construção da cultura dos direitos humanos. Nesse sentido, o Plano Nacional de Educação em Direitos Humanos visa a promover a "consciência cidadã"[134].

7.14 Reflexões a Respeito da Conquista da Cidadania e do Direito à Educação Escolar no Brasil com a Constituição de 1988 até a Atualidade

A cidadania no Brasil sempre caminhou a passos lentos, com poucos avanços, alguns tropeços e retrocessos. Verificamos, como visto ao longo do presente estudo, que nossa história revela, em grande medida, a mentalidade de exploração, desigualdade e de cultura da corrupção, seja ela institucionalizada, seja nas relações sociais. No entanto, a história há de servir para que os erros não se repitam e também para que possamos nos reinventar como sociedade.

A Constituição de 1988 trouxe muitas esperanças na construção de uma sociedade mais justa e solidária. É fruto de um amplo desejo da sociedade brasileira pela redemocratização do país. Em razão do período autoritário anterior, a Lei Maior não mediu esforços para detalhar da forma mais precisa e possível os mecanismos de garantia da cidadania.

Ao lado dos avanços normativos em prol da democracia brasileira, inúmeras políticas públicas pela promoção e pela proteção dos direitos fundamentais, nas mais variadas vertentes, foram empreendidas a partir de 1988. Houve também substancial fortalecimento das instituições brasileiras como um todo. Não obstante os importantes avanços,

---

[134] Sobre o tema: Vera Maria Ferrão Candau. *Direito à Educação, Diversidade e Educação em Direitos Humanos*. Disponível em http://www.scielo.br/pdf/es/v33n120/04.pdf>. Acesso em 28 de nov. 2018.

CIDADANIA, DIREITOS HUMANOS E EDUCAÇÃO

temos nos deparado na atualidade com as consequências da irrespon-
sabilidade fiscal, da falta de comprometimento dos nossos governantes
com o trato do bem comum e da coisa pública, bem como com uma
série inimaginável de denúncias de corrupção e desrespeito aos verdadeiros valores éticos da democracia e da República.

Tal realidade nos revela o desajuste ético, político e social em
que nos encontramos. Por isso, não podemos deixar de mencionar a
imensa insatisfação vivida hoje pela sociedade brasileira em relação
à realidade política, econômica e social do país. Independentemente
de posição político-partidária, verificamos que há grande descontentamento da sociedade em relação às perspectivas para o futuro da
nação. Do olhar histórico, ainda somos uma democracia muito jovem.
O maior desafio após a redemocratização do país tem sido garantir a
efetividade do sistema de proteção dos direitos da pessoa humana,
uma vez que a cidadania, em sua acepção ampla e universal, se materializa por meio do exercício da ampla gama de direitos fundamentais
protegidos pelo Ordenamento Jurídico Brasileiro, com respaldo no
Direito Internacional dos Direitos Humanos. Por isso, efetiva-se em
cada direito fundamental, seja ele da Liberdade, da Igualdade ou da
Solidariedade.

Exercer a cidadania plena é ter todos esses direitos reconhecidos
e protegidos, para, por um lado, cumprir com seus deveres e obrigações e, por outro, poder usufruir dos direitos fundamentais. O alcance
pleno da cidadania pressupõe a garantia de uma vida digna, o que
representa a titularidade e o exercício dos direitos fundamentais. Não
se pode vislumbrar a cidadania sem a garantia efetiva dos direitos da
pessoa humana. No entanto, hoje, a sociedade brasileira e também o
Estado são mais complexos, assim como as demandas que se impõem.
Segundo Núria Bellos Martín: "Um dos grandes desafios da nova formulação de cidadania não é somente o de configurar um novo modelo
de Estado mas, o grande desafio, é o apresentar o perfil do novo dese-
nho das relações humanas"[135].

Os avanços legais são importantíssimos e não devem ser menospre-
zados, mesmo diante da baixa efetividade dos direitos fundamentais

---

[135] *Os Novos Desafios da Cidadania*. Tradução de Clovis Gorczevski. Santa Cruz do Sul: EDU-
NISC, 2005, p. 109.

no Brasil. Desde a promulgação da Constituição de 1988, muitos avanços reais foram alcançados pela sociedade brasileira e implementados pelo Estado. Todavia, ainda há um longo caminho a ser percorrido na conquista efetiva da cidadania. Não basta ensinar os direitos humanos. É preciso criar uma cultura prática desses direitos.

A cultura prática dos direitos humanos pressupõe o exercício da cidadania republicana, no sentido da atuação e postura ativa e participativa da sociedade como um todo. As verdadeiras democracias se constroem com a participação constante dos seus cidadãos nos assuntos de interesse público e coletivo. Nesse sentido, a democracia brasileira ainda é um tanto quanto precária, muitas vezes conformista e pouco comprometida com as principais questões de interesse coletivo do país, entre eles a questão da educação pública de qualidade para todos.

Além de ser necessário criar uma cultura prática para os direitos humanos, entendemos ser preciso enfrentar o que muitas vezes impede ou dificulta a efetivação dos referidos direitos. Trata-se da cultura da corrupção, tão arraigada na organização sistêmica do Estado brasileiro como na própria forma de organização social. Isso se deve ao nosso processo histórico de formação da identidade nacional, marcado por várias distorções, entre elas, a diferenciação do que pertence ao âmbito público a ao âmbito privado.

O Brasil é um país de dimensões continentais, assim como seus problemas e demandas. O questionamento que nos colocamos como sociedade é o que deve ser feito para alcançarmos a cidadania, diante de uma sociedade que, por um lado, clama pelo respeito aos valores republicanos e democráticos e, por outro, ainda se insere em grande medida na cultura da corrupção. Esta corrói o tecido social e causa prejuízos para as presentes e futuras gerações.

Temos no Brasil tanto a corrupção institucionalizada, enraizada profundamente em nossa organização político-estatal, como a corrupção cultural, arraigada em nosso cotidiano como sociedade, além de presente no imaginário brasileiro como parte sombria da nossa identidade. O sentido de corrupção, neste trabalho, é o de toda ação ou omissão contrárias ao bem comum e ao respeito à coisa pública. Assim, a corrupção representa, na acepção ética, o que há de mais antirrepublicano e, consequentemente, avesso à cidadania. Renato Janine Ribeiro entende que a corrupção cultural "expressa uma cultura forte em nosso país, que

CIDADANIA, DIREITOS HUMANOS E EDUCAÇÃO

é a busca do privilégio pessoal somada a uma relação com o outro permeada pelo favor"[136].

A corrupção cultural, segundo o autor, impede a criação de laços importantes, o que se pode compreender como os laços sociais, aqueles que nos unem como sociedade e nos dão o sentimento de pertencimento. Cria a cultura do individualismo, do egoísmo, assim como da prevalência do interesse privado sobre o público, como também distorce substancialmente o que pertence a esses dois universos. Nas palavras do autor: "A corrupção enquanto cultura nos desmoraliza como povo. Ela nos torna 'blase'. Faz-nos perder o empenho em cultivar valores éticos. Porque a república é o regime por excelência da ética na política: aquele que educa as pessoas para que prefiram o bem geral à vantagem individual"[137].

As duas formas de corrupção, seja a institucionalizada seja a cultural, ambas enraizadas no Brasil, têm algo em comum e que merece maior reflexão por parte da sociedade brasileira. Segundo Sandra Jovchelovitch, existe uma simetria entre o comportamento cotidiano da sociedade e o comportamento na política[138]. Para a autora: "Essa simetria se fundamenta na interpretação do espaço público como um espaço de ninguém, ou simplesmente do 'outro'. A própria política, como arena pública, se torna um espaço para o exercício do interesse privado. E como a esfera pública é desvalorizada, o ato de corromper se torna muito mais fácil"[139].

Ademais, a autora, ao analisar a política brasileira, entende que: "existe um divórcio entre a palavra e a ação. O discurso se autonomiza em relação aos atos. A cultura latina favorece essa autonomização. A palavra e o discurso pesam mais do que o ato. A palavra aceita tudo. A ação não. E é no ato que a pessoa se revela"[140]. Somada a essa forma de mentalidade arraigada na nossa forma de organização político-social, a autora acrescenta que o: "Estado brasileiro é

---

[136] *Corrupção Cultural ou Organizada?* Jornal Folha de São Paulo. Opinião A3. 28 de junho de 2009.

[137] *Idem. Ibidem.*

[138] Sandra Jovchelovitch. Entrevista: *Há Simetria entre o Comportamento da População e o dos Políticos no Brasil.* Folha de São Paulo. A 17. 7 de dezembro de 2009.

[139] *Idem. Ibidem.*

[140] *Idem, Ibidem.*

historicamente autoritário, tanto pelo lado do populismo, quanto pelo do autoritarismo militar"[141].

Não há dúvida que a corrupção não é privilégio do Brasil, tão pouco foi inventada pelos últimos governos. Está muito mais ligada à fragilidade dos mecanismos de controle do Estado, bem como à falibilidade humana. Nesse sentido, a corrupção estará sempre presente de alguma forma no comportamento humano. A questão central, dessa forma, reside em como enfrentá-la tanto no âmbito institucional quanto nas relações em sociedade. O primeiro passo nos parece ser a sociedade brasileira olhar e enfrentar a simetria existente entre as posturas no espaço social e na política.

Conscientizar-se dessa realidade e se colocar como agente transformador é inegavelmente um caminho que poderá trazer mudanças no cenário nacional. Sandra Jovchelovitch também verifica a falta de percepção tanto da sociedade quanto da classe política em relação aos responsáveis pela corrupção. Segundo a autora, a corrupção e os problemas que surgem dela são encarados tanto pela sociedade quanto pelos governantes como algo que diz respeito ao "outro". Esse "outro" é comumente generalizado e proporciona um distanciamento pessoal dos problemas e tensões que afligem a sociedade[142]:

> A corrupção é um crime. E o problema do crime, do desvio, na vida pública brasileira sempre foi muito relacionado com essa nossa dificuldade em consolidar uma vida pública democrática, que respondesse aos anseios e às necessidades da população. A criminalidade é uma patologia social que tem origem, de certa forma, nas desigualdades da nossa sociedade. A psicologia clássica descreve a relação do criminoso com o espaço público exatamente como eu estava descrevendo a relação do político que rouba com a esfera pública: ausência de investimento no coletivo, no social. A dinâmica do psicopata é de não sentir culpa, não se sentir responsável. E essa dinâmica é muito semelhante à da corrupção na esfera política[143].

---

[141] *Idem. Ibidem.*

[142] Sandra Jovchelovitch. Entrevista: *Há Simetria entre o Comportamento da População e o dos Políticos no Brasil.* Folha de São Paulo. A 17. 7 de dezembro de 2009.

[143] *Idem, Ibidem.*

CIDADANIA, DIREITOS HUMANOS E EDUCAÇÃO

Complementa a autora, expondo que: "Numa democracia consolidada, o cidadão enxerga o espaço público como de ninguém, porque de todos. Numa democracia não consolidada, o espaço público é de ninguém sem ser de todos; portanto ele pode ser meu no que diz respeito aos meus interesses particulares. E isso é corrupção"[144].

Nesse sentido, para nos apoderarmos da cidadania que pode e deve ser construída segundo os parâmetros da justiça social, precisamos caminhar em várias frentes de reivindicações. A mais importante vertente para consolidar a cidadania está no amplo, contínuo e prioritário investimento em educação pública de qualidade para todos.

Quando pensamos na educação, sabemos que seu universo é muito amplo. Também sabemos que a educação nunca foi prioridade de nenhum governo brasileiro ao longo de toda a nossa história, não obstante, por um lado, verificarmos avanços apontados no presente trabalho, mas por outro, constatarmos o discurso demagógico de tantos e tantos governos.

Diante de todo o estudo desenvolvido ao longo deste trabalho, entendemos que a essência da educação no século 21 está na educação humanista, na formação ética da pessoa como ser humano, e que se dá ao longo de toda sua vida. Por isso, a Constituição de 1988 estabeleceu o direito à educação como dever não só do Estado, mas também da família, com a colaboração da sociedade, por meio da sua promoção e incentivo.

A educação é elemento fundamental para o alcance da cidadania. É possível afirmar que educar é inegavelmente um ato político, porque visa a despertar o indivíduo para a consciência política e consequentemente para as demandas do social ao qual ele pertence. O foco da educação para a cidadania é aprimorar a consciência ética, com vistas a formar pessoas comprometidas com o interesse público e o bem comum[145]. Segundo Eduardo Bittar:

> quando se fala de cidadania, não se quer falar em mero conjunto de direitos e deveres legais ou constitucionais, mas em cidadania ativa e

---

[144] *Idem. Ibidem.*
[145] Eduardo C.B. Bittar. *Ética, Educação, Cidadania e Direitos Humanos: Estudos Filosóficos entre Cosmopolitismo e Responsabilidade Social. cit.* p. 94 e 106.

participativa, interativa e crítica, libertadora e autoconsciente, produtiva e dinâmica. Ademais da consciência cívica, para o exercício dos direitos e deveres públicos, a educação tem em vista a formação da consciência nacional, uma vez que fortalece os laços históricos, éticos, comunitários e restabelece ligações com o passado e as tradições culturais de um povo[146].

Nesse sentido, educação e cidadania são dois antídotos contra a cultura da corrupção. Educação e cidadania promovem a cultura democrática, estruturada no exercício das liberdades, no incentivo à autonomia e ao desenvolvimento humano e na construção de uma sociedade mais solidária e ética. Por isso, reivindicar um sistema de forte educação pública representa fortalecer e aprimorar a democracia e a República brasileira e nossa relação de pertencimento.

---

[146] *Idem. Ibidem,* p. 108.

8. Considerações Finais

O presente trabalho percorreu longo caminho, no qual se pode verificar que os direitos humanos e a cidadania caminham em processos cíclicos, com avanços e retrocessos. Lutar para garantir os direitos humanos representa olhar para as tensões mais fundamentais, profundas e problemáticas da sociedade contemporânea em todas as dimensões, seja a individual, a coletiva e a universal, seja nos planos local, regional ou global. Os direitos humanos fazem parte das nossas vidas, do nosso cotidiano, e respeitá-los representa a possibilidade de construirmos relações humanas pautadas em vínculos de solidariedade, respeito, empatia, humildade, compaixão, esperança e, porque não, quando possível, amor.

A cidadania, que representa o exercício dos direitos humanos, tem como maior desafio hoje encontrar novos espaços de reafirmação e de exercício, no qual a liberdade, a igualdade e a solidariedade possam ser usufruídas com mais plenitude, por todos os cidadãos do planeta terra. Segundo Núria Belloso Martín:

> Os novos desafios da cidadania são complexos, numerosos, difíceis de lidar, mas devem ser enfrentados a partir de uma atitude de cooperação e solidariedade 'com o outro' e 'não à custa de outro' ou 'contra o outro'. O cidadão deve sentir-se participante e protagonista dos projetos políticos e jurídicos que acompanham o paradigma da globalização. A cidadania exige uma atitude de todos[1].

---

[1] *Os Novos Desafios da Cidadania*. Tradução de Clovis Gorczevski. Santa Cruz do Sul: EDUNISC, 2005, p. 111.

CIDADANIA, DIREITOS HUMANOS E EDUCAÇÃO

Assim como a cidadania, a educação escolar passou por longo processo de consolidação. Conquistou com a Revolução Francesa o *status* de direito fundamental, voltado a atender às novas exigências da sociedade europeia da época, baseando-se nos princípios da soberania nacional e da liberdade política. Inaugura-se nesse período a educação pública nacional, voltada à formação do cidadão no contexto liberal-burguês, por meio da educação cívica e patriótica. A Revolução Francesa assentou as bases para o posterior desenvolvimento da educação pública nacional no século 19. Sua ideologia pedagógica baseava-se nos pilares da universalidade, da igualdade e da oficialidade da educação.

Sua inspiração e base foram os ideais iluministas. O fundamento da filosofia iluminista era estabelecer o uso da razão na condução da vida em sociedade e contribuir para o desenvolvimento desta como um todo, tanto no campo intelectual, social, político, como ético. Apresentava uma nova perspectiva para a sociedade e para o Estado e, por isso, propunha ideias que condenavam toda forma de tirania, seja intelectual, moral ou religiosa. Dessa perspectiva, a revolução realmente trouxe relevante mudança de paradigma, uma vez que o modelo de Estado anterior era o absolutista e o de sociedade, estamental. Trouxe os ideais do Estado de Direito e da proteção dos direitos fundamentais. Estes foram sendo paulatinamente concretizados no século 19 à custa de novas revoluções.

Renomados filósofos, pensadores e cientistas contribuíram para preciosas discussões e reflexões nessa seara ao longo dos séculos 18 e 19. No entanto, a sociedade que se desenhava, acompanhada das consequências da Revolução Industrial e seus desdobramentos, foi alvo de muitas críticas do movimento socialista no século 19, em razão da forma de produção e consumo baseada na exploração do trabalho das massas. O movimento socialista teve importância ímpar, porquanto introduziu reivindicações por novos direitos fundamentais, os direitos da igualdade, ou seja, aqueles que proporcionam a distribuição da riqueza coletiva no seio da sociedade.

Quanto à educação escolar do século 19 no contexto europeu, o direcionamento era para as novas necessidades de ordem técnica e profissional, geradas pelas transformações econômicas, políticas e sociais resultantes da Revolução Industrial com o modelo capitalista de produção. Tanto as condições quanto as exigências da formação do indivíduo sofreram transformações nesse período. O crescente poder do proletariado aumentou o acesso das classes populares à educação formal. No entanto, para essas, a educação era voltada preponderantemente à capacitação na indústria. Seu viés era exclusivamente utilitarista.

A chegada do século 20 trouxe logo na sua primeira metade as duas grandes guerras mundiais, marcadas pela barbárie, com destaque para o genocídio contra o povo armênio na Primeira Grande Guerra e o holocausto na Segunda. O final da Segunda Guerra revelou, no campo das relações humanas, o fracasso de uma forma de organização política e social, porquanto o período nos mostrou a enorme capacidade humana para a barbárie institucionalizada, racionalizada, tecnológica e científica, em um mundo que se entendia civilizado. Iniciam-se então inúmeras discussões, questionamentos e reflexões a respeito dessa realidade tão perversa.

E é exatamente nesse aspecto da barbárie que reside a principal discussão do papel da educação desde o final da Segunda Grande Guerra até a atualidade. Pensadores e filósofos passaram a se questionar como pôde uma nação culta e educada como a alemã perpetrar a barbárie nazista com a legalidade e a legitimidade do Estado. Com essa indagação, várias áreas do conhecimento humano, como a filosofia, a psicanálise, a sociologia e a pedagogia, cada uma na sua seara, foram buscar esclarecimentos para tal realidade, que é complexa, mas precisa ser analisada e enfrentada de vários prismas.

O que se constatou efetivamente após os horrores da Segunda Grande Guerra foi a ruína de um modelo de organização político, social e econômico, baseado na ideia de progresso e de educação fundamentada preponderantemente no conhecimento técnico-científico. Não há dúvida que o conhecimento técnico-científico é fundamental para o desenvolvimento dos países e de suas economias, ao inovar nas várias áreas do conhecimento e provocar efeitos muito produtivos para a sociedade, por meio do avanço da medicina, da engenharia, e das ciências como um todo, gerando qualidade de vida para as pessoas e tantos outros benefícios. No entanto, o desenvolvimento técnico e científico não conduz necessariamente ao desenvolvimento da sociedade, porquanto se encontra vinculado a determinada formação sociocultural. Segundo Edgar Morin: "A crise da cultura, bem como a crise da guerra incitam-nos a uma transformação profunda na relação indivíduo/indivíduo, indivíduo/sociedade, sociedade/humanidade"[2].

---

[2] *Para Onde Vai o Mundo*. Tradução de Francisco Morás. Petrópolis, RJ: Vozes, 2010, p. 48.

CIDADANIA, DIREITOS HUMANOS E EDUCAÇÃO

Nesse mesmo aspecto ora analisado, a educação também não leva necessariamente à emancipação. Ao contrário, se a educação não tiver um *viés* ético humanista voltado para a reflexão crítica do modelo de sociedade no qual nos estruturamos, seu papel será apenas o de repetir o mesmo modelo, mesmo que ele leve à barbárie. Por isso, é preciso ter a educação como um processo muito mais amplo de aprendizagem, vivências e reflexões. É preciso enfrentar as raízes das mazelas humanas, como a desigualdade social, o racismo, os preconceitos, as várias formas de violência, entre outras, e compreender a complexidade do ser humano, capaz dos atos mais nobres, mas também dos mais cruéis. A educação não pode ser pensada e realizada sem o questionamento da sociedade na qual estamos inseridos. Por isso, deve haver certa cautela com o entusiasmo no sentido de que a educação resolveria todos os nossos problemas.

Wolfgang Leo Maar, ao dialogar com o pensamento de Theodor Adorno, expõe que:

> A formação que por fim conduziria à autonomia dos homens precisa levar em conta as condições a que se encontram subordinadas a produção e a reprodução da vida humana em sociedade e na relação com a natureza. O poder das relações sociais é decisivo, sofrendo ainda os efeitos das pulsões instintivas: para os frankfurtianos, Marx e Freud desvendaram os determinantes da limitação do esclarecimento, da experiência do insucesso da humanização do mundo, da generalização da alienação e da dissolução da experiência formativa. As relações sociais não afetam somente as condições da produção econômica e material, mas também interagem no plano da 'subjetividade', onde originam relações de dominação. Ao lado da identificação entre ciência e forças produtivas, já assinalada, a integração social das classes trabalhadoras, a manipulação das massas nazi-fascismo e a expansão das sociedades consumistas seriam exemplos concretos dessas formas de dominação[3].

O presente trabalho não teve como foco estudar e refletir a respeito do porquê da barbárie, o que demandaria outro estudo extremamente

---

[3] *À Guisa de Introdução: Adorno e a Experiência Formativa*. In: *Educação e Emancipação*/Theodor W. Adorno. Tradução de Wolfgang Leo Maar. Rio de Janeiro: Paz e Terra, 1995, p. 19.

CONSIDERAÇÕES FINAIS

instigante[4]. No entanto, partiu do fato de que a barbárie existiu e ainda existe, e por isso a educação, especialmente a educação escolar do século 21, como responsabilidade do Estado e da sociedade, precisa se debruçar sobre essa realidade e apresentar caminhos para que ela não se repita, não obstante constatarmos sua repetição em inúmeras realidades do mundo contemporâneo. Quando pensamos na realidade atual e constatamos, entre outras, a extrema pobreza, as guerras cada vez mais violentas, cruéis e contínuas, o racismo, a xenofobia, o drama dos refugiados e a desumanidade dos sistemas carcerários, em especial o nacional, não temos dúvida que a barbárie impera em pleno século 21.

Entre os pensadores do século 20, o filósofo Theodor Adorno se mostrou substancialmente preocupado com o tema da educação, diante dos horrores da Segunda Grande Guerra. Em seu texto "Educação após Auschwitz", expõe que: "A exigência que Auschwitz não se repita é a primeira de todas para a educação" (...). Qualquer debate acerca de metas educacionais carece de significado e importância frente a essa meta: que Auschwitz não se repita. Ela foi a barbárie contra a qual se dirige toda a educação"[5].

Para o filósofo, desbarbarizar tornou-se a questão mais urgente da educação na atualidade:

> O problema que se impõe nesta medida é saber se por meio da educação pode-se transformar algo de decisivo em relação à barbárie. Entendo por barbárie algo muito simples, ou seja, que, estando na civilização do mais alto desenvolvimento tecnológico, as pessoas se encontrem atrasadas de um modo peculiarmente disforme em relação a sua própria civilização – e não apenas por não terem em sua arrasadora maioria experimentado a formação nos termos correspondentes ao conceito de civilização, mas também por se encontrarem tomadas por uma agressividade primitiva, um ódio primitivo ou, na terminologia culta, um impulso de destruição, que contribui para aumentar ainda mais o perigo de que toda esta civilização venha a explodir, aliás uma tendência

---

[4] Sobre o tema, consultar a obra Oswaldo Henrique Duek Marques. *Contribuições Para a Compreensão do Nazismo*. São Paulo: Martins Fontes. 2017.
[5] *Educação Após Auschwitz*. In: *Educação e Emancipação*/Theodor W. Adorno. Tradução de Wolfgang Leo Maar. Rio de Janeiro: Paz e Terra, 1995, p. 119.

CIDADANIA, DIREITOS HUMANOS E EDUCAÇÃO

imanente que a caracteriza. Considero tão urgente impedir isto que eu reordenaria todos os outros objetivos educacionais por esta prioridade[6].

Para Theodor Adorno, é preciso tanto reconhecer os mecanismos que levam o ser humano a agir de forma desumanizada, como também despertar a consciência geral desses mecanismos. O autor apresenta duas questões como fundamentais para evitar que a barbárie se repita. A primeira é o investimento substancial na educação infantil, sobretudo na primeira infância, porque é o período no qual se forma a personalidade e é possível realizar expressivo trabalho na formação ética das crianças. A segunda é o que ele chama de "esclarecimento geral", na qual se possa produzir um clima intelectual, cultural e social que não permite a repetição da barbárie. O esclarecimento significa possibilitar às pessoas o caminho da autonomia e da autodeterminação. Desse modo, a educação somente tem sentido por visar à autorreflexão crítica[7].

Emannuel Kant, autor iluminista, em seu ensaio "Resposta à Pergunta: Que é Esclarecimento?" respondeu que: "é a saída do homem de sua menoridade, da qual ele próprio é culpado. A menoridade é a incapacidade de fazer uso de seu entendimento sem a direção de outro indivíduo. O homem é o próprio culpado dessa menoridade se a causa dela não se encontra na falta de entendimento, mas na falta de decisão e coragem de servir-se de si mesmo sem a direção de outrem"[8]. Para que o ser humano se emancipe, é preciso alcançar a liberdade e a autonomia, por meio do pensar crítico, reflexivo, contestador e investigativo. Kant, ao elaborar referido ensaio no século 18, indaga se se vivia em uma época esclarecida. E a resposta foi não. Todavia, afirmou que se vivia uma época de esclarecimento[9].

Dialogando com o pensamento do autor, verifica-se que se a educação não despertar para a autorreflexão e para crítica, seu papel será de mera reprodução do modelo já existente. Por isso, a educação deve

[6] *A Educação contra a Barbárie. In: Educação e Emancipação.* Tradução de Wolfgang Leo Maar. Rio de Janeiro: Paz e Terra, 1995, p. 155.

[7] *Educação Após Auschwitz. In: Educação e Emancipação*/Theodor W. Adorno. *cit.*, p. 121 a 125.

[8] Emanuel Kant. *Resposta à Pergunta: Que é "Esclarecimento"? In: Textos Seletos.* Introdução de Emmanuel Carneiro Leão. 5. ed. Petrópolis: Vozes, 2009, p. 63.

[9] *Idem. Ibidem*, p. 69.

CONSIDERAÇÕES FINAIS

constantemente despertar o pensamento crítico, reflexivo, contestador e construtivo. Deve questionar, indagar, inovar, apresentar novas visões, horizontes, caminhos e soluções para as tensões humanas. Deve despertar a criatividade, estimular a imaginação, desenvolver a autonomia pessoal, a relação e interação com o outro, a abertura para o novo e o respeito ao diferente.

O Iluminismo inegavelmente contribuiu para o caminho da emancipação. O conhecimento, no entanto, parece que foi muito mais absorvido pela sociedade e pelos padrões da época no sentido de despertar para uma racionalização desmedida, baseada na falsa ideia de progresso humano. O que se verificou no contexto social, e ainda hoje se encontra presente, foram relações de dominação e subjugação, sob o fundamento totalmente equivocado de progresso da sociedade. Esse caminho tem nos direcionado à barbárie.

As vivências da primeira metade do século 20 nos mostraram o condicionamento do ser humano a um padrão predeterminado, o que lhe veda a compreensão de si mesmo e da realidade no qual vive. Torna-se alienado, prisioneiro de um sistema do qual, na maioria das vezes, nem sequer percebe[10]. Nesse sistema, a educação, mesmo transmitindo o conhecimento técnico e científico, torna-se meramente repetidora de um padrão que leva à desumanização do ser humano, com sua indiferença em face do outro. Não liberta e não retira o ser humano do condicionamento. Cabe lembrar que, na obra *Eichmann em Jerusalém*, Hannah Arendt conclui que Eichmann "cumpria ordens". Era um burocrata. Não tinha autocrítica, quanto mais qualquer expressão de sensibilidade. Não refletia a respeito de suas ações e contexto no qual vivia e trabalhava[11].

A educação formal, em especial até a primeira metade do século 20, mas ainda hoje, tem tido seu caráter voltado preponderantemente para a formação técnico-científica. A exaltação à técnica se tornou tão absoluta no século 20 que se sobrepôs ao humano e ao respeito à dignidade da pessoa humana. Institucionalizamos a desumanização. Trata-se

---

[10] J. Krishnamurti. *A Educação e o Significado da Vida*. Tradução de Hugo Veloso. 6. Ed. São Paulo: Cultrix, p. 10.

[11] Hannah Arendt. *Eichmann em Jerusalém: Um Relato sobre a Banalidade do Mal*. Tradução de José Rubens Siqueira. São Paulo: Companhia das Letras. 1999.

CIDADANIA, DIREITOS HUMANOS E EDUCAÇÃO

de "desenvolvimento" que traz atraso, porque aniquila o ser humano. É a técnica se sobrepondo ao humano. Theodor Adorno adverte nesse sentido que:

> Um mundo em que a técnica ocupa uma posição tão decisiva, como acontece atualmente, gera pessoas tecnológicas, afinadas com a técnica. Isto tem a sua racionalidade boa: em seu plano mais restrito elas serão menos influenciáveis, com as correspondentes consequências no plano geral. Por outro lado, na relação atual com a técnica existe algo de exagerado, irracional, patogênico. Isto se vincula ao 'véu tecnológico'. Os homens inclinam-se a considerar a técnica como sendo algo em si mesma, um fim em si mesmo, uma força própria, esquecendo que ela é a extensão do braço dos homens[12].

Por isso, diante de um sistema de organização político, social e econômico que tem nos direcionado à desumanização e à total falta de empatia, precisamos trilhar caminhos de uma proposta educacional que desperte a consciência integral do ser humano. Segundo Edgar Morin: "Todo desenvolvimento verdadeiramente humano significa o desenvolvimento conjunto das autonomias individuais, das participações comunitárias e do sentimento de pertencer à espécie humana"[13].

O princípio maior da educação deve ser compreender a nós mesmos e a vida, para que possamos nos direcionar para o autoconhecimento e para empatia e, com base nessa compreensão, sermos capazes de construir relacionamentos mais harmônicos e saudáveis entre indivíduos, sociedades, Estados e mundo globalizado. A educação de qualidade e emancipatória demanda a crítica permanente e não pode se afastar do lado humano e das complexidades da nossa condição humana. De acordo com Edgar Morin: "uma das vocações essenciais da educação do futuro será o exame e o estudo da complexidade humana"[14].

---

[12] *Educação Após Auschwitz. In: Educação e Emancipação*/Theodor W. Adorno. *cit.*, p. 132.

[13] *Os Sete Saberes Necessários à Educação do Futuro*. Tradução de Catarina Eleonora F. da Silva e Jeanne Sawaya. Revisão Técnica de Edgard de Assis Carvalho. 2 ed. São Paulo: Cortez. Brasília, DF: UNESCO, 2000, p. 55.

[14] *Idem. Ibidem*, p. 61.

CONSIDERAÇÕES FINAIS

Diante de todo o exposto, o século 21 nos coloca novos desafios em um mundo cada vez mais complexo e globalizado. Vimos, ao analisar o final do século 20 e agora 21, que as principais democracias consolidadas na vertente da justiça social e equidade vêm alcançando excelentes níveis de educação escolar pública de qualidade para todos, por meio do empenho constante tanto do Estado quanto da sociedade. A promoção da educação escolar de forma universal, igualitária, gratuita, inclusiva e de qualidade para todos passa a ser papel central dos Estados, com supervisão da sociedade e com pleno apoio e suporte de organizações internacionais como a Unesco.

Para que essa perspectiva seja alcançada, a educação não pode ser um bem de consumo. A educação pública de qualidade deve ser um fim em si mesma. Ela é de interesse comum e social. A educação de excelência deve ser concebida como patrimônio da humanidade e jamais ser vista e tratada como bem de consumo. Isso porque, quando isso acontece, o seu fim deixa de ser promover a reflexão e o desenvolvimento do espírito crítico do aluno, e passa a ser a busca pela educação eficiente na resolução de testes padronizados e atendimento das demandas econômico-empresariais. Perde-se a essência do processo educacional, com o desenvolvimento do ser humano em suas potencialidades, e adota-se a lógica da escola como uma empresa.

Sabemos que vivemos tempos humanos difíceis. O sistema prestigia uma falsa escala de valores, que nos revela, por exemplo, a *cidadania gold*. Basta ter uma vultosa quantia de investimento financeiro em determinados países e eles lhe concedem a cidadania ouro, enquanto fecham as portas para migrantes e refugiados. Essa é uma inversão de valores. Representa um desvirtuamento do sentido e alcance da cidadania. A cidadania não é um bem de consumo. Até podem-se aceitar benefícios para os mais afortunados em razão dos bens que possuem e dos investimentos que podem levar aos respectivos países. No entanto, não se podem negar direitos a quem se encontra em situação de vulnerabilidade, como migrantes e refugiados. Por isso, nem a educação nem a cidadania podem ser bens de consumo e estar atreladas à lógica do mercado financeiro.

As democracias consolidadas na justiça social têm dado especial importância ao compromisso com a educação inclusiva, a fim de garantir a igualdade para todos ao longo do processo educacional. Nesse sentido,

CIDADANIA, DIREITOS HUMANOS E EDUCAÇÃO

é preciso enfrentar todas as formas de exclusão, marginalização e vulnerabilidade nas quais especialmente crianças e adolescentes podem se encontrar. A cultura escolar deve valorizar a diversidade e responder às diversas demandas sociais e culturais das comunidades nas quais essas pessoas se inserem. Deve promover o respeito e a empatia, e os ambientes de aprendizagem devem ser seguros e acolhedores, assim como livres de discriminação, assédio e violência.

As últimas décadas vêm trazendo mudanças positivas na educação escolar das democracias avançadas e comprometidas com a justiça social. O espaço escolar cada vez mais tem ganhado papel de destaque nessas sociedades. É o primeiro espaço em que crianças encontram a maior diversidade social, econômica e cultural. É o espaço de convívio de todos, de novas descobertas, de troca de ideias e visões de mundo, de conhecimento de si e do outro e de aprendizagem. É o espaço que deve proporcionar experiências que favoreçam relações saudáveis, marcadas pelo apreço à diversidade e incentivo à sensibilidade, ao respeito, à empatia e à valorização das diferenças culturais. A escola desempenha papel crucial na formação de indivíduos conscientes dos problemas e demandas da sociedade, para que atuem de forma ativa e participativa nas mudanças que se fazem necessárias em prol de uma sociedade mais harmônica, tolerante, solidária e sustentável.

As democracias mais avançadas e empenhadas em consolidar a justiça social têm buscado proporcionar, por meio da educação pública de qualidade, o desenvolvimento holístico do ser humano. Tem-se investido no bem-estar geral dos alunos e no grau de satisfação com a vida. O bem-estar refere-se às qualidades psicológicas, cognitivas, sociais e físicas que eles precisam para viver uma vida feliz e gratificante. Nesse sentido, a educação infantil é um período precioso e que precisa ser cada vez mais valorizado, especialmente pelos países com baixa qualidade de educação. Trata-se do período de formação da personalidade, e por isso deve ter altíssima relavância no processo educacional.

A educação escolar deve focar no desenvolvimento das várias dimensões da pessoa humana, tanto de competências individuais e emocionais, quanto sociais e coletivas. Expõe Edgar Morin que: "A educação do futuro deverá ser o ensino primeiro e universal, centrado na condição humana. Estamos na era planetária; uma aventura comum conduz os

CONSIDERAÇÕES FINAIS

seres humanos, onde quer que se encontrem. Estes devem reconhecer-se em sua humanidade comum e ao mesmo tempo reconhecer a diversidade cultural inerente a tudo que é humano"[15].

Ainda segundo o autor:

> O século XXI deverá abandonar a visão unilateral que define o ser humano pela racionalidade (*Homo sapiens*), pela técnica (*Homo faber*), pelas atividades utilitárias (*Homo economicus*), pelas necessidades obrigatórias (*Homo prosaicus*). O ser humano é complexo e traz em si, de modo bipolarizado, caracteres antagonistas: *sapiens e demens* (sábio e louco); *faber e ludens* (trabalhador e lúdico). *Empiricus e imaginarius* (empírico e imaginário); *economicus e consumans* (econômico e consumista); *prosaicus e poeticus* (rposico e poético). O homem da racionalidade é também o da efetividade, do mito e do delírio (*demens*). O homem do trabalho é também o homem do jogo (ludens). O homem empírico é também o homem imaginário (*imaginarius*). O homem da economia é também o do consumismo (*consumans*). O homem prosaico é também o da poesia, isto é, do fervor, da participação, do amor, do êxtase[16].

As democracias mais avançadas do século 21 vêm dando substancial importância à formação holística do ser humano. As crianças e os jovens devem ser ensinados e sensibilizados a serem empáticos, socialmente responsáveis, engajados, ativos e participativos em suas comunidades, a trabalharem com a diversidade, para que sejam agentes transformadores. Tem-se defendido, no campo educacional, uma visão mais ampla de sucesso, muito além das notas acadêmicas, porquanto focada no desenvolvimento integral do ser humano da perspectiva humanista, voltada para a forma como se relacionam com a vida, com o trabalho e com a sociedade. A cidadania a ser desenvolvida e prestigiada há de ser ativa e participativa, voltada para o bem-estar individual conjugado à harmônia da coletividade e da humanidade como um todo.

Por isso, ganha destaque no campo da educação formal do século 21 o que vem sendo chamado de desenvolvimento das competências

---

[15] *Os Sete Saberes Necessários à Educação do Futuro. cit.*, p. 47.
[16] *Idem, Ibidem.* p. 58.

CIDADANIA, DIREITOS HUMANOS E EDUCAÇÃO

globais. A competência global tem como objetivo o aprendizado multidimensional e ao longo da vida toda. Indivíduos globalmente competentes podem examinar e enfrentar realidades locais, regionais, globais e interculturais de forma mais empática, entender e perceber diferentes perspectivas e visões de mundo, interagir de modo bem-sucedido e respeitoso com os outros, e agir responsavelmente em relação à sustentabilidade e ao bem-estar coletivo. Adverte Edgar Morin que: "O enfraquecimento da percepção do global conduz ao enfraquecimento da responsabilidade (cada qual tende a ser responsável apenas por sua tarefa especializada), assim como ao enfraquecimento da solidariedade (cada qual não mais sente os vínculos com seus concidadãos)"[17].

Por isso, é crucial e central o papel da escola no desenvolvimento e aprimoramento das competências globais. Crianças e adolescentes estão em processo de formação e é nessa fase que tais habilidades precisam ser potencializadas e a sensibilidade despertada. O desenvolvimento das competências globais proporciona a construção da cidadania ativa, participativa e universal.

A educação voltada para o desenvolvimento das competências globais possibilita o empoderamento das pessoas para desenvolverem ao máximo suas capacidades e potencialidades em um mundo globalizado. Esse empoderamento possibilita à educação desempenhar papel fundamental na erradicação da pobreza, no alcance da igualdade de gênero, na obtenção de trabalhos decentes, nos cuidados com a saúde, com o meio ambiente, além de aumentar a renda e colaborar substancialmente para o crescimento e desenvolvimento econômico, social e cultural dos países. Isso porque há vínculo direto entre população bem-educada e economia vibrante e baseada no conhecimento, no desenvolvimento sustentável e no aumento das possibilidades de crescimento de toda a sociedade. Altos níveis de escolaridade proporcionam melhor qualidade de vida. E a educação de sucesso pressupõe a aprendizagem ao longo de toda a vida. No entanto, é importante destacar que mesmo países democráticos e desenvolvidos têm enfrentado dificuldades e desafios diários para o alcance da educação pública de qualidade para todos.

Diante de todo o exposto, chegamos ao século 21 com esperança! Precisamos de mais lucidez e menos racionalidade. A educação precisa

---

[17] *Idem. Ibidem*, p. 40 e 41.

CONSIDERAÇÕES FINAIS

sempre dar sentido à vida, e a vida em sociedade pressupõe comparti-lhamento, comunhão, doação e troca. O ser humano vive em sociedade, e a vida tem valor pelos relacionamentos e vínculos que constrói. Pre-cisamos redefinir a escala de valores que dá sentido à vida e à educa-ção. E a razão da educação há de ser a pessoa humana e o respeito à sua dignidade.

Os caminhos para a educação pública de qualidade ainda são muitos, porquanto os desafios são diários e sempre inacabados. Mas a educação é a maior ferramenta para o desenvolvimento humano quando direcio-nada para a perspectiva humanista. É também a base para a construção da cidadania. A educação humanista proporciona a formação de cida-dãos críticos, livres, ativos, participativos e com expressiva responsa-bilidade social. O alcance de uma cidadania mais plena dependerá em grande parte do que estiver ocorrendo hoje e amanhã nas salas de aula.

Finalizamos com as palavras de Edgar Morin: "Cabe à educação do futuro cuidar para que a ideia de unidade da espécie humana não apa-gue a ideia de diversidade e que a da diversidade não apague a da uni-dade. Há uma unidade humana. Há uma diversidade humana. (...) Compreender o humano é compreender sua unidade na diversidade, sua diversidade na unidade. É preciso conceber a unidade do múltiplo, a multiplicidade do uno"[18].

---

[18] *Os Sete Saberes Necessários à Educação do Futuro. cit.*, p. 55

9. REFERÊNCIAS

ADORNO, Theodor. *Educação após Auschwitz*. Disponível em: <https://rizo mas. net/arquivos/Adorno-Educacao--apos-Auschwitz.pdf>. Acesso em: 10 de jul. 2018.

ADORNO, Theodor. *Educação Após Auschwitz*, in *Educação e Emancipação*. Tradução de Wolfgang Leo Maar. Rio de Janeiro: Paz e Terra, 1995.

ADORNO, Theodor. *A Educação contra a Barbárie*, in *Educação e Emancipação*. Tradução de Wolfgang Leo Maar. Rio de Janeiro: Paz e Terra, 1995.

ARAUJO, Luiz Alberto David. *A Proteção Constitucional das Pessoas Portadoras de Deficiência*. 3ª ed. Brasília: Corde, 2003.

ARAUJO, Luiz Alberto David. *A Proteção Constitucional das Pessoas com Deficiência e o Cumprimento do Princípio da Dignidade Humana*, in *Tratado Luso-Brasileiro da Dignidade Humana*. 2ª ed. Coordenação de Jorge Miranda e Marco Antonio Marques da Silva. São Paulo: Quartier Latin, 2009.

ARAUJO, Luiz Alberto David. *Pessoas com Deficiência e o Dever Constitucional de Incluir: A Ação Direta de Inconstitucionalidade n. 5357: Uma Decisão Vinculante e Muitos Sinais Inequívocos*. São Paulo: Verbatim, 2018.

ARAUJO, Luiz Alberto David e NUNES JÚNIOR, Vidal Serrano. *Curso de Direito Constitucional*. 12ª ed. São Paulo: Saraiva, 2008.

ARENTD, Hannah. *Origens do Totalitarismo*. Tradução de Roberto Raposo. São Paulo: Companhia das Letras. 7ª reimpressão, 1989.

ARENTD, Hannah. *Eichmann em Jerusalém: Um Relato sobre a Banalidade do Mal*. Tradução de José Rubens Siqueira. São Paulo: Companhia das Letras, 1999.

BALERA, Wagner. *A Dignidade da Pessoa e o Mínimo Existencial*, in *Tratado Luso-Brasileiro da Dignidade Humana*. Coordenação de Jorge Miranda e Marco Antonio Marques da Silva. 2ª ed. atualizada e ampliada. 2009.

BALERA, Wagner. *O Direito dos Pobres*. São Paulo: Paulíneas, 1982.

BALZANA, Sonia Maria Nogueira. *Do Direito ao Ensino de Qualidade ao Direito de Aprender com Qualidade – o Desafio da Nova Década*, in *Direito à Educação: Uma*

Questão de Justiça. Organizador Wilson Donizeti Liberati. São Paulo: Malheiros, 2004.

BARROSO, Luís Roberto. *O Direito Constitucional e a Efetividade de Suas Normas: Limites e Possibilidades da Constituição Brasileira.* 9ª ed. Rio de Janeiro: Renovar, 2009.

BASÍLIO, Ana Luiza. *Paulo Freire em seu Devido Lugar.* Disponível em: <https://educacaointegral.org.br/reportagens/paulo-freire-em-seu-devido-lugar/?gclid=EAIaIQobChMI1-im-Lmu3gIVgRGRCh2fQQZpEAAYAS AAEgKjb_D_BwE>. Acesso em 30 de out. 2018.

BASTOS, Celso Ribeiro e MARTINS, Ives Gandra. *Comentários à Constituição do Brasil: Promulgada em 5 de outubro de 1988.* 2ª ed. São Paulo: Saraiva, 2001, v. I.

BBC NEWS BRASIL. *Os segredos de Cingapura, apontado como o país com a melhor educação do mundo.* Disponível em: <http://www.bbc.com/por tuguese/internacional-38220311>. Acesso em 01 de agosto de 2019.

BEDIN, Gilmar Antonio. *A Sociedade Internacional e o Século XXI: Em Busca da Construção de uma Ordem Judicial Justa e Solidária.* Ijuí: Ed. UNIJUÍ, 2001.

BITTAR, Eduardo C.B. *Ética, Educação, Cidadania e Direitos Humanos: Estudos Filosóficos entre Cosmopolitismo e Responsabilidade Social.* Barueri, São Paulo: Manoel, 2004.

BOAVENTURA, Edivaldo M. *A Educação na Constituição de 1946: Comentários,* in *A Educação nas Constituintes Brasileiras 1823-1988.* 3ª ed. Osmar Fávero (org). Campinas: Autores Associados, 2005.

BOBBIO, Norberto, MATTEUCCI, Nicola e PASQUINO, Gianfranco. *Dicionário de Política.* Brasília: Editora Universidade de Brasília, 1994.

BOBBIO, Norberto. *A Era dos Direitos.* Rio de Janeiro: Campus. Tradução de Carlos Nelson Coutinho; apresentação de Celso Lafer. Rio de Janeiro: Elsevier, 6ª reimpressão, 2004.

BONAVIDES, Paulo. *Teoria Constitucional da Democracia Participativa.* 3ª ed. São Paulo: Malheiros. 2008.

BRANDÃO, Carlos Rodrigues. *Paulo Freire e Todos Nós: Algumas Lembranças sobre sua Vida e seu Pensamento.* Disponível em: <http://www.acervo.paulofreire.org: 8080/jspui/bitstream/7891/2941/3/ FPF _PTPF_01_0299.pdf>. Acesso em 01 de nov. 2018.

BUSINESS INSIDER. Disponível em: <http://www.businessinsider.com/ pisa-worldwide-ranking-of-math-science-reading-skills-2016-12>. Acesso em 01 de ago. 2019.

CANADA. COUNCIL OF MINISTERS OF EDUCATION. Disponível em: <http://cmec. ca/Publications/Lists/Publications/Atta chments/122/ICE2008-reports-canada. en.pdf >. Acesso em 01 de ago. 2019.

CALMON, Pedro. *História Social do Brasil: Espírito da Sociedade Colonial.* São Paulo: Martins Fontes, 2002, Vol. 1.

CALMON, Pedro. *História Social do Brasil. Espírito da Sociedade Imperial.* São Paulo: Martins Fontes, 2002, Vol. 2.

CALMON, Pedro. *História Social do Brasil. A Época Republicana.* São Paulo: Martins Fontes. 2002, Vol. 3.

CÂMARA DOS DEPUTADOS. Disponível em: <http://www2.camara.leg.

REFERÊNCIAS

br/camaranoticias/radio/materias/ RADIOAGENCIA/551942-REGU-LAMENTACAO-DO-SISTEMA--NACIONAL-DE-EDUCACAO-ESTA--PRONTA-PARA-ANALISE-DA--COMISSAO-DE-EDUCACAO.html>. Acesso em 01 de ago. 2019.

CÂMARA DOS DEPUTADOS. LEI Nº 13.146, DE 6 DE JULHO DE 2015. Disponível em: <https://www2.camara.leg.br/legin/fed/lei/2015/lei-13146-6-julho-2015--781174-publicacaooriginal-147468-pl. html>. Acesso em 01 de ago. 2019.

CANDAU, Vera Maria Ferrão. *Direito à Educação, Diversidade e Educação em Direitos Humanos*. Disponível em http://www. scielo.br/pdf/es/v33n120/04.pdf>. Acesso em 28 de nov. 2018.

CANÊDO, Letícia Bicalho. *Aprendendo a Votar*, in *História da Cidadania*. Organizado por Jaime Pinsky e Carla Bassanezi Pinsky. São Paulo: Contexto, 2003.

CANOTILHO, J.J. Gomes e MOREIRA, Vital. *Constituição da República Portuguesa Anotada*. 1ª ed. brasileira. São Paulo: Revista dos Tribunais; Coimbra, PT: Coimbra Editora, 2007, v.1.

CARNOY, Martin; KHAVENSON, Tatiana; FONSECA, Izabel; COSTA, Leandro e MAROTTA, Luana. *A Educação Brasileira Está Melhorando? Evidências do PISA e do SAEB*. Tradução de Henrique C. J. Santos. *452 Cadernos de Pesquisa* v. 45 n. 157 p. 450-485 jul./set. 2015. Disponível em: <http://www.scielo.br/pdf/cp/v45n157/1980-5314-cp-45-157-00450. pdf>. Acesso em 20 de jan. 2019.

CARVALHO, José Murilo de. *Cidadania no Brasil: O Longo Caminho*. 12ª ed. Rio de Janeiro: Civilização Brasileira, 2009.

CASTRO, Claudio de Moura. "A Penosa Evolução do Ensino e seu Encontro com o Pisa". *Pisa 2000. Relatório Nacional*. Disponível em: <http://portal.inep.gov.br/documents/186968/484421/PISA+2000+--+Relat%C3%B3rio+Nacional/e050a3a8-cf8a-4672-bd3b-43897 c71518f?version=1.2>. Acesso em 24 de jan. 2019.

CHENG, Lim Lai. *Por que Singapura, 1ª em ranking mundial, quer reduzir foco em notas nas escolas*. Disponível em: <http://www.bbc.com/portuguese/internacional-39203674>. Acesso em 4 de abr. 2018.

CHINA LINK TRADING. BLOG. Disponível em: <http://www.chinalinktrading. com/blog/diferencas-china-e-hong--kong/>. Acesso em 01 de ago. 2019.

CHO, Jimin; HUH, Jin. *New Education Policies and Practices in South Korea*. Disponível em: <http://bangkok.unesco.org/content/new-education-policies-and--practices-south-korea>. Acesso em: 15 de maio. 2018.

COMPARATO, Fábio Konder. *A Afirmação Histórica dos Direitos Humanos*. 3ª ed. São Paulo: Saraiva, 2004.

COMPARATO, Fábio Konder. *Direitos Humanos no Brasil: O Passado e o Futuro*. In: *Direitos Humanos: Legislação e Jurisprudência*. São Paulo: Imprensa Oficial do Estado de São Paulo. Centro de Estudos da Procuradoria Geral do Estado de São Paulo, 2000. vol. I, Série Estudos, n.12.

COMITÊ DA CULTURA DE PAZ. Disponível em: <http://www. comitepaz.org.br/download/

Declara%C3%A7%C3%A3o%20 e%20Programa%20de%20 A%C3%A7%C3%A3o%20sobre%20 uma%20Cultura%20de%20Paz%20--%20ONU.pdf>. Acesso em 02 de ago. 2018.

Conselho de Cidadãos Berlim – Sistema Educacional Alemão. Disponível em: <http://conselhocidadaos-berlim.de/item/sistema-educacional--alemao/>. Acesso em: 01 de ago. 2019.

Convenção Interamericana para a Eliminação de Todas as Formas de Discriminação Contra as Pessoas Portadoras de Deficiência: Decreto n. 3.956, de 8 de outubro de 2001. Disponível em: <http://www.planalto.gov.br/ccivil_03/decreto/2001/D3956.htm>. Acesso em 14 de nov. 2018.

Convenção Sobre os Direitos das Pessoas com Deficência e Seu Protocolo Facultativo: Decreto n. 6949 de 25 de agosto de 2009. Disponível em: <http://www.planalto.gov.br/ccivil_03/_Ato2007-2010/2009/Decreto/D6949.htm>. Acesso em 14 de nov. 2018.

Convenção Realtiva à Luta Contra a Discriminação no Campo do Ensino. Disponível em: <http://unesdoc.unesco.org/images/0013/001325/132598por.pdf>. Acesso em 9 de fev. 2018.

Constituições Brasileiras Brasileiras (Império e República). 1ª ed. Organizado por vox legis. São Paulo: Sugestões literárias S/A, 1978.

Country Basic Information. Unesco Institute for Statistics. Disponível em: <http://www.ibe.unesco.org/Countries/WDE/2006/NORTH_AMERICA/United_States_of_America/United_States_of_America.htm>. Acesso em 23 de maio. 2018.

Dallari, Dalmo de Abreu. Elementos de Teoria Geral do Estado. 28ª ed. São Paulo: Saraiva, 2009.

Declaração Mundial Sobre Educação para Todos: Satisfação das Necessidades Básicas da Aprendizagem. Disponível em: <http://www.direitoshumanos.usp.br/index.php/Direito--a-Educa%C3%A7%C3%A3o/declaracao-mundial-sobre-educacao-para--todos.html>. Acesso em 26 de jul. 2018.

Declaração Sobre Princípios, Política e Práticas na Área das Necessidades Educativas Especiais de Salamanca. Disponível em: <http://unesdoc.unesco.org/images/0013/001393/139394por.pdf>. Acesso em 9 de fev. 2018.

Declaração e Plano de Ação Integrado Sobre Educação para a Paz, os Direitos Humanos e a Democracia. Disponível em: <http://unesdoc.unesco.org/images /0011/001128/112 874por.pdf>. Acesso em 9 de fev. 2018.

Declaração de Hamburgo. Disponível em: <http://unesdoc.unesco.org/ima ges/0011/001161/116114por.pdf>. Acesso em 9 de fev. 2018.

Declaração Sobre Educação para Todos. Disponível em: <http://unesdoc.unesco.org/images /0012/001275/127509porb.pdf>. Acesso em 10 de fev. 2018.

Declaração de Cochabamba: Educação para Todos. Disponível em:

REFERÊNCIAS

<http://unesdoc.unesco.org/images/0012/001275/127510por.pdf>. Acesso em 10 de fev. 2018.

Declaração de Incheon e o Marco de Ação da Educação de Qualidade Inclusiva e Equitativa e a Educação ao Longo da Vida para Todos. Disponível em: <http://unesdoc.unesco.org/images /0024/002432/243278POR.pdf>. Acesso em 22 de fev. 2018.

Del Priore, Mary e Venâncio, Renato Pinto. *O Livro de Ouro da História do Brasil*. 2ª reimpressão. Rio de Janeiro: Ediouro, 2001.

De Olho nos Planos. Disponível em: http://www.deolhonosplanos.org.br/pne-tem-so-mnbvum-dispositivo-cumprido/ . Acesso em 01 de ago. 2018.

Departamento de Educação de Hong Kong. Disponível em: <http://www.edb.gov.hk/en/edu-system/preprimary-kindergarten/overview/index.html>. Acesso em 05 de abr. 2018.

Digiácomo, Murillo José. *Instrumentos Jurídicos para Garantia do Direito à Educação*, in *Direito à Educação: Uma Questão de Justiça*. Organizado por Wilson Donizeti Liberati. São Paulo: Malheiros, 2004.

Diniz, Maria Helena. *Dicionário Jurídico*. São Paulo: Saraiva, 1998, v.3.

Educação para Todos na América Latina: Um Objetivo ao Nosso Alcance. Relatório Regional de Monitoramento de EPT 2003. Disponível em: <http://unesdoc.unesco.org/images/0014/001474/147424por.pdf>. Acesso em 14 de junho de 2018.

Education Bureau. The Government of the Hong Kong Special Administrative Region. Disponível em: <http://www.edb.gov.hk/en/edu-system/primary-secondary/primary/overview/index.html>. Acesso em 01 de ago. 2019.

Education in Japan Community Blog. Disponível em: <https://educationinjapan.wordpress.com/education-system-in-japan-general/the-real-source-of-success-in-japanese-schools/>. Acesso em 01 de agosto de 2019.

Education in Japan Community Blog. Disponível em: <https://educationinjapan.wordpress.com/the-japanese-educational-system/>. Acesso em 01 de ago. 2018.

Education in the United States: A Brief Overview. Disponível em: USA: <https://ed.gov/about/offices/list/ous/international/edus/index.html>. Acesso 23 de maio. 2018.

Eurydice. Disponível em: <https://webgate.ec.europa.eu/fpfis/mwikis/eurydice/index.php/Germany:Overview>. Acesso em 01 de ago. 2019.

Eurydice. Disponível em: <https://webgate.ec.europa.eu/fpfis/mwikis/eurydice/index.php/France:Overview>. Acesso em 01 de ago. 2019.

Eurostat. Disponível em: <https://webgate.ec.europa.eu/fpfis/mwikis/eurydice/index.php/United-Kingdom-Northern-Ireland:Overview>. Acesso em 01 de ago. 2019.

Fausto, Boris. *História do Brasil*. 13ª ed. São Paulo: Edusp, 2008.

Fávero, Osmar. *A Educação no Congresso Constituinte de 1966-67: Contrapontos*, in

A Educação nas Constituintes Brasileiras (1823-1988). Organizado por Osmar Fávero. 3ª ed. Campinas: Autores Associados, 2005.

FERRARO, Alceu Ravanello. *História Inacabada do Analfabetismo no Brasil.* São Paulo: Cortez, 2009.

FERREIRA, Luiz Antonio Miguel. *Temas de Direito à Educação.* São Paulo: Imprensa Oficial do Estado de São Paulo: Escola Superior do Ministério Público, 2010.

FERREIRA, Tito Livio. *História da Educação Lusobrasileira.* São Paulo: Saraiva, 1966, IX. Gladys Sabina Ribeiro. In: *Brasileiros e Cidadãos: Modernidade Política 1822-1930.* Organizado por Gladys Sabino Ribeiro. São Paulo: Alameda, 2008.

FINNISH NACIONAL AGENCY FOR EDUCATION. *Basic education.* Disponível em: <http://www.oph.fi/english/education_system/basic_education>. Acesso em 15 de maio. 2019.

FINNISH NACIONAL AGENCY FOR EDUCATION. *Early childhood education and care.* Disponível em: <http://www.oph.fi/english/curricula_and_qualifications/early_childhood_education_and_care>. Acesso em 15 de maio. 2019.

FINNISH NATIONAL AGENCY FOR EDUCATION. *Education policy.* Disponível em: <http://www.oph.fi/english/education_system_education_policy.> Acesso em 15 de maio. 2019.

FINNISH NACIONAL AGENCY FOR EDUCATION. *Higher education.* Disponível em: <http://www.oph.fi/english/education_system/higher_education>. Acesso em 16 de maio. 2019.

FINNISH NACIONAL AGENCY FOR EDUCATION. *Teacher education.* Disponível em: <http://www.oph.fi/english/education_system/teacher_education>. Acesso em 15 de maio. 2019.

FIORILLO, Celso Antonio Pacheco. *Curso de Direito Ambiental.* São Paulo: Saraiva, 2000.

FOLHA DE SÃO PAULO. 6 Cotidiano 2. Sábado, 17 de maio de 2014. Disponível em: <http://www.planalto.gov.br/ccivil_03/leis/lim/LIM4.htm>. Acesso em 17 de set. 2018. MELLO, Patrícia Campos. "EUA anunciam que vão deixar Unesco em dezembro", in *Folha de São Paulo.* Disponível em: <http://www1.folha.uol.com.br/mundo/2017/10/1926552-eua-anunciam-que-vao-deixar-unesco-em-dezembro.shtml>. Acesso em 01 de ago. 2019.

FRAZÃO, Dilva. *Biografia de Paulo Freire.* Disponível em: <https://www.ebiografia.com/paulo_freire/>. Acesso em 1 de ago. 2019.

FREIRE, Paulo. *Pedagogia da Autonomia: Saberes Necessários à Prática Educativa.* São Paulo: Paz e Terra, 1996.

FREIRE, Paulo. *Pedagogia da Tolerância.* Organização e notas de Ana Maria Araújo Freire. São Paulo: Unesp, 2004.

FREITAS, Marcos Cezar de e BICCAS, Maurilene de Souza. *História Social da Educação no Brasil (1926-1996).* São Paulo: Cortez, 2009, v.3.

FREUD, Sigmund. *Por qué la Guerra? (Einstein y Freud) (1933 [1932]),* in *Obras Completas.* Tradução de José Luis Etcheverry. Buenos Aires: Amorrortu, 2001, v. 22.

FUNDAÇÃO LEMANN. Disponível em: <https://fundacaolemann.org.br/

REFERÊNCIAS

noticias/como-esta-nossa-educacao--basi ca?gclid=EAIaIQobChMIpM2Wh_Dl 3gIVkQqRCh14lA-PEAAYASAA-EgI8 pvD_BwE>. Acesso em 02 de ago. 2019.

GERMANNY - *Strong Performers and Successful Reformers in Education. EduSkills OECD.* Disponível em: <https://www.youtube.com/watch?v=q4vVwWBqlCM>. Acesso em 20 de mar. 2018.

GHIRALDELLI Jr., Paulo. *História da Educação Brasileira.* São Paulo: Cortez, 2006.

GOMES, Luiz Flávio. *Uma Aproximação aos Valores Fundamentais do Estado Democrático e Social do Terceiro Milênio,* in *Uma Vida Dedicada ao Direito: Homenagem a Carlos Henrique de Carvalho.* São Paulo: Revista dos Tribunais, 1995.

GOMES, Mércio Pereira. *O Caminho Brasileiro Para a Cidadania Indígena,* in *História da Cidadania.* Organizado por Jaime Pinsky e Carla Bassanezi Pinsky. São Paulo: Contexto, 2003.

GORDILLO, Agustín. *Princípios Gerais de Direito Público.* Tradução brasileira de Marco Aurélio Greco. São Paulo: Ed. Revista dos Tribunais, 1977.

GOVERNMENT OF CANADA. Disponível em: <http://www.canadainternational.gc.ca/brazil-bresil/about_a-propos/education.aspx?lang=por>. Acesso em 02 de ago. 2019.

GOV.UK – THE NACIONAL CURRICULUM. Disponível em: <www.gov.uk/national-curriculum/key-stage-1-and-2>. Acesso em 01 de ago. 2019.

GOV.UK – EDUCATION SISTEM IN UK. Disponível em: <https://www.gov.uk/government/uploads/system/uploads/attachment_data/file/219167/v01-2012ukes.pdf>. Acesso em 01 de ago. 2019.

GRAF, Márcia Elisa de Campos e GRAF, Larissa de Campos. *Cidadania e Exclusão: A Lei e a Prática,* in *História e Direito: Jogos de Encontros e Transdisciplinariedade.* Organizado por Gizlene Neder. Rio de Janeiro: Revan, 2007.

HOBSBAWM, Eric J. *Era dos Extremos: o Breve Século XX: 1914-1991.* Tradução de Marcos Santarrita. Revisão técnica de Maria Célia Paoli. São Paulo: Companhia das Letras, 1995.

HOLANDA, Sérgio Buarque de. *Raízes do Brasil.* 27ª. ed. e 7ª reimpressão. São Paulo. Companhia das Letras. 2014.

HORTA, José Silvério Baía. *A Educação no Congresso Constituinte de 1966-1967,* in *A Educação nas Constituintes Brasileiras (1823-1988).* Organizado por Osmar Fávero. 3ª ed. Campinas: Autores Associados, 2005.

INCRÍVEL. *10 Fatos sobre a Educação Japonesa que Transformaram o País em Referência.* Disponível em: <https://incrivel.club/inspiracao-criancas/10-fatos-sobre-a--educacao-japonesa-que-transformaram-o-pais-em-referencia-117460/>. Acesso em 01 de ago. 2019.

INEP. PISA 2000. Relatório Nacional. Disponível em: <http://portal.inep.gov.br/documents/186968/484421/PISA+2000+-+Relat%C3%B3rio+Nacional/e050a3a8-cf8a-4672-bd3b-43897c71518f?version=1.2. Acesso em 01 de ago. 2019.>.

INEP – Instituto Nacional de Estudos e Pesquisas Educacionais Anísio Teixeira. Disponível em: <http://portal.inep.gov.

br/web/guest/finalidades>. Acesso em 01 de ago. 2019.

INEP – Instituto Nacional de Estudos e Pesquisas Educacionais Anísio Teixeira. Disponível em: <http://portal.inep.gov.br/artigo/-/asset_publisher/B4AQV9zFY7Bv/content/o-que-e-o-pisa/21206>. Acesso em 01 de ago. 2019.

INTERNATIONS – CONNECTING GLOBAL MINDS. Disponível em: <https://www.internations.org/hong-kong-expats/guide/29461-family-children-education/schools-in-hong-kong-15886/the-education-reform-in-hong-kong-2>. Acesso em 01 de ago. 2019.

ITS – HONG KONG EDUCATION SYSTEM. Disponível em: <http://www.itseducation.asia/education-system.htm>. Acesso em 01 de ago. 2019.

JACKSON, Anthony e SCHLEICHER, Andreas. *How to Prepare Students for the Complexity of a Global Society*. Disponível em: < http://oecdeducationtoday.blogspot.com.br/2018/01/how-to-prepare-students-for-complexity.html >. Acesso em 01 de ago. 2019.

JOVCHELOVITCH, Sandra. Entrevista. *Há Simetria entre o Comportamento da População e o dos Políticos no Brasil*. Folha de São Paulo. A 17. 7 de dezembro de 2009.

JORNAL DO COMÉRCIO. *Brasil se Torna a Sexta Economia do Mundo*. Disponível em: < https://www.jornaldocomercio.com/site/noticia.php?codn=82504 >. Acesso em 02 de ago. 2019.

JUBILUT, Liliana Lyra. *Os Pactos Internacionais de Direitos Humanos*, in *Direito Internacional dos Direitos Humanos:* *Instrumentos Básicos*. Coordenadores: Guilherme Assis de Almeida e Cláudia Perrone-Moisés. São Paulo: Atlas, 2002.

KANT, Immanuel. *Textos Seletos. Resposta à Pergunta: Que é "Esclarecimento"?* Introdução de Emmanuel Carneiro Leão. 5ª ed. Petrópolis: Vozes, 2009.

KRISHNAMURTI, J. *A Educação e o Significado da Vida*. Tradução de Hugo Veloso. 6ª Ed. São Paulo: Cultrix, 1994.

KORPELA, Salla. *Com uma educação gratuita e de alta qualidade para todos*. de Disponível em: <https://finland.fi/pt/vida-amp-sociedade/com-uma-educacao-gratuita-e-de-alta-qualidade-para-todos/> Acesso em 15 de maio. 2019.

LAFER, Celso. *A Reconstrução dos Direitos Humanos: Um Diálogo com o Pensamento de Hannah Arendt*. São Paulo: Companhia das Letras, 1988.

LEHTNIEMI, Ninni. 2016. *A Verdade Sobre as Escolas Finlandesas*. Disponível em: <https://finland.fi/pt/vida-amp-sociedade/a-verdade-sobre-as-escolas-finlandesas/≥>. Acesso em 15 de maio. 2019.

LIBERATI, Wilson Donizeti. *Conteúdo Material do Direito à Educação Escolar*, in *Direito à Educação: Uma Questão de Justiça*. Organizador Wilson Donizeti Liberati. São Paulo: Malheiros, 2004.

LIMA, Carolina Alves de Souza. *A Construção da Cidadania e o Direito à Educação*. Tese de Livre-docência. PUC/SP. 2012.

LIMA, Carolina Alves de Souza. *Aborto e Anencefalia: Colisão de Direitos Fundamentais*. 2ª ed. São Paulo: Juruá, 2015.

LIMA, Carolina Alves de Souza. *Relação Intrínseca entre Direitos Humanos,*

REFERÊNCIAS

Dignidade e Cidadania no Mundo Contemporâneo, in *Revista da Associação Paulista do Ministério Público de São Paulo*, São Paulo, p. 82–89. 01 abr. 2011.

LIMA, Carolina Alves de Souza e PEREIRA, B. V. B. *Globalização e solidariedade: desafios para a construção da cidadania universal*, in *Revista de Direito Internacional e Globalização Econômica*, v. 1, p. 133-153, 2019.

LUCA, Tânia Regina de. *Direitos Sociais no Brasil*, in *História da Cidadania*. Organizado por Jaime Pinsky e Carla Bassanezi Pinsky. São Paulo: Contexto, 2003.

LÚCIO, Álvaro Laborinho. *Educação Arte e Cidadania*. 2ª ed. Paredes: Tema e Lemas, 2008.

LUÑO Antonio E. Perez. *Los Derechos Fundamentales*. 7ª ed. Madrid: Tecnos, 1998.

MAAR, Wolfgang Leo. *À Guisa de Introdução: Adorno e a Experiência Formativa*, in *Educação e Emancipação*/Theodor W. Adorno. Tradução de Wolfgang Leo Maar. Rio de Janeiro: Paz e Terra, 1995.

MALUF, Sahid. *Direito Constitucional*. 15ª ed. São Paulo: Saraiva, 1983.

MARCO DE AÇÃO DE EDUCAÇÃO PARA TODOS. Disponível em: http://unesdoc.unesco.org/images/0012/001275/127509porb.pdf. Acesso em 10 de fev. 2018.

MARQUES, Márcio Thadeu Silva. *Sistemas de Garantia de Direitos da Infância e da Juventude*, in *Direito à Educação: Uma Questão de Justiça*. Organizado por Wilson Donizeti Liberati. São Paulo: Malheiros, 2004.

MARQUES, Oswaldo Henrique Duek. *Contribuições Para a Compreensão do Nazismo*. São Paulo: Martins Fontes, 2017.

MARRACH, Sonia. *Outras Histórias da Educação: Do Iluminismo à Industria Cultural (1823-2005)*. São Paulo: Unesp, 2009.

MARTÍN, Núria Belloso. *Os Novos Desafios da Cidadania*. Tradução de Clovis Gorczevski. Santa Cruz do Sul: EDUNISC, 2005.

MARTINS, Ricardo Chaves de Rezende. *Financiamento da educação básica pública no Brasil: algumas notas*, in *Direito à Educação: Uma Questão de Justiça*. Organizado por Wilson Donizeti Liberati. São Paulo: Malheiros, 2004.

MINISTÉRIO DA EDUCAÇÃO. Disponível em: http://portal.mec.gov.br/component/tags/tag/36419-sistema-nacional-de-educacao. Acesso em 01 de agosto de 2019.

MINISTÉRIO DA EDUCAÇÃO. Disponível em: http://pne.mec.gov.br/images/pdf/sase_mec.pdf. Acesso em 01 de ago. 2019.

MUNDO EDUCAÇÃO. Disponível em: http://mundoeducacao.bol.uol.com.br/geografia/ocde.htm. Acesso em 01 de ago. 2019.

MINISTÉRIO DA EDUCAÇÃO. Disponível em: http://portal.mec.gov.br/component/tags/tag/32130. Acesso em 01 de ago. 2019.

MINISTÉRIO DAS RELAÇÕES EXTERIORES. Disponível em: http://www.itamaraty.gov.br/pt-BR/component/tags/tag/ocde-organizacao-para-a-cooperacao-e-o-desenvolvimento-economico. Acesso em 01 de ago. 2019.

MINISTRY OF EDUCATION. SINGAPURE. *Post-secondary education*. Disponível em:

<https://www.moe.gov.sg/docs/default-source/document/education/post-secondary/files/post-secondary-brochure.pdf>. Acesso em 15 de maio. 2019.

MINISTRY OF EDUCATION. SINGAPURE. *Preschool education.* Disponível em:< https://www.moe.gov.sg/education/preschool>. Acesso em 15 de maio. 2019.

MINISTRY OF EDUCATION. SINGAPURE. *Primary school education.* Disponível em: <https://www.moe.gov.sg/docs/default-source/document/education/primary/files/primary-education-booklet-2017_el.pdf> Acesso em 15 de maio. 2019.

MINISTRY OF EDUCATION. SINGAPURE. *Secondary school education.* Disponível em: <https://www.moe.gov.sg/docs/default-source/document/education/secondary/files/secondary-school-education-booklet.pdf>. Acesso em 15 de maio. 2019.

MINISTRY OF EDUCATION. SINGAPURE. *Special education.* Disponível em: <https://www.moe.gov.sg/education/special-education>. Acesso em 15 de maio. 2019.

MINISTRY OF EDUCATION. SINGAPURE. *Universities.* Disponível em: https://www.moe.gov.sg/education/post-secondary#universities. Acesso em 15 de maio de 2019.

MINISTRY OF EDUCATION. SOUTH KOREA. *Higher education.* Disponível em: <http://english.moe.go.kr/sub/info.do?m=020105&s=english.> Acesso em 16 de maio. 2019.

MINISTRY OF EDUCATION. SOUTH KOREA. *Korean international schools.* Disponível em: <http://english.moe.go.kr/sub/info.do?m=020104&s=english>. Acesso em 16 de maio. 2019.

MINISTRY OF EDUCATION. SOUTH KOREA. *Overview* Disponível em:< http://english.moe.go.kr/sub/info.do?m=020101&s=english>. Acesso em 15 de maio de 2019.

MINISTRY OF EDUCATION. SOUTH KOREA. *Secondary education.* Disponível em: <http://english.moe.go.kr/sub/info.do?m=020103&s=english.> Acesso em 16 de maio. 2019.

MINISTRY OF EDUCATION. SOUTH KOREA. *Special education.* Disponível em: <http://english.moe.go.kr/sub/info.do?m=020106&s=english>. Acesso em 16 de maio. 2019.

MINISTRY OF EDUCATION. SOUTH KOREA. *Pre-Primary Education.* http://english.moe.go.kr/sub/info.do?m=020104&s=english. Acesso em 01 de ago. 2019.

MIRANDA, Jorge. *A Dignidade da Pessoa Humana e a Unidade Valorativa do Sistema de Direitos Fundamentais,* in *Tratado Luso-Brasileiro da Dignidade Humana.* 2ª ed. Coordenação de Jorge Miranda e Marco Antonio Marques da Silva. São Paulo: Quartier Latin, 2009.

MIRANDA, Jorge. Teoria do Estado e da Constituição. 1ª ed. Rio de Janeiro: Forense, 2002.

MONDAINI, Marco. *O Respeito aos Direitos dos Indivíduos,* in *História da Cidadania.* Organizado por Jaime Pinsky e Carla Bassanezi Pinsky. São Paulo: Contexto, 2003.

MORAES, Alexandre de. *Direito Constitucional.* 24ª ed. São Paulo: Atlas, 2009.

MORIN, Edgar. *Para Onde Vai o Mundo*. Tradução de Francisco Morás. Petrópolis, RJ: Vozes, 2010.

MORIN, Edgar. *Os Sete Saberes Necessários à Educação do Futuro*. Tradução de Catarina Eleonora F. da Silva e Jeanne Sawaya. Revisão Técnica de Edgard de Assis Carvalho. 2ª ed. São Paulo: Cortez. Brasília, DF: UNESCO, 2000.

MUNIZ, Regina Maria Fonseca. *O Direito à Educação*. Rio de Janeiro: Renovar, 2002.

NCEE – SOUTH KOREA: SUPPORTING EQUITY. Disponível em: http://ncee. org/what-we-do/center-on-international-education-benchmarking/top-performing-countries/south--korea-overview/south-korea-education-for-all/. Acesso em 01 de ago. 2019.

NEVES, Edson Alvisi. *Código Comercial e Direitos Civis na Formação da Legislação Brasileira*, in *Brasileiros e Cidadãos: Modernidade Política 1822-1930*. Organizado por Gladys Sabino Ribeiro. São Paulo: Alameda, 2008.

NIDELCOFF, Maria Teresa. Uma Escola para o Povo. Tradução de João Silvério Trevisan. São Paulo: Brasiliense, 2004.

NUNES, Fernanda Crespo Talita. *Aurora Fluminense: A Voz dos Moderados (1827--1832)*, in *Brasileiros e Cidadãos: Modernidade Política 1822-1930*. Organizado por Gladys Sabino Ribeiro. São Paulo: Alameda, 2008.

OECD. FINLAND – *Strong performers and successful reformers in education. Eduskills*. Disponível em: https://www.youtube.com/watch?v=ZwD1v73O4VI. 2012. Acesso em 14 de maio. 2019.

OECD. *Programme for internacional student assessment*. Disponível em: http://www.oecd.org/pisa/ > Acesso em 16 de maio. 2019.

OPNE. Disponível em: http://www.observatoriodopne.org.br/uploads/reference/file/439/documento-referencia.pdf. Acesso em 01 de ago. 2019.

ONU. AGENDA 2030. Disponível em: https://nacoesunidas.org/pos2015/agenda2030/. Acesso em 01 de ago. 2019.

OECD. The OECD and Latin America &The Caribbean. Disponível em: http: //www.oecd.org/latin-america/countries/ Acesso em 01 de agosto de 2019.

ONU – BRASIL. Disponível em: https://nacoesunidas.org/oms--expectativa-de-vida-sobe-5--anos-de-2000-a-2015-no-mundo-mas-desigualdades-persistem/. Acesso em 01 de ago. 2019.

OXFAM. BRASIL. *Uma Geografia das Desigualdades*. Disponível em: https://www.oxfam.org.br/sites/default/files/economia_para_99-sumario_executivo.pdf. Acesso em 01 de ago. 2019.

OBSERVATÓRIO DAS DESIGUALDADES. Disponível em: https://observatoriodasdesigualdade.files.wordpress.com/2017/03/quadro-1-hdr.png. Acesso em 01 de ago. 2019.

OLIVEIRA, Romualdo Portela de Oliveira. *A Educação na Assembleia Constituinte de 1946*, in *A Educação nas Constituintes Brasileiras 1823-1988*. 3ª ed. Organizado por Osmar Fávero. Campinas: Autores Associados, 2005.

PAULA, Paulo Afonso Garrido de. *Educação, Direito e Cidadania*, in *Cadernos de*

Direito da Criança e do Adolescente. n. 1. São Paulo: Malheiros, 1995.

PEDROSO, Antonio Carlos Campos. *A Justificação dos Direitos Fundamentais,* in *Revista Mestrado em Direitos Fundamentais.* Osasco: Edifieo, ano 7, n. 1, p. 35 a 71.

PEREIRA, Vantuil. *Petições: Liberdades Civis e Políticas na Consolidação dos Direitos do Cidadão no Império do Brasil (1822--1831),* in *Brasileiros e Cidadãos: Modernidade Política 1822-1930.* Organizado por Gladys Sabino Ribeiro. São Paulo: Alameda, 2008.

PALÁCIO DO PLANALTO. LEI Nº 13.005, DE 25 DE JUNHO DE 2014. Disponível em: http://www.planalto.gov.br/cciviL_03/_Ato2011-2014/2014/Lei/L13005.htm. Acesso em 01 de ago. 2019.

PALÁCIO DO PLANALTO. LEI DE 16 DE DEZEMBRO DE 1830. Disponível em: http://www.planalto.gov.br/ccivil_03/leis/lim/LIM-16-12-1830.htm. Acesso em 01 de ago. 2019.

PALÁCIO DO PLANALTO. CONSTITUIÇÃO DOS ESTADOS UNIDOS DO BRASIL, DE 10 DE NOVEMBRO DE 1937. Disponível em: http://www.planalto.gov.br/ccivil_03/Constituicao/Constituicao37.htm. Acesso em 01 de ago. 2019.

PALÁCIO DO PLANALTO. CONSTITUIÇÃO DOS ESTADOS UNIDOS DO BRASIL (DE 18 DE SETEMBRO DE 1946). Disponível em: http://www.planalto.gov.br/ccivil_03/Constituicao/Constituicao46.htm. Acesso em 01 de ago. 2019.

PALÁCIO DO PLANALTO. LEI Nº 10.845, DE 5 DE MARÇO DE 2004. Disponível em: http://www.planalto.gov.br/ccivil_03/_ato2004-2006/2004/lei/l10.845.htm. Acesso em 01 de ago. 2019.

PALÁCIO DO PLANALTO. LEI Nº 7.853, DE 24 DE OUTUBRO DE 1989. Disponível em: http://www.planalto.gov.br/ccivil_03/LEIS/L7853.htm. Acesso em 01 de ago. 2019.

PALÁCIO DO PLANALTO. DECRETO Nº 6.949, DE 25 DE AGOSTO DE 2009. Disponível em: http://www.planalto.gov.br/ccivil_03/_ato2007-2010/2009/decreto/d6949.htm. Acesso em 01 de agosto de 2019.

PINHEIRO, Maria Francisca. *O Público e o Privado na Educação: Um Conflito Fora de Moda?,* in *A Educação nas Constituintes Brasileiras (1823-1988).* 3ª ed. Organizado por Osmar Fávero. Campinas: Autores Associados, 2005.

PINHO, Rui Rebello. *História do Direito Penal Brasileiro.* São Paulo: Bushatsky, 1973.

PISA 2015 BRAZIL. Disponível em: http://www.oecd.org/pisa/pisa-2015-Brazil--PRT.pdf. Acesso em 01 de ago. 2019.

PISA 2015 RESULTS. EXCELLENCE AND EQUITY IN EDUCATION. Vol. I. Disponível em: https://www.oecd-ilibrary.org/docserver/9789264266490-en.pdf?expires=1530823095&id=id&accname=guest&checksum=CC5B2EE2EF76A1ABCE134205017A687C. Acesso em 5 de jun. 2018.

PISA 2015 Results. Policies and Practices for Successful Schools. Vol. III. Disponível em: https://www.oecd-ilibrary.org/education/pisa-2015-results-volume-

-ii_9789264267510-en. Acesso em 01 de ago. 2019.

PISA 2015 RESULTS. STUDENT'S WELL-BEING. Vol. III. Disponível em: https://www.oecd-ilibrary.org/docserver/9789264273856-en.pdf?expires=1530823571&id=id&accname=guest&checksum=A21FFE0BEB158996ABBB4730D8542797. Acesso em 5 de nov. 2018.

PISA 2015 RESULTS. STUDENT'S FINANCIAL LITERACY. Vol. IV. Disponível em: https://www.oecd-ilibrary.org/docserver/9789264270282-en.pdf?expires=1530823727&id=id&accname=guest&checksum=B4FBCECF2DF76AEB4A65781F56251B42. Acesso em 5 de jul. 2018.

PLANO NACIONAL DE EDUCAÇÃO EM DIREITOS HUMANOS. Disponível em: http://dhnet.org.br/dados/pp/edh/br/pnedh2/pnedh_2.pdf. Acesso em 30 de nov. 2018.

PIRES, Breiller. *Brasil Despenca 19 Posições em Ranking de Desigualdade Social da ONU,* in *El País Brasil.* Disponível em: https://brasil.elpais.com/brasil/2017/03/21/politica/1490112229_963711.html. Acesso em 01 de agosto de 2019.

POTVIN, Maryse. *How Equitable is Canada's Education System?* Disponível em:https://www.edcan.ca/articles/equitable-canadas-education-system/. Acesso em 23 de mar. 2018.

PROGRAMA NACIONAL DE DIREITOS HUMANOS. Disponível em: http://www.dhnet.org.br/dados/pp/pndh/textointegral.html. Acesso em 21 de nov. 2018.

PROGRAMA NACIONAL DE DIREITOS HUMANOS III. Decreto nº 7.037/2009.

Disponível em: http://www.dhnet.org.br/dados/pp/a_pdf/pndh3_programa_nacional_direitos_humanos_3.pdf. Acesso em 21 de nov. 2018.

RAMOS, André de Carvalho. *Direitos Humanos em Juízo: Comentários aos Casos Contenciosos e Consultivos da Corte Interamericana de Direitos Humanos.* São Paulo: Max Limonad, 2001.

RATIER, Rodrigo. *Nove Motivos para Desconfiar do Pisa.* Disponível em: https://novaescola.org.br/conteudo/4697/nove-motivos-para-desconfiar-do-pisa. Acesso em 01 de ago. 2019.

RECOMENDAÇÃO DE SEUL SOBRE ENSINO TÉCNICO E PROFISSIONAL: EDUCAÇÃO E FORMAÇÃO AO LONGO DE TODA A VIDA: UMA PONTE PARA O FUTURO. Disponível em: http://unesdoc.unesco.org/images/0011/001160/116096por.pdf. Acesso em 9 de fev. 2018.

RECOMENDAÇÃO RELATIVA À CONDIÇÃO DOCENTE. Disponível em: http://unesdoc.unesco.org/images/0013/001325/132598por.pdf. Acesso em 9 de fev. 2018.

RELATÓRIO DA UNESCO SOBRE EDUCAÇÃO PARA TODOS 2000-2015: PROGRESSOS E DESAFIOS. Disponível em: http://unesdoc.unesco.org/images/0023/002325/232565por.pdf. Acesso em 22 de fev. 2018.

RELATÓRIO DE DESENVOLVIMENTO HUMANO DA ORGANIZAÇÃO DAS NAÇÕES UNIDAS DE 2015. Disponível em: https://observatoriodasdesigualdade.files.wordpress.com/2017/03/quadro-1-hdr.png. Acesso em 15 de jun. 2018.

RIBEIRO, Gladys Sabina. *Nação e Cidadania no Jornal O Tamoio. Algumas*

Considerações sobre José Bonifácio, sobre a Independência e a Constituinte de 1823, in *Brasileiros e Cidadãos: Modernidade Política 1822-1930*. Organizado por Gladys Sabino Ribeiro. São Paulo: Alameda, 2008.

RIBEIRO, Maria Luisa Santos. *História da Educação Brasileira: A Organização Escolar*. 15ª ed. Campinas: Autores Associados, 1998.

RIBEIRO, Renato Janine. *Corrupção Cultural ou Organizada?*, in *Jornal Folha de São Paulo*. Opinião A3. 28 de junho de 2009.

RIVERA, Jean e MOUTOUH, Hugues. *Liberdades Públicas*. Tradução de Maria Ermantina de Almeida Prado Galvão. São Paulo: Martins Fontes, 2006.

ROCHA, Marlos Bessa Mendes da. *Tradição e Modernidade na Educação: O Processo Constituinte de 1933-1934*, in *A Educação nas Constituintes Brasileiras 1823-1988*. 3ª ed. Organizado por Osmar Fávero. Campinas: Autores Associados, 2005.

ROCHA, Simone. *Educação Eugênica na Constituição Brasileira de 1934*, in *X ANPED SUL, Florianópolis*, outubro de 2014. Disponível em: http://xanpedsul.faed.udesc.br/arq_pdf/1305-1.pdf. Acesso em 2 de nov. 2018.

SARI, Marisa Timm. *A Organização da Educação Nacional*, in *Direito à Educação: Uma Questão de Justiça*. Organizado por Wilson Donizeti Liberati. São Paulo: Malheiros, 2004.

SARLET, Ingo Wolfagang. *Dignidade da Pessoa Humana e Direitos Fundamentais na Constituição Federal de 1988*. 3ª ed. Porto Alegre: Livraria do Advogado, 2004.

SAVIANI, Dermeval. *História das Ideias Pedagógicas no Brasil*. 4ª ed. Campinas: Autores Associados, 2013.

SCHLEICHER, Andreas. Relatório 3 do PISA 2015. *STUDENT'S WELL-BEING*. Vol. III. Disponível em: https://www.oecd-ilibrary.org/docserver/9789264273856-en.pdf?expires=1530823571&id=id&accname=guest&checksum=A21FFE0BEB158996ABBB4730D8542797. Acesso em 5 de jul. 2018.

SÉGUIN, Elida. *O Direito Ambiental: Nossa Casa Planetária*. Rio de Janeiro: Forense, 2000.

SILVA, Afonso da. *Curso de Direito Constitucional Positivo*. 30ª ed. São Paulo: Malheiros, 2008.

SILVA, Afonso da. *A Dignidade da Pessoa Humana como Valor Supremo da Democracia*, in *Revista de Direito Administrativo*, abr/jun. Rio de Janeiro, 212, 1998.

SILVA, Aracy Lopes da. *A Questão da Educação Indígena*. São Paulo: Brasiliense, Comissão Pró-Índio/SP, 1981.

SILVA, Carolina Paes Barreto da. *Direitos, Liberdade e Cidadania no Jornal O Repúblico (1830-1831)*, in *Brasileiros e Cidadãos: Modernidade Política 1822-1930*. Organizado por Gladys Sabino Ribeiro. São Paulo: Alameda, 2008.

SILVA, Virgínia Rodrigues da. *Modernidade Política na Imprensa da Independência: uma Investigação a partir do Revérbero Constitucional Fluminense*, in *Brasileiros e Cidadãos: Modernidade Política 1822-1930*. Organizado por Gladys Sabino Ribeiro. São Paulo: Alameda, 2008.

SLEMIAN, Andréa. *À Nação Independente, um Novo Ordenamento Jurídico: a Criação* dos *Códigos Criminal e do Processo Penal na Primeira Década do Império do Brasil*, in *Brasileiros e Cidadãos: Modernidade Política 1822-1930*. Organizado por Gladys Sabino Ribeiro. São Paulo: Alameda, 2008.

SOUZA, José Pedro Galvão de; GARCIA, Clovis Lima e CARVALHO, José Fraga Teixeira de. *Dicionário de Política*. São Paulo: T. A. Queiroz, 1998.

SOUZA, Motauri Ciocchetti de. *Direito Educacional*. São Paulo: Verbatim. 2010.

SOUZA, Motauri Ciocchetti de. *Ministério Público e o Princípio da Obrigatoriedade: Ação Civil Pública, Ação Penal Pública*. São Paulo: Método, 2007.

SCHWARCZ, Lilia M; STARLING, Heloisa M. *Brasil: Uma Biografia*. 2ª ed. São Paulo. Companhia das Letras, 2018.

SPILLER, Penny. *A Nova Revolução Educacional com que a Finlândia quer Preparar Alunos para Era Digital*. Disponível em: <http://www.bbc.com/portuguese/internacional-40127066>. Acesso em 10 de maio. 2019.

SCHLEICHER, Andreas. *Educating our Youth to Care About Each Other and the World*. Disponível em: https://oecdeducationtoday.blogspot.com.br/2017/12/educating-our-youth-to-care-about--each.html. Acesso em 01 de ago. 2019.

SUA PESQUISA. Disponível em: https://www.suapesquisa.com/paises/china/hong_kong.htm. Acesso em 01 de agosto de 2019.

SUPERIOR TRIBUNAL ELEITORAL. *Série Inclusão: a Luta dos Analfabetos para Garantir seu Direito ao Voto na República*. Disponível em: http://www.tse.jus. br/imprensa/noticias-tse/2013/Abril/serie-inclusao-a-luta-dos-analfabetos-para-garantir-seu-direito-ao-voto--na-republica. Acesso em 01 de ago. 2019.

SUPREMO TRIBUNAL FEDERAL. Disponível em: http://www.stf.jus. br/portal/cms/verNoticiaDetalhe. asp?idConteudo=318570. Acesso em 01 de ago. 2019.

SUCUPIRA, Newton. *O Ato Adicional de 1834 e a Descentralização da Educação*, in *A Educação nas Constituintes Brasileiras 1823-1988*. 3ª ed. Organizado por Osmar Fávero. Campinas: Autores Associados, 2005.

SUNDFELD, Carlos Ari. *Fundamentos de Direito Público*. 2ª ed. São Paulo: Malheiros, 1993. CABRAL, Danilo César. *Qual é a diferença entre Reino Unido e Grã-Bretanha?*, in *Super Interessante*. Disponível em: https://mundoestranho.abril.com.br/geografia/qual-e-a-diferenca-entre-reino-unido--e-gra-bretanha/. Acesso em 01 de ago. 2019.

TAMAS, Elisabete Fernandes Basílio. *A Tortura em Presos Políticos e o aparato Repressivo Militar*, in *Cultura e Poder. O Golpe de 1964: 40 Anos Depois*. Revista do Programa de Estudos Pós-Graduados em História e do Departamento de História da PUC de São Paulo. Nº. 29. Dez. de 2004, tomo 2.

TAVARES, André Ramos. *Curso de Direito Constitucional*. São Paulo: Saraiva, 2002.

TEIXEIRA, Anísio Spinola. *Educação no Brasil*. 2ª ed. São Paulo: Nacional; Brasília, INL, 1976.

TERRA, Paulo Cruz. *Cidadania e Trabalhadores: A Greve dos Cocheiros e Carroceiros no Rio de Janeiro em 1900*, in *Brasileiros e Cidadãos: Modernidade Política 1822-1930*. Organizado por Gladys Sabino Ribeiro. São Paulo: Alameda, 2008.

TOBIAS, José Antonio. *História da Educação Brasileira*. São Paulo: Juriscredi, 1972.

TRASFERWISE. *The Canadian education system: an overview*. Disponível em: https://transferwise.com/gb/blog/canadian-education-overview. Acessso em 01 de agosto de 2019.

TRINDADE, Antonio Augusto Cançado. *A Autonomia do Direito Internacional dos Direitos Humanos*, in *Tratado de Direito Internacional dos Direitos Humanos*. 2ª ed. Porto Alegre: Sergio Antonio Fabris, 2003, v.I.

TRINDADE, Antonio Augusto Cançado. *A Evolução dos Sistemas Regionais: O Sistema Africano de Proteção dos Direitos Humanos*, in *Tratado de Direito Internacional dos Direitos Humanos*. 1ª ed. Porto Alegre: Sergio Antonio fabris Editor, 2003, v.III.

TODOS PELA EDUCAÇÃO. *Perguntas e Respostas: o que é o Ideb e para que ele Serve?* Disponível em: https://todospelaeducacao.org.br/conteudo/perguntas-e-respostas-o-que-e-o-ideb-e-para-que-ele-serve. Acesso em 01 de ago. 2019.

TOKYO. INTERNACIONAL COMMUNICATION COMMITTEE. Disponível em: https://www.tokyo-icc.jp/guide_eng/educ/01.html. Acesso em 01 de ago. 2019.

UNIVERSIA. *Estudar em Cingapura*. Disponível em: http://www.universia.com.br/estudar-exterior/cingapura/sistema-ensino/estrutura-do-sistema-educacional/1723#. Acesso em 01 de ago. 2019.

UNIVERSIA – BRASIL. *4 Fatos Surprendentes Sobre a Educação Japonesa*. Disponível em: http://noticias.universia.com.br/destaque/noticia/2017/01/05/1148131/4-fatos-surpreendentes-sobre-educacao-japonesa.html#. Acesso em 01 de ago. 2019.

UNIVERSIA – SISTEMA EDUCACIONAL BRITÂNICO. Disponível em: http://noticias.universia.com.br/mobilidade-academica/noticia/2003/07/03/553596/sistema-educacional-britnico.html#. Acesso em 01 de ago. 2019.

UNIVERSIA BRASIL. *Estudar em Alemanha*. Disponível em: http://www.universia.com.br/estudar-exterior/alemanha/sistema-ensino/estrutura-do-sistema-ensino/1169#. Acesso em 01 de ago. 2019.

VENÂNCIO FILHO, Alberto. *A Educação na Constituinte de 1890-1891 e na Revisão Constitucional de 1925-1926: Comentários*, in *A Educação nas Constituintes Brasileiras 1823-1988*. 3ª ed. Organizado por Osmar Fávero. Campinas: Autores Associados, 2005.

VENTURA, Manoel, BECK, Martha, COSTA, Daiane e NÓBREGA, Bárbara. *IDH: Educação não Avança e Brasil Fica Estagnado no Ranking de Bem Estar da ONU*. Disponível em: https://oglobo.globo.com/economia/idh-educacao-nao-avanca-brasil-fica-estagnado-no-ranking-de-bem-estar-da-onu-23067716._Acesso em 02 de ago. 2019.

VIEGAS, Amanda. *ANEB. Avaliação Nacional da Educação Básica*. Disponível em: https://www.somospar.com.br/aneb/. Acesso em 01 de ago. 2019.

VIEIRA, Oscar Vilhena. *Gramática dos Direitos Fundamentais*, in *Gramática dos Direitos Fundamentais: a Constituição Federal de 1988, 20 anos depois*. Coordenadores Edinilson Donisete Machado, Norma Sueli Padilha e Thereza Christina Nahas. Rio de Janeiro: Campus Jurídico, 2009.

WALKER, Tim. *O Poder da Simplicidade do Sistema Educacional Finlandês*. Disponível em: https://finland.fi/pt/vida-amp-sociedade/o-poder-da-simplicidade-do-sistema-educacional-finlandes/. Acesso em 5 de mar. 2018.

WAITING FOR SUPERMAM. Disponível em: https://www.bing.com/videos/search?q=document%c3%a1rio+waiting+for+superman&mkt=pt-br. Acesso em 28 de maio. 2019.